SAP® Business Technology Platform

Holger Seubert

SAP® Business Technology Platform

Einsatz, Services, Erfolgsfaktoren

Rheinwerk
Publishing

Liebe Leserin, lieber Leser,

die Umbenennung von SAP-Produkten ist für uns im SAP-PRESS-Lektorat ein zweischneidiges Schwert. Als SAP sich im Frühjahr 2021 entschied, den Namen *SAP Cloud Platform* nicht mehr weiterzuführen, war eines unserer Bücher über Nacht plötzlich nicht mehr aktuell. Damit bot sich aber auch die Chance, Ihnen eine aktualisierte Auflage zur Verfügung zu stellen, die nicht nur die Grundlagen der Funktionen und Services der SAP Business Technology Platform verständlich erklärt, sondern auch auf Neuerungen im Vergleich zur abgelösten Plattform eingeht.

Umso zufriedener bin ich, Ihnen ein Buch vorzustellen, in dem es Holger Seubert hervorragend gelingt, den aktuellen Aufbau, die Services und vor allem den passenden Einsatz der SAP BTP strukturiert darzustellen. Dabei betrachtet er die Plattform nicht isoliert, sondern richtet den Blick darauf, wie der Wandel zum intelligenten Unternehmen mit dem Werkzeugkasten SAP BTP gelingen kann. Ob Sie dieses Buch als Entscheidungshilfe oder als Informationsquelle zur Entwicklung von Prozesserweiterungen und Anwendungen nutzen – hier werden Sie fündig.

Das Buch hat Ihnen gefallen, Sie haben Anregungen oder Kritik? Wir freuen uns über Anmerkungen, die uns helfen, unsere Bücher zu verbessern. Zögern Sie also nicht, sich bei mir zu melden.

Ihre Nicole Hohmann
Lektorat SAP PRESS

nicole.hohmann@rheinwerk-verlag.de
www.rheinwerk-verlag.de
Rheinwerk Verlag · Rheinwerkallee 4 · 53227 Bonn

Auf einen Blick

Wir hoffen, dass Sie Freude an diesem Buch haben und sich Ihre Erwartungen erfüllen. Ihre Anregungen und Kommentare sind uns jederzeit willkommen. Bitte bewerten Sie doch das Buch auf unserer Website unter **www.rheinwerk-verlag.de/feedback**.

An diesem Buch haben viele mitgewirkt, insbesondere:

Lektorat Nicole Hohmann, Janina Schweitzer
Korrektorat Monika Klarl, Köln
Herstellung Stefanie Meyer
Typografie und Layout Vera Brauner
Einbandgestaltung Silke Braun
Coverbild Shutterstock: Shutterstock: 1269599986 © FreshPaint
Satz Typographie & Computer, Krefeld
Druck Beltz Grafische Betriebe, Bad Langensalza

Dieses Buch wurde gesetzt aus der TheAntiquaB (9,35/13,7 pt) in FrameMaker. Gedruckt wurde es auf chlorfrei gebleichtem Offsetpapier (90 g/m²). Hergestellt in Deutschland.

Bibliografische Information der Deutschen Nationalbibliothek:
Die Deutsche Nationalbibliothek verzeichnet diese Publikation in der Deutschen Nationalbibliografie; detaillierte bibliografische Daten sind im Internet über *http://dnb.dnb.de* abrufbar.

ISBN 978-3-8362-8594-0

2., aktualisierte und erweiterte Auflage 2022

Informationen zu unserem Verlag und Kontaktmöglichkeiten finden Sie auf unserer Verlagswebsite **www.rheinwerk-verlag.de**. Dort können Sie sich auch umfassend über unser aktuelles Programm informieren und unsere Bücher und E-Books bestellen.

Inhalt

9 Erweiterungen und Anwendungen programmieren 197

10 Services für DevOps 243

Einleitung

Das Internet hat auf fast jede Frage eine Antwort – sicherlich auch auf viele Ihrer Fragen zur SAP Business Technology Platform (SAP BTP). Auch mögen Sie vielleicht Zweifel haben, ob es sinnvoll ist, für ein Cloud-Angebot wie die SAP BTP, das kontinuierlich aktualisiert wird, so etwas Statisches wie ein gedrucktes Buch zu lesen. Doch gerade bei solch einem dynamischen und sich schnell weiterentwickelnden Produkt wie der SAP BTP ist ein Verständnis der grundlegenden Konzepte und Einsatzbereiche ein wichtiger Anker. Dieses Verständnis soll zu Ihrer Orientierung im gesamten Umfeld der Plattform beitragen und wird Ihnen helfen, auch die beständig hinzukommenden neuen Services und Technologien der SAP BTP und verwandter Lösungen zu verorten und zu nutzen.

Zielgruppen

Dieses Buch richtet sich an IT-Führungskräfte, die den Nutzen der SAP BTP für ihr Unternehmen prüfen. Außerdem spricht es IT- und Unternehmensarchitektinnen sowie Entwickler an, die mithilfe der Plattformservices Cloud-Anwendungen oder Prozesserweiterungen umsetzen möchten und Informationen benötigen, welche Services ihnen dazu zur Verfügung stehen.

Zielsetzung

Was Sie in diesem Buch nicht finden werden, sind Schritt-für-Schritt-Tutorials. Dafür sind die Beiträge der Entwickler-Community (*https://developer.sap.com*) der SAP BTP sowie vertiefende Literatur besser geeignet. Auch ersetzt dieses Buch nicht die Produktdokumentation. Stattdessen erhalten Sie eine strukturierte Darstellung und Vermittlung der grundlegenden Konzepte der Plattform. Dazu gehören die Positionierung der Plattform am Markt, ihr Nutzen und ihre Einsatzgebiete sowie ein Überblick über die unterschiedlichen Services. Ebenfalls stellt das Buch eine Architekturmethode zur Definition von SAP-BTP-Projekten vor, die beim Einsatz der Plattform im Unternehmen unterstützt.

Aufbau des Buches

Das Buch gliedert sich dazu in drei Teile.

Teil I

In **Teil I**, »Die SAP Business Technology Platform im Kontext des intelligenten Unternehmens«, beschreibe ich grundlegende Konzepte und die Rolle der SAP BTP für Unternehmen. Jedes Unternehmen verfolgt unterschiedliche Ziele, bei deren Erreichung die IT einen unverzichtbaren Beitrag leistet. Viele fachliche Anforderungen, die zur Zielerreichung erforderlich sind, lassen sich mit SAP-Standardsoftware unterstützen. Doch gerade marktdifferenzierende Unterschiede oder branchenspezifische Anforderungen verlangen nach eigenen, unternehmensspezifischen Erweiterungen der Standardsoftware. Auch das Tempo, in dem Änderungen erforderlich sind, hat zugenommen. Daraus resultiert wiederum die Notwendigkeit einer kontinuierlichen Anpassung der IT-Landschaft.

Wie Unternehmen unter diesen Rahmenbedingungen sowohl widerstandsfähiger gegen unvorhersehbare Änderungen als auch anpassungsfähiger werden, wird anhand des Beispiels des intelligenten Unternehmens aufgezeigt. Dazu beschreibt **Kapitel 1**, »Das intelligente Unternehmen«, die grundlegenden Bausteine sowie die Eigenschaften eines intelligenten Unternehmens.

Darauf aufbauend erläutert **Kapitel 2**, »Die Rolle der SAP Business Technology Platform für intelligente Unternehmen«, wie die SAP BTP bei der Umsetzung der Unternehmensbausteine unterstützt. Dazu stelle ich die technischen Anforderungen eines intelligenten Unternehmens dar, und erkläre, wie diese Anforderungen von der SAP BTP adressiert werden.

Kapitel 3, »Funktionsbereiche der SAP Business Technology Platform«, führt die Gedanken aus Kapitel 1 und Kapitel 2 zusammen und bringt sie in den konkreten Kontext der Services der SAP BTP. Hier beschreibe ich verschiedene Funktionsbereiche der Plattform und gebe Ihnen einen ersten Überblick über die unterschiedlichen Plattformservices und deren Nutzen.

Darauf aufbauend konzentriert sich **Kapitel 4**, »Konzepte der SAP Business Technology Platform«, auf grundlegende Merkmale und Eigenschaften, die bei der Nutzung der Plattform wichtig sind. Anschließend erweitere ich in **Kapitel 5**, »Beispiele zur Nutzung der SAP Business Technology Platform«, den Blickwinkel und veranschauliche auf der Basis von Diagrammen, wie Sie einzelne Services der Plattform kombinieren, um Prozesserweiterungen und Anwendungen zu implementieren.

Teil II

In **Teil II**, »Die SAP Business Technology Platform in der Praxis«, stelle ich Ihnen die verschiedenen Services der SAP BTP thematisch gruppiert vor. So erhalten Sie in diesem Teil eine genaue Vorstellung davon, für welchen Zweck Sie die einzelnen Services nutzen können.

Von grundlegender Bedeutung sind dabei die Strukturierung und Administration Ihres SAP-BTP-Accounts, die ich in **Kapitel 6**, »Administration und Konfiguration der SAP Business Technology Platform«, beschreibe.

Hybride Architekturen und die Einbettung vorhandener Prozesse und Daten spielen eine wichtige Rolle bei der Anpassungsfähigkeit eines Unternehmens an veränderte Marktbedingungen. Deshalb beschreibt **Kapitel 7**, »Integration und Zugriff auf Daten und Prozesse«, die wesentlichen Integrationsmöglichkeiten mit der Plattform.

In **Kapitel 8**, »Daten in der SAP Business Technology Platform verarbeiten«, gehe ich dann auf die verschiedenen Services zur Speicherung und Verwaltung von Daten in der Plattform ein. Dazu zählt auch die Umsetzung von Datenarchitekturen wie die einer Data Fabric oder einer zentralen Datenplattform.

Darauf aufbauend zeigt Ihnen **Kapitel 9**, »Erweiterungen und Anwendungen programmieren«, welche Services Sie bei der Programmierung von Prozesserweiterungen und eigenen Anwendungen nutzen können.

Auf die Gestaltung und Umsetzung eines modernen Softwarelebenszyklus für Ihre Anwendung und Prozesserweiterung geht **Kapitel 10**, »Services für DevOps«, ein.

Kapitel 11, »Sicherheit auf der SAP Business Technology Platform«, schließt den zweiten Teil des Buches mit einem wichtigen Themenfeld ab und beschreibt, wie Sie Ihre Erweiterungen und Anwendungen durch die Authentifizierung und Autorisierung von Nutzerinnen und Nutzern absichern.

Teil III

In **Teil III** des Buches, »SAP Business Technology Platform aus Sicht der Unternehmensarchitektur«, beschreibe ich die SAP BTP aus der Perspektive der Unternehmensarchitektur. Nachdem **Kapitel 12**, »Gestaltung einer Unternehmensarchitektur«, grundlegende Konzepte und Handlungsfelder der Unternehmensarchitektur eingeführt hat, baut **Kapitel 13**, »Die SAP Business Technology Platform als Teil der Unternehmensarchitektur«, darauf auf und betrachtet die Plattformservices aus Sicht der Unternehmensarchitektur. Dazu beschreibe ich die in Teil II vorgestellten Services der Plattform aus dem Blickwinkel einer Architekturdefinition. Ebenso stelle ich die SAP BTP im Kontext unterschiedlicher Anwendungsszenarien für die Unternehmensarchitektur vor.

Damit Sie die Plattform in Ihren Anwendungsszenarien nutzen können, stelle ich in **Kapitel 14**, »Entwicklung einer Architektur für SAP-BTP-Projekte«, eine Methode zur Definition und Beschreibung von Plattformprojekten vor. Dabei lernen Sie unterschiedliche Templates kennen, die Sie zur Beschreibung von Plattformprojekten aus technischer und fachlicher Sicht verwenden können.

Reihenfolge

Eine sequenzielle Lesart der Kapitel bietet sich an, wobei dies insbesondere für die ersten drei Kapitel des Buchs gilt. IT-Architekteninnen und Entwickler verschaffen sich mit Kapitel 4 und Kapitel 5 einen schnellen Überblick, und Kapitel 2 bietet für IT-Managerinnen und -Manager einen schnellen und dennoch umfassenden Einstieg in die SAP BTP.

Je nach Interessenschwerpunkt können Sie die Kapitel in Teil II des Buches in beliebiger Reihenfolge lesen, wobei der Einstieg in Kapitel 6 zur Vermittlung einiger Grundlagen zu empfehlen ist. Teil III können Sie unabhängig von den anderen Teilen lesen, wobei ich eine sequenzielle Lesart der Kapitel in diesem Teil empfehle.

Informationskästen

Um die Themen bestmöglich zu vermitteln, verwende ich in diesem Buch nicht nur Beispiele und Abbildungen, sondern auch Kästen mit weiteren Informationen. Diese sind mit verschiedenen Icons markiert:

[»] Kästen mit diesem Icon geben Ihnen Empfehlungen zu Einstellungen oder Tipps aus der Berufspraxis.

[+] Dieses Icon weist Sie auf zusätzliche Informationen hin.

[zB] Wenn das besprochene Thema anhand von Beispielen erläutert und vertieft wird, mache ich Sie mit diesem Symbol darauf aufmerksam.

Ich hoffe, dass Ihnen dieses Buch als Einstieg in die SAP Business Technology Platform hilft und Ihnen einen Überblick und alle erforderlichen Grundlagen verschafft, die es Ihnen ermöglichen, zielgerichtet weitere Schritte mit der Plattform zu gehen und sie erfolgreich im Unternehmen und für Ihre Kunden einzusetzen.

Danke

Ein großes Dankeschön für all ihre wertvollen Anregungen geht an meine Kolleginnen und Kollegen, die mich beim Schreiben des Buches unterstützt haben.

Mein besonderer Dank gilt meiner Ehefrau und meinen Kindern für ihre Unterstützung und ihr Verständnis dafür, dass das Buch auch in meiner Freizeit eine Rolle spielte.

Bedanken möchte ich mich auch bei den beiden Lektorinnen, Nicole Hohmann und Janina Schweitzer für ihre hervorragende Unterstützung beim Schreiben dieses Buches.

Holger Seubert

TEIL I

Die SAP Business Technology Platform im Kontext des intelligenten Unternehmens

Kapitel 1
Das intelligente Unternehmen

Um die Eigenschaften eines intelligenten Unternehmens zu verstehen, ist es hilfreich, die grundlegenden Bausteine zu betrachten, aus denen Unternehmen bestehen. Die SAP Business Technology Platform unterstützt bei der Umsetzung dieser Bausteine.

Intelligenz

Der Entwickler des ersten Intelligenzquotienten (IQ), der deutsche Psychologe William Stern, definierte im Jahr 1912 *Intelligenz* als Fähigkeit zur Anpassung an bisher unbekannte Situationen. Denn solche Situationen können nur schwer mit starren, vordefinierten Regeln gelöst werden. Annahmen, die zur Definition von Regeln geführt haben, werden durch die neuen Situationen ungültig. Intelligenz kann daher als Grundlage zur Anpassungsfähigkeit verstanden werden. Intelligent handelt, wer schnell und flexibel mit neuen Herausforderungen zurechtkommt – eine Eigenschaft, die auch für Unternehmen erstrebenswert ist. Genau diese Eigenschaft unterstützt die *SAP Business Technology Platform* (SAP BTP). Sie ermöglicht es Unternehmen, sich an neue Situationen anzupassen und ist daher eine grundlegende Komponente zur Umsetzung eines intelligenten Unternehmens. Bevor ich in Kapitel 2, »Die Rolle der SAP Business Technology Platform für intelligente Unternehmen«, näher darauf eingehe, geht es in diesem Kapitel zunächst um die Merkmale eines intelligenten Unternehmens.

Intelligente Unternehmen

Wie lässt sich also Intelligenz auf Unternehmen als wirtschaftliche Organisationseinheit übertragen? Sicher ist ein *intelligentes Unternehmen* kein singuläres Produkt, das, abhängig vom aktuellen IQ des Unternehmens, einmal mehr und einmal weniger Verwendung findet. Auch gibt es nicht den einen Weg zum intelligenten Unternehmen. Vielmehr ist das intelligente Unternehmen ein mehrschichtiges Konzept, das iterativ und unternehmensspezifisch realisiert wird. Daher sind bei der Umsetzung verschiedene Bereiche, wie z. B. Mitarbeitende, Unternehmenskultur und Informationstechnologie (IT), relevant.

Bei der Betrachtung des intelligenten Unternehmens konzentriert sich dieses Kapitel auf die Rolle der IT. Abschnitt 1.1 beschreibt dazu die Wirkung der IT auf die Bausteine, mit denen Unternehmen aufgebaut sind. Abschnitt 1.2

geht auf die Gründe ein, die Anpassungen der Unternehmensbausteine erfordern, und Abschnitt 1.3 leitet daraus Eigenschaften eines intelligenten Unternehmens ab.

1.1 Bausteine eines Unternehmens

Als wirtschaftliche Organisationseinheit ist ein Unternehmen aus unterschiedlichen Bausteinen aufgebaut (siehe Abbildung 1.1).

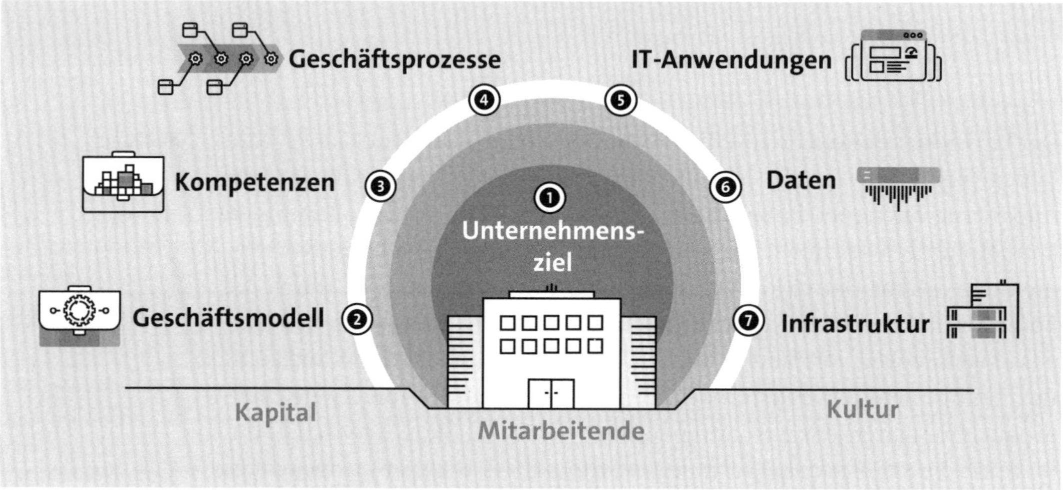

Abbildung 1.1 Bausteine eines Unternehmens (Quelle: SAP)

Unternehmensziel Im Zentrum eines Unternehmens steht sein *Unternehmensziel* (engl. Purpose) ❶, das definiert, warum das Unternehmen am Markt existiert. Das Unternehmensziel ändert sich in der Regel nicht sehr häufig – es ist mit dem Gründungsgedanken eng verbunden. Die Zielsetzung eines Unternehmens ist wie ein Leitstern am Horizont – immer angestrebt, aber nie erreicht. Zum Beispiel definieren die Vereinten Nationen ihr Ziel als die »Aufrechterhaltung des internationalen Friedens und der Sicherheit« (Quelle: *https://www.un.org/en/about-us*). Die Zielsetzung von SAP ist hingegen, das »Leben der Menschen und die Abläufe in der weltweiten Wirtschaft zu verbessern« (Quelle: *http://s-prs.de/v859401*). Die Ziele beider Organisationen bzw. Unternehmen können jedoch nie vollständig abgeschlossen werden.

Geschäftsmodell Um seinen Gründungsgedanken zu verwirklichen, hat jedes Unternehmen ein *Geschäftsmodell* (engl. Business Model) ❷. Es beschreibt, wie das Unternehmen Werte schafft und diese bereitstellt. Dabei können die Werte in unterschiedlichen Bereichen, wie z. B. Kultur, Gesellschaft (Soziales) oder

Wirtschaft, liegen. Das Geschäftsmodell definiert erforderliche Rollen, Verantwortlichkeiten und das organisatorische Zusammenwirken, das zur Schaffung der Werte und zur Erfüllung des Unternehmensziels erforderlich ist.

Kompetenzen

Um das Geschäftsmodell zu realisieren, benötigt jedes Unternehmen unterschiedliche *Kompetenzen* (engl. Business Capabilties) ❸, die beschreiben, was ein Unternehmen zu leisten in der Lage ist. Es gibt Kompetenzen, die vielen Unternehmen gemeinsam sind, wie etwa Controlling, Personalwesen oder Nachfrage- und Angebotsmanagement. Einige Kompetenzen sind aber auch branchenspezifisch ausgeprägt, wie z. B. die Steuerung der Produktion.

[+]

Branchenspezifische Kompetenzen im SAP Transformation Navigator

Kompetenzen, die von SAP-Produkten unterstützt werden, stellt das kostenlose Tool *SAP Transformation Navigator* dar (*http://s-prs.de/v859402*). Mit diesem Tool können Sie Ihren Weg zu einem intelligenten Unternehmen gestalten. Dazu bewertet der SAP Transformation Navigator die aktuelle IT-Unternehmenslandschaft, berücksichtigt die Geschäftsstrategie sowie Branchentrends und liefert einen Bericht mit individuellen Empfehlungen zu SAP-Lösungen, die für die Umsetzung eines intelligenten Unternehmens eine Rolle spielen können.

Geschäftsprozesse

Die Umsetzung der Kompetenzen eines Unternehmens erfolgt innerhalb von *Geschäftsprozessen* ❹. Dabei besteht eine Kompetenz in der Regel aus mehreren Prozessen, die miteinander kombiniert werden, aber erst durch die Integration von Prozessen unterschiedlicher Kompetenzen werden vollständige Abläufe im Sinne des Geschäftsmodells und der Wertschöpfungskette möglich. Solche Prozesse, die mehrere Unternehmenskompetenzen miteinander kombinieren, haben eine besondere Rolle im intelligenten Unternehmen und werden als *Kernaktivität*, oder *Ende-zu-Ende-Geschäftsprozess* bezeichnet.

Kernaktivitäten

Kernaktivitäten decken ein komplettes Prozessszenario wie z. B. *Recruit to Retire* ab, das sich mit der Planung, Einstellung und Verwaltung der gesamten Belegschaft befasst. Diese Kernaktivität umfasst alle Prozesse, beginnend mit der Rekrutierung potenzieller Mitarbeitender über den Lebenszyklus ihrer Karriere bis hin zu ihrem Ausscheiden aus dem Unternehmen. Das Beispiel zeigt, dass ein Kernprozess aus verschiedenen Unterprozessen besteht, die sich wiederum den einzelnen Kompetenzen eines Unternehmens zuordnen lassen. Abbildung 1.2 zeigt den Zusammenhang zwischen Unternehmenskompetenzen, Geschäftsprozessen und Kernaktivitäten (Ende-zu-Ende-Prozess).

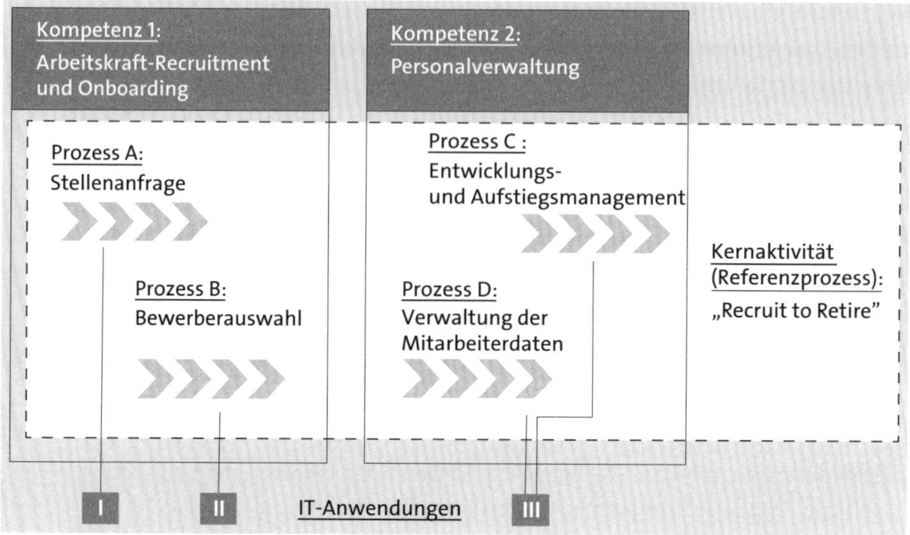

Abbildung 1.2 Zusammenhang zwischen Kompetenzen, Prozessen und Kernaktivitäten eines Unternehmens

Abschnitt 1.3, »Eigenschaften eines intelligenten Unternehmens«, geht näher auf die Bedeutung der Kernaktivitäten als Referenzprozesse für intelligente Unternehmen ein.

IT-Anwendungen

Geschäftsprozesse werden mithilfe von *IT-Anwendungen* ❺ implementiert. Dabei kommen sowohl Standardanwendungen als auch Eigenentwicklungen oder eine Kombination beider zum Einsatz. Beispielsweise deckt SAP S/4HANA als Standardanwendung unterschiedliche Geschäftsprozesse ab, z. B. für das Controlling und die Buchhaltung. SAP SuccessFactors bietet Prozesse im Bereich des Personalwesens, und die SAP Sales Cloud unterstützt Vertriebsprozesse.

Kernaktivitäten eines Unternehmens, wie der bereits erwähnte Recruit-to-Retire-Prozess, sind so umfangreich, dass sie oftmals nicht mit einer einzigen Softwarelösung durchgängig umgesetzt werden.

Für Unternehmen spielt neben der Integration von Geschäftsprozessen auch die Erweiterungsfähigkeit der Prozesse eine wichtige Rolle. So haben Unternehmen häufig eigene Anforderungen an die Umsetzung eines Geschäftsprozesses und erweitern den Standardprozess einer IT-Anwendung deshalb um individuelle Konfigurationen oder funktionale Erweiterungen.

Differenzierung durch Prozesse

Bei der Umsetzung der Kompetenzen durch entsprechende Geschäftsprozesse findet oftmals eine Differenzierung zwischen Unternehmen der gleichen Branche statt. Dabei unterscheiden sich nicht nur die Ausbildung und

Erfahrung der Mitarbeitenden, auch implementieren unterschiedliche Unternehmen die jeweiligen Geschäftsprozesse zur Umsetzung von Kompetenzen und Kernaktivitäten anders. Dabei weichen nicht nur die einzelnen Prozessschritte, oder wie diese über unterschiedliche Kompetenzen hinweg ineinandergreifen, voneinander ab, sondern auch die Wahl der Software und IT-seitigen Unterstützung fällt von Unternehmen zu Unternehmen unterschiedlich aus. Ein Unternehmen hat innerhalb der Kernaktivität »Marketing und Vertrieb« z. B. digitale Kanäle zur Kundeninteraktion und zum Kundenmanagement stärker ausgebaut als ein anderes und kann darüber besser skalieren und leichter verschiedene Kundensegmente erreichen.

Daten

Damit Geschäftsprozesse und IT-Anwendungen funktionieren, benötigen sie *Daten* ❻. Für Unternehmen haben Daten in den letzten beiden Jahrzehnten immer mehr an Bedeutung gewonnen. Ursprünglich verwendet, um transaktionale Anwendungen wie die Logistik oder nachgelagerte Analysen wie den Abverkauf bestimmter Produkte zu realisieren, spielen Daten heute eine immer größere Rolle. Allein schon der technische Fortschritt, der es erlaubt, effizient mit unterschiedlich strukturierten Daten zu arbeiten und aus ihnen schnell Erkenntnisse für die Unternehmenssteuerung zu gewinnen, bringt einige Vorteile für Unternehmen. Durch neue Datenquellen, z. B. aus dem *Internet of Things* (Internet der Dinge, kurz IoT), lassen sich Prozesse noch genauer oder sogar vorausschauend steuern. Daten spielen aber auch eine Rolle, weil sich auf ihrer Basis Produkte entwickeln lassen, die als komplementäre Services zur bestehenden Produktpalette über neue Geschäftsmodelle angeboten werden. Solche Services werden häufig mit dem Namenszusatz *as a Service* von den klassischen Produkten abgegrenzt.

Infrastruktur

Schließlich wird für den Betrieb der IT-Anwendungen und die Verwaltung und Verarbeitung der Daten *Infrastruktur* ❼ in Form von Rechenleistung, Speicher und Netzwerk benötigt. Diese wird häufig als *Infrastructure as a Service* (IaaS) aus der Cloud bezogen oder in eigenen Rechenzentren bereitgestellt.

Stetige Veränderung

Obwohl sich das Ziel eines Unternehmens in der Regel nicht maßgeblich ändert, inspiriert es dennoch zur Veränderung der beschriebenen Unternehmensbausteine. Gerade die Tatsache, dass das Unternehmensziel nie vollständig verwirklicht werden kann, bedeutet, dass ein Unternehmen auch nie aufhören kann, Veränderung und Fortschritt im Unternehmen zu stimulieren. Neben dieser idealistischen Betrachtungsweise führen häufig externe Faktoren, wie z. B. IT-Trends, zu Veränderungen, da sie wiederum Kundenwünsche beeinflussen und zu veränderten Rahmenbedingungen für das Unternehmen führen. Um mit solchen externen Faktoren umzugehen, ist eine stetige Weiterentwicklung der Unternehmensbausteine erforderlich.

1.2 Gründe zur Anpassung der Unternehmensbausteine

Damit ein Unternehmen dauerhaft am Markt erfolgreich ist, müssen die Bausteine des Unternehmens regelmäßig bewertet und angepasst werden.

Externe Faktoren

Die Auswahl der anzupassenden Bausteine sowie die Art ihrer Anpassung hängen von verschiedenen externen Kräften unterschiedlicher Herkunft ab, die auf das Unternehmen einwirken. Zu diesen Kräften gehören Trends in Wirtschaft und Technologie, die sich z. B. in Kundenwünschen, Erwartungen der Mitarbeitenden oder regulatorischen Anforderungen ausdrücken (siehe Abbildung 1.3).

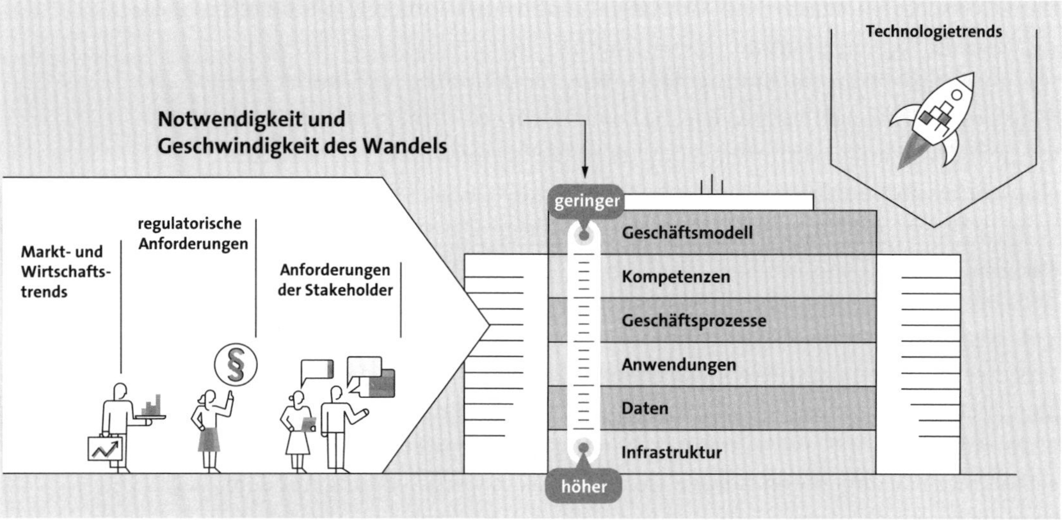

Abbildung 1.3 Einwirken verschiedener Kräfte auf die Unternehmensbausteine (Quelle: SAP)

Megatrends

Je nach Durchdringung der Gesellschaft und Grad der Globalisierung entwickeln sich manche dieser Kräfte zu *Megatrends*. Diese prägen das Unternehmensumfeld über mehrere Jahre hinweg, haben Einfluss auf viele Menschen und Ebenen der Gesellschaft und sind in der Regel unabhängig von einzelnen technischen Trends. Digitalisierung und Nachhaltigkeit sind Beispiele für solche Megatrends.

Aus einem Megatrend entstehen neue Kundenbedürfnisse, die neue Märkte und Potenziale eröffnen. Bestehende Märkte verändern sich, und neue Geschäftsmodelle tauchen auf. Auch entstehen wiederum neue technische Innovationen aus einem Megatrend, und eine technische Innovation kann erneut einen Trend oder Megatrend auslösen – ein kontinuierlicher Prozess.

Digitalisierung

Am Beispiel der Digitalisierung ist zu beobachten, dass der Besitz von einem Produkt nicht mehr so wichtig ist, wie es einmal der Fall war: Materielle Dinge verlieren an Bedeutung (*Dematerialisierung*). Der einfache Zugang zu Services, Software oder Daten über die Cloud wird hingegen wichtiger. So steht immer die neuste Version der Software zur Verfügung, ohne Aufwand bei der Administration und Wartung. Dieser Zugang ist dem Besitz aus unternehmerischer Sicht in vielerlei Hinsicht so überlegen, dass er die Grenzen von bestehenden Märkten verschiebt und technologische Entwicklungen beeinflusst. Es findet ein Wandel vom Produkt zum Service statt. Letzteres hat weitere Auswirkungen: Bestehende Marktsegmente und Marktgrenzen verschieben sich, und das schneller und unkalkulierbarer als zuvor. So können sich z. B. traditionelle Maschinenbauunternehmen auch zu Softwareunternehmen entwickeln, Online-Buchhandlungen agieren in der Lebensmittelbranche, und Automobilhersteller bieten Car-Sharing-Dienste.

[«]

Eigenschaften digitaler Prozesse

Kurz zusammengefasst haben digitale Prozesse folgende Eigenschaften:

- Sie sind über Systemgrenzen und Prozessgrenzen hinweg integrierbar.
- Sie binden externe Daten ein.
- Sie sind flexibel erweiterbar, z. B. via Konfiguration oder funktionale Ergänzung.
- Sie enthalten automatisierte Prozessschritte.
- Sie haben intuitive Benutzeroberflächen.
- Sie sind ortsunabhängig, global nutzbar und ständig verfügbar.
- Sie sind schnell skalierbar.

Geschwindigkeit

Als Megatrend wirkt die Digitalisierung wie ein Katalysator: Die Geschwindigkeit, mit der sich Kundenbedürfnisse weiterentwickeln und neue Technologien am Markt etablieren, nimmt zu. Auch die Tiefe, mit der Technik unsere Gesellschaft durchdringt, nimmt zu: Sensoren und Chips verwachsen zunehmend mit unserer physischen Welt. Das bringt neue Entwicklungen wie den *digitalen Zwilling*, Sprachassistenten, Wearables oder smarte Gegenstände, die über das Internet miteinander verknüpft sind. Diese Entwicklungen erfreuen sich so großer Beliebtheit, dass man von einer Renaissance der *künstlichen Intelligenz* (KI) und des *maschinellen Lernens* (ML) sprechen kann. Beide werden als Schlüsseltechnologien in der zunehmenden Digitalisierung gesehen.

Frequenz der Anpassung

Ordnet man Anforderungen, wie sie z. B. durch Digitalisierung entstehen, den einzelnen Unternehmensbausteinen zu, gibt es Bausteine, die häufiger angepasst werden als andere (siehe Abbildung 1.3). Megatrends haben dabei potenziell Einfluss auf nahezu alle Bausteine. Sie sind disruptiv und erfordern sowohl neue Geschäftsmodelle und Organisationsstrukturen als auch neue Fähigkeiten und Prozesse, um den geänderten Marktbedingungen gerecht zu werden. Gesamtheitlich und auch über die Dauer eines Megatrends von mehreren Jahren ändert sich das Geschäftsmodell aber weniger häufig als die notwendigen Geschäftsprozesse, Daten oder die Infrastruktur, die zur Umsetzung des Geschäftsmodells erforderlich sind.

Rezeptoren

Im Unternehmen gibt es unterschiedliche Fachabteilungen und Verantwortliche, die die Anforderungen aufnehmen, bewerten und entsprechende Reaktionen innerhalb des Unternehmens mit Bezug auf die Bausteine auslösen. Sowohl die Fachabteilungen als auch die IT-Abteilung eines Unternehmens nehmen externe Kräfte wahr, verdichten sie zu Impulsen und wirken verändernd auf die Unternehmensbausteine (siehe Abbildung 1.4).

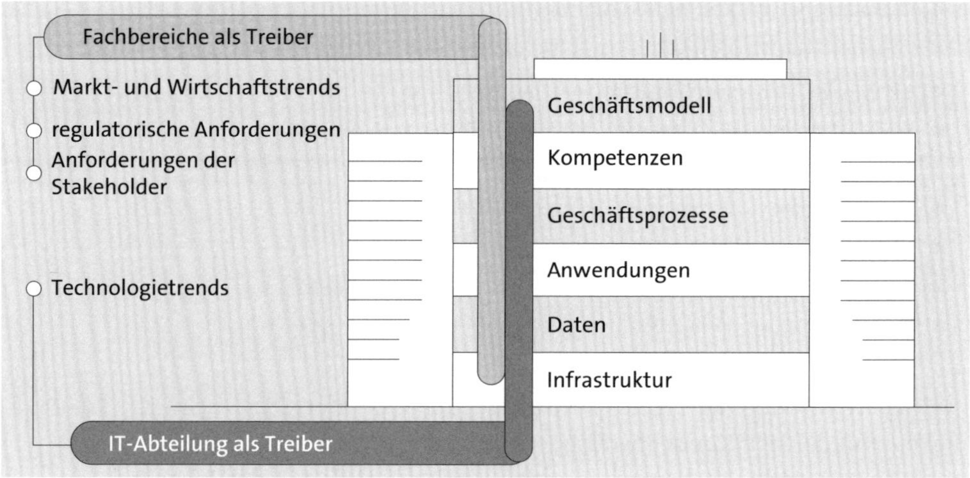

Abbildung 1.4 Wahrnehmung und Kanalisierung externer Kräfte in den Fachbereichen und der IT-Abteilung

IT als Treiber

So bewertet die IT-Abteilung eines Unternehmens, wie technische Trends im Sinne von Unternehmensstrategie und Zielsetzung des Unternehmens genutzt werden. Dabei basieren die Impulse aus der IT-Abteilung auf Daten, Software oder technischen Innovationen.

Nutzen von Technologie

Um eine Technologie im Hinblick auf ihren Wertbeitrag für das Unternehmen einzuschätzen, müssen die Geschäftsprozesse und Kompetenzen des

Unternehmens betrachtet werden. Wie helfen ML oder IoT z. B. dem Fachbereich der Produktion? Welche Prozesse und Fähigkeiten des Unternehmens lassen sich durch Technologie verbessern, um Kundenwünsche besser zu erfüllen?

[zB]

Technologien für die Unternehmensbereiche einsetzen

So kann z. B. ein Hersteller von Maschinen durch eine Kombination der Technologien IoT und ML eine *vorausschauende Wartung* (Predictive Maintenance) für seine Produkte anbieten. Für die Kundschaft bedeutet das die Vermeidung von kostenintensiven Ausfallzeiten kritischer Maschinen oder Anlagen.

Dabei erfordert die Einführung einer neuen Kompetenz, wie z. B. der vorausschauenden Wartung, eine Reihe von Anpassungen an den Unternehmensbausteinen. Bestehende Geschäftsprozesse, wie z. B. zur Steuerung des Außendienstes oder zur Bestellung von Ersatzteilen, müssen angepasst werden. Neue IT-Anwendungen zur Integration und Auswertung von Sensordaten sind erforderlich, und die Maschinen und Produktionshallen müssen mit zusätzlicher Hardware (z. B. Sensoren) ausgestattet werden.

Anforderungen aus Fachbereichen

Neben der IT-Abteilung sind die unterschiedlichen Fachbereiche eines Unternehmens ebenfalls Treiber für Anpassungen an den Unternehmensbausteinen. Sie erkennen Kundenwünsche, ineffiziente Geschäftsprozesse oder geänderte regulatorische Bedingungen. Die bestehenden Kompetenzen müssen durch entsprechende Erweiterungen der zugehörigen Geschäftsprozesse angepasst oder es müssen komplett neue Kompetenzen und Prozesse im Unternehmen umgesetzt werden.

Neue Kompetenzen und Prozesse

So ändert sich beispielsweise der bestehende Prozess zur Einstellung neuer Mitarbeitenden, wenn alle Geschäftsstellen aufgrund einer Pandemie geschlossen sind. Der neue Firmenrechner und das Mobiltelefon werden nicht, wie üblich, an die Geschäftsstelle der neuen Beschäftigten geschickt, sondern an Privatadressen. Eine proaktive, virtuelle Kommunikation zwischen IT-Support und neuen Mitarbeitenden ist als zusätzlicher Prozessschritt erforderlich, um sicherzustellen, dass alles zufriedenstellend funktioniert.

Während einer Ausnahmesituation wie einer Pandemie entstehen auch Anforderungen an komplett neue Prozesse. Sobald Geschäftsstellen wieder teilweise geöffnet sind, ist z. B. ein neuer Prozess zur Koordination der Belegung von Großraumbüros erforderlich. So können Mitarbeiterinnen und Mitarbeiter die begrenzt verfügbaren Tagestickets zur Belegung des Großraumbüros buchen und einen der freigegebenen Sitzplätze auswählen.

[»]

Enterprise Architecture Management

Die Disziplin *Enterprise Architecture Management* (EAM) betrachtet notwendige Veränderungen an den Unternehmensbausteinen gesamtheitlich und bereitet entsprechende IT-Projekte vor. Benötigt ein Fachbereich eine neue Kompetenz oder Erweiterungen zu bestehenden Prozessen, werden diese Anforderungen unter Berücksichtigung der IT-Strategie umgesetzt. Genauso werden Änderungen an IT-Anwendungen mit konkretem Bezug zu den Fachbereichen realisiert. Dazu definiert das EAM neben einem Vorgehensmodell zur Umsetzung von Anforderungen ein gemeinsames Vokabular (z. B. in Form von Diagrammen), über das die Fachbereiche und die IT-Abteilung verständlich kommunizieren können (siehe Kapitel 12, »Gestaltung einer Unternehmensarchitektur«).

Kategorien von Veränderungen

Neue Anforderungen und die daraus resultierenden Veränderungen der Unternehmensbausteine wirken im Unternehmen auf zwei alternative Arten:

- Die Veränderungen führen zu einer Verbesserung der vorhandenen Prozesse, Fähigkeiten und Geschäftsmodelle im Sinne einer Exzellenz im operativen Bereich (*Operational Excellence*).
- Die Veränderungen führen dazu, dass komplett neue Prozesse, Fähigkeiten und Geschäftsmodelle im Sinne einer Exzellenz im strategischen Bereich (*Strategic Excellence*) geschaffen werden.

Es gibt jedoch auch Anpassungen, die sowohl die operative Exzellenz als auch die strategische Exzellenz des Unternehmens verbessern.

Operative Exzellenz

Betriebswirtschaftlich ausgedrückt, wird bei der operativen Exzellenz zunächst Geld investiert, z. B. in neue IT-Anwendungen, um mittelfristig Geld zu sparen. Bestehende Kosten werden durch diese Investition reduziert, in dem Fehler vermieden, Prozesse automatisiert, bestehende Kunden zufriedener und vorhandene Aufwände minimiert werden (Ertragswachstum, engl. Bottom-Line Growth).

Strategische Exzellenz

Bei der strategischen Exzellenz wird investiert, um mittel- oder langfristig mehr Geld zu verdienen. Hier geht es darum, neue Kunden zu erreichen, ein neues Geschäftsmodell umzusetzen oder in einem komplett neuen Markt Fuß zu fassen. Die strategische Exzellenz schafft eine neue Wertschöpfung im Unternehmen und damit neues Umsatzpotenzial (Umsatzwachstum, engl. Top-Line Growth).

Tabelle 1.1 fasst Merkmale operativer- und strategischer IT-Projekte zur Anpassung der Unternehmensbausteine zusammen.

Fragestellung	Operative Exzellenz	Strategische Exzellenz
Warum?	■ Fehler reduzieren ■ administrative Aufwände reduzieren ■ Effizienz und Nutzbarkeit bestehender Prozesse steigern ■ Datenverarbeitung optimieren ■ Zufriedenheit bestehender Nutzerinnen und Nutzer steigern ■ Ertragsgewinn steigern	■ Differenzierung am Markt erreichen ■ Wettbewerbsvorteile sichern ■ in neuen Märkten gewinnen ■ Umsatzgewinn
Wie?	■ neue Benutzeroberflächen einführen ■ mobile Nutzungsmöglichkeiten umsetzen ■ neue Datenströme, z. B. von Sensoren, nutzen ■ Schnittstellen und APIs (Application Programming Interfaces) nutzen ■ verschiedene Teilprozesse integrieren	■ Prozesse/Arbeitsweisen ändern ■ Wandlung vom Produkt zum Service vollziehen ■ Konnektivität verbessern ■ produktorientierte IT einführen ■ intelligentere Produkte einführen ■ neue Datenströme mit vorhandenen Daten kombinieren (Big Data)
Was?	■ Medienbrüche abbauen ■ Prozesse automatisieren/intelligenter machen ■ Veränderung innerhalb der Abteilungs-/Anwendungssilos schaffen ■ bestehende Kunden adressieren	■ neue Services und Funktionen bereitstellen ■ Veränderung über System- und Abteilungsgrenzen hinweg schaffen ■ neue Kunden und Märkte adressieren

Tabelle 1.1 Merkmale operativer und strategischer IT-Projekte

1.3 Eigenschaften eines intelligenten Unternehmens

Nach William Sterns (Psychologe und Entwickler des ersten IQ) Definition von Intelligenz ist ein intelligentes Unternehmen in der Lage, auf bisher unbekannte, nicht vorhersehbare Herausforderungen geeignet zu reagieren. Im unternehmerischen Kontext sind es häufig externe Kräfte und Faktoren, wie sie bereits in Abschnitt 1.2, »Gründe zur Anpassung der Unternehmensbausteine«, erläutert wurden, die Unternehmen zu Veränderungen zwingen. Der Vorteil intelligenter Unternehmen liegt in ihrer Widerstandsfähigkeit und Flexibilität; dadurch können sie deutlich besser auf Veränderungen reagieren.

Anpassungsfähigkeit

Sie schaffen es, kurzfristig ihre bestehenden Geschäftsprozesse anzupassen oder erlangen mittelfristig neue Fähigkeiten, um zukünftig flexiblere Wertschöpfungsketten und neue Geschäftsmodelle zu entwickeln. Doch wie meistern intelligente Unternehmen diese Herausforderungen? Die Antwort auf diese Frage liegt in der Anpassung der Unternehmensbausteine. Ein intelligentes Unternehmen nutzt gezielt IT-Projekte, um seine Unternehmensbausteine an die Herausforderungen anzupassen. Demnach lässt sich die Intelligenz eines Unternehmens am Grad der Anpassungsfähigkeit (Agilität) der Unternehmensbausteine messen.

Umsetzung der Unternehmensbausteine

Zusätzlich spielt auch die Art, wie die Unternehmensbausteine umgesetzt sind, eine Rolle bei der Intelligenz eines Unternehmens. Insbesondere zeichnen sich intelligente Unternehmen durch integrierte, durchgängige Geschäftsprozesse aus. Je weniger Reibungsverluste innerhalb eines Prozesses oder bei Übergängen zwischen unterschiedlichen (Teil)prozessen entstehen, desto besser ist das prozessbasierte Nervensystem eines Unternehmens entwickelt.

Summe der Kompetenzen

Genauso ist auch die Summe der unterschiedlichen kombinierten Kompetenzen, die ein Unternehmen hat, Teil seiner Intelligenz. Je mehr Kompetenzen ein Unternehmen besitzt und miteinander verknüpft, desto intelligenter ist es.

Kognitive Fähigkeit

Ein weiterer wichtiger Aspekt der Intelligenz ist die *kognitive Fähigkeit* eines Unternehmens zur Wahrnehmung der sich kontinuierlich verändernden Rahmenbedingungen. Mit dieser Fähigkeit erkennt und analysiert das Unternehmen z. B. die Bedürfnisse der internen und externen Stakeholder oder nimmt Veränderungen am Markt und in der Wirtschaft wahr.

Die systematische und dauerhafte *Ermittlung von Anforderungen* (engl. Requirements Elicitation) bildet einen wichtigen Teil der kognitiven Fähigkeit. Bei der Anforderungsermittlung geht es weniger um eine passive Sammlung als vielmehr um die aktive Erkennung und Suche nach neuen oder geänderten Bedarfen. Dazu zählen auch die Wahrnehmung der eigenen Marke und Produkte sowie die Einschätzung von Kundinnen und Kunden, Partnern und Mitarbeitenden. In der Praxis wird die Anforderungserhebung z. B. durch Interviews, Fragebögen, Benutzerbeobachtung (engl. User Research), Brainstorming und Prototyping umgesetzt.

[+]

Design Thinking als Methode zur Erhebung von Anforderungen

Als Kreativmethode stellt Design Thinking die Nutzerinnen und Nutzer einer Anwendung oder eines Geschäftsprozess in das Zentrum der Problemlösung. Die durch das Design Thinking beschriebenen Methoden und Herangehensweisen zur systematischen Problemlösung eignen sich ebenfalls zur Erhebung von Anforderungen.

Datenanalyse

Eine wesentliche Rolle bei der Ausbildung der kognitiven Fähigkeiten eines Unternehmens spielt der Umgang mit Daten. Durch die Auswertung von Daten lassen sich Erkenntnisse gewinnen, die wiederum zur Anpassung der Unternehmensbausteine genutzt werden können. Besonderen Einfluss kann die Nutzung von Daten auf die Intelligenz einzelner Bausteine wie z. B. die Geschäftsprozesse nehmen. So können z. B. über mehrere Jahre gesammelte Erfahrungswerte genutzt werden, um mit Big-Data-Analysen und ML-Prozesse zu automatisieren. Es können auch zusätzliche Daten von Sensoren über das IoT eingebunden und ausgewertet werden, wodurch die Prozesse nicht nur autonomer, sondern auch vorausschauender werden.

Nachdem ein intelligentes Unternehmen mithilfe seiner kognitiven Fähigkeiten die Anforderungen erkannt hat, werden diese analysiert, modelliert und weiterspezifiziert, um sie dann in den relevanten Unternehmensbausteinen abzubilden und durch eine entsprechende Anpassung oder Erweiterung der Bausteine innerhalb von (IT-)Projekten zu adressieren.

Agilität

Je schneller die Erweiterung eines Prozesses erfolgen kann, desto widerstandsfähiger ist das Unternehmen. Die schnelle Anpassungsfähigkeit eines Prozesses wird wiederum durch den Einsatz zeitgemäßer Technologien ermöglicht, die es erlauben, Daten nutzbringend auszuwerten sowie bestehende Prozesse entlang der Wertschöpfungsketten besser zu integrieren, bedarfsorientiert anzupassen und zu erweitern.

[«]

Kompetenzen eines intelligenten Unternehmens

Ein intelligentes Unternehmen weist folgende Kompetenzen auf:

- Es erkennt Stimmungen und Anforderungen im Markt und bei Stakeholdern (kognitive Fähigkeiten).
- Es analysiert Daten, um schnell zu handeln und fundierte Entscheidungen zu treffen (Daten und Analyse).
- Es handelt vorausschauend (Planung und Simulation).
- Es automatisiert Geschäftsprozesse auf der Basis von Erfahrungen aus der Vergangenheit (Automatisierung).

- Es baut auf integrierten und vernetzten Ende-zu-Ende-Geschäftsprozessen auf (Integration).
- Es erweitert seine Fähigkeiten und Geschäftsprozesse schnell und einfach (Agilität).

SAP Intelligent Enterprise Framework

Mit dem *SAP Intelligent Enterprise Framework* bietet SAP einen Ansatz zum Aufbau eines intelligenten Unternehmens. Die Bestandteile dieses Frameworks sind in Abbildung 1.5 dargestellt:

❶ Ende-zu-Ende-Geschäftsprozesse (Kernprozesse)

❷ Geschäftsnetzwerke

❸ Intelligent Suite

❹ Industry Cloud

❺ SAP Business Technology Platform

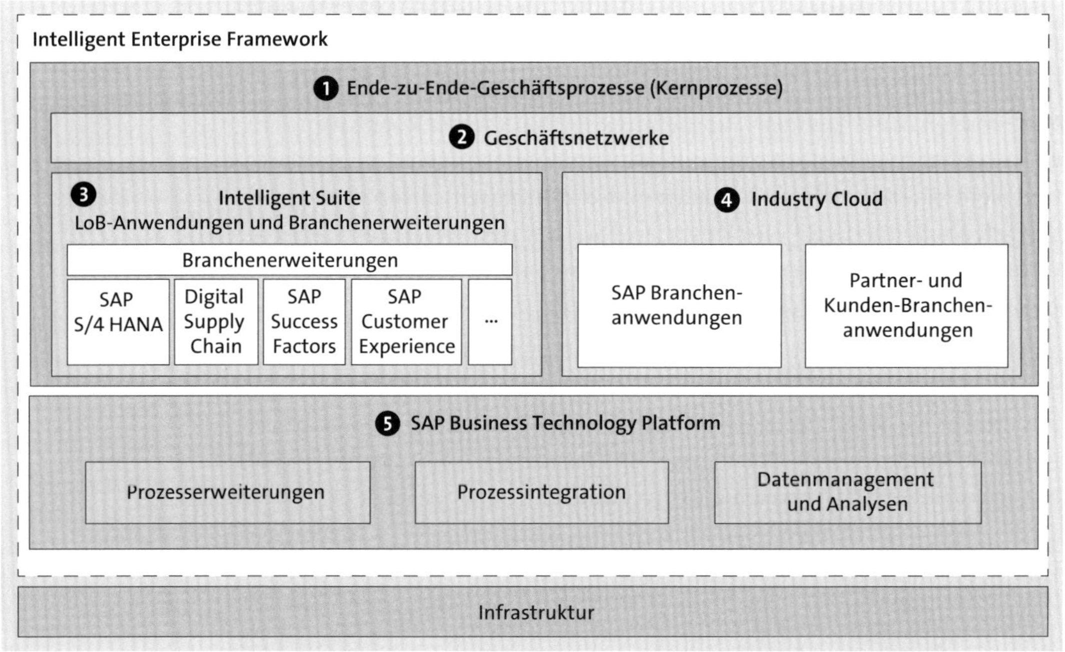

Abbildung 1.5 SAP Intelligent Enterprise Framework

Ende-zu-Ende-Geschäftsprozesse

Das SAP Intelligent Enterprise Framework definiert wesentliche Kernaktivitäten bzw. Ende-zu-Ende-Geschäftsprozesse, die bei vielen Unternehmen eine zentrale Rolle einnehmen. Tabelle 1.2 gibt eine Übersicht über die Ende-zu-Ende-Prozesse im SAP Intelligent Enterprise Framework.

Prozessname	Kategorie	Beschreibung
Recruit to Retire	mitarbeiterbezogene Prozesse	Durchgängig integrierter Prozess zur Planung, Einstellung und Verwaltung der gesamten Belegschaft. Der Prozess beginnt mit der Rekrutierung potenzieller Mitarbeitenden und umfasst den kompletten Lebenszyklus der Karriere bis hin zur Pensionierung.
Design to Operate	Prozesse für Produktion und Lieferkette	Durchgängiger, auf die Lieferkette ausgerichteter Prozess, der den Entwurf, die Planung, Fertigung, Lieferung und den Betrieb neuer Produkte und Anlagen sowie deren Verwaltung über den gesamten Lebenszyklus abdeckt.
Lead to Cash	kundenbezogene Prozesse	Durchgängig integrierter Prozess, der von der Kaufabsicht oder dem Kaufinteresse der Kunden bis hin zur Umsatzrealisierung eines Unternehmens durch den Produktverkauf reicht.
Source to Pay	Prozesse für Finanzen und Einkauf	Durchgängig integrierter Prozess, der sich von der Suche nach Lieferanten und Waren über die Verhandlung und den Abschluss von Verträgen bis zur endgültigen Zahlung für Waren und Dienstleistungen erstreckt.

Tabelle 1.2 Ende-zu-Ende-Prozesse des SAP Intelligent Enterprise Framework

Ende-zu-Ende-Geschäftsprozesse wie z. B. Recruit to Retire werden durch eine Kombination unterschiedlicher Kompetenzen eines Unternehmens umgesetzt. Da diese Kompetenzen durch unterschiedliche IT-Anwendungen realisiert werden, erfordert die Umsetzung der Ende-zu-Ende-Prozesse die vollständige Integration dieser IT-Anwendungen. Dafür sind standardisierte Schnittstellen notwendig, über die Daten zwischen den IT-Anwendungen ausgetauscht und Geschäftsprozesse miteinander verknüpft werden.

SAP API Business Hub

Der *SAP API Business Hub* (*https://api.sap.com*) dokumentiert alle Standardschnittstellen (APIs) sowie Events für SAP-Lösungen und liefert vordefinierte Prozessintegrationen oder Prozesserweiterungen als direkt implementierbare Integration Flows (iFlows) und Workflows. Auch visualisiert der SAP API Business Hub die Ende-zu-Ende-Geschäftsprozesse des SAP Intelligent Enterprise Framework und stellt dar, wie unterschiedliche SAP-Lösungen zur Umsetzung der Prozesse kombiniert werden. Abbildung 1.6 zeigt den Prozess Source to Pay im SAP API Business Hub, der die strategische und operative Beschaffung adressiert, indem er die Suche nach Bezugsquellen, die Beschaffung sowie den Empfang von Waren und Dienstleistungen abdeckt.

Die Ende-zu-Ende-Prozesse des SAP Intelligent Enterprise Framework visualisiert der SAP API Business Hub z. B. in Form eines *Solution-Value-Flow-Diagramms* oder eines *Solution-Component-Diagramms* (siehe Abbildung 1.6). Beide Diagrammtypen werden beispielsweise auch im EAM verwendet.

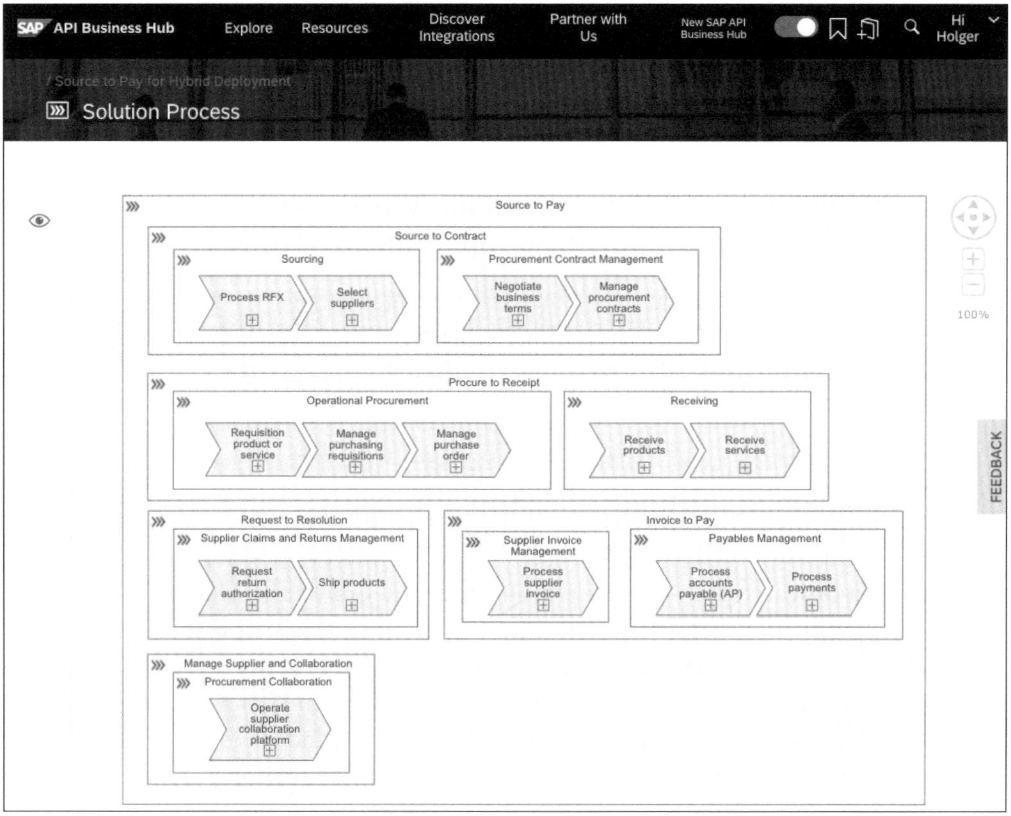

Abbildung 1.6 Visualisierung des Source-to-Pay-Prozesses im SAP API Business Hub

Geschäftsnetzwerke

Für die Umsetzung durchgängiger Ende-zu-Ende-Geschäftsprozesse haben sich im Zuge der Digitalisierung immer mehr *Geschäftsnetzwerke* entwickelt. Mit diesen gelingt es, Partner und Kunden enger in die Unternehmensabläufe einzubeziehen. Auch Daten aus Bereichen außerhalb des eigenen Unternehmens, wie z. B. aus Finanzmärkten oder Transportsystemen, werden über Geschäftsnetzwerke mit den Daten aus den Unternehmensprozessen kombiniert. So helfen Geschäftsnetzwerke dabei, unternehmensübergreifende Kompetenzen und Prozesse zu realisieren und unterstützen bei der Zusammenarbeit mit Partnern und Lieferanten. Dabei fördern sie die Realisierung von flexiblen, widerstandsfähigen Wertschöpfungsketten und Dienstleistungen. Aus diesem Grund sind Geschäftsnetzwerke ein wesentlicher Aspekt beim Aufbau eines intelligenten Unternehmens.

Als Teil des SAP-Portfolios werden beispielsweise Geschäftsnetzwerke zur Beschaffung (SAP Ariba), für das Reisemanagement (SAP Concur), zur Verwaltung externer Dienstleistungen (SAP Fieldglass), für die Logistik (SAP Logistics Business Network) und für die Verwaltung von Industrieanlagen (SAP Asset Intelligence Network) bereitgestellt.

Neben den Geschäftsnetzwerken liefern die *Intelligent Suite* sowie die *Industry Cloud* unternehmensrelevante Fähigkeiten und Geschäftsprozesse.

Intelligent Suite

Die Intelligent Suite stellt Prozesse für unterschiedliche Kompetenzen bereit, wie z. B. Kundenmanagement, Mitarbeiterverwaltung, Finanzen und Produktion. Dabei sind die jeweiligen Prozesse untereinander integrierbar und flexibel an unternehmensspezifische Anforderungen anpassbar. Sie liefern integrierte Analysen für ein Reporting aus Echtzeitdaten. Eine zentrale Lösung innerhalb der Intelligent Suite ist SAP S/4HANA bzw. SAP S/4HANA Cloud. Zusätzlich zu den Geschäftsnetzwerken liefert die Intelligent Suite somit weitere Services und Prozesse, die für die Umsetzung eines intelligenten Unternehmens relevant sind.

Industry Cloud

Darüber hinaus stellen die Industry-Cloud-Lösungen branchenpezifische Prozesse bereit. SAP-Kunden und -Partner nutzen die Industry Cloud als Innovationsplattform, um branchenspezifische Cloud-Anwendungen zu entwickeln, die die Leistungen der Geschäftsnetzwerke und der Intelligent Suite ergänzen. Ziel ist es, mit der Industry Cloud schneller auf die sich verändernden Rahmenbedingungen der Märkte und der individuellen Branchenthemen reagieren zu können und gleichzeitig von den Erweiterungen anderer Kunden und SAP-Partner zu profitieren. Die Industry Cloud ist modular aufgebaut und basiert technisch auf der SAP Business Technology Platform.

RISE with SAP

Die meisten SAP-Kunden möchten die Geschäftsprozesse ihres Unternehmens modernisieren und transformieren. Dabei hilft das SAP Intelligent Enterprise Framework. Um Ihren Weg zum intelligenten Unternehmen zu unterstützen, bietet *RISE with SAP* einen einfachen Zugang zu allen für die Modernisierung und Transformation erforderlichen Lösungskomponenten über einen einzigen Vertrag. Mit RISE with SAP haben Sie die Wahl zwischen der Bereitstellung von SAP S/4HANA Cloud in einer öffentlichen und einer privaten Cloud auf einer Cloud-Provider-Infrastruktur Ihrer Wahl. Zusätzlich sind hilfreiche Werkzeuge und Services für die Modernisierung und Transformation ein Teil von SAP RISE. Dazu gehört z. B. der SAP Readiness Check, um die bestehende IT-Landschaft hinsichtlich einer Aktualisierung zu SAP S/4HANA zu analysieren, und die Business-Process-Intelligence-Tools, die Möglichkeiten zur Transformation bestehender Geschäftsprozesse aufzeigen. Mit der ebenfalls beinhalteten SAP-Fiori-App **Custom Code Migration** werden bestehende Erweiterungen und Eigenentwicklungen für eine Migration nach SAP S/4HANA oder der SAP BTP analysiert. Da die SAP BTP eine zentrale Rolle bei der Umsetzung des SAP Intelligent Enterprise Framework spielt, ist sie mit all ihren Plattformservices ebenfalls Bestandteil von RISE with SAP.

SAP BTP

Um die Prozesse der Geschäftsnetzwerke, der Intelligent Suite und der Industry Cloud durchgängig zu integrieren und hierbei auch Drittanbieterlösungen und externe Daten zu berücksichtigen, bedarf es einer weiteren Komponente im SAP Intelligent Enterprise Framework: der SAP BTP. Sie ermöglicht es, vollständige Geschäftsprozesse im Blick zu haben, unternehmensspezifische Anpassungen am Prozess vorzunehmen oder einen Prozess durch die Hinzunahme zusätzlicher Daten feiner und wirtschaftlicher zu steuern.

1.4 Zusammenfassung

Damit der Wandel zum intelligenten Unternehmen gelingt, müssen Unternehmen regelmäßig bewerten, bei welchen Bausteinen Anpassungen notwendig sind. Die Services der SAP BTP helfen dabei, gezielte Änderungen und Transformationen an Prozessen vorzunehmen und so die Anforderungen von Mitarbeitenden sowie Kundinnen und Kunden zu erfüllen. Doch nicht nur Prozesse können mit der SAP BTP automatisiert werden, sondern auch die Entscheidungsfindung entlang der Prozesse. Das folgende Kapitel 2, »Die Rolle der SAP Business Technology Platform für intelligente Unternehmen«, geht näher auf die Rolle der SAP BTP für das intelligente Unternehmen ein.

Kapitel 2
Die Rolle der SAP Business Technology Platform für intelligente Unternehmen

Intelligente Unternehmen haben bestimmte Anforderungen an ihre IT. Bei der Umsetzung dieser Anforderungen unterstützt sie die SAP Business Technology Platform.

Die Anpassungsfähigkeit, die ein intelligentes Unternehmen auszeichnet, macht es auch widerstandsfähiger im Vergleich zu anderen Unternehmen. Betriebliche Abläufe werden ständig neu bewertet und notwendige Änderungen an den Unternehmensbausteinen (siehe Abschnitt 1.1, »Bausteine eines Unternehmens«) schnell und präzise durchgeführt. Kompetenzen des Unternehmens mit ihren jeweiligen Geschäftsprozessen werden so inkrementell verbessert und disruptive neue Geschäftsmodelle als Reaktion auf veränderte Marktbedingungen umgesetzt.

Technologie spielt eine wesentliche Rolle bei der Anpassung und Verbesserung der Unternehmensbausteine. Daher müssen intelligente Unternehmen auch entsprechende Anpassungen an ihrer IT-Landschaft vornehmen.

Wie die SAP Business Technology Platform (SAP BTP) bei diesen Anpassungen unterstützen kann, erfahren Sie in diesem Kapitel. Dabei werden verschiedene Anforderungen der IT berücksichtigt, die ich Ihnen in Abschnitt 2.1 vorstelle. Die darauffolgenden Abschnitte beschäftigen sich dann mit den einzelnen Anforderungen: der Erweiterbarkeit von Geschäftsprozessen (siehe Abschnitt 2.2), der Integration von Geschäftsprozessen (siehe Abschnitt 2.3) und der Wertschöpfung aus Daten (siehe Abschnitt 2.4).

2.1 Anforderungen an die Unternehmens-IT

Erweiterbarkeit

Für eine flexible Anpassung der Geschäftsprozesse an neue Marktbedingungen sind entsprechende Änderungen an den daran beteiligten IT-Anwendungen und an deren Daten und Infrastruktur notwendig. Dazu ist ein *Erweiterungskonzept* erforderlich, das es erlaubt, Standardanwendungen um unternehmensspezifische Logik und Funktionalität zu ergänzen, ohne den Quellcode der Anwendung zu modifizieren. Dazu bietet das Konzept sogenannte »Haken« (engl. Hooks), an die Sie Ihre Erweiterungen hängen. Technisch lassen sich die Erweiterungen unterschiedlich realisieren. Neben einem Erweiterungskonzept für Geschäftsprozesse sind auch effiziente Werkzeuge für die Entwicklung und, abhängig von den funktionalen Anforderungen, unterschiedliche technische Services, wie beispielsweise zum Prozessmanagement oder zur Automatisierung, hilfreich.

Integration

Um Agilität und damit auch den Erfolg des Unternehmens zu gewährleisten, ist nicht nur die funktionale Erweiterbarkeit der Geschäftsprozesse, sondern auch deren Integration mit anderen Prozessen zu durchgängigen Kernprozessen (Ende-zu-Ende-Geschäftsprozesse) entscheidend. Da die Prozesse in Unternehmen oftmals durch die Kombination unterschiedlicher IT-Anwendungen ganzheitlich umgesetzt werden, erfordert die *Prozessintegration* einen Datenaustausch zwischen den Anwendungen. Dafür ist eine konsistente Sicht auf die Stammdaten sowie das den Prozessen zugrunde liegende Datenmodell wichtig.

Mit diesem Wissen kann eine für die Integration von Prozessen erforderliche Anpassung der Datenstrukturen oder Datenformate vorgenommen werden. Ebenfalls sind beim Austausch der Daten zwischen Prozessen standardisierte Schnittstellen, z. B. in Form von APIs oder Events, nützlich. Diese Schnittstellen gilt es im Betrieb kontinuierlich zu prüfen, um im Fehlerfall reagieren zu können.

Wertschöpfung aus Daten

Neben der Erweiterbarkeit und Integration nutzt ein intelligentes Unternehmen große Datenmengen unterschiedlicher Struktur und Formate aus verschiedenen Quellen, um diese nutzenbringend in die Geschäftsprozesse einzubringen. So können Mitarbeitende fundierte fachliche Entscheidungen treffen, und Prozessschritte können auf der Basis von Erfahrungswerten aus den Daten automatisiert werden.

Um die Daten möglichst gewinnbringend zu nutzen, konzentriert sich ein intelligentes Unternehmen auf die Automatisierung der Integration, Transformation, Verwaltung und Orchestrierung aller Datenbestände, um Echtzeitanalysen und Erkenntnisse in den Geschäftsprozessen seiner Fachbereiche zu nutzen.

Wirkungsfeld der SAP BTP

Die SAP BTP bietet verschiedene Funktionen zur Umsetzung der relevanten technischen Anforderungen:

- agile Erweiterbarkeit der Geschäftsprozesse
- durchgängige Prozessintegration
- Wertschöpfung durch Verarbeitung und Analyse unterschiedlicher Daten

Mit diesen Eigenschaften unterstützt die SAP BTP eine intelligente Umsetzung der in Abschnitt 1.1 eingeführten Unternehmensbausteine: Geschäftsprozesse, IT-Anwendungen und Daten (siehe Abbildung 2.1).

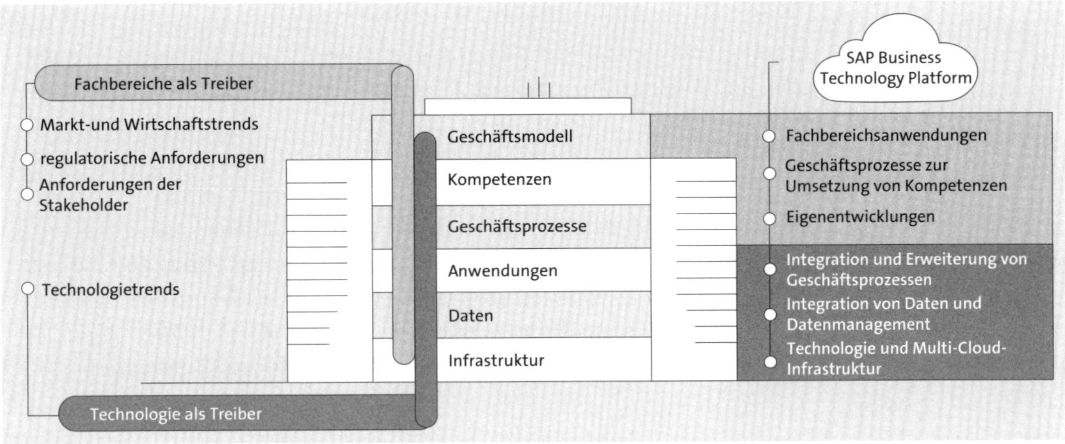

Abbildung 2.1 Wirkungsfeld der SAP BTP (Quelle: SAP)

Neben der Erweiterung von bestehenden Prozessen können mit der SAP BTP auch neue Geschäftsprozesse in Form eigener Anwendungen realisiert werden. Mit dieser Eigenschaft erweitert sich das Wirkungsfeld der Plattform auf die Umsetzung neuer Kompetenzen im Unternehmen. Beispielsweise lassen sich mit der SAP BTP zusätzliche Services für ein bestehendes Produktportfolio entwickeln, um so das vorhandene Geschäftsmodell um digitale Angebote zu erweitern.

2.2 Geschäftsprozesse erweitern

Anpassungsfähigkeit durch Erweiterbarkeit

Um die Anpassungsfähigkeit eines Unternehmens technisch zu realisieren, bietet die SAP BTP einerseits die Möglichkeit, bestehende Geschäftsprozesse zu erweitern und anderseits verschiedene Funktionen, um zusätzliche Prozesse in Form von neuen Unternehmenskompetenzen zu implementieren.

Wenn sich Märkte und Branchenbedingungen ändern, entstehen bei Partnern, Kunden und Mitarbeitenden von Unternehmen neue Anforderungen, die eine Erweiterung oder Ergänzung der unternehmensspezifischen Prozesse erforderlich machen. Unternehmen haben die Möglichkeit, diesen Anforderungen durch Erweiterungen der SAP-Standard-Geschäftsprozesse entgegenzukommen, oder sie entwickeln komplette, domänenspezifische Anwendungen als Ergänzung zur Standardfunktionalität. Die Erweiterung der Unternehmensabläufe ist mit der Plattform ohne Destabilisierung bzw. Modifikation der SAP-Standardprozesse möglich.

[»]

Modifikation von Standardanwendungen

Unternehmensspezifische Anforderungen an Geschäftsprozesse, die mit einer SAP-Standardlösung wie SAP S/4HANA bereitgestellt werden, können auch durch eine *Modifikation* der Standardlösung umgesetzt werden. Im Gegensatz zu Erweiterungen handelt es sich bei Modifikationen um Änderungen am Quellcode oder an den Metadaten der SAP-Standardlösung. Modifikationen der SAP-Standardlösung haben Auswirkungen auf den Lebenszyklus der Anwendung und bedeuten beispielsweise zusätzlichen Aufwand beim Einspielen einer neuen Version. Modifikationen können im Gegensatz zu Erweiterungen nicht durchgeführt werden, wenn die SAP-Standardlösung mit dem Modell *Software as a Service* (SaaS) bereitgestellt wird.

Services zur Erweiterung

Die SAP BTP bietet Möglichkeiten zur Anwendungsentwicklung, zur Umsetzung von Prozesslogik und zum Geschäftsprozessmanagement. Außerdem stellt sie unterschiedliche *Business-Services* bereit, mit denen domänenspezifische Funktionen, wie z. B. Steuerberechnungen, die Klassifikation von Dokumenten, die Variantenkonfiguration oder die Berechnung von Angebotspreisen umgesetzt werden können. Mit diesem Handwerkzeug sind Unternehmen technisch in der Lage, SAP-Anwendungen an ihre Bedürfnisse anzupassen.

Entkopplung als Architekturmuster

Die auf der Plattform entwickelten Erweiterungen sind Ergänzungen zum Umfang der SAP-Standardlösungen mit einem stabilen Lebenszyklus. Eine Aktualisierung der SAP-Standardlösung auf eine neue Version hat somit keine Auswirkung auf Erweiterungen, die mit der SAP BTP implementiert werden. Umgekehrt hat das Einspielen bzw. die Nutzung einer neuen Version der SAP-Standardlösung auch keinen Einfluss auf die Funktionalität der Erweiterung. Eine solche *Entkopplung* der SAP-Standardlösungen von unternehmensspezifischen Erweiterungen ist Voraussetzung, um schnelle Innovationszyklen zu ermöglichen, ohne Seiteneffekte auf die Nutzung der neuesten Version der Standardlösung zu haben. Damit ist sie ein wichtiger Bestandteil auf dem Weg zum intelligenten Unternehmen (siehe Abbildung 2.2).

[»]

Entkopplung als Voraussetzung für Software as a Service

Die Entkopplung der Erweiterungen von der Standardfunktionalität der SAP-Lösung ist ebenfalls eine technische Voraussetzung, um die SAP-Standardlösung in der Cloud als SaaS anbieten zu können. Das SaaS-Bereitstellungsmodell setzt typischerweise auf schnelle Innovationszyklen, sodass hier keine Abhängigkeiten zwischen der Erweiterung und der Standardlösung bestehen dürfen.

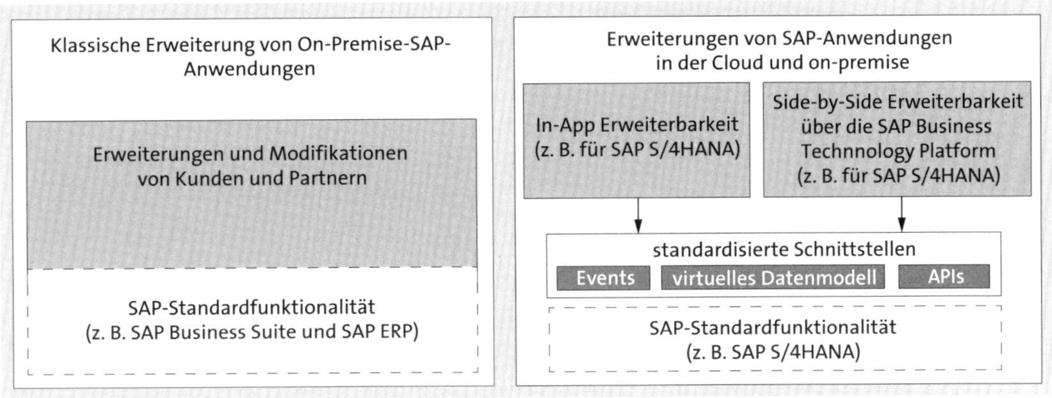

Abbildung 2.2 In-App- und Side-by-Side-Erweiterungskonzepte für SAP-Anwendungen

Kategorien von Erweiterungen

Die Anforderungen der Fachabteilungen an die Erweiterungen von Standardprozessen lassen sich in unterschiedliche Kategorien gruppieren:

- Anpassung der Benutzerschnittstelle
- Anpassung der Prozesslogik
- Anpassung des Datenmodells

Erweiterung der Benutzerschnittstelle

Die Anpassung der Benutzerschnittstelle eines Geschäftsprozesses resultiert im Allgemeinen aus dem Bedürfnis, die Benutzererfahrung (*User Experience*) zu optimieren. Eine Fachabteilung könnte z. B. den Bedarf formulieren, dass die Eingabemaske zur Datenerfassung innerhalb eines Geschäftsprozesses angepasst werden soll. Auch kommt es häufig vor, dass ein Prozess für die Nutzung mobiler Endgeräte optimiert werden soll, indem Daten beispielsweise offline zur Verfügung gestellt und der GPS-Sensor oder die Kamera des Geräts für die Datenerfassung genutzt werden.

Um beispielsweise die Details von Produkten direkt im Lager zu überprüfen, kann mit der SAP BTP und dem iOS-Entwicklungswerkzeug (Xcode) eine native iOS-App realisiert werden, die Produktdaten aus dem SAP-S/4HANA-System liest und mobiloptimiert auf dem Gerät anzeigt. Benutzerinnen und Benutzer können dann über die Produkt-ID oder den Barcode nach bestimmten Produkten suchen und sich spezifische Produktdetails anzeigen lassen. Zu den Details gehören grundlegende Produktdaten, Produktbeschreibungen und Informationen über Werke und Verkäufe. Die Produktdaten können auch dann zur Verfügung gestellt werden, wenn das mobile Gerät aufgrund eines Verbindungsproblems offline ist.

Anforderungen an die Benutzerschnittstellen

Tabelle 2.1 fasst einige typische Anforderungen zur Erweiterung der Benutzerschnittstelle eines bestehenden Prozesses zusammen.

Anforderung zur Erweiterung der Benutzerschnittstelle	Beschreibung
Vereinfachung	Vereinfachung komplexer Eingabemasken und Abläufe vorhandener Prozesse
Globalisierung	Übersetzung der vorhandenen Benutzeroberfläche in zusätzliche Sprachen (Lokalisierung)
Mobilität	Bereitstellung bestehender Prozesse auf mobilen Endgeräten
Branding	Darstellung eines bestehenden Prozesses unter Berücksichtigung des Unternehmenslogos und der Designvorgaben
Automatisierung	Reduktion der Benutzerinteraktionen durch die Automatisierung bestehender Prozessschritte

Tabelle 2.1 Beispiele für Anforderungen zur Erweiterung der Benutzerschnittstelle

Erweiterung der Prozesslogik

Anforderungen zur Anpassung eines Standardprozesses können auch im Bereich der Prozesslogik liegen. Für die Umsetzung der fachlichen Anforderungen kann es erforderlich sein, neue Benutzerinteraktionen in der Prozesslogik zu implementieren oder zusätzliche Bedingungen im Prozessfluss zu prüfen. Auch die automatische Validierung von Daten oder von Bedingungen für eine zusätzliche Prozesssteuerung ist eine denkbare Erweiterung der Logik.

Unternehmen können z. B. den Standardprozess zum Anlegen und Ändern von Kundendaten um eine Option erweitern, die es Kunden erlaubt, geänderte Daten zu bestätigen. Sobald die Adresse eines Kunden im SAP-S/4HANA-System geändert wird, kann die Kontaktperson beim Kunden per E-Mail über die neuen Adressdetails benachrichtigt werden. Falls die Adresse korrekt ist, kann die Kontaktperson die Gültigkeit sofort bestätigen. Andernfalls kann die Person über einen Link in der E-Mail eine eigenentwickelte SAP-BTP-Anwendung aufrufen, in der die Angaben direkt angepasst werden können. Die geänderten Daten werden nach der Prüfung abschließend durch die Fachabteilung in das SAP-S/4HANA-System zurückgeschrieben.

Neue Geschäftsprozesse

Neben der Anpassung eines bestehenden Prozesses können die Anforderungen der Fachabteilung auch in der Implementierung komplett neuer Geschäftsprozesse resultieren. So kann z. B. in der Logistikabteilung eines Unternehmens das Drucken von Versandetiketten mit einer Anwendung auf der SAP BTP implementiert werden. Wenn die zu versendenden Waren am Lagerort kommissioniert und für den Versand verpackt werden, könnte die Etikettendruckanwendung der SAP BTP die entsprechenden Lieferinformationen aus dem SAP-S/4HANA-System abrufen. Die Versandsachbearbeitenden addieren dann die Anzahl der notwendigen Pakete für jede Lieferposition und geben diese in der Anwendung ein. Mit der Auswahl der Druckfunktion würden die Etiketten, basierend auf den Lieferinformationen und den Benutzereingaben, auf einem lokalen Drucker in der Versandstelle gedruckt. Das Etikett enthält Informationen über die Liefer-ID, die Position, die Materialnummer, die Menge der Artikel pro Paket und die Anzahl der Pakete. Dieselben Informationen können auch in einem QR-Code enthalten sein. Diesen kann der Kunde vor Ort schnell einscannen und die Lieferung mit den darin enthaltenen Informationen weiterverarbeiten.

Typische Anforderungen an die Prozesslogik

Tabelle 2.2 fasst einige Anforderungen zur Erweiterung der Prozesslogik zusammen.

Anforderung zur Erweiterung der Prozesslogik	Beschreibung
Eingabe neuer Daten	Auslösen eines Prozesses/Prozessschrittes durch die Eingabe neuer Daten
Prüfen von Bedingungen	Prüfen zusätzlicher Bedingungen zur Steuerung des Prozessablaufs
Auswertung von Daten	Auswertung zusätzlicher Daten für eine erweiterte Prozesssteuerung
Automatisierung	Automatisierung von Teilen der Prozesslogik, um weniger Benutzerinteraktion zu benötigen
Ausgabe	zusätzliche Ausgabe von Prozessergebnissen (z. B. Archivierung oder Analyse)
Integration	Integration anderer Prozesse zur Erweiterung der Ende-zu-Ende Prozessabdeckung

Tabelle 2.2 Beispiele für Anforderungen zur Erweiterung der Prozesslogik

Erweiterung des Datenmodells

Anforderungen der Fachabteilung können auch zur Erweiterung des zum Prozess gehörenden Datenmodells führen. In diesem Fall werden zusätzliche Daten gespeichert und verarbeitet, um erweiterte Analysen zur Steuerung des Prozessablaufs zu realisieren. Nutzerinnen und Nutzer können den Prozess aktiv steuern, wenn sie z. B. durch geeignet visualisierte vorausschauende Analysen und Simulationen unterschiedlicher Prozessvarianten bei der Entscheidungsfindung unterstützt werden. Oftmals ist eine Erweiterung des Datenmodells eng mit einer Erweiterung der Prozesslogik verknüpft, um z. B. Prozessabläufe automatisiert mithilfe zusätzlicher Daten zu steuern. Hierbei kann maschinelles Lernen auf Basis zahlreicher Erfahrungswerte aus der Vergangenheit helfen. Es können z. B offene Rechnungen mit eingegangenen Zahlungen abgeglichen, Bewerberinnen und Bewerber offenen Stellen im Unternehmen zugeordnet oder Serviceanfragen der Kundschaft den richtigen Themenbereichen zugewiesen werden.

Typische Anforderungen an das Datenmodell

Tabelle 2.3 stellt beispielhaft Anforderungen zur Erweiterung des Datenmodells dar.

Anforderung zur Erweiterung des Datenmodells	Beschreibung
Erfassung und Verwaltung neuer Daten	Speicherung und Pflege zusätzlicher Daten, z. B. durch die Eingabe der Nutzerinnen und Nutzer des Geschäftsprozesses
Integration und Verarbeitung neuer Daten	Integration und Verarbeitung neuer Daten für zusätzliche Auswertungen oder zur Prozessautomatisierung
Analyse	automatisches Erkennen von Trends oder Simulieren von möglichen Ergebnissen des Prozessablaufs anhand zusätzlicher und konsolidierter Daten
Visualisierung	Ermöglichen von Ad-hoc-Abfragen durch die Fachabteilungen zur Informationsgewinnung aus Daten und zur Unterstützung von Entscheidungen

Tabelle 2.3 Beispiele für Anforderungen zur Erweiterung des Datenmodells

Neue Anwendungen

Bei der Anpassung eines Geschäftsprozesses ist oftmals unklar, wo die Grenze zwischen einer *Erweiterung* und einer *Anwendung* liegt. An welchem Punkt eine Prozesserweiterung zu einer Anwendung wird, hängt davon ab, wie komplex sie ist und wie tief sie die drei Ebenen Benutzerschnittstelle, Prozesslogik und Datenhaltung funktional durchdringt. Im Gegensatz zu einer Erweiterung eines bestehenden Prozesses zielt eine neue Anwendung auf die Umsetzung zusätzlicher Kompetenzen durch neue Prozesse ab. Dabei adressiert eine Anwendung meistens alle drei Ebenen, d. h., sie umfasst eine neue Benutzerschnittstelle, betrifft die Logik und erfordert oftmals auch eine eigene Datenhaltung. Folgt die Präsentationsschicht der neuen Anwendung dem Konzept der Benutzerschnittstellen eines bestehenden Prozesses, kann sie über die Benutzerschnittstelle nahtlos in den bestehenden Geschäftsprozess eingebunden werden.

[+]

SAP Application Extension Methodology

Bei der Planung und Umsetzung von Erweiterungsprojekten mit der SAP BTP unterstützt Sie die *SAP Application Extension Methodology*. Ziel dieses methodischen Vorgehens ist die Definition eines Extension Frameworks, das bei der Auswahl von Plattformservices und Ansätzen zur technischen Umsetzung der Erweiterung hilft. Schreiben Sie eine E-Mail an die Adresse *sapaem@sap.com*, um Zugang zu den Templates und weitere Informationen zur Methode zu erhalten.

SAP Extension Suite

Die technischen Services der SAP BTP zur Erweiterung bestehender Geschäftsprozesse und zur Umsetzung neuer Anwendungen werden in der *SAP Extension Suite* zusammengefasst. Mit über 70 Services beschreibt diese Suite den Teil des Serviceportfolios der SAP BTP, mit dem bestehende Prozesse entlang der Wertschöpfungskette verbessert oder neue Prozesse und Anwendungen entwickelt werden. Abschnitt 3.4, »Anwendungsentwicklung«, und Kapitel 9, »Erweiterungen und Anwendungen programmieren«, gehen näher auf einzelne Services der SAP Extension Suite ein.

Produktivität

Dazu zählen auch Plattformservices zur Unterstützung der Entwicklerproduktivität, wie z. B. das *SAP Business Application Studio* zur Programmierung von Erweiterungen oder der Service *SAP Continuous Integration and Delivery* zur Nutzung vordefinierter CI/CD Pipelines. Die Services der SAP BTP sind dabei an unterschiedliche Entwicklungsteams – von No-Code über Low-Code zu Pro-Code – adressiert. So können auch ohne beziehungsweise mit nur wenigen Programmierkenntnissen Prozesserweiterungen und Anwendungen realisiert werden. Dadurch sind die Anwendungsmöglichkeiten der Plattform in den Unternehmen breit gefächert.

Für die Umsetzung von Erweiterungen ist die Möglichkeit zur Integration in bestehende Geschäftsprozesse oder bestehende Daten eine wichtige Anforderung. Dieser Vorgang wird im folgenden Abschnitt näher beschrieben.

2.3 Geschäftsprozesse integrieren

Durchgängige Kernprozesse

Die Agilität eines intelligenten Unternehmens basiert nicht nur auf der Anpassungsfähigkeit und Ergänzung bestehender Unternehmensprozesse, sondern auch auf der Integration unterschiedlicher Abläufe zu einem durchgängigen Ende-zu-Ende-Prozess (Kernprozess). Dadurch werden Medienbrüche reduziert, die Durchlaufzeiten der Kernprozesse verbessert und die Automatisierung von Entscheidungen entlang der Abläufe ermöglicht.

Im Intelligent Enterprise Framework definiert SAP wesentliche Kernprozesse eines Unternehmens (siehe Kapitel 1, »Das intelligente Unternehmen«), die aufgrund ihres hohen Abdeckungsgrads aus mehreren Teilprozessen bestehen und mit unterschiedlichen IT-Anwendungen realisiert werden.

Lead to Cash

Der Kernprozess *Lead to Cash* ist ein Beispiel für einen solchen Prozess. Er deckt den gesamten Ablauf vom ersten Kontakt mit potenziellen Kunden über die Auftragsabwicklung bis hin zur Erbringung der Dienstleistung ab. Fachliche Anforderungen entlang des Prozesses sind z. B. der Aufbau einer qualifizierten Sales Pipeline, die Optimierung von Kundenterminen zur Reduktion der CO_2-Bilanz, die Erstellung von Angeboten, die Anpassung von Vertrags- und Zahlungsmodalitäten und die Provisionsabwicklung.

Abbildung 2.3 stellt die am Prozess Lead to Cash beteiligten modularen SAP-Lösungen im Kontext der einzelnen Prozessschritte dar.

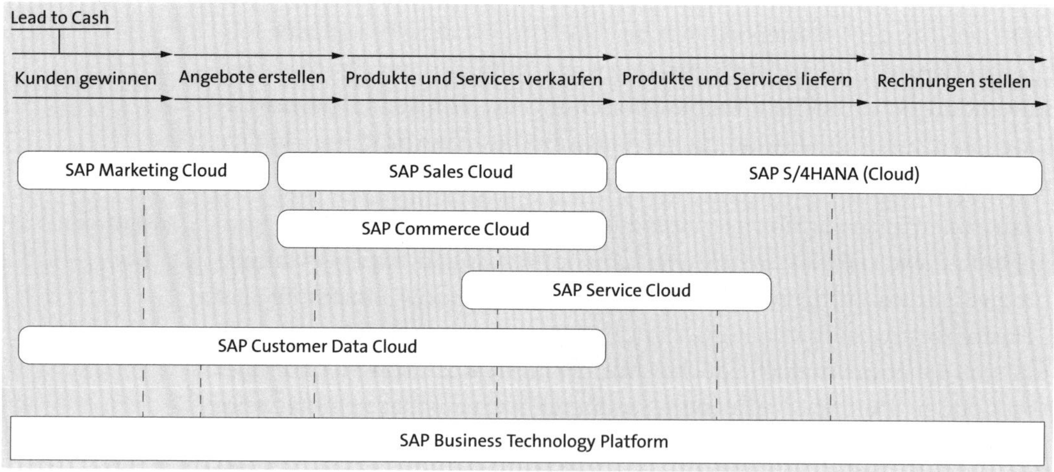

Abbildung 2.3 SAP-Lösungen zur Umsetzung des Kernprozesses Lead to Cash

Design to Operate

Mit dem Prozess *Design to Operate* verwirklicht ein Unternehmen den gesamten Lebenszyklus seiner Produkte, wie z. B. Maschinen oder Fertigungsanlagen, beginnend mit der Planung über die Produktion und Auslieferung bis hin zum Betrieb. Im Zentrum steht dabei die Umsetzung einer belastbaren und nachhaltigen Lieferkette, die einen wesentlichen Beitrag zur Widerstandsfähigkeit eines intelligenten Unternehmens leistet. Der Prozess deckt beispielsweise das Anforderungsmanagement durch die Einbeziehung von Kunden-Feedback sowie die Produktionsplanung unter Berücksichtigung vorhandener Rohstoffe, der Lieferkette und dem Auftragseingang ab. Die an der Umsetzung des Kernprozesses beteiligten SAP-Lösungen sind in Abbildung 2.4 dargestellt.

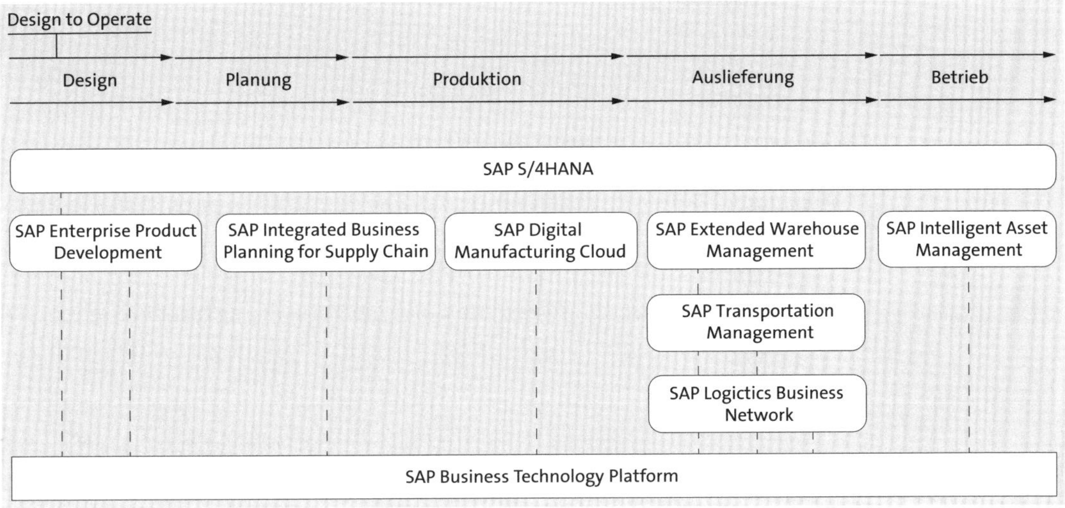

Abbildung 2.4 SAP-Lösungen zur Umsetzung des Kernprozesses Design to Operate

Source to Pay

Die Optimierung und Verwaltung des Beschaffungsprozesses und der damit verbundenen Ausgaben deckt der Kernprozess *Source to Pay* ab. Teil des Prozesses ist die Bestellung von Materialien durch die Fachabteilungen des Unternehmens unter Berücksichtigung unternehmensspezifischer Vorschriften. Dabei werden für die Abwicklung der Bestellung relevante Daten automatisch mit den Zulieferern ausgetauscht und verarbeitet. Neben der Umsetzung einer zentralen Beschaffung wird auch die Verwaltung von Verträgen im Prozess berücksichtigt. Durch die Integration unterschiedlicher SAP-Lösungen umfasst der Prozess auch die Identifikation und Beauftragung von Dienstleistungsunternehmen, die bei der Umsetzung von Projekten unterstützen. SAP-Lösungen, die für die Implementierung des Kernprozesses genutzt werden, sind in Abbildung 2.5 dargestellt.

Recruit to Retire

Die Verwaltung aller Aspekte des Personalbestands, inklusive externer Mitarbeiterinnen und Mitarbeiter, deckt der bereits in Kapitel 1, »Das intelligente Unternehmen«, erwähnte Prozess *Recruit to Retire* ab.

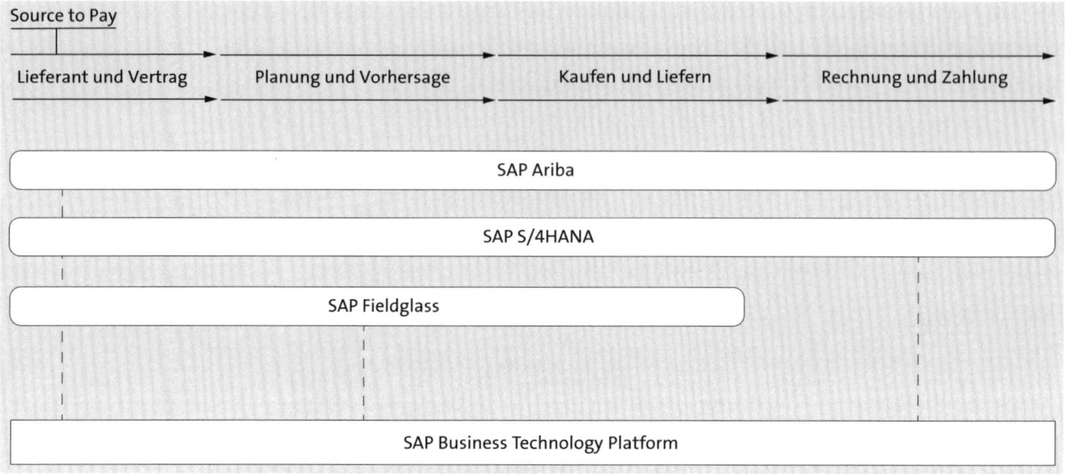

Abbildung 2.5 SAP-Lösungen zur Umsetzung des Kernprozesses Source to Pay

Dieser umfasst die Definition von Positionen und Rollen im Unternehmen, die Erstellung von Organigrammen und die Verwaltung offener Stellen. Die am Prozess beteiligten SAP-Lösungen sind in Abbildung 2.6 dargestellt.

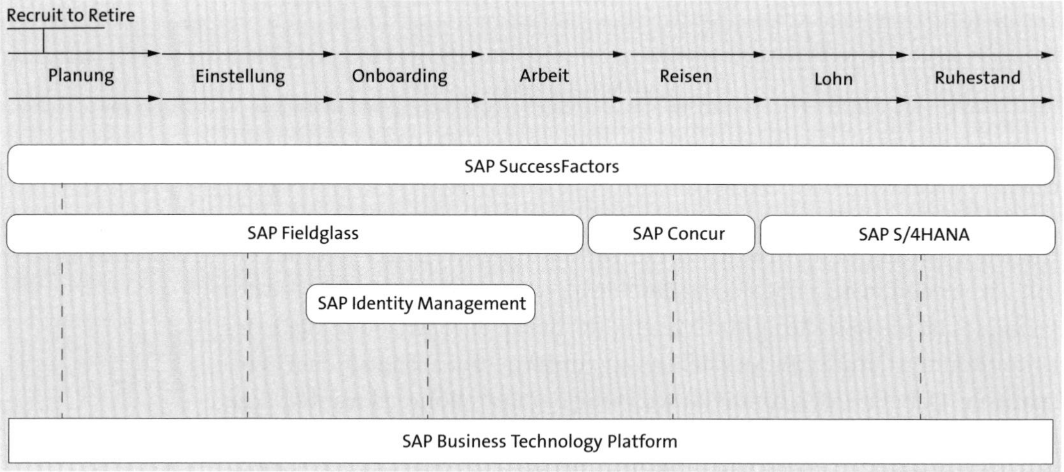

Abbildung 2.6 SAP-Lösungen zur Umsetzung des Kernprozesses Recruit to Retire

Technische Anforderungen

Für die durchgängige Realisierung der dargestellten Kernprozesse sind technische Anforderungen zu erfüllen. Tabelle 2.4 fasst dazu die Anforderungen zur Umsetzung der Kernprozesse eines intelligenten Unternehmens auf der Basis unterschiedlicher Teilprozesse und IT-Anwendungen zusammen.

Anforderung zur Integration von Prozessen	Beschreibung
konsistente Benutzererfahrung	einheitliche und integrierte Benutzeroberfläche aller IT-Anwendungen, die an der Umsetzung des Kernprozesses beteiligt sind
abgestimmtes Domänenmodell	einfacher und konsistenter Austausch von Daten zwischen den Teilprozessen auf Basis eines semantisch abgestimmten Domänenmodells über alle IT-Anwendungen
koordiniertes Lifecycle Management	koordinierte Bereitstellung, Konfiguration und Betrieb aller unternehmensspezifischen Erweiterungen der Kernprozesse
durchgängige Sicherheit und Verwaltung von Nutzerinnen und Nutzern	integrierte Nutzerverwaltung und Administration sowie Single Sign-on (SSO) für alle am Kernprozess beteiligten IT-Anwendungen
einheitliche Darstellung von Aufgaben entlang des Prozesses	einheitliche, integrierte und rollenbezogene Darstellung aller ausstehenden Benutzeraufgaben entlang eines Kernprozesses
integrierte Auswertungen von Daten über Anwendungsgrenzen	Unterstützung von Entscheidungen durch die integrierte Analyse von Daten aus allen am Prozess beteiligten IT-Anwendungen

Tabelle 2.4 Anforderungen zur Umsetzung durchgängiger Kernprozesse

Wie Tabelle 2.4 zeigt, gehen die Anforderungen für die Integration von Geschäftsprozessen weit über den Austausch von Daten und Nachrichten zwischen unterschiedlichen IT-Anwendungen hinaus.

Technische Realisierung

Die SAP BTP ist die zugrunde liegende Technologie für die Realisierung intelligenter Kernprozesse. Sie ist damit sowohl für die Integration der entsprechenden Teilprozesse, die von unterschiedlichen IT-Anwendungen ausgeführt werden, als auch für die Integration der dazugehörigen Daten von SAP, Partnern und Drittanbietern verantwortlich. Somit ermöglicht die Plattform eine durchgängige Integration von Geschäftsprozessen über verschiedene Unternehmen und Organisationen sowie Abteilungen innerhalb eines Unternehmens.

Vorkonfigurierte Inhalte

Um die Integration von SAP-Anwendungen zur Umsetzung durchgängiger Geschäftsprozesse effizient zu realisieren, stellt die SAP BTP vordefinierte *Integration Flows* (iFlows) bereit. Diese nehmen mit Kenntnis der zu integrierenden Prozessdaten erforderliche Transformationen und Mappings an den zwischen den Prozessen ausgetauschten Daten vor. Der SAP API Business Hub bietet als zentraler Katalog Zugang zu allen iFlows und weiteren vorkonfigurierten Inhalten, die über die SAP BTP genutzt werden können.

Integration Flow

Technisch wird die Integration von unterschiedlichen Prozessen und ihren IT-Anwendungen durch den Austausch von Nachrichten (Messages) in Echtzeit umgesetzt. Der vordefinierte iFlow beinhaltet dafür eine Verarbeitungslogik der ausgetauschten Nachrichten. Dabei übernimmt die Logik die folgenden Aufgaben:

- Auslesen der Daten
- Mapping von Datenfeldern des einen Prozessschritts auf die des anderen Prozessschritts
- Schreiben der Daten
- Überprüfung ausgetauschter Nachrichten auf Fehler
- Protokollierung der Prüf- und Verarbeitungsschritte

Beispiel

Auf diese Weise werden über einen vordefinierten iFlow beispielsweise Produktinformationen zum Anlegen und Ausführen von Bestellungen von SAP S/4HANA zu SAP Customer Experience repliziert. Dabei wird das für die Übertragung von Geschäftsvorgangsdaten verwendete Format *Intermediate Document* (IDoc) der SAP-S/4HANA-Anwendung in der Produktstruktur der SAP-Commerce-Cloud-Anwendung abgebildet und vom iFlow via HTTPS dort eingefügt. Umgekehrt werden Produktbestellungen, die in der SAP Commerce Cloud erfasst werden, zur Ausführung der Bestellung zurück in die SAP-S/4HANA-Anwendung repliziert. Die Ausführung der Bestellung beinhaltet wiederum weitere Prozessschritte, wie beispielsweise die Rechnungsstellung oder Vorbereitung des Versands, die durch entsprechende Prozesse in SAP S/4HANA abgedeckt sind.

[+]

SAP Integration Solution Advisory Methodology

Die *SAP Integration Solution Advisory Methodology* von SAP unterstützt Architektinnen und Architekten bei der Definition und Umsetzung einer Integrationsstrategie für das intelligente Unternehmen. Durch die Bereitstellung von Integrationsmustern, Blueprints und Best Practices für Cloud- und hybride IT-Landschaften bietet die Methode einen Ansatz zur Gestaltung und Implementierung einer hybriden Integrationsplattform. Schreiben Sie eine E-Mail an *https://isam@sap.com*, um Zugang zu den Templates und weitere Informationen zur Methode zu erhalten.

SAP Integration Suite

Einige Plattformservices zur Realisierung der technischen Anforderungen aus Tabelle 2.4 werden über die *SAP Integration Suite* als Teil der SAP BTP bereitgestellt. Dazu bietet die SAP Integration Suite verschiedene Tools, vorkonfigurierte Inhalte, Verbindungen zu SAP-Anwendungen und Lösungen zu Drittanbietern, mit denen die Integrationsabläufe von Geschäftsprozessen implementiert werden. Sie unterstützt den Ansatz *API first*, um IT-Anwendungen über Cloud- und On-Premise-Landschaften zu integrieren. Abschnitt 3.4, »Anwendungsentwicklung«, und Kapitel 7, »Integration und Zugriff auf Daten und Prozesse«, gehen näher auf die Services der SAP Integration Suite ein.

2.4 Wertschöpfung aus Daten

Grundlegender Baustein

Zum Ausbau der Kompetenzen und Prozesse eines intelligenten Unternehmens sind Daten der Grundbaustein, auf dem die erforderlichen IT-Anwendungen aufbauen. Dadurch nimmt auch die Datenverarbeitung eine zentrale Funktion bei der Realisierung der Wertschöpfungskette ein.

Nutzen aus Daten

Intelligente Unternehmen nutzen Daten nicht nur zur Realisierung von Prozessen, sondern sie setzen sie auch als Wettbewerbsvorteil ein. Dies kann z. B. für eine effizientere Prozesssteuerung zur Senkung der Betriebskosten, zur Verbesserung der Kundenbindung durch eine personalisierte Ansprache, für Trendanalysen, um vorausschauende Entscheidungen zu treffen oder zur Erschließung neuer Einnahmequellen durch den Verkauf datengestützter, digitaler Services geschehen. Die Wertschöpfung aus Daten ist daher eine grundlegende Kompetenz des intelligenten Unternehmens. Technisch wird diese Kompetenz mit einer *Datenarchitektur* realisiert.

Aufgaben einer Datenarchitektur

Die Datenarchitektur hat drei zentrale Aufgaben :

- Integration und Speicherung von Daten aus allen Unternehmensbereichen (z. B. via ETL (Extract, Transform, Load) und Streams)
- Aufbereitung der Daten zu vertrauenswürdigen Informationen (z. B. durch Bereinigung, Aggregation und Data Governance)
- Bereitstellung der Daten für unterschiedliche Konsumenten, d. h. für IT-Anwendungen und deren Nutzerinnen und Nutzer, wie z. B. zur Planung, Analyse und für das maschinelle Lernen (z. B. via Data Mart, API)

Anforderungen eines intelligenten Unternehmens

Gerade die Anpassungsfähigkeit eines intelligenten Unternehmens erfordert ein hohes Maß an Flexibilität von der Datenarchitektur. Sie muss immer neue Quellen, Formate und Konsumenten der Daten berücksichtigen. Und auch die Umsetzung der Innovationsagenda eines intelligenten Unternehmens erfordert die Kompetenz, mit Daten zu experimentieren und schnell auf Ideen und Anforderungen neuer Datenkonsumenten zu reagieren. Dafür spielt auch die Möglichkeit, *Self-Services* innerhalb der Datenarchitektur einzubauen, eine Rolle. Damit können verschiedene Konsumenten flexibel ihre domänenspezifischen Daten eigenständig unter Berücksichtigung unternehmerischer Standards über die verschiedenen Aufbereitungsstufen verarbeiten. Vereint eine Datenarchitektur diese Eigenschaften, lassen sich Daten als konsumierbares Produkt auch außerhalb der Bereichsgrenzen im Unternehmen nutzen. Technisch und organisatorisch können diese Aufgaben und Anforderungen an eine Datenarchitektur unterschiedlich umgesetzt werden.

Datenplattform

Mit einer überschaubaren Anzahl von Datenquellen, Formaten und Anwendungsszenarien gelingt die Umsetzung der Datenarchitektur in einer zentralen *Datenplattform*. Dazu werden alle Daten, z. B. in einem Data Warehouse oder Data Lake, zentral gespeichert, und die drei grundlegenden Aufgaben einer Datenarchitektur (Integration, Aufbereitung und Bereitstellung) werden durch entsprechende technische Bausteine der Datenplattform erfüllt. Je mehr Daten allerdings zur Verfügung stehen, desto weniger ist es technisch möglich, sie alle zentral zu konsumieren und unter der Kontrolle einer Datenplattform organisatorisch zu harmonisieren.

Data Fabric

Im Zusammenhang steigender Datenvolumen, unterschiedlicher Datenformate sowie einer domänenspezifischen Verarbeitung mit Möglichkeiten zum Self-Service speichert und verarbeitet ein intelligentes Unternehmen Daten nicht ausschließlich in einer zentralen Datenplattform, sondern nutzt das Konzept einer *Data Fabric*. Dabei handelt es sich um eine Form der Datenarchitektur, die eine Vielzahl verteilter Daten und ihre Metadaten orchestriert. Sie gewährleistet dabei Datenqualität und Datensicherheit und bietet einen hohen Grad an Automatisierung und Geschwindigkeit, um eine umfassende und vertrauenswürdige Sicht auf Daten für analytische und betriebliche Anwendungsfälle zu liefern. Eine wesentliche Eigenschaft der Data Fabric ist die Beseitigung von Verzögerungen, die zwischen der Entstehung der Daten und ihrer Nutzung, z. B. in Form von Informationen als Entscheidungsgrundlage oder zur Prozesssteuerung, entstehen. Mit einer Data Fabric werden Daten im Unternehmen wie ein Produkt behandelt und via Self-Services den unterschiedlichen Konsumenten bereitgestellt.

Mehrwert einer Data Fabric

Für ein intelligentes Unternehmen ist die bereitgestellte technische Grundlage zur schnellen Umsetzung datengetriebener Anwendungsszenarien daher ein großer Mehrwert. Beispiele für Anwendungsszenarien sind die Erweiterung bestehender Geschäftsprozesse oder die Umsetzung neuer Geschäftsmodelle. Sie stützen die Anpassungsfähigkeit als wesentliche Eigenschaft eines intelligenten Unternehmens. Die Data Fabric konzentriert sich dabei auf die Automatisierung der Verarbeitung, Integration, Transformation, Vorbereitung, Verwaltung und Orchestrierung aller Datenbestände, um Echtzeitanalysen und Erkenntnisse für erfolgreiche Entscheidungen und Prozessoptimierungen zu ermöglichen.

Services der SAP BTP

Zur Umsetzung einer Data Fabric bietet die SAP BTP unterschiedliche Services aus den Bereichen Datenmanagement und Analyse (siehe Kapitel 8, »Daten in der SAP Business Technology Platform verarbeiten«). Diese Services erfüllen die grundlegenden Aufgaben einer Datenarchitektur und erlauben, abhängig von den Anforderungen, die Gestaltung einer zentralen sowie dezentralen Datenplattform (Data Fabric). Die Analyselösungen der SAP BTP bauen auf der umgesetzten Datenarchitektur auf und ermöglichen es den Anwenderinnen und Anwendern aus den Fachbereichen durch maschinelles Lernen (ML) und Business Intelligence (BI) die Analyse bestimmter Situationen oder durch die Planung zukünftiger Szenarien Echtzeiteinblicke zu gewinnen. Auch komplette IT-Anwendungen zur Unternehmensplanung, zur Erstellung von Berichten und zur analytischen Nutzung sind ebenfalls Teil der SAP BTP.

Datenarchitektur mit der SAP BTP

Somit ermöglicht die SAP BTP die technische Umsetzung einer Datenarchitektur, die Daten aus verschiedenen Anwendungen, Datenbanken und hybriden Multi-Cloud-Infrastrukturen zusammenführt. Dazu stellt die Plattform entsprechende *Konnektoren* zu unterschiedlichen operativen und transaktionalen Datenquellen, die sowohl im eigenen Rechenzentrum als auch in der Cloud betrieben werden, bereit. Die Konnektoren haben unterschiedliche Eigenschaften und unterstützen z. B. eine Replikation (im Hintergrund oder in Echtzeit), einen virtuellen Zugriff oder den Zugriff über APIs auf die Daten. Weitere Bestandteile der mit der Plattform umgesetzten Datenarchitektur sind die skalierbare Kontrolle, Bereinigung und Aufbereitung der über die Konnektoren angebundenen Daten mit entsprechenden Data Pipelines für unterschiedliche IT-Anwendungen.

Mit diesen Services liefert die SAP BTP ein durchgängiges und integriertes Portfolio zur Datenwertschöpfung. Abschnitt 3.2, »Datenbank- und Datenmanagement«, und Abschnitt 3.3, »Datenanalyse«, sowie Kapitel 8, »Daten in der SAP Business Technology Platform verarbeiten«, gehen näher auf die verschiedenen Daten- und Analyseservices der Plattform ein.

2.5 Zusammenfassung

Ziel der SAP BTP

Zusammenfassend ist es die Aufgabe der SAP BTP, die für eine Realisierung intelligenter Unternehmensbausteine erforderlichen technischen Anforderungen zu erfüllen. Dazu stellt die Plattform skalierbare Services in den Anwendungsgebieten Erweiterung, Integration und Wertschöpfung aus Daten bereit.

Die Services werden genutzt, um vorhandene Geschäftsprozesse funktional zu erweitern und zu optimieren, sie durchgängig zu kompletten Ende-zu-Ende-Prozessen zu integrieren und die Daten bei der Optimierung der Prozesse zu nutzen. Auch komplette IT-Anwendungen für Fachbereiche werden über die Plattform bereitgestellt oder können selbstständig entwickelt werden, um neue Geschäftsprozesse zu implementieren und diese als zusätzliche Kompetenz im Unternehmen aufzunehmen.

Tabelle 2.5 fasst die unterschiedlichen Eigenschaften der SAP BTP für das intelligente Unternehmen zusammen.

Aufgaben im Kontext der SAP-Standardanwendungen	Aufgaben im Kontext der Eigenentwicklungen	Wirkung auf Unternehmensbausteine
Erweiterungsplattform für Standardprozesse	offene und standardisierte Entwicklungsumgebung inklusive Tools, Frameworks und Best Practices	▪ Geschäftsmodelle ▪ Kompetenzen ▪ Geschäftsprozesse ▪ IT-Anwendungen ▪ Daten
Integrationsplattform zur Umsetzung durchgängiger Kernprozesse	Bereitstellung aktueller Technologien in unterschiedlichen funktionalen Bereichen	
Anwendungsplattform für die Bereitstellung von Kompetenzen in Form von SaaS-Lösungen von Partnern und von SAP (z. B. Industry Cloud)	globale und skalierbare Multi-Cloud-Laufzeitumgebung für eigene Prozesserweiterungen, Fachanwendungen und digitale Services	

Tabelle 2.5 Aufgaben und Wirkung der SAP BTP

Kapitel 3

Funktionsbereiche der SAP Business Technology Platform

Die SAP Business Technology Platform bietet unterschiedliche Services an, um Sie auf dem Weg zum intelligenten Unternehmen zu unterstützen. In diesem Kapitel erfahren Sie, welche Möglichkeiten die Plattform dafür zur Verfügung stellt.

Die verschiedenen Funktionen der SAP Business Technology Platform (SAP BTP) lassen sich in die vier Bereiche *Daten- und Datenmanagement, Analyse, Anwendungsentwicklung und Integration* sowie *Intelligente Technologien* kategorisieren. Die Services der unterschiedlichen Bereiche sind modular miteinander kombinierbar, um unternehmensspezifische Anforderungen in den Anwendungsbereichen *Integration, Erweiterung* und *Wertschöpfung aus Daten* umzusetzen (siehe Kapitel 2, »Die Rolle der SAP Business Technology Platform für intelligente Unternehmen«). Abschnitt 3.1 gibt einen Überblick über die grundlegenden Komponenten der SAP BTP, und die nachfolgendenden Abschnitte gehen näher auf die vier Funktionsbereiche der Plattform ein.

3.1 Komponenten

Die SAP BTP liefert technische Funktionen, die dabei helfen, Geschäftsprozesse effizienter und automatisierter und das Unternehmen insgesamt anpassungsfähiger und widerstandsfähiger zu gestalten. Diese Funktionen werden in drei Anwendungsszenarien zusammengefasst:

- Wertschöpfung aus Daten
- Integration
- Erweiterung

Wertschöpfung aus Daten

Bei der *Wertschöpfung aus Daten* macht die Plattform Daten in einem Geschäftskontext nutzbar, um z. B. Prozesse entlang der Wertschöpfungskette genauer oder vorausschauender zu steuern. Die Daten stammen dabei aus SAP- oder Nicht-SAP-Datenquellen. Diese Datenquellen können sowohl innerhalb als auch außerhalb der IT-Landschaft des Unternehmens liegen (siehe Abschnitt 2.4, »Wertschöpfung aus Daten«).

Integration

Über eine *Integration* verknüpft die SAP BTP Teilprozesse eines Unternehmens zu Ende-zu-Ende-Kernprozessen. Die Teilprozesse werden dabei gegebenenfalls durch unterschiedliche IT-Anwendungen implementiert. Deshalb ermöglicht die Plattform eine Integration von SAP- und Nicht-SAP-Anwendungen, um die einzelnen Geschäftsabläufe im Unternehmen zu einem durchgängigen Prozess zusammenzufassen (siehe Abschnitt 2.3, »Geschäftsprozesse integrieren«).

Erweiterung

Um die Geschäftsabläufe an neue Marktbedingungen, sich ändernde Kundenanforderungen oder Prozesse z. B. durch Automatisierung anzupassen, werden mit der Plattform *Erweiterungen* zu bestehenden Prozessen implementiert (siehe Abschnitt 2.2, »Geschäftsprozesse erweitern«).

Zusammengefasst zielen alle drei Anwendungsszenarien der Plattform auf die Optimierung von bestehenden Unternehmensabläufen, auf die Umsetzung neuer Prozesse und auf die Realisierung neuer Geschäftsmodelle ab. Dafür werden verschiedene Services benötigt.

Die Funktionen der SAP BTP werden in vier Kategorien eingeteilt:

- Datenbank- und Datenmanagement
- Analyse
- Anwendungsentwicklung und Integration
- Intelligente Technologien

Abbildung 3.1 zeigt die Funktionen der SAP BTP in einem Komponentendiagramm. Die vier Servicekategorien der Plattform sind mit Servicebeispielen dargestellt ❶.

Komponenten

Die Plattformservices aus den jeweiligen Kategorien nutzen eine gemeinsame technische Basis, die in Abbildung 3.1 durch den Kasten *Common Foundation und Services* ❻ abgebildet ist. Zu dieser Basis zählen technische Dienste, wie z. B. ein Identity-Service zur Authentifizierung, ein Audit-Log-Service zur Protokollierung von sicherheitsrelevanten Aktivitäten der Plattformservices, ein Event-Service zum Austausch von Nachrichten, das SAP Task Center zur Integration von Aufgaben aus unterschiedlichen SAP-Anwendungen sowie ein Service zur Verwaltung von Stammdaten.

Auch die drei zuvor genannten Anwendungsszenarien finden sich im Diagramm wieder. Für SAP-Standardanwendungen ❸ wie z. B. SAP S/4HANA sind im Diagramm die beiden Anwendungsszenarien *Integration* und *Erweiterung* dargestellt ❷, bei deren Umsetzung die jeweiligen Funktionen der vier Servicekategorien ❶ genutzt werden.

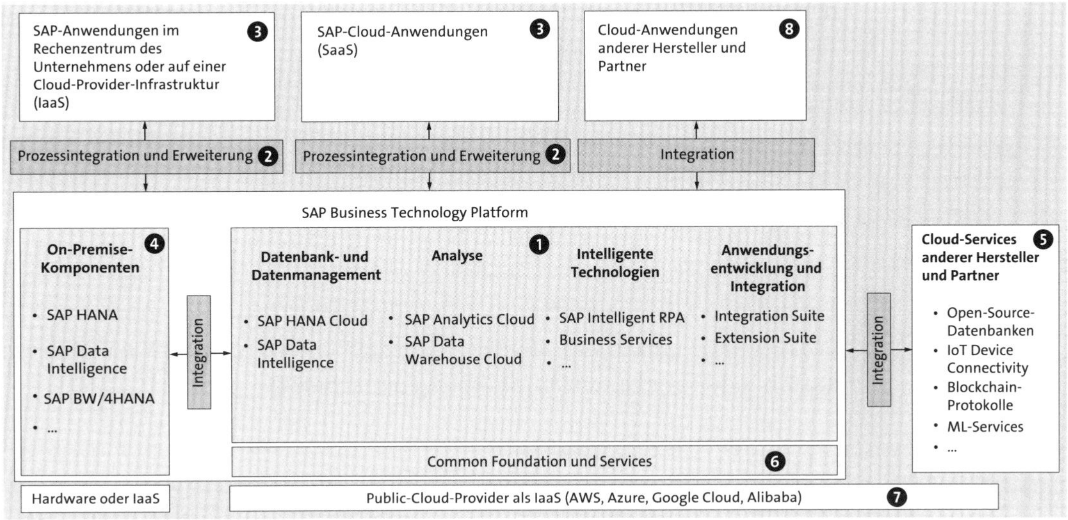

Abbildung 3.1 Bestandteile und Szenarien der SAP BTP

Das Szenario *Wertschöpfung aus Daten* ist durch die Services der Kategorie *Datenbank- und Datenmanagement* sowie *Analyse* dargestellt, umfasst aber auch intelligente Technologien wie z. B. das maschinelle Lernen (ML).

[«]

Cloud Computing

Die Flexibilität von *Cloud Computing*, kombiniert mit den Vorteilen einer Plattform, adressiert wesentliche Anforderungen, die das intelligente Unternehmen an die IT-Infrastruktur stellt. Cloud Computing bietet die Möglichkeit, bestehende IT-Infrastrukturen und Anwendungslandschaften ohne den Kauf eigener Hardware und ohne zusätzliche Betriebsaufwände bedarfsgerecht um skalierbare Lösungen und Technologien zu ergänzen.

Infrastruktur

Die SAP BTP stellt ihre Funktionen maßgeblich über die Public Cloud bereit. Die dafür erforderliche Infrastruktur basiert auf IaaS-Diensten (Infrastructure as a Service) unterschiedlicher *Cloud Provider*, wie z. B. Amazon Web Services (AWS), Microsoft Azure, Google Cloud (GC) und Alibaba ❼. Mit dieser *Multi-Cloud-Strategie* stehen die Funktionen der Plattform skalierbar in mehreren Rechenzentren weltweit zur Verfügung und erlauben eine globale und flexible Umsetzung der Anwendungsszenarien auf der Plattform.

Neben der Bereitstellung als Public-Cloud-Services gibt es auch einen On-Premise-Funktionsbereich der SAP BTP ❹. Im Sinne hybrider Architekturen und mit Blick auf den Plattformgedanken sind Kombinationen zwischen den unterschiedlichen Plattformkomponenten in der Cloud und im eigenen Rechenzentrum möglich.

Partnerservices

Zusätzlich zu den Services der SAP BTP für Daten- und Datenmanagement, Analyse, Anwendungsentwicklung und Integration sowie intelligente Technologien können Services anderer Plattformanbieter, wie z. B. Microsoft Azure oder AWS, über einen sogenannten *Service Broker* angebunden werden ❺. Diese Partnerservices stehen damit ebenfalls bei der Erweiterung oder Optimierung von Geschäftsprozessen zur Verfügung. Auch Anwendungen wie Microsoft Office sind mit der SAP BTP kombinierbar, um z. B. Bearbeitende einzelner Aufgaben innerhalb eines Prozesses via E-Mail auf anstehende Tätigkeiten aufmerksam zu machen ❽.

3.2 Datenbank- und Datenmanagement

Daten verarbeiten

Mit den Services der Kategorie *Datenbank- und Datenmanagement* der SAP BTP wird eine Datenarchitektur geschaffen, mit der Daten in unterschiedlichen Geschäftsprozessen entlang der Wertschöpfungskette des Unternehmens genutzt werden. Dabei unterstützen die Services bei der Bewältigung wachsender Datenmengen unterschiedlicher Formate, die sowohl lokal im eigenen Rechenzentrum als auch in der Cloud verwaltet werden. Auch dienen die Datenbank- und Datenmanagementfunktionen der Plattform als Grundlage für andere Plattformservices, wie beispielsweise Business Intelligence und Analysen sowie ML. Die einzelnen Funktionen dieser Kategorie werden als Cloud-Services konsumiert und ermöglichen Cloud-Eigenschaften wie Elastizität, Skalierung und Hochverfügbarkeit.

Datenarchitekturen

Abhängig von den bestehenden Anforderungen lassen sich mit der SAP BTP unterschiedliche Datenarchitekturen, wie z. B. eine zentrale Datenplattform und ein Data Lake (siehe Abschnitt 3.2.1, »Datenplattform«, und Abschnitt 8.2, »Multimodale Datenplattform mit SAP HANA Cloud«) sowie eine Data Fabric (siehe Abschnitt 3.2.2, »Data Fabric«, und Abschnitt 8.3, »Data Fabric mit dem SAP Data Intelligence Service«) umsetzen. Durch den Plattformansatz ist es möglich, die Datenarchitekturen kontinuierlich weiterzuentwickeln und zu kombinieren. So kann z. B. mit einer zentralen Datenarchitektur begonnen werden, die mit einem Data Lake ergänzt und später zu einer Data Fabric ausgebaut wird. Abhängig von der gewählten Datenarchitektur und den funktionalen Anforderungen bietet die SAP BTP darüber hinaus unterschiedliche Möglichkeiten zur Integration und Aufbereitung von Daten.

3.2.1 Datenplattform

Database as a Service

Für die transaktionale und analytische Verarbeitung von Daten bietet die Plattform entsprechende Datenbankservices (*Database as a Service*, DBaaS) wie *SAP HANA Cloud*. Ein Vorteil des in-memory-basierten SAP-HANA-Service ist die Möglichkeit, Daten gemäß ihrer Eigenschaften zu organisieren und zu verarbeiten. Neben der bewährten relationalen Gestaltung eines Datenmodells ermöglicht SAP HANA die Nutzung grafenbasierter Datenmodelle und unterstützt eine direkte Verarbeitung unterschiedlicher Datenformate, wie z. B. Text oder räumliche Daten (auch *Geospatial Data* genannt).

Auch kompakte Formate wie die JavaScript Object Notation (JSON) lassen sich direkt speichern und über den SQL-Standard verarbeiten. Des Weiteren sind Machine-Learning-Funktionen in verschiedenen Bereichen, wie z. B. Klassifikation, Regression, Zeitreihenanalyse und Clustering, für die Verarbeitung von Daten in SAP HANA enthalten. Mit diesen multimodalen Möglichkeiten zur Speicherung und Verarbeitung von Daten erfüllt SAP HANA Cloud zahlreiche funktionale Anforderungen zur Wertschöpfung aus Daten und ist die Grundlage einer zentralen Datenarchitektur. Mit dem Service *SAP HANA Cloud* erfolgt die Integration externer Datenquellen in eine zentrale Datenarchitektur entweder virtuell oder über eine Replikation. Für den Zugriff auf externe Quellen wie z. B. andere Datenbanken, Webservices, Dateien, Apache Hadoop und Apache Spark stellt SAP HANA entsprechende Konnektoren bereit.

Mehrstufiges Speicherkonzept

Um die Verwaltung wachsender Datenmengen zu erleichtern, bietet die SAP BTP ein mehrstufiges Speicherkonzept für Daten an. Während geschäftsprozessrelevante Daten im Hauptspeicher der In-Memory-Datenbank SAP HANA vorgehalten werden, können Daten, die weniger häufig benötigt werden, auf Festplatten ausgelagert werden. Trotz Auslagerung kann auf die Daten transparent im Geschäftsprozess zugegriffen werden. Technisch wird dazu die *SAP HANA Native Storage Extension* (NSE) verwendet, die standardmäßig bei SAP HANA Cloud aktiviert ist. Sie können eine SAP-HANA-Datenbank damit so konfigurieren, dass einzelne Tabellen, Spalten oder Partitionen einer Tabelle über NSE auf Festplatten ausgelagert werden. Durch die Möglichkeit, seltener genutzte Teilmengen der Daten auszulagern, wird die Speicherkapazität von SAP HANA entsprechend des Workloads erweitert.

Data Lake

Für die Verwaltung noch größerer Mengen strukturierter, halbstrukturierter und unstrukturierter Daten, die selten aktualisiert werden, ist der Service *SAP HANA Cloud, Data Lake* ein geeigneter Ansatz. Der Service basiert technisch auf der Datenbank *SAP IQ* und ist für Petabyte-Volumen ausgelegt. Neben der Speicherung großer, unterschiedlich strukturierter Daten bietet der Data Lake auch integrierte Analysefunktionen für die Daten und ist bei wachsenden Datenmengen dynamisch skalierbar. Im Sinne des Plattformansatzes sind die SAP HANA Cloud und SAP HANA Cloud, Data Lake kombinierbar, um eine zentrale Datenarchitektur zur Speicherung und Verarbeitung großer, unterschiedlich strukturierter Datenmengen umzusetzen. Somit stellt die SAP HANA Cloud in Kombination mit dem Data Lake eine grundlegende technische Funktion der Plattform zur Gestaltung einer zentralen, plattformbasierten Datenarchitektur dar.

3.2.2 Data Fabric

Ausbau zur Data Fabric

Eine Data Fabric ist eine unternehmensweite Datenarchitektur, die eine Vielzahl verteilter Daten und Metadaten orchestriert. Dabei wird sowohl die Datenqualität als auch die Datensicherheit gewährleistet, um eine vertrauenswürdige Sicht auf alle Unternehmensdaten zu erhalten. Durch einen erheblichen Grad an Automatisierung ermöglicht die Data Fabric eine hohe Geschwindigkeit bei der Umsetzung datengetriebener Anwendungsszenarien.

Mit dem Ausbau einer zentralen Datenplattform zu einer Data Fabric werden wichtige Aufgaben des Datenmanagements zusätzlich unterstützt:

- Integration von Daten
- Data Governance
- Verwaltung von Metadaten in einem zentralen Repository
- Trainieren von Machine-Learning-Modellen
- Verwaltung heterogener Datenlandschaften

In Ergänzung zu einer zentralen Datenarchitektur unterstützt eine Data Fabric die flexible Umsetzung domänenspezifischer Anforderungen zur Datenintegration, Aufbereitung, und Konsumierung der Daten. Die SAP BTP stellt zur Realisierung einer Data Fabric SAP Data Intelligence Service zur Verfügung.

Adapter für Quellsysteme

Um eine heterogene Datenlandschaft eines Unternehmens mit strukturierten, unstrukturierten Daten und Streaming-Daten auch über die Grenzen der lokalen Unternehmens-IT hinaus zu verwalten, verbindet sich SAP Data Intelligence Service über *Adapter* mit verschiedenen Quellsystemen wie z. B. SAP S/4HANA, SAP BW/4HANA, Apache Kafka, oder Google BigQuery. Neben der Verbindung zu den unterschiedlichen Datenquellen ermöglichen die Adapter ebenfalls einen Datenzugriff sowie die Integration der Daten aus den heterogenen Quellsystemen.

Metadaten-Repository

Auf Basis der Verbindung zu den Quellsystemen werden Metadaten, wie z. B. Tabellennamen, Spaltennamen, Dateinamen und Datentypen, über die dort gespeicherten Daten extrahiert und in einem zentralen Repository gespeichert. Mithilfe semantischer Beziehungen zwischen den extrahierten Metadaten unterstützt das Repository die Suche nach bestimmten Daten über alle angebundenen Quellen der Datenlandschaft, um diese beispielsweise für das Trainieren eines Machine-Learning-Algorithmus zu klassifizieren.

Automatisierung

Ein zentrales Element der Data Fabric ist die automatische und skalierbare Integration und Verarbeitung verschiedenster Daten aus unterschiedlichen Quellen. Alle Aufgaben, die für eine Integration und Verarbeitung der angeschlossenen Datenquellen erforderlich sind, werden von SAP Data Intelligence Service orchestriert. Zur Datenorchestrierung werden systemübergreifende Workflows definiert, die z. B. Apache-Spark-Jobs in einem Apache-Hadoop-Cluster oder SAP-BW/4HANA-Prozessketten ausführen.

Data Pipeline

Bei einer Datenarchitektur des Typs Data Fabric werden *Data Pipelines* für die Entwicklung datenbezogener Anwendungslogik verwendet, indem unterschiedliche Datenoperatoren zur Integration, Transformation, Analyse und Anreicherung von Daten in einem Datenfluss modelliert und skalierbar ausgeführt werden. Neben 250 Standardoperatoren für den Zugriff auf unterschiedliche Quellen, für die Steuerung des Datenflusses und die Bereitstellung der Daten via API oder in einer Datensenke unterstützt der Plattformservice auch die Entwicklung eigner Operatoren für Data Pipelines. Am Beginn einer Pipeline stehen in der Regel ein oder mehrere Quellsysteme, wie z. B. ein SAP-S/4HANA-System oder ein Amazon-S3-Bucket. Am Ende der Pipeline werden die über Operatoren aufbereiteten Daten z. B. in eine relationale Datenbank oder eine zentrale Datenplattform geschrieben, über eine API exponiert oder in Analyseanwendungen wie SAP Analytics Cloud bereitgestellt. Pipelines sind wiederverwendbare Artefakte und lassen sich abhängig von ihrer Verarbeitungslogik flexibel auf Basis einer containerbasierten Bereitstellung skalieren. Oftmals sind die Data Pipelines domänenspezifisch ausgeprägt und werden bei der Orchestrierung von Daten aus unterschiedlichen Quellen im Rahmen eines Workflows eingesetzt. So werden anwendungsspezifische Informationen aus verteilten Datenlandschaften gewonnen, um diese unterschiedlichen Konsumenten, wie z. B. Machine-Learning-Algorithmen, Geschäftsprozessen und Business-Intelligence-Anwendungen zur Verfügung zu stellen.

3.3 Datenanalyse

Entscheidungen treffen

Daten gehören zu den wertvollsten »Rohstoffen« eines Unternehmens und bilden die Grundlage für zahlreiche Entscheidungen in unterschiedlichen Bereichen. Ein komplizierter Datenzugriff, der nur mithilfe von Fachpersonal gelingt, bremst die notwendige Agilität eines intelligenten und datengesteuerten Unternehmens. Schließlich kann das Unternehmen nur dann intelligent agieren, wenn seine Mitarbeitenden in der Lage sind, die richtigen Entscheidungen zu treffen. Daher ist ein flexibler Zugriff auf relevante Daten aus den Fachbereichen eine wesentliche IT-Eigenschaft eines intelligenten Unternehmens, die mit den analytischen Plattformservices unterstützt wird.

3.3.1 Business Intelligence, Predictive Analytics und Planung

Self-Service für Fachbereiche

Die SAP BTP bietet Möglichkeiten zur Auswertung und Visualisierung von Daten, Trendanalysen und Prognosen sowie Planungsfunktionen. Da gerade diese Funktionen in den Fachabteilungen eines Unternehmens stark genutzt werden, werden die SAP-BTP-Services aus der Kategorie *Analyse* mit einer fachlichen Orientierung und Benutzerführung umgesetzt. So können die Fachbereiche beispielsweise via Self-Service bessere Entscheidungen durch Echtzeiteinblicke in verschiedene Unternehmensbereiche treffen. Durch die Simulation der Auswirkungen unterschiedlicher Entscheidungsoptionen können sie ihr Handeln planen. Um die dafür benötigen Daten aus dem gesamten Unternehmen und seinem Umfeld zu analysieren, bauen die Analysefähigkeiten der Plattform auf den Datenbank- und Datenmanagementservices (siehe Abschnitt 3.2, »Datenbank- und Datenmanagement«) auf.

Berichtswesen

Um Daten zu interpretieren und Entscheidungen daraus abzuleiten, ist eine geeignete Darstellung der aus den Daten gewonnen Informationen erforderlich. Dazu bietet die SAP BTP mit *SAP Analytics Cloud* Möglichkeiten zur Business Intelligence (BI), die ebenfalls Planungsfunktionen und vorausschauende Analysen unterstützt.

SAP Analytics Cloud stellt dazu Daten in Berichten (*Stories*) mithilfe interaktiver Visualisierungen wie z. B. Charts, Tabellen oder Karten für eine intuitive Interpretation dar. Die Interaktion mit den Visualisierungen ermöglicht es, via Drill-down weitere Details über einen Sachverhalt zu erfahren, und durch Filter unterschiedliche Perspektiven und Schwerpunkte für eine zielgerichtete Interpretation und Beantwortung der Fragestellungen der Fachbereichsnutzerinnen und -nutzer zu wählen. Für die Darstellung und Interaktion über Stories werden die Daten mit der SAP Analytics Cloud in

Modellen beschrieben, die domänenspezifische bzw. fachabteilungsbezogene *Kennzahlen* und *Dimensionen* für die Interpretation der Geschäftsdaten definieren.

Mit dem *SAP Digital Boardroom* als Ergänzung zur SAP Analytics Cloud werden insbesondere Personen mit Entscheidungsbefugnis alle wichtigen Kennzahlen zur Bewertung der Unternehmensleistung in Echtzeit zur Verfügung gestellt. Sie haben so die Möglichkeit, Fragen z. B. während Vorstandssitzungen ad hoc zu beantworten. Zusammenhänge zwischen den Kennzahlen sowie beeinflussende Faktoren sind interaktiv auswertbar und erlauben eine schnelle und präzise Bewertung der Informationen.

Unternehmensplanung

Die Planung ist ein wichtiger Aspekt eines erfolgreichen, unternehmensweiten Performance-Management-Prozesses. Mit Fokus auf Fachanwenderinnen und -anwender ermöglicht die SAP Analytics Cloud den Aufbau von Planungsmodellen und Planungsmasken in Form von Tabellen, die unterschiedliche Planungsszenarien, z. B. für die Budgetplanung oder die Absatzprognose, unterstützen. Über die Darstellung und Simulation von Wertetreibern können Nutzerinnen und Nutzer erkennen, wie sich beispielsweise verschiedene Unternehmensbereiche gegenseitig beeinflussen. Dadurch werden die Simulation und Bewertung von alternativen Szenarien möglich, die die Entscheidungsfindung vereinfachen.

[«]

Planungsansätze

Es gibt zwei gängige Planungsansätze, die *Top-down-Planungsmethode* und die *Bottom-up-Planungsmethode*. Dabei versucht der Top-down-Ansatz vom Allgemeinen zum Spezifischen zu gelangen, während der Bottom-up-Ansatz von den Spezifika zum Allgemeinen ableitet. Beide Ansätze werden in Unternehmen häufig in einem Gegenstromverfahren verknüpft.

Bei der Top-down-Planung werden als Erstes globale (Rahmen)ziele festgelegt und auch Möglichkeiten bestimmt, wie diese erreicht werden können. Diese werden dann schrittweise auf die unteren Ebenen der zu entwickelnden und zu spezifizierenden Organisationshierarchie verschoben.

Bei der Bottom-up-Planung werden zunächst enge Ziele auf den unteren Ebenen der Organisationshierarchie festgelegt, die dann schrittweise in den Rahmen der globalen Ziele und Strategien auf höhere Ebenen überführt werden.

Live Connection

Die Daten für das Berichtswesen, die Planung und die Trendanalyse können direkt in SAP HANA gespeichert werden. Durch den Plattformansatz profitiert SAP Analytics Cloud von einem optimierten Zugriff auf die Daten in SAP HANA. So besteht mit der *Live Connection* die Möglichkeit, direkt analytisch mit den Daten in SAP HANA zu arbeiten, ohne sie dafür in eine temporäre Zwischenschicht zu kopieren. Zur Integration und Aufbereitung der Daten in Modellen können ebenfalls die entsprechenden Funktionen von SAP HANA verwendet werden.

3.3.2 Data Warehouse

Data Warehouse as a Service

Abhängig von den Anforderungen kann, ergänzend zu SAP HANA, eine Data-Warehouse-Komponente zur Speicherung und analytischen Aufbereitung der Daten für die SAP Analytics Cloud genutzt werden. Dafür bietet die Plattform mit *SAP Data Warehouse Cloud* eine vollständig verwaltete, offene und skalierbare cloudnative Data-Warehouse-Lösung.

Data Layer

In einem *Data Layer* (Datenschicht) werden Daten aus unterschiedlichen SAP- und Nicht-SAP-Quellen in der SAP Data Warehouse Cloud über eine Datenintegration und ETL-Prozesse (Extract, Transform, Load) zentral zusammengeführt.

Business Layer

Funktional basiert der Data Layer des Data-Warehouse-Service auf der SAP HANA Cloud und ergänzt diesen um einen semantischen *Business Layer*. Dabei greift der Business Layer auf Objekte des Data Layers (z. B. Tabellen, Views) zu und bildet diese in einem geschäftlichen Kontext ab. Mit Blick auf die Fachabteilungen werden so die Daten über den Business Layer in einer betriebswirtschaftlich verständlichen Sprache dargestellt, der beispielsweise den Geschäftszweck der Daten beschreibt. Für die Interpretation der Daten werden die Datenfelder in natürlicher Sprache beschrieben, um den Nutzerinnen und Nutzern aus den Fachabteilungen, die den genauen Prozess der Datenerhebung und Integration nicht im Detail kennen, die Arbeit mit den Daten zu vereinfachen.

Darüber hinaus ist es möglich, den Datenfeldern weitere semantische Informationen zuzuordnen, wie z. B. Informationen, ob es sich um eine Währung oder Maßeinheit handelt. Damit wird sichergestellt, dass die Daten korrekt und geschäftsgerecht strukturiert sind, sodass Fachanwenderinnen und -anwender die benötigten Daten leicht identifizieren und auf Basis der vorhandenen Datenmodelle entsprechende Berichte erstellen können. Ein Vorteil des Business Layer ist die Möglichkeit, Berichte zu erstellen, ohne eine entsprechende Datenbankabfrage oder die Struktur der Datenbank verstehen zu müssen. Außerdem unterstützt er die Self-Service-Funktion der Analysefähigkeiten der Plattform. Ebenfalls werden die Fachbereiche durch grafische Low-Code-Modellierungswerkzeuge zur Datenaufbereitung und mit der Möglichkeit, lokale Daten mit den zentral über das Warehouse zur Verfügung gestellten Daten abzumischen, in ihrer täglichen Arbeit unterstützt.

Vordefinierte Semantik

Vordefinierte fachabteilungs- und branchenspezifische Semantik (Business Content) für den Business Layer stellt die SAP BTP über das *Content Network* bereit. Die Inhalte können dabei von SAP, von Partnern oder aus dem Unternehmen stammen. Die branchen- und fachabteilungsspezifischen Pakete umfassen z. B. Analysemodelle und Berichte für Finanzinformationen aus SAP S/4HANA oder HR-Informationen aus SAP SuccessFactors, oder sie decken bestimmte Geschäftsszenarien wie *Responsive Supply Networks* aus der Automobilbranche ab. Damit ist SAP Data Warehouse Cloud ein Cloud-Data-Warehouse-Service, der sowohl für die IT- als auch für Fachbereiche entwickelt wurde. Insbesondere die Fachbereiche werden mit dem Service in die Lage versetzt, in einer zentral gesteuerten IT-Landschaft, domänenspezifische Geschäftsdaten eigenständig zu nutzen.

Hybrides Data Warehouse

Die SAP BTP ermöglicht auch die Umsetzung einer hybriden Data-Warehouse-Architektur. Aufgrund vorhandener Investitionen in z. B. SAP BW/4HANA oder aufgrund von unternehmensspezifischen IT-Richtlinien für die Verwaltung von Daten kann SAP BW/4HANA mit der SAP Data Warehouse Cloud kombiniert werden. Bei einer solchen hybriden Architektur wird die Self-Service-Modellierung der SAP Data Warehouse Cloud für eine stärkere Einbindung der Fachbereiche mit der Datenhaltung im eigenen Rechenzentrum kombiniert. So können vorhandene SAP-BW/4HANA-Modelle in die SAP Data Warehouse Cloud übertragen und wiederverwendet werden, um den Fachbereichen die Möglichkeit zu geben, selbstständiger mit den Daten zu arbeiten.

Damit unterstützt die Plattform, dass bereits vorhandene On-Premise-Komponenten um native Cloud-Services erweitert, oder auch neue cloudbasierte Anwendungsfälle für die Fachbereiche implementiert werden.

3.4 Anwendungsentwicklung

Neue Prozesse und Anwendungen

Mit Möglichkeiten zur Anwendungsentwicklung unterstützt die SAP BTP die Anpassung vorhandener und die Umsetzung neuer Geschäftsprozesse und Anwendungen. Dazu bietet die Plattform spezifische Cloud-Services, die verschiedene Bereiche des Softwarelebenszyklus adressieren. So lassen sich z. B. rollenspezifische und intuitive Benutzeroberflächen programmieren, Prozesse erweitern, digitale Arbeitsplätze gestalten und neue Anwendungen oder Geschäftsmodelle implementieren. Neben den Services zur Umsetzung spezifischer Anwendungsszenarien liefert die Plattform grundlegende Funktionen, die für die Entwicklung, Bereitstellung und den Betrieb der Erweiterung bzw. Anwendung erforderlich sind. Dazu zählen:

- Entwicklungswerkzeuge
- Software Development Kits (SDKs)
- DevOps
- ALM-Services (Application Lifecycle Management)

Services zur Prozesserweiterung

Die Plattformservices zur Prozesserweiterung und Anwendungsentwicklung werden in der *SAP Extension Suite* zusammengefasst, die sich entsprechend unterschiedlicher Anwendungsszenarien weiter in die Servicebereiche *Digital Experience, Development Efficiency* und *Process Automation* gliedert.

Softwarearchitektur

Abhängig von den funktionalen Anforderungen wird die Logik der eigenen Prozesserweiterung bzw. der neuen Anwendung für unterschiedliche Laufzeitumgebungen (*Environments*) auf der SAP BTP entwickelt. Die Laufzeitumgebungen unterstützen verschiedene Entwicklungsansätze und Softwarearchitekturen zur Implementierung der Erweiterung. So ermöglicht es die *Cloud Foundry Runtime für SAP BTP*, auf Microservices basierende Erweiterungen zu entwickeln, und das *SAP BTP, ABAP Environment* erlaubt die Entwicklung und Bereitstellung von ABAP-Anwendungen. Containerbasierte Anwendungen und Erweiterungen sowie *Functions as a Service* werden auf der Plattform mit *SAP BTP, Kyma Runtime* umgesetzt.

[»]

SAP BTP, Neo Environment

SAP BTP, Neo Environment ist die älteste Laufzeitumgebung der SAP BTP und ermöglicht die Entwicklung von Erweiterungen auf der Basis von HTML5 bzw. SAPUI5, Java und nativen SAP-HANA-Anwendungen (SAP HANA Extended Application Services). Die Neo-Umgebung wird ausschließlich über SAP-Rechenzentren zur Verfügung gestellt.

Side-by-Side-Erweiterung

Im Falle der Erweiterung eines bestehenden Geschäftsprozesses über die SAP BTP spricht man von einer *Side-by-Side-Erweiterung*, da die Ergänzung zum Standardprozess mit der Plattform in einer separaten Laufzeitumgebung »neben« der Standardlösung umgesetzt ist.

[»]

Vorteile einer Side-by-Side-Erweiterung

Die Side-by-Side-Erweiterung von bestehenden Prozessen mit der SAP BTP hat folgende Vorteile:

- Geschäftsprozesse neuen Benutzergruppen zugänglich machen zu können (Erweiterung der Reichweite)
- unternehmensspezifische Prozessanforderungen umsetzen zu können

- bestehende Geschäftsprozesse mit zusätzlichen Daten und domänenspezifischen Services ergänzen zu können
- neue Services und Technologien bei gleichzeitiger Stabilität des Standardprozesses nutzen zu können

Pro-Code und No-Code

Für eine flexible und bedarfsgerechte Implementierung der Fachabteilungsanforderungen über die unterschiedlichen Laufzeitumgebungen bietet die SAP BTP entsprechende Werkzeuge und Dienste sowohl für Cloud-Native-Entwicklungsteams als auch für Citizen Developer. Damit folgt die Plattform einem Pro-Code-zu-No-Code-Paradigma und bietet neben einem flexiblen Cloud-Native-Programmiermodell mit voller Kontrolle auch einen No-Code- bzw- Low-Code-Entwicklungsansatz für Citizen Developer aus den Fachabteilungen, der durch grafische Erweiterungs- und Anpassungsmöglichkeiten besser bei der Umsetzung von Geschäftsanwendungen unterstützt (siehe Abschnitt 4.6, »Produktivität der Softwareentwicklung«).

Programmiermodell

Mit dem Ziel, über Best Practices, Templates und SDKs die Entwicklung zu begleiten und zu beschleunigen, liefert die Plattform für die Programmiersprachen Java und Node.js das *SAP Cloud Application Programming Model* (CAP) als Framework für die Programmierung von Erweiterungen und Anwendungen. Indem es den Schwerpunkt auf die Erfassung von Domänenwissen, also auf das »Was« und nicht auf die imperative Programmierung, das »Wie«, legt, unterstützt das SAP Cloud Application Programming Model bei der Umsetzung der fachlichen Domäne. Mit diesem Ansatz wird ebenfalls die Zusammenarbeit zwischen Entwicklungsteam und Fachabteilungen verbessert.

Domänenspezifische Services

Für die Entwicklung eigener Anwendungen und die Erweiterung bestehender Prozesse sind auch die unterschiedlichen *Business-Services* der Plattform hervorzuheben, die vorgefertigte, domänenspezifische Funktionen über APIs als konfigurierbaren Service liefern. Beispiele für Business-Services sind der Tax Service zur Berechnung länderspezifischer Steuern, die automatische Klassifikation von Dokumenten, die innerhalb eines Prozesses verarbeitet werden, die Variantenkonfiguration zur interaktiven Konfiguration von Produkten oder die Berechnung von Angebotspreisen auf der Basis eines Regelwerks. Eine Übersicht der Business-Services liefert das SAP Discovery Center mit dem Servicekatalog (*https://discovery-center.cloud.sap*).

Prozessoptimierung

Auch zur Optimierung von Geschäftsprozessen liefert die SAP BTP eine Reihe von Services, die bei der Umsetzung zusätzlicher Prozessschritte und bei der Prozessautomatisierung helfen.

Mit dem Service *SAP Workflow Management* werden beispielsweise komplette Unternehmensprozesse digitalisiert oder vorhandene Prozesse mit einem Low-Code-Ansatz konfiguriert und erweitert. Zur Steigerung der Effizienz einzelner Fachbereiche (Operational Excellence) lassen sich so beispielsweise einfache Genehmigungsprozesse oder auch komplexere, über Organisationsgrenzen hinausreichende Prozesse mit dem Service realisieren. Für unternehmenskonforme Entscheidungen werden mit dem Service ebenfalls Geschäftsregeln erfasst, die auch bei der Automatisierung einzelner Prozessschritte genutzt werden. Um Optimierungsansätze innerhalb bestehender Prozesse zu finden, z. B. Ineffizienzen oder Engpässe, gibt es innerhalb von SAP Workflow Management die Funktion *Process Visibility*.

Workflow Management Package

Für gängige Prozesse in unterschiedlichen Fachabteilungen stehen vordefinierte Prozessvorlagen (*Workflow Management Package*) für SAP Workflow Management zur Verfügung. Die Templates sind über den SAP API Business Hub einsehbar und lassen sich an unternehmenseigene Bedürfnisse anpassen. Ebenfalls Bestandteil der Content Packages sind Geschäftsregeln sowie vordefinierte Dashboards zur Prozessanalyse (Process Visibilities).

Digitaler Arbeitsplatz

Neben den Services zur Prozessoptimierung und Programmierung von Prozesserweiterungen und Anwendungen erlaubt die SAP BTP die Umsetzung digitaler Arbeitsplätze zur Steigerung der Produktivität. So ist mit *SAP Work Zone* ein zentraler, geräteübergreifender Zugriff auf relevante Geschäftsanwendungen, Prozesse und Informationen möglich. Für eine natürlichsprachliche Interaktion mit den Anwendungen und Prozessen lassen sich mit *SAP Conversational* AI Chatbots entwickeln, um den Fachanwendern oder Kundinnen eine intuitive Nutzung der Prozesse und Anwendungen zu ermöglichen.

Zusammengefasst bietet die SAP BTP mit der SAP Extension Suite umfangreiche Services, die sich an Entwicklungsteams richten. Neben Programmieransätzen von Pro-Code bis No-Code unterstützt die Plattform die Entwicklung von Prozesserweiterungen und Anwendungen auf der Basis unterschiedlicher Architekturen und richtet den Fokus mit der Bereitstellung domänenspezifischer Services, Content Packages sowie mit dem SAP Cloud Application Programming Model auf die Implementierung von Unternehmenskompetenzen.

3.5 Integration

Integration heterogener Landschaften

Zur Integration von SAP und Drittanbieteranwendungen, die sowohl in der Cloud als auch im eigenen Rechenzentrum betrieben werden, bietet die SAP BTP verschiedene Services für die Prozess- und Datenintegration. Auch Sensordaten von physischen Objekten (Things) werden über die Plattform in Geschäftsprozesse integriert. Damit decken die Funktionen der SAP BTP alle Arten von Integrationen ab, die in Cloud- und Hybridlandschaften erforderlich sind. Für die Umsetzung wesentlicher Eigenschaften eines intelligenten Unternehmens ist die Integration mit der Plattform sowohl für die Umsetzung durchgängiger Geschäftsprozesse (Kernprozesse) als auch für die Optimierung bestehender Prozesse durch zusätzliche Daten hilfreich.

3.5.1 Integrationsansätze

Prozessintegration

Zur Implementierung durchgängiger Prozesse ermöglicht die Plattform einen unidirektionalen oder bidirektionalen Austausch transaktionaler Daten zwischen zwei oder mehreren IT-Anwendungen (*Application to Integration*). Auch der Austausch von Stammdaten (*Master Data Integration*) als Bestandteil einer durchgängigen Prozessintegration wird unterstützt, wie z. B. ein API-basierter Transfer von Business-Partner-Daten zwischen SAP S/4HANA und SAP Commerce Cloud. Über in der Plattform implementierte Standardprotokolle, wie z. B. UN/EDIFACT oder ANSI X.12, ist ebenfalls die Integration von Geschäftspartnern in einen Unternehmensprozess möglich (*Business to Business Integration*). So können z. B. Bestellungen von einem Zulieferer für eine schnellere Bearbeitung in den Design-to-Order-Kernprozess des Unternehmens integriert werden. Ein weiteres Beispiel für die Prozessintegration ist der elektronische Austausch von transaktionalen Daten mit Behörden (*Business to Government Integration*) unter der Beachtung regionaler Austauschformate. Damit ist es möglich, z. B. Waren- und Dienstleistungssteuerklärungen aus SAP S/4HANA dem Goods and Services Tax Network im vorgeschriebenen Format bereitzustellen.

Datenintegration

Neben der Prozessintegration unterstützt die SAP BTP ebenfalls die Integration und den Austausch von Daten. So ermöglicht es die Plattform, mittels Datenreplikation (*Data Replication*) Tabelleninhalte zwischen unterschiedlichen Datenbanken auszutauschen, um beispielsweise analytische Anwendungsszenarien zu realisieren. Abhängig vom Anwendungsfall kann mit der Plattform auch eine virtuelle Datenintegration (*Data Virtualization*) implementiert werden, indem mithilfe von Proxy-Tabellen eine virtuelle Datenschicht über physische Datenbanken definiert wird. Auch die Qualitätssicherung der Daten unterstützt die Plattform z. B. mit Möglichkeiten zur Konsolidierung und Bereinigung von Daten (*Data Quality Management*) aus unterschiedlichen Quellsystemen. Die Integration von Daten ist auch für Anwendungsszenarien im Bereich Data Science und ML erforderlich. Dazu bietet die Plattform eine pipelinebasierte Integration unterschiedlichster Datenformate und Quellen (*Data Orchestration*), die auf den Datenbank- und Datenmanagement-Plattformservices basieren (siehe Abschnitt 3.2, »Datenbank- und Datenmanagement«).

Thing Integration

Um Geschäftsprozesse noch genauer zu steuern, ist auch die Echtzeitintegration von Sensordaten, z. B. für die Analyse und das Monitoring von Maschinen (*Thing to Analytics*), mit der Plattform möglich. Neben der analytischen Auswertung der Sensordaten über ein Dashboard (siehe Abschnitt 3.3, »Datenanalyse«) können die Maschinendaten auch direkt in Geschäftsprozessen integriert werden (*Thing to Process*), um beispielsweise Ersatzteile für eine Produktionsmaschine zu be- oder einen Serviceauftrag für die Wartung zu erstellen. Um Prozesse vorausschauend zu steuern, ist eine Erfassung zahlreicher historischer Daten für die Mustererkennung erforderlich. Dazu unterstützt die Plattform die Sammlung von Sensordaten in einem Data Lake (*Thing to Data Lake*) um Machine-Learning-Algorithmen zu trainieren. So lässt sich die Wartung von Industrieanlagen z. B. auf der Basis einer Anomalie-Erkennung optimieren.

API-basierte Integration

Bei der Integration von Daten und Prozessen wird der technische Zugriff oftmals über APIs und Events realisiert. So erlaubt der Service *SAP API Management* einen sicheren Zugriff auf IT-Anwendungen und Geschäftsprozesse des Unternehmens. Mit dem Service werden bestimmte Prozesse bzw. Prozessschritte über ein *API-Portal* sowohl innerhalb des Unternehmens für unterschiedliche Bereiche als auch außerhalb des Unternehmens, für z. B. Geschäftspartner, zugänglich gemacht. Dabei wird der Zugriff auf die APIs auf der Basis definierter Sicherheitsrichtlinien kontinuierlich überwacht und der Aufruf der APIs verwaltet.

Eventbasierte Integration

Eine eventbasierte Integration unterschiedlicher IT-Anwendungen oder eigener Erweiterungen auf Basis des Publish Subscribe Patterns (Pub/Sub) wird mit dem Service *SAP Event Mesh* realisiert. Damit werden z. B. ereignisgesteuerte Erweiterungen für SAP S/4HANA unterstützt. So ist es möglich, dass eine Prozesserweiterung auf der SAP BTP direkt informiert wird, sobald in SAP S/4HANA ein neuer Geschäftspartner (Business Partner) angelegt wird.

SAP Integration Solution Advisory Methodology

Bei der Auswahl der unterschiedlichen Integrationsmöglichkeiten der SAP BTP unterstützt die *SAP Integration Solution Advisory Methodology*. Mit dem Ziel, Integrationsarchitekturteams bei der Gestaltung und Umsetzung einer Integrationsstrategie für das Unternehmen zu unterstützen, beschreibt die Methode typische Integrationsansätze und Muster zur technischen Umsetzung. Für die Realisierung erfolgt eine Abbildung der Integrationsmuster auf Technologien, wie etwa die Services der SAP BTP.

3.5.2 Digital Integration Hub

Integrationsarchitektur

Zusätzlich zu den in Abschnitt 3.5.1 beschriebenen Integrationsmustern für Prozesse und Daten, ermöglicht die SAP Business Technology Platform die Umsetzung eines *Digital Integration Hub* (DIH) für das gesamte Unternehmen. Der Digital Integration Hub ist eine Integrationsarchitektur, die eine skalierbare Zugriffsebene auf transaktionale Geschäftsdaten z. B. über APIs und Events ermöglicht. Man definiert den DIH als Anwendungsarchitektur, die mehrere System-of-Record-Datenquellen einer IT-Landschaft in einem skalierbaren und performanten Datenspeicher mit niedriger Latenz erfasst, und Zugriffe über eine API-Serviceschicht unterstützt. Der Datenspeicher des DIH wird mit den Back-End-Quellsystemen über eine Kombination aus eventbasierten, abfragebasierten und batchbasierten Integrationsmustern synchronisiert.

Umsetzung einer DIH-Architektur

Zur Umsetzung einer DIH-Architektur mit der SAP BTP werden unterschiedliche Plattformservices kombiniert (siehe Abbildung 3.2).

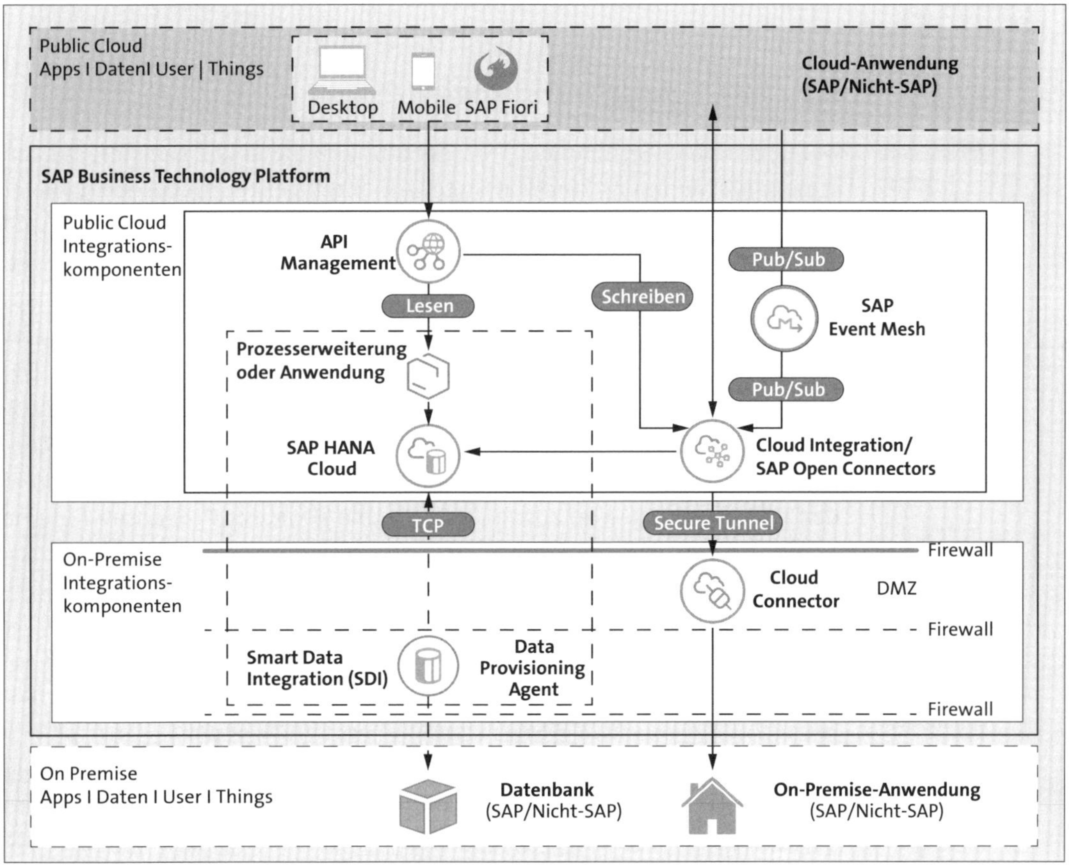

Abbildung 3.2 Digital Integration Hub mit der SAP BTP (Quelle: SAP)

SAP HANA bietet als leistungsfähiger Datenspeicher zur Zwischenspeicherung der relevanten Geschäftsdaten aus den IT-Anwendungen eine konsolidierte Sicht auf die Geschäftsobjekte (Entitäten) der unterschiedlichen Anwendungen. Die Daten der IT-Anwendungen (SAP- und Nicht-SAP-Anwendungen) werden über die Integration Suite der Plattform mit der SAP-HANA-Datenbank synchronisiert. Dabei kommen die zuvor beschriebenen Integrationsansätze zur Prozessintegration und Datenintegration zum Einsatz. Darüber hinaus vereinfacht der Service *SAP Open Connectors* der SAP BTP die Integration von über 160 Nicht-SAP-Cloud-Anwendungen, wie z. B. Microsoft Dynamics, Salesforce oder Sage mit dem DIH. SAP Event Mesh agiert als Event Broker für eine lose gekoppelte eventbasierte Integration zwischen den IT-Anwendungen. Dazu veröffentlichen die Backend-Systeme ihre Ereignisse über SAP Event Mesh und werden über die SAP Integration Suite in der SAP-HANA-Datenbank gespeichert. Die API-Serviceschicht des DIH wird mit dem Plattformservice SAP API Management realisiert, der sich für lesende Zugriffe mit der SAP-HANA-Datenbank verbindet.

3.6 Intelligente Technologien

Intelligente Prozesse

Mit dem Ziel, Unternehmensprozesse und Abläufe in den Fachabteilungen eines Unternehmens zu optimieren und intelligenter umzusetzen, bietet die SAP BTP verschiedene Services, die auf künstlicher Intelligenz (KI) und ML basieren. So wird beispielsweise die Entscheidungsfindung innerhalb eines Geschäftsvorgangs mithilfe von KI-Algorithmen unterstützt, indem Echtzeitdaten sofort analysiert und in Entscheidungsvorlagen übersetzt werden. Gerade auch die Funktionen von KI und ML basieren auf den Datenbank- und Datenmanagementservices der SAP BTP (siehe Abschnitt 3.2, »Datenbank- und Datenmanagement«). Damit ist es möglich, große Mengen interner und externer Daten zu verarbeiten, um Routinetätigkeiten in den Fachabteilungen zu automatisieren und genauere Prognosen für eine Entscheidungsfindung zu erstellen.

3.6.1 Robotic Process Automation

Automatisierung von Arbeitsabläufen mit Bots

Um insbesondere manuelle Arbeiten entlang eines Geschäftsprozess in den Fachabteilungen, wie z. B. das Kopieren von Kundennamen und Adressen von einer Anwendung in eine andere Anwendung, zu vermeiden, ermöglicht der Service *SAP Intelligent Robotic Process Automation* (SAP Intelligent RPA) die Erstellung von Bots, die menschliche Benutzerinnen und Benutzer emulieren, um alltägliche Aufgaben zu automatisieren. Die Automatisierung der Arbeitsablaufe erfolgt dabei über die Benutzeroberfläche der verschiedenen IT-Anwendungen, nachdem die Tätigkeiten eines menschlichen Users aufgezeichnet worden sind. Dabei werden mit dem Service die manuellen Abläufe der Fachabteilung entweder über einen beaufsichtigten Bot (*attended Bot*) oder einen unbeaufsichtigten Bot (*unattended Bot*) automatisiert.

Beaufsichtigte Bots

Ein beaufsichtigter Bot agiert als Softwareassistent, indem er direkt mit der IT-Anwendung interagiert. Zum Beispiel liest der Bot den Inhalt eines Anwendungsfensterns, identifiziert Felder mit relevanten Daten, kopiert diese in die Benutzeroberfläche einer anderen Anwendung und startet eine Transaktion. Während der Ausführung dieser Aufgaben gibt der Bot bei Bedarf die Kontrolle an den Benutzer oder die Benutzerin der Fachabteilung zurück, um Entscheidungen zu treffen, die die Erfahrung und das Wissen der Verantwortlichen erfordern. Solch beaufsichtigte Bots können sehr schnell umgesetzt werden, da keine Anpassungen an die bestehenden IT-Anwendungen und Geschäftsprozesse erforderlich sind. Die Prozesse und Anwendungen werden unverändert weitergenutzt.

Unbeaufsichtigte Bots

Im Gegensatz zu beaufsichtigten Bots agieren unbeaufsichtigte Bots völlig selbstständig und werden nicht kontinuierlich von Mitarbeitenden der Fachabteilung beaufsichtigt. Diese autonomen Bots verbinden sich z. B. eigenständig mit Datenbanken, um benötigte Informationen abzurufen, und wenden zuvor definierte Geschäftsregeln für die Entscheidungsfindung an. Oftmals erzeugen unbeaufsichtigte Bots auch neue Daten, die über Schnittstellen in die IT-Anwendungen zurückgeschrieben werden. Da die komplexere Logik unbeaufsichtigter Bots eine eigene Laufzeitumgebung benötigt und sie über eventuell noch zu implementierende APIs mit den IT-Anwendungen agieren, ist ihre Umsetzung im Vergleich zu beaufsichtigten Bots aufwendiger. Mit der Robotic Process Automation unterstützt die SAP BTP somit die Automatisierung von sich wiederholenden manuellen Prozessen durch die Erstellung, Planung, Verwaltung und Überwachung von beaufsichtigten und unbeaufsichtigten Bots.

Vorgefertigte Bots

Zur Automatisierung bestimmter Aufgaben werden als Teil der Plattform über 180 vordefinierte Bots über den *SAP Intelligent RPA Store* bereitgestellt (siehe Abbildung 3.3). So wird beispielsweise für den Order-to-Cash-Kernprozess eines Unternehmens ein vorkonfigurierter Bot bereitgestellt, der Bestellungen in SAP S/4HANA auf der Basis von Microsoft-Excel-Dateien erstellt. In vielen B2B-Szenarien erhalten die Vertriebsmitarbeitenden im Innendienst Aufträge in Form von Excel-Tabellen, die von Kunden als Anhang in E-Mails gesendet werden. Nach dem Öffnen der Excel-Datei müssen die

Vertriebsmitarbeitenden die Daten aus den Tabellenstrukturen manuell extrahieren und über eine zweite Anwendung entsprechende Kundenaufträge im System anlegen. Zur Automatisierung dieser Tätigkeit überwacht der vordefinierte Bot eingehende E-Mails mit dem Betreff »Auftrag«. In den angehängten Excel-Dateien erkennt der Bot die Bestellungen und ruft eine Standard-API zum Anlegen der Kundenaufträge in SAP S/4HANA auf. Beim Anlegen des Kundenauftrags informiert der Bot die verantwortlichen Vertriebsmitarbeitenden sowie den Kunden via E-Mail.

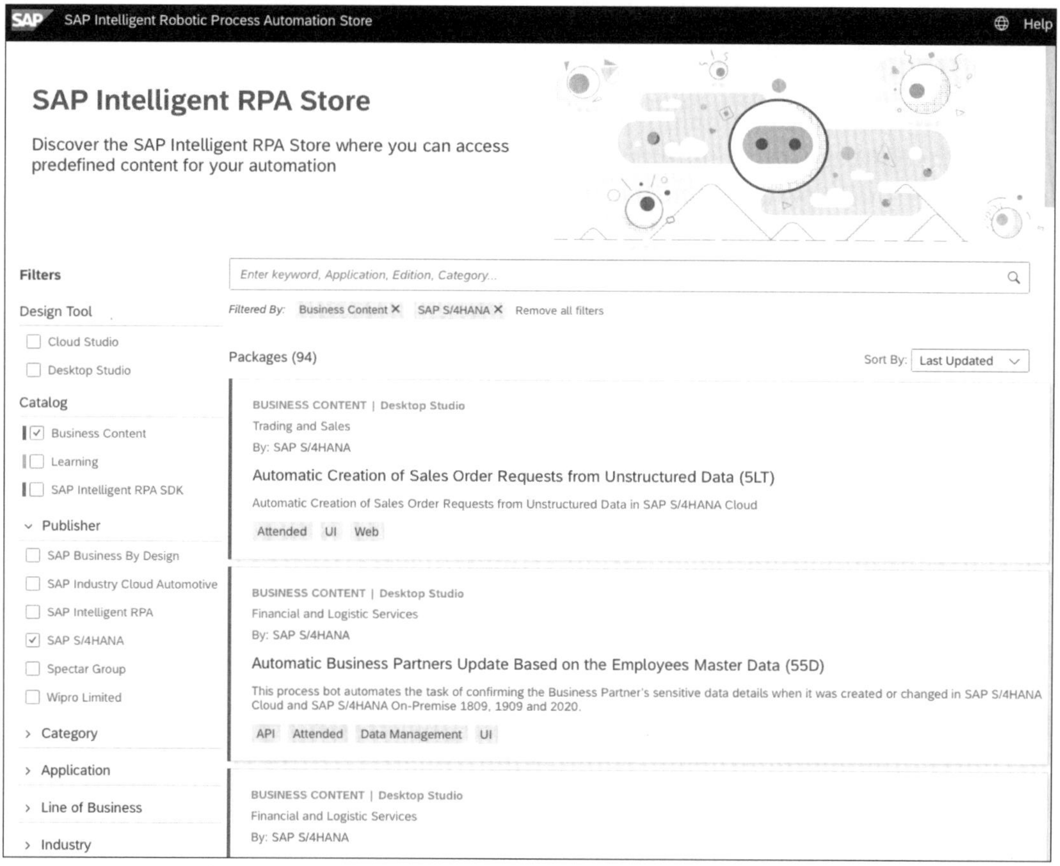

Abbildung 3.3 SAP Intelligent RPA Store mit vordefinierten Bots für unterschiedliche Szenarien und Fachbereiche

3.6.2 Chatbots

Sprachliche Interaktion

Viele Geschäftsprozesse lassen sich auch über eine natürlich-sprachliche Interaktion optimieren. Für einen vereinfachten Zugang zur Information und Steuerung von Prozessen auf der Basis von Natural Language Processing unterstützt die SAP BTP die Umsetzung von Chatbots. Auf der Grundlage der Verarbeitung natürlicher Sprache ermöglicht der Service SAP Conversational AI der Plattform die Entwicklung einer intelligenten Benutzeroberfläche zur digitalen Interaktion mit Unternehmensprozessen. Dabei erlaubt der Chatbot auch die Integration unterschiedlicher Prozesse und Anwendungen innerhalb eines Dialogs und kann damit auch bei der Umsetzung durchgängiger Geschäftsprozesse angewendet werden.

Chatbots im Einsatz

Der Chatbot kann z. B. bei Kundeninteraktionen wie dem Support eingesetzt werden. Auch bei der Beantwortung von Fragen zu Produktproblemen kann anstelle einer FAQ-Seite ein Chatbot (FAQ-Chatbot) eingebunden werden, der interaktiv bei der Lösungsfindung hilft. Neben den Kunden werden auch die Mitarbeitenden in den Fachbereichen durch Chatbot-basierte Self-Services unterstützt. Allgemein kreieren Chatbots eine durchgängigere, digitale Nutzererfahrung, da Informationen über Hyperlinks oder Media-Dateien geteilt werden.

Definition von Chatbots

Die Definition des Dialogs und das Training der Chatbots erfolgt über einen Low-Code-Ansatz. Damit können Domänenexpertinnen und -experten aus dem Fachbereich die Gestaltung von Chatbots aktiv unterstützen. Der definierte Chatbot kann mit gängigen Kommunikationskanälen (wie z. B. Amazon Alexa, Microsoft Teams oder Slack) verbunden werden. Auch die direkte Integration auf einer bestehenden Webseite, eigene Prozesserweiterungen und Anwendungen sowie SaaS-Lösungen wie SAP Analytics Cloud oder SAP SuccessFactors ist möglich.

Business-Services

KI wird auch in einigen Business-Services der SAP BTP eingesetzt (siehe Abschnitt 3.4, »Anwendungsentwicklung«), die bei der Programmierung von Prozesserweiterungen verwendet werden. Die *SAP AI Business Services* haben dabei als Teil der Plattform-Business-Services das Ziel, die Benutzererfahrung von Geschäftsprozessen zu verbessern und bei der Automatisierung der Prozesse zu unterstützen. So ermöglicht z. B. der Service *Business Entity Recognition* die Erkennung von Entitäten wie Kunden, Produkten oder Orten in unstrukturiertem Text auf der Basis von ML.

Zu den neuen Services SAP AI Launchpad und SAP AI Core Service finden Sie ein Zusatzkapitel »Künstliche Intelligenz« auf der Seite *http://www.sap-press.de/5384* unter **Materialien**.

3.7 Zusammenfassung

Mit den Services aus den Bereichen Datenbank- und Datenmanagement, Analyse, Integration und Anwendungsentwicklung sowie dem Bereich der intelligenten Technologien unterstützt die SAP BTP die Gestaltung und

Anpassung der Unternehmensbausteine zu einem intelligenten Unternehmen. Dabei werden nicht nur technische Services auf der Plattform bereitgestellt, sondern auch fachliche, vordefinierte Inhalte für z. B. die Integration, Workflows, Bots und analytische Szenarien ausgeliefert. Es lassen sich mit den Plattformservices auch verschiedene Unternehmensstandards in Form von Architekturen, wie z. B. einem Digital Integration Hub oder einer Data Fabric, etablieren. Auch eigene Anwendungen und Prozesserweiterungen, z. B. Cloud-Native- oder ABAP-Anwendungen, können Sie auf der Plattform mit unterschiedlichen Softwarearchitekturen implementieren.

Kapitel 4

Konzepte der SAP Business Technology Platform

4

Mit der SAP Business Technology Platform werden Geschäftsprozesse erweitert und fachliche Anforderungen implementiert. Die dazu verwendeten Plattformservices basieren auf grundlegenden Konzepten, die in diesem Kapitel vorgestellt werden.

Als Platform as a Service (PaaS) für intelligente Unternehmen liefert die SAP Business Technology Platform (SAP BTP) Services, mit denen Sie bestehende Unternehmensabläufe flexibel erweitern, dazu Prozesse und Daten integrieren und auch neue digitale Geschäftsmodelle entwickeln. Die Plattformservices werden dabei unter Berücksichtigung von drei wesentlichen Prinzipien bereitgestellt.

Offene Architektur

Einerseits realisiert die Plattform eine offene Architektur, die eine Integration von Nicht-SAP-Anwendungen und -Daten und eine Nutzung von Partnerservices unterstützt. Durch die offene Architektur und Interoperabilität mit Open-Source- und Drittanbietertechnologie kann die Plattform in bestehende IT-Architekturen eingebettet werden und erlaubt die Umsetzung einer unternehmensspezifischen IT-Strategie.

Geschäftszentriert

Darüber hinaus stellt die SAP BTP fachliche Inhalte bereit, die direkt in den Abläufen des Unternehmens genutzt werden können. So können Sie Anforderungen der Fachabteilungen auf Basis der bereitgestellten Inhalte, z. B. für die Prozessintegration oder die Analyse von Daten mit Data-Warehouse-Modellen, umsetzen. Auch die Business-Services der Plattform helfen bei der Erweiterung bestehender Prozesse, um z. B. wiederkehrende Aufgaben in den Fachbereichen zu automatisieren oder zu digitalisieren.

Einheitliche Plattform

Eine weitere Eigenschaft der SAP BTP ist, dass sie eine einheitliche und gemeinsame technische Grundlage zur Bereitstellung der Plattformservices nutzt. Damit werden zwischen den unterschiedlichen Services der Plattform nicht nur technische Synergien genutzt, sondern auch ein nahtloses Zusammenspiel und das modulare Nutzen der Services ermöglicht.

Die folgenden Abschnitte stellen grundlegende Konzepte der SAP BTP vor, die für alle Plattformservices eine Rolle spielen.

4.1 SAP BTP Cockpit

Strukturierung

Der zentrale Einstieg zur Administration und Nutzung der SAP BTP ist das browserbasierte *SAP BTP Cockpit*. Über das Cockpit wird die Plattform für den Einsatz im Unternehmen organisiert und strukturiert. Dafür legen Sie *Subaccounts* für Ihre Plattformprojekte an, die Sie wiederum in *Directories* zusammenfassen können. So kann beispielsweise für jede Fachabteilung im Unternehmen ein eigenes Directory angelegt werden, dem wiederum Subaccounts für die jeweiligen Erweiterungs- und Entwicklungsprojekte zugeordnet werden.

Administration

Neben der Strukturierung der SAP BTP erfolgen auch allgemeine administrative Tätigkeiten über das Cockpit, wie z. B. das Anlegen und Verwalten von Plattformnutzerinnen und -nutzern mit entsprechenden Berechtigungen. Auch die Aufteilung der unterschiedlichen Plattformservices auf die zuvor angelegten Subaccounts wird über das Cockpit konfiguriert, um einzelne Services den Projekten gezielt zuzuordnen. Die so zugeordneten Services werden dann wiederum von den Entwicklungsteams über das Cockpit instanziiert (siehe Abschnitt 4.3, »Service Marketplace«) und konfiguriert.

Zusätzlich zur Konfiguration der Plattform visualisiert das Cockpit auch Nutzungsstatistiken zur Verwendung einzelner Plattformservices und unterstützt damit eine entsprechende Kostenanalyse.

Abbildung 4.1 zeigt die Einstiegsseite zur Konfiguration eines Subaccounts, der zuvor über das Cockpit in einem AWS-Rechenzentrum in Frankfurt angelegt worden ist. Weitere Informationen zur Konfiguration und Administration der Plattformservices mit dem SAP BTP Cockpit sind in Kapitel 6, »Administration und Konfiguration der SAP Business Technology Platform«, beschrieben.

Command-Line Interface

Alternativ zum browserbasierten Cockpit ist die Plattformkonfiguration über ein *Command-Line Interface* (CLI) möglich, sodass sich einzelne administrative Tätigkeiten wie das Anlegen von Subaccounts oder Usern über Skripte automatisieren lassen.

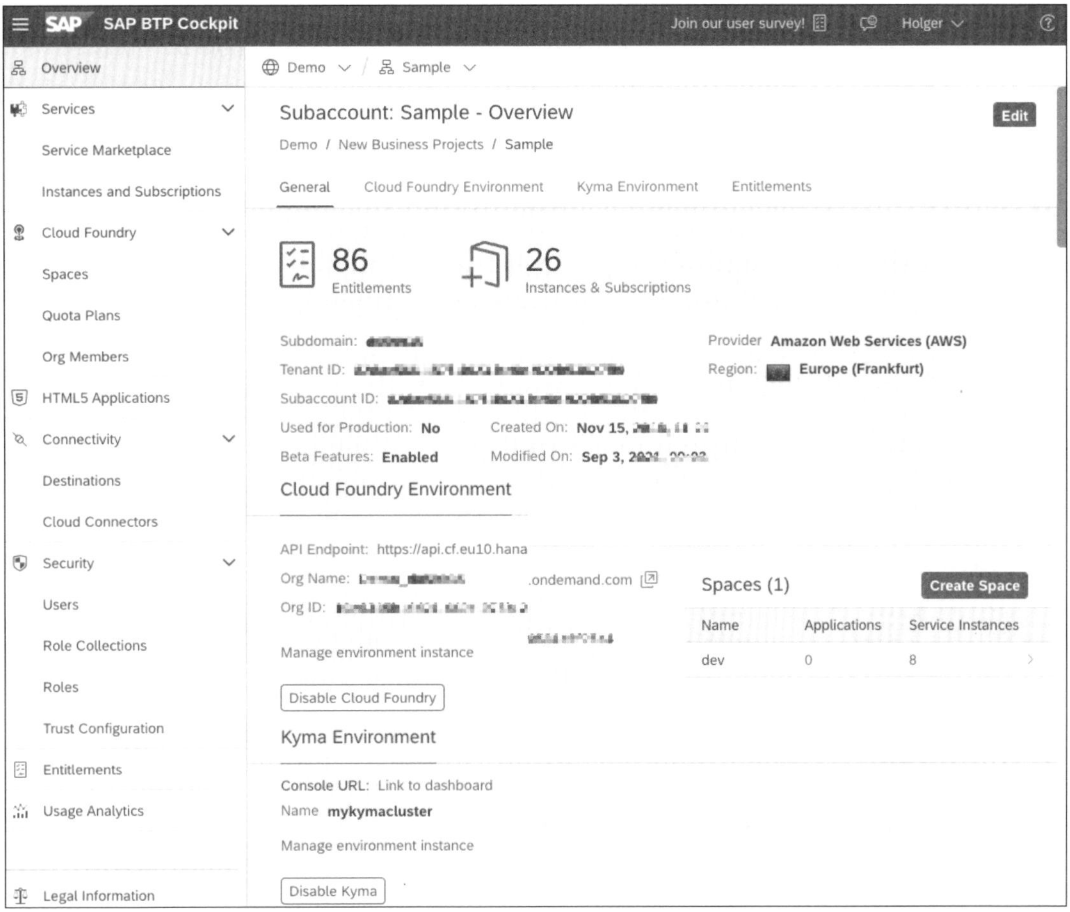

Abbildung 4.1 Einstiegsseite des SAP BTP Cockpits zur Konfiguration der Subaccounts

4.2 Struktur des SAP-BTP-Accounts

Global Account

Alle Services der SAP BTP werden über einen *Global Account* bereitgestellt, der entweder mit dem SAP BTP Cockpit oder dem Command-Line Interface administriert wird (siehe Abschnitt 4.1, »SAP BTP Cockpit«). Ein produktiver Global Account ist einem Unternehmen oder einem SAP-Partner zugeordnet.

Abbildung 4.2 zeigt die Struktur eines Global Accounts mit mehreren Subaccounts. Die so eingerichtete *SAP-BTP-Landschaft* entspricht wiederum der Unternehmensstruktur bzw. bildet konkrete Projektanforderungen ab.

SAP-BTP-Landschaft

Zu den Projektanforderungen kann beispielsweise die Bereitstellung von unterschiedlichen Umgebungen für die Entwicklung, für den Test und für die produktive Nutzung einer Prozesserweiterung gehören. Für jede Umgebung wird daher ein entsprechender Subaccount mit festgelegten Zugriffsberechtigungen und Servicekontingenten angelegt. Auch können Subaccounts für verschiedene Entwicklungsteams oder Abteilungen des Unternehmens definiert werden. Kapitel 6, »Administration und Konfiguration der SAP Business Technology Platform«, beschreibt weitere Details zur Nutzung globaler Accounts und Subaccounts.

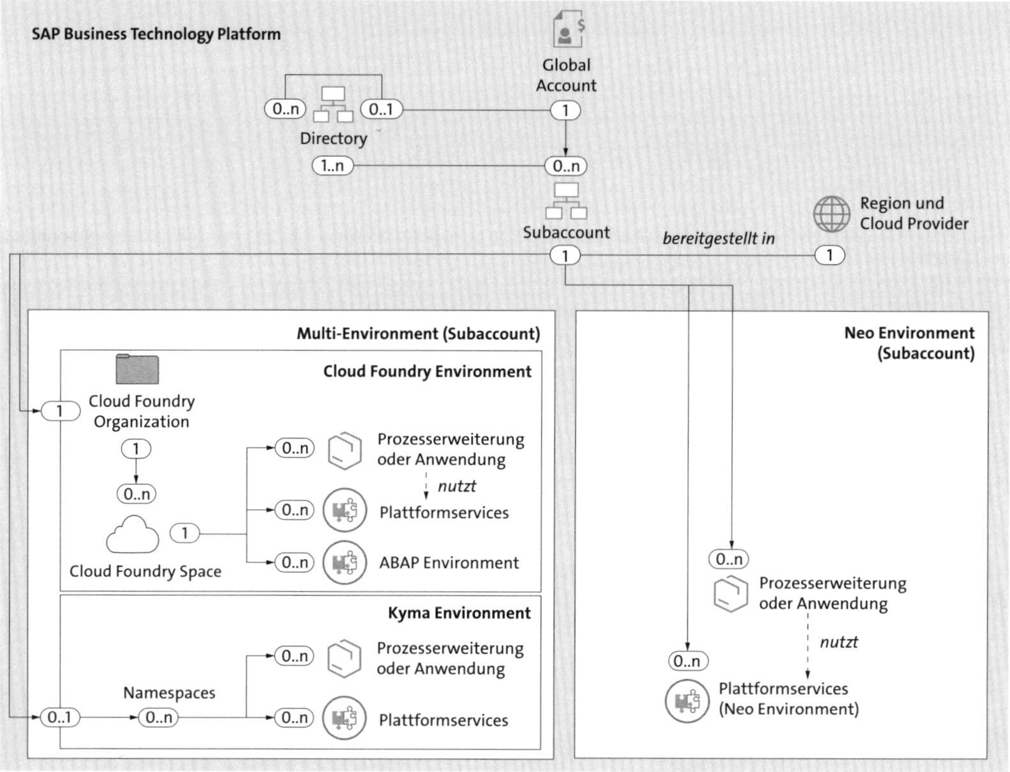

Abbildung 4.2 Strukturierung einer SAP-BTP-Landschaft

Neo und Multi-Environment Subaccounts

Beim Erstellen eines neues Subaccounts legen Sie die verwendbaren Laufzeitumgebungen für ihre Prozesserweiterungen und Anwendungen fest. Dabei wird implizit durch die Auswahl der Region des Rechenzentrums, in dem der Subaccount bereitgestellt werden soll, zwischen dem *Neo* und dem *Multi-Environment* gewählt (siehe Abschnitt 4.4, »Laufzeitumgebungen«). Die Neo-Laufzeitumgebung steht ausschließlich in SAP-Rechenzentren zur Verfügung, während das Multi-Environment von verschiedenen Rechenzentren unterschiedlicher Cloud Provider (AWS, Azure, Google Cloud, Alibaba) bereitgestellt wird. Da über einen Subaccount auf Cloud-Provider-Infrastrukturen zusätzlich zu der Cloud Foundry Runtime auch die ABAP-Umgebung und die Kyma-Umgebung für die Entwicklung und Bereitstellung von Anwendungen genutzt werden kann, wird der Subaccount als Multi-Environment bezeichnet.

4.3 Service Marketplace

Services nutzen

Alle Plattformservices, die in einem Subaccount für die Optimierung und Erweiterung von Prozessen zur Verfügung stehen, werden als Katalog im *Service Marketplace* des SAP BTP Cockpits angezeigt (siehe Abbildung 4.3).

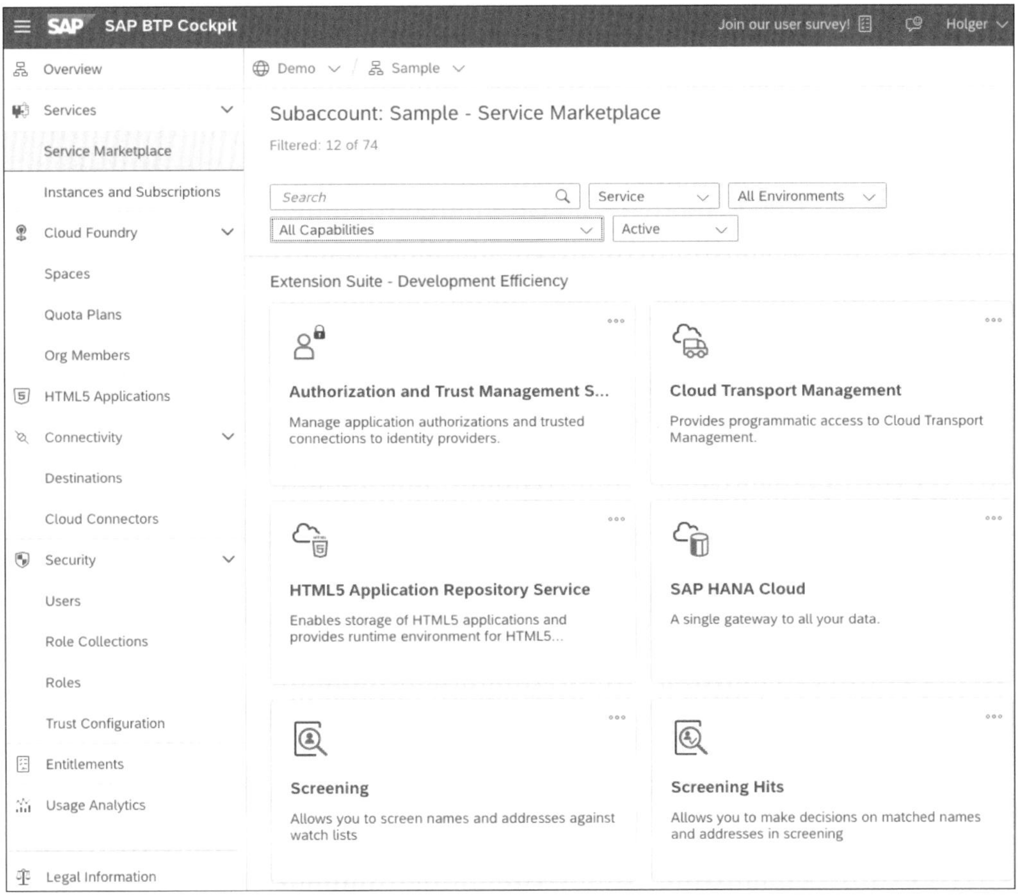

Abbildung 4.3 Plattformservices über den Service Marketplace instanziieren

Neben Details zu den jeweiligen Services und weiterführenden Informationen erfolgt die Nutzung über eine Instanziierung des Service. Abhängig von den zugeteilten Quotas kann ein Service ein oder mehrmals instanziiert werden.

Ein Wizard führt durch die Erstellung einer Serviceinstanz, über den auch spezifische Serviceparameter, die bei der Instanziierung zu berücksichtigen sind, definiert werden. Auch der *Serviceplan*, der die Leistungsmerkmale und entsprechenden Kosten des Service festlegt (siehe Kapitel 6, »Administration und Konfiguration der SAP Business Technology Platform«), wird bei der Erstellung ausgewählt.

4.4 Laufzeitumgebungen

Laufzeitumgebung auswählen

Die Entwicklung und der Betrieb einer Prozessoptimierung oder neuen Anwendung erfolgt auf der SAP BTP in den *Environments*. Im Sinne einer Side-by-Side-Erweiterung der Standardanwendung stellen Environments zusätzliche Laufzeitumgebungen bereit. Abhängig vom gewählten Environment werden unterschiedliche Programmiersprachen oder Softwarearchitekturen für die Entwicklung der Erweiterung verwendet.

In der ursprünglichen Version von Mai 2012 stellte die Plattform ausschließlich die Neo-Umgebung bereit (siehe Abschnitt 4.4.1, »Neo Environment«). Mit der Weiterentwicklung sind neue Environments hinzugekommen, die sich in den Möglichkeiten zur Anwendungsentwicklung unterscheiden. Abhängig von den funktionalen Anforderungen der Prozesserweiterung oder der Anwendung wählen Sie daher eine entsprechende Umgebung für Ihr Projekt.

Subaccounts und Environments

Environments werden über das SAP BTP Cockpit innerhalb von Subaccounts erstellt und konfiguriert, wobei ein Multi-Environment Subaccount die Nutzung unterschiedlicher Laufzeitumgebungen, wie z. B. Cloud Foundry, ABAP und Kyma, unterstützt. Alle SAP-BTP-Environments basieren auf offenen Standards, um eine einfache und nicht proprietäre Nutzung zu ermöglichen.

4.4.1 Neo Environment

Laufzeitumgebung Neo

Mit der Markteinführung der SAP BTP wurde das *Neo Environment* bereitgestellt und ist damit die älteste Laufzeitumgebung der Plattform. Der Name »Neo« leitet sich aus dem damaligen Projektnamen der Plattform *SAP NetWeaver Cloud* ab.

Die Neo-Umgebung der SAP BTP ermöglicht die Programmierung und den Betrieb von Java-, HTML5- und der Classic-Model-Anwendungen von SAP

HANA Extended Application Services (SAP HANA XSC). Für die Entwicklung stehen entsprechende Tools und Software Development Kits (SDKs) sowie Plattformservices zur Verfügung. Die Neo-Umgebung wird ausschließlich über SAP-Rechenzentren angeboten und beispielsweise zur Umsetzung von Erweiterungen für SAP-Standardanwendungen wie SAP S/4HANA, SAP Sales Cloud, SAP Service Cloud, SAP SuccessFactors und SAP Ariba genutzt.

Neo Environment nutzen

Da eine Java-Anwendungsinstanz in der Neo-Umgebung bis zu 16 GB Hauptspeicher nutzen kann, eignet sich die Umgebung besonders gut zur Umsetzung komplexerer monolithischer Java-Anwendungen. Aber auch HTML5-Anwendungen zur Optimierung der Benutzerschnittstelle eines Geschäftsprozesses können in der Neo-Umgebung entwickelt und betrieben werden.

4.4.2 Cloud Foundry Runtime

Über einen Multi-Environment Subaccount kann die *Cloud Foundry Runtime* genutzt werden, die auf der von der Cloud Foundry Foundation verwalteten Open-Source-Anwendungsplattform basiert und eine Reihe von Programmiersprachen (wie z. B. Java, Node.js und Python) sowie die *SAP HANA Extended Application Services, Advanced Model* unterstützt (SAP HANA XS Advanced). Wie auch im Neo Environment, stehen im Cloud Foundry Environment die Fähigkeiten der SAP BTP über unterschiedliche Plattformservices für die Erweiterung von Unternehmensprozessen und die Entwicklung von Cloud-Anwendungen zur Verfügung.

[«]

SAP HANA Extended Application Services, Advanced Model

Mit SAP HANA XS Advanced bietet SAP HANA eine komplette Entwicklungs- und Laufzeitumgebung für Anwendungen, die ebenfalls auf dem Cloud-Foundry-Standard basieren. Somit können SAP-HANA-XSA-Anwendungen auch auf der SAP BTP bereitgestellt werden. Umgekehrt kann in der Plattform eine SAP-HANA-XS-Advanced-Anwendung programmiert werden, die beispielsweise auf einer SAP-HANA-Installation im Rechenzentrum des Unternehmens betrieben wird.

Multi-Cloud

Im Unterschied zur Neo-Umgebung wird die Cloud-Foundry-Umgebung der Plattform nicht aus SAP-Rechenzentren, sondern aus Rechenzentren von Cloud Providern wie z. B. AWS, Google Cloud, Microsoft Azure und Alibaba bereitgestellt (siehe Abschnitt 4.5, »Multi-Cloud«).

Rechenzentrum

Für die Nutzung der Cloud-Foundry-Umgebung wird beim Anlegen des entsprechenden Multi-Environment Subaccounts nicht nur der Cloud Provider, sondern auch der Standort des Cloud-Provider-Rechenzentrums ausgewählt (siehe Abbildung 4.4).

Cloud Foundry Space

Mit der Aktivierung der Cloud-Foundry-Laufzeitumgebung im Subaccount wird automatisch eine *Cloud Foundry Organization* erstellt. Innerhalb dieser Cloud Foundry Organization werden zwecks Strukturierung der eigenen Entwicklungen wiederum ein oder mehrere *Cloud Foundry Spaces* angelegt. Auf diese Weise wird die SAP BTP zusätzlich zu den Subaccounts gemäß den organisatorischen Anforderungen weiterstrukturiert.

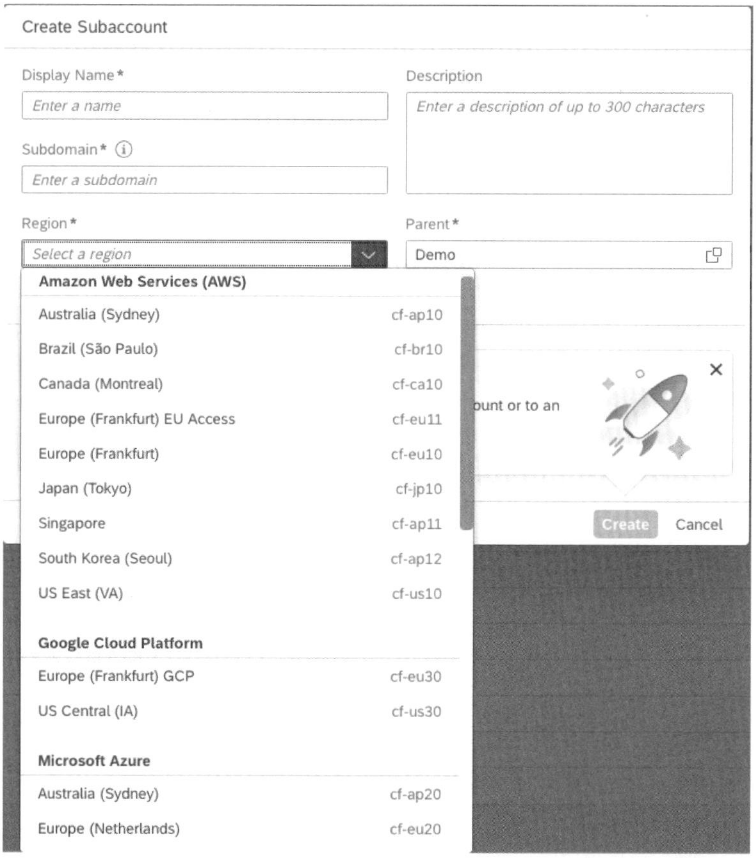

Abbildung 4.4 Region des Rechenzentrums bei der Erstellung eines neuen Subaccounts auswählen

Nutzen der Cloud-Foundry-Umgebung

Besonders gut eignet sich die Cloud-Foundry-Umgebung zur Umsetzung nativer Cloud-Anwendungen, die nach dem »Twelve-Factor App«-Manifest (*https://12factor.net*) entwickelt werden. Dabei handelt es sich um einen Ansatz und Best Practices zur Entwicklung von SaaS-Anwendungen, die unterschiedliche Aspekte, wie z. B. Portabilität und Ausfallsicherheit, berücksichtigen.

4.4.3 Kyma Environment

Für die Entwicklung nativer Cloud-Architekturen spielen neben Cloud Foundry auch containerbasierte Laufzeitumgebungen wie Kubernetes (K8S) eine Rolle. Das *Kyma Environment* der SAP BTP adressiert dabei die Herausforderung der Verwaltung und Erstellung von Kubernetes-Clustern durch ein einfaches, standardbasiertes Cluster-as-a-Service-Angebot, das auf dem Open-Source-Projekten *Kyma* (*https://kyma-project.io*) und *Gardener* (*https://gardener.cloud*) basiert. Dabei übernimmt Gardener die technische Provisionierung und Verwaltung eines Kubernetes-Clusters auf der zuvor ausgewählten Infrastruktur des Multi-Environment-Plattform-Subaccounts (z. B. AWS oder Azure).

Nutzen des Kyma Environments

Die Kyma-Umgebung eignet sich zur Implementierung von Erweiterungen, die eine cloudnative Architektur umsetzen. Dazu können über die Umgebung Prozesserweiterungen sowohl als containerbasierte Microservices als auch als Serverless Functions implementiert werden. Neben der Programmierung von Erweiterungen wird auch die Umsetzung kompletter Full-Stack-Anwendungen von der Laufzeitumgebung unterstützt.

[«]

Serverless

Serverless ist ein cloudnatives Entwicklungsmodell, bei dem die für die Ausführung der Anwendung erforderlichen Ressourcen automatisch nach Bedarf zugewiesen und skaliert werden. Das Entwicklungsteam kümmert sich dabei nicht mehr um die Laufzeitumgebung (z. B. Anwendungsserver) der Anwendungen.

4.4.4 SAP BTP, ABAP Environment

Das *SAP BTP, ABAP Environment* unterstützt die Entwicklung und den Betrieb von ABAP-basierten Erweiterungen in der SAP BTP. Die Umgebung wird in einem Multi-Environment Subaccount über den Service Marktplatz konfiguriert und aktiviert. Mit einem für die Cloud angepassten und erweiterten ABAP-RESTful-Programmiermodell hat sich der ursprüngliche ABAP-Sprachumfang auf Anwendungsszenarien in der Cloud erweitert. Das Programmiermodell beinhaltet neben den Core Data Services (CDS) ebenfalls Unterstützung für SAP Fiori. Bestehender ABAP-Code kann dabei in das cloudorientierte Programmiermodell überführt werden.

Nutzen des ABAP Environments

Die ABAP-Umgebung der SAP BTP ermöglicht der ABAP-Entwickler-Community einen direkten Einstieg in die Cloud, um Erweiterungen für ABAP-basierte Standardanwendungen, wie z. B. SAP S/4HANA, umzusetzen oder auch um neue Anwendungen zu entwickeln. Ebenfalls ist die ABAP-Umgebung eine Option, um vorhandene ABAP-basierte Erweiterungen über die Cloud bereitzustellen und mit den Services der Plattform weiterzuentwickeln. Die Umgebung wird über die Eclipse-basierten Entwicklungswerkzeuge genutzt, womit auch eine Integration in Git für die Verwaltung des Quellcodes möglich ist.

[»]

Die Entwicklung von ABAP

Mit der ersten Version aus dem Jahr 1983 stand die Abkürzung ABAP für »Allgemeiner Berichtsaufbereitungsprozessor«, da mit der Programmiersprache lediglich Auswertungen (Reports) umgesetzt werden konnten. Änderungen an den Daten waren beispielsweise in dieser frühen Form der Programmiersprache nicht möglich. Mit der funktionalen Weiterentwicklung von ABAP hat sich auch die Erläuterung der Abkürzung in *Advanced Business Application Programming* geändert. Viele der SAP-Standardanwendungen, wie z. B. SAP S/4HANA, basieren auf ABAP und werden auf dem SAP-NetWeaver-Anwendungsserver betrieben. Auch werden viele kundeneigene Erweiterungen der Standardfunktionalität in ABAP programmiert. Die ursprüngliche Entwicklungsumgebung für die Programmierung mit ABAP ist die ABAP Workbench (Transaktion SE80). Seit 2012 können ABAP-Anwendungen auch mit den ABAP Development Tools (ADT) aus Eclipse entwickelt werden, die auch für die ABAP-Umgebung der SAP BTP genutzt werden.

4.5 Multi-Cloud

Flexibilität und Wahlmöglichkeiten spielen bei der Realisierung eines intelligenten Unternehmens eine wichtige Rolle, da sie die geforderte Agilität bei der Umsetzung der Projekte ermöglichen. Mit der Eigenschaft *Multi-Cloud* wird die SAP BTP aus Rechenzentren unterschiedlicher Infrastrukturbetreiber (IaaS) bereitgestellt. Unterstützt werden Rechenzentren der Anbieter SAP, Amazon Web Services, von der Google Cloud, von Microsoft Azure und Alibaba.

Cloud Provider

Dadurch kann unter Berücksichtigung der Unternehmensstrategie und den geografischen und technischen Anforderungen ein geeigneter Cloud Provider für die Bereitstellung der Plattformservices ausgewählt werden. So ist die SAP BTP aus denselben Rechenzentren nutzbar, die für den Betrieb von Geschäftsanwendungen oder für die Verwaltung von Daten verwendet werden. Gerade für Integrationsszenarien ergeben sich durch die lokale Nähe Vorteile bei der Laufzeit (*Data Locality*). So profitieren Nutzerinnen und Nutzer der Cloud-Anwendungen von einer lokalen Nähe zu dem Rechenzentrum, aus dem die Daten und Anwendungen für die Fachbereiche bereitgestellt werden.

Die Auswahl des Cloud Providers sowie des entsprechenden Rechenzentrums erfolgt beim Anlegen eines neuen Subaccounts über das SAP BTP Cockpit. Eine Übersicht darüber, welche Plattformservices von welchen Cloud Providern in welchem Rechenzentrum weltweit zur Verfügung stehen, liefert das SAP Discovery Center (*https://discovery-center.cloud.sap*). Der Servicekatalog im SAP Discovery Center zeigt, in welchem Cloud-Provider-Rechenzentrum die Plattformservices bereitgestellt werden können. (siehe Abbildung 4.5).

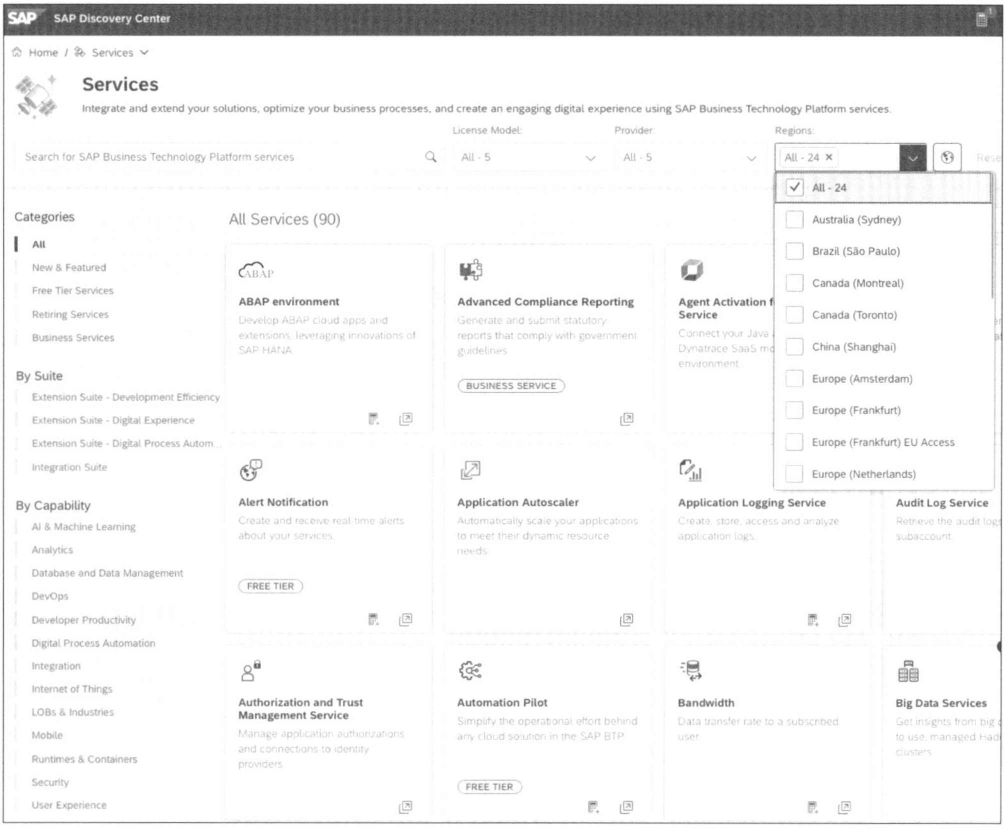

Abbildung 4.5 Cloud-Provider-Rechenzentrums im SAP Discovery Center auswählen

4.6 Produktivität der Softwareentwicklung

Entwicklerinnen und Entwickler lösen Probleme und spielen bei der Gestaltung des intelligenten Unternehmens eine entscheidende Rolle. Für sie sind einerseits die technischen Möglichkeiten und das Angebot an nutzbaren Services und Tools wichtig. Anderseits ist auch die Zeit, die zur Problemlösung benötigt wird, von Bedeutung. Für die Bewertung der Produktivität ist es daher auch wichtig, wie einfach die Plattform genutzt werden kann und wie sich unterschiedliche Services, die komplexere Probleme lösen sollen, kombinieren lassen. Für Entwicklungsteams sind außerdem auch die folgenden Punkte relevant:

- Informationen schnell zu finden
- Hilfestellungen zu erhalten
- einfach in die unterschiedlichen Services der Plattform einzusteigen
- Integrated Development Environments (IDE), Frameworks und APIs müssen verfügbar sein

Entwicklungsteams wollen bestmöglich bei Konzeption, Entwicklung, Wartung und Betrieb der SAP-BTP-Anwendung unterstützt werden. Allerdings gibt es nicht den *einen* Typ von Entwicklerinnen und Entwicklern, denn der technische Hintergrund und die Erwartungen decken ein breites Spektrum ab. Prinzipiell lassen sich zwei unterschiedliche Entwicklertypen unterscheiden: *Citizen Developer* und *Professional Developer*.

Citizen Developer

Die SAP BTP richtet sich mit entsprechenden Services an beide Typen von Developern. Für Citizen Developer bietet die Plattform *Low-Code-* und *No-Code-Ansätze* zur Optimierung von Unternehmensabläufen. Das Ziel dahinter ist es, mehr Mitarbeiterinnen und Mitarbeiter die Digitalisierung und Automatisierung ihrer Arbeit zu ermöglichen, um so wiederum die Anpassungsfähigkeit und damit auch die Widerstandsfähigkeit des Unternehmens zu unterstützen.

[»]

Citizen Developer

Citizen Developer sind keine ausgebildeten Programmierer. Sie schreiben Anwendungen mit der Unterstützung von grafischen Editoren, die auf vordefinierte, unternehmensweite Funktionsbausteine zurückgreifen. Dabei handelt es sich um einfache, leichtgewichtige Anwendungen ohne komplexe Geschäftslogik, die z. B. sehr spezifische Probleme einer Fachabteilung lösen. Ein Beispiel ist die Kombination von Vertriebs- und Marketingdaten aus unterschiedlichen Quellen und einer intuitiven Darstellung auf einer Karte, die über eine mobile Anwendung aufgerufen wird.

So bietet die SAP BTP für Citizen Developer eine No-Code-Entwicklungsumgebung, mit der über einen cloudbasierten *Builder* die Erstellung von Web-

und Mobile Apps sehr einfach ist. Anwenderinnen und Anwender können visuell Logikflüsse erstellen, auf native Funktionen mobiler Geräte zugreifen und sie über OData und andere RESTful-API-Schnittstellen mit SAP-Daten und -Anwendungen sowie mit weiteren APIs von Drittanbietern integrieren.

[«]

OData

Das Open Data Protocol (OData) ist ein REST-basiertes Protokoll für einen lesenden und schreibenden Zugriff auf Daten (CRUD-Operationen). Das Protokoll wurde unter dem *Open Specification Promise* von Microsoft veröffentlicht und hat das Ziel, eine einheitliche Semantik für den Datenaustausch zwischen Anwendungskomponenten zur Verfügung zu stellen.

Professional Developer

Für Professional Developer steht in der SAP BTP das *SAP Business Application Studio* als browserbasiertes Integrated Development Environment (IDE) mit Kommandozeile und optimierten Editoren zur Verfügung. Um Zeit bei der Einrichtung der Entwicklungsumgebung zu sparen, stellt das SAP Business Application Studio über das Konzept von *Dev Spaces* isolierte virtuelle Entwicklungsumgebungen für definierte Szenarien bereit. Mit vorinstallierten Laufzeitumgebungen und Tools wird so beispielsweise die Entwicklung von SAP-S/4HANA-Erweiterungen, SAP-Fiori-, Workflow- und Mobile- sowie SAP-HANA-Anwendungen unterstützt. Innerhalb der Dev Spaces stehen Wizards, optimierte Code- und grafische Editoren, eine Git-Integration sowie Terminals für die Programmierung sowie für das Testen und Debuggen der eigenen Erweiterungen und Anwendungen zur Verfügung. Über die IDE erfolgt auch die Einbindung weiterer SAP-BTP-Services für die Umsetzung des Erweiterungsprojekts.

Framework

Bei der Programmierung von Java- und Node.js-Anwendungen für die Cloud-Foundry-Umgebung werden Professional Developer durch das Framework *SAP Cloud Application Programming Model* unterstützt. Das Programmiermodell stellt für die Programmiersprachen Java und Node.js verschiedene Tools und Bibliotheken bereit, mit denen effizient Prozesserweiterungen oder eigene Anwendungen programmiert werden können. Als Modellierungssprache nutzt das Framework *Core Data Services* (CDS), um Aspekte der Problemdomäne in konzeptioneller, prägnanter und verständlicher Weise zu erfassen. Ziel des Programmiermodells ist es, das Entwicklungsteam von technischen Details zu entlasten und sie bei der Fokussierung auf die fachabteilungsspezifische Domäne zu unterstützen.

CI/CD

Zur weiteren Unterstützung der Entwicklungsproduktivität bietet die SAP BTP Möglichkeiten zur Automatisierung von Tests sowie von Build- und Deployment-Prozessen. So werden bei Anwendungen mit dem Cloud Application Programming Model z. B. der Build-Status überwacht und vordefinierte CI/CD Pipelines (Continuous Integration/Continuous Delivery) für die Bereitstellung der Anwendung genutzt.

[+]

Microsoft Visual Studio

Gemäß dem Prinzip einer offenen Plattform können Anwendungen mit dem SAP Cloud Application Programming Model auch mit dem Microsoft Visual Studio programmiert werden.

Business-Services und Business Content

Zusätzlich zu dem domänenfokussierten SAP Cloud Application Programming Model unterstützt die Plattform die Entwicklungsteams durch vordefinierte Inhalte für die Integration, für Workflows oder für Prozessautomatisierungen. Auch die Business-Services können für die Lösung fachabteilungsspezifischer Anforderungen direkt genutzt werden (siehe Abschnitt 4.7, »Business-Services und Business Content«).

API-Portal

Für alle Entwicklerinnen und Entwickler sind die APIs für den Zugriff auf SAP-Lösungen relevant. Sowohl die APIs als auch der vordefinierte Content sind im SAP API Business Hub katalogisiert.

Booster

Mit den *Boostern* der SAP BTP werden administrative Aufgaben wie das Erstellen von Subaccounts, das Instanziieren von Plattformservices und das Anlegen von Nutzerinnen und Nutzern mit entsprechenden Rollen für bestimmte Szenarien automatisiert.

So unterstützen die Booster beim Starten neuer Entwicklungsprojekte durch ein geführtes Vorgehen durch die notwendigen Setup-Schritte. Beispielsweise gibt es einen Booster für die Vorbereitung des Plattform-Accounts zur Nutzung der ABAP-Umgebung oder der Robotic Process Automation sowie zur Entwicklung einer Prozesserweiterung (siehe Abbildung 4.6).

Tutorials und Community

Um die Produktivität des Entwicklungsteams hochzuhalten, werden verständliche Tutorials, Beschreibungen und Dokumentationen bereitgestellt. Eine aktive Community hilft bei der Beantwortung von Fragen. Über die Webseite *https://developer.sap.com* erhalten Entwicklerinnen und Entwickler einen Einstieg und Materialien, die ihnen helfen, eigene Anwendungen auf der SAP BTP zu realisieren. Neben Blogs über Neuigkeiten und Schritt-für-Schritt-Tutorials zur Erklärung der Technologie werden alle Themen rund um die SAP BTP für diese Zielgruppe aufbereitet und dargestellt.

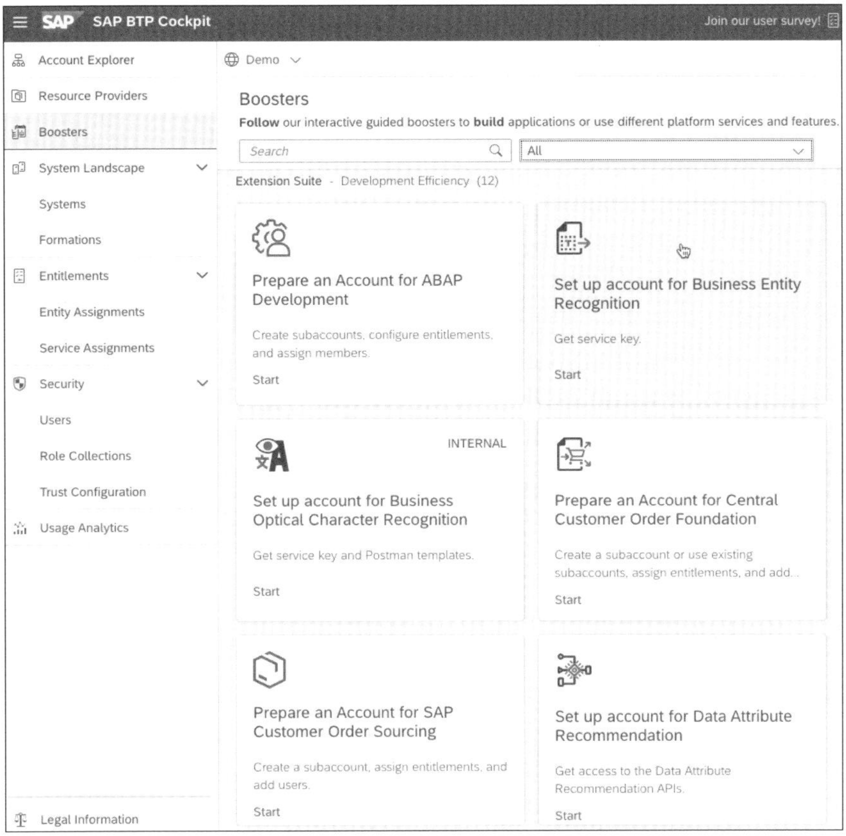

Abbildung 4.6 Automatische Konfiguration eines Subaccounts für unterschiedliche Projektszenarien durch Booster

4.7 Business-Services und Business Content

Geschäftszentriert

Ein wesentliches Konzept der SAP BTP ist der Fokus auf die Optimierung von Geschäftsprozessen sowie auf die Stärkung und Umsetzung vorhandener oder neuer Kompetenzen des Unternehmens. Dabei profitieren Entwicklungsteams von domänenspezifischen Funktionen, die über Business-Services auf der Plattform bereitgestellt werden. Darüber hinaus wird auch vordefinierter Business Content für die Umsetzung durchgängiger Kernprozesse, für die Automatisierung manueller Arbeitsschritte, für analytische Dashboards oder Data-Warehouse-Datenmodelle auf der Plattform zur Verfügung gestellt. Auch SAP-Partner bieten ihr branchenspezifisches Wissen in Form von Business-Services und Business Content für die Plattform an.

4.7.1 Business Content

Datenmodelle als Business Content

Business Content wird beispielsweise für die SAP Data Warehouse Cloud bereitgestellt und umfasst vordefinierte Datenmodelle, die sowohl auf SAP-Datenquellen als auch auf Nicht-SAP-Quellsystemen basieren können. Die Inhalte sind oftmals auf eine Branche oder eine Fachabteilung zugeschnitten. Auch gibt es rollenspezifischen Business Content, z. B. für Chief Financial Officer (CFOs), die Daten aus mehreren IT-Anwendungen wie SAP S/4HANA und SAP SuccessFactors in einem Dashboard mit relevanten Kennzahlen zusammenführt.

Vordefinierte Berichte

Für die SAP Analytics Cloud und den SAP Digital Boardroom werden auch vordefinierte Berichte (Stories) mit entsprechenden Visualisierungen und dazugehörige Datenmodelle inklusive Kennzahlen und Berechnungen bereitgestellt. Wie der Content für die SAP Data Warehouse Cloud, werden die vordefinierten Inhalte für die SAP Analytics Cloud branchenspezifisch und für bestimmte Fachabteilungen angeboten. Über das *Analytic Content Network* nutzen Sie die analytischen Inhalte für die SAP Data Warehouse Cloud und die SAP Analytics Cloud entweder in der Testversion kostenfrei oder kostenpflichtig.

Prozesse und Geschäftsregeln

Für den Service *SAP Workflow Management* werden vordefinierte Szenarien von SAP und SAP-Partnern über den SAP API Business Hub bereitgestellt, die direkt zur Umsetzung bestimmter Szenarien eingesetzt und angepasst werden können. Beispielsweise wird ein *Workflow Content Package* für Fachabteilungen zur Automatisierung der Buchung von Rechnungen ohne dazugehörigen Bestellbezug angeboten. Dabei umfasst das Package neben der Prozessdefinition (Workflow) auch Geschäftsregeln (Business Rules) sowie ein vordefiniertes Dashboard zur Darstellung von Prozesskennzahlen (Process Visibility). Prozessvarianten des im Package bereitgestellten Workflows werden via Low-Code bzw. No-Code flexibel konfiguriert und an unternehmensspezifische Anforderungen angepasst.

Integration

Für einige der am häufigsten verwendeten Integrationsszenarien werden für die Plattform ebenfalls Pakete von SAP und von SAP-Partnern bereitgestellt, die Integrationsabläufe zwischen zwei oder mehr IT-Anwendungen inklusive Mappings von Datenfeldern für den SAP Cloud Integration Service der SAP Integration Suite beinhalten. Auch hier ist es das Ziel, die Aufwände bei Integrationsszenarien durch die vordefinierten und gewarteten Inhalte zu minimieren.

Bots

Und auch zur Automatisierung manueller Tätigkeiten werden über den *SAP Intelligent RPA Store* vordefinierte Bots für bestimmte Aufgaben innerhalb von Fachabteilungen angeboten, die mit Standardlösungen, wie z. B. SAP S/4HANA, durchgeführt werden.

4.7.2 Business-Services

SAP Discovery Center

Die auf der SAP BTP verfügbaren Business-Services sind im SAP Discovery Center katalogisiert und stellen Services aus unterschiedlichen Domänen bereit (siehe Abbildung 4.7).

Advanced Compliance Reporting

So unterstützt z. B. der Service *Advanced Compliance Reporting* die Erstellung und elektronische Übermittlung gesetzlich erforderlicher Berichte über indirekte Steuern, wie z. B. die Mehrwertsteuer. Bei der Erstellung der Berichte werden transaktionale Daten aus SAP-Quellsystemen aufbereitet, sodass sie den von Regierungen und Ländern festgelegten Formaten entsprechen und als XML-, JSON- oder PDF-Dokument übermittelt werden.

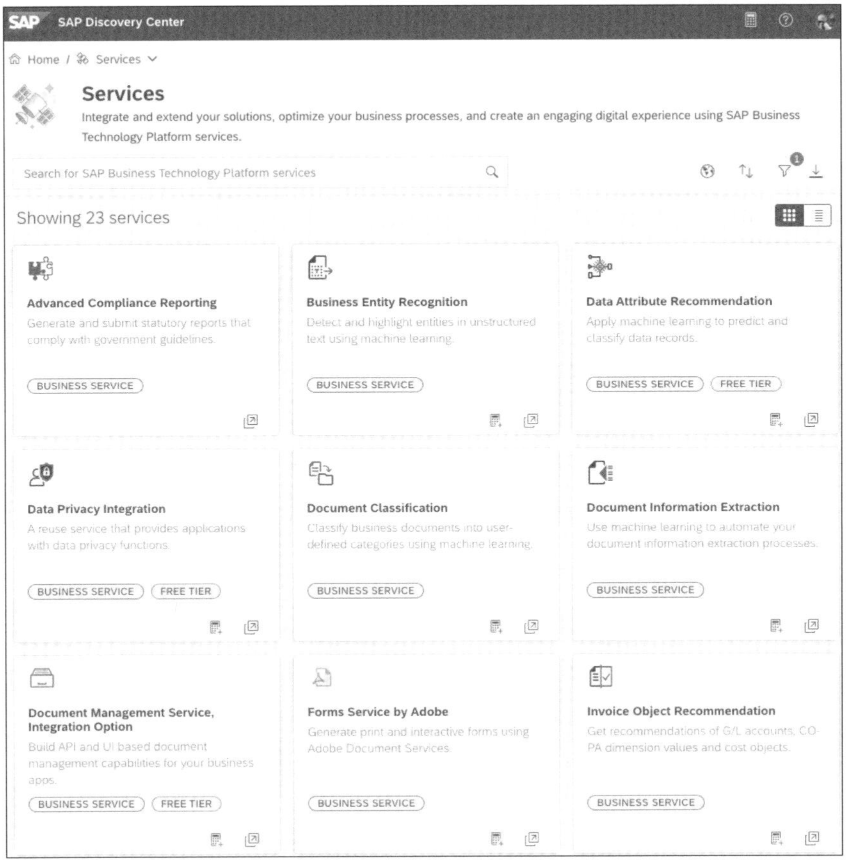

Abbildung 4.7 Business-Services der SAP BTP im Servicekatalog des SAP Discovery Centers

Drucken

Oder über den *SAP Print Service* können Dokumente an lokale Drucker gesendet werden, um sie dort auszudrucken. Der Druckservice ermöglicht neben der Verbindung zu den physischen Druckern eine Überwachung des Druckstatus und Verwaltung einer Druckerwarteschlange.

Dokumentenverwaltung

Die Speicherung und Verwaltung von Dokumenten kann in eigenen Anwendungen oder Prozesserweiterungen über den *SAP Document Management Service* umgesetzt werden. Neben der Speicherung und auch Anbindung bestehender Content Management Interoperability Services (CMIS) konformer Repositories unterstützt der Service die Suche und Anzeige von Dokumenten und kann zur Umsetzung einer Dokumenten-Management-Anforderung eingesetzt werden.

Übersetzung von Benutzeroberflächen

Für eine gute Nutzererfahrung werden Benutzeroberflächen in der Sprache der Anwenderinnen und Anwender zur Verfügung gestellt. Dazu hat sich das Konzept der **i18n**-Dateien durchgesetzt, bei dem für jede Sprache die entsprechenden Texte der Elemente der Benutzeroberfläche in einer eigenen Datei abgelegt werden (z. B. **i18n_de_de.properties**). Für eine automatische Übersetzung einer bestehenden **i18n**-Datei in andere Sprachen bietet die SAP BTP den Service *SAP Translation Hub*. Als Eingabe nutzt der Service eine **i18n.properties**-Datei in einer Sprache und erstellt entsprechende Dateien für die ausgewählten Zielsprachen. Für die Übersetzung greift der Service auf ein Verzeichnis von Begriffen und Terminologien zurück, das SAP seit über 40 Jahren in der Entwicklung internationaler Software aufgebaut hat. Zusätzlich wird maschinelles Lernen (ML) zur Übersetzung nicht bekannter Begriffe verwendet.

4.8 Lizenzierungsmodelle

Ein Vorteil von Cloud Computing ist die Elastizität, mit der sich die cloudbasierte Erweiterung oder Anwendung an sich ändernde Rahmenbedingungen, wie z. B. mehr oder weniger aktive Nutzerinnen und Nutzer, anpasst. Technisch wird diese Elastizität bei der Implementierung der nativen Cloud-Anwendung beispielsweise über eine microservicebasierte Architektur sichergestellt. Die SAP BTP stellt die Skalierbarkeit der notwendigen Ressourcen z. B. in den Laufzeitumgebungen der Anwendung über Cloud Foundry und Kyma (Container) sicher.

Kommerzielle Flexibilität

Die kommerzielle Flexibilität wird durch eine *nutzungsabhängige Lizenzierung* der Services ergänzt, die pro Monat erfolgt. Damit werden nur die tatsächlich in dem Monat genutzten Ressourcen und Services in Rechnung gestellt. Die nutzungsabhängige Lizenzierung wird entweder über ein *PAYG-Modell* (Pay as you go) oder über ein *Cloud Platform Enterprise Agreement* (CPEA) abgebildet.

Mit dem Lizenzierungsmodell *Pay as you go* (PAYG) der SAP-BTP-Services werden auf monatlicher Basis die Kosten berechnet, die durch eine tatsächliche Nutzung der Plattformservices entstanden sind. Es bestehen keine Vorabinvestitionen und auch keine Mindestnutzungsforderungen.

Pay as you go

Mit einem *Cloud Platform Enterprise Agreement* (CPEA) investiert ein Unternehmen im Voraus für eine definierte Vertragslaufzeit und Mindestnutzung in die Plattformservices. Ein CPEA eignet sich für Unternehmen, die bereits etablierte oder geplante Anwendungsfälle auf der Plattform haben und sich die Flexibilität wünschen, einzelne Services nach Bedarf ein- und abschalten bzw. flexibel auch neue Plattformservices nutzen zu können, ohne dafür einen neuen Vertrag abzuschließen.

Cloud Platform Enterprise Agreement

[«]

Entitlements und Quotas

Über Entitlements und Quotas steuern Administratoren des SAP-BTP-Accounts im Unternehmen, welche Plattformservices in entsprechenden Subaccounts bzw. Directories nutzbar sind. Zusätzlich können die zugewiesenen Services über Quotas beschränkt werden, sodass z. B. innerhalb eines bestimmten Subaccounts ein Service insgesamt nur dreimal gleichzeitig über den Service Marketplace instanziiert werden kann.

Alternativ bietet die SAP BTP auch eine *nutzungsunabhängige Lizenzierung* der Services in Form einer *Subscription* an. Bei der Subscription von Services wird ein fester monatlicher Betrag für die Nutzung von zuvor fest definierten Services gezahlt. Wenn zusätzliche Services benötigt werden oder die Metrik vorhandener Services angepasst werden muss, sind Änderungen am vorhandenen Subscription-Vertrag erforderlich.

Subscription

Mit einer Subscription sind die monatlichen Kosten der SAP BTP exakt bekannt. Diese Form der Lizenzierung bietet sich an, wenn die erforderlichen Services innerhalb des Subscription-Zeitraums bekannt und fix sind und keine maßgebliche variable Nutzung der Services erwartet wird.

Neben einer kostenpflichtigen Nutzung können ausgewählte Services der Plattform auch über ein *Free-Tier-Modell* und eine *Trial-Version* kostenfrei zu Testzwecken genutzt werden. Services, die über einen Free-Tier-Serviceplan ausprobiert werden können, sind im SAP Discovery Center (*https://discovery-center.cloud.sap*) entsprechend gekennzeichnet.

Free Tier und Trial

[«]

Unterschied zwischen Free Tier und Trial

SAP BTP Trial ermöglicht es Ihnen, verschiedene Plattformservices in einer Testumgebung kennenzulernen und nicht produktive Erweiterungen und Anwendungen testweise zu implementieren. Sobald Sie jedoch produktive

Erweiterungen und Anwendungen umsetzen möchten, benötigen Sie einen neuen Account, in dem Ihre Szenarien wiederum neu eingerichtet werden müssen. Daher eignet sich ein Trial Account z. B. für die eigene Weiterbildung und die Durchführung von Tutorials oder openSAP-Kursen.

Mit dem Free-Tier-Modell der SAP BTP können Sie sofort testweise mit einem produktiven Account beginnen. Hier stehen Ihnen ausgewählte Plattformservices bis zu einer bestimmten Kapazitätsgrenze kostenfrei zur Verfügung. Nach der Nutzung des freien Servicekontingents können Sie die Services direkt kostenpflichtig weiternutzen, ohne den Account zu wechseln und vorherige Arbeiten zu verlieren.

Estimator Tool

Um vor einer Lizenzierung die voraussichtlichen Kosten für die Nutzung von Plattformservices abzuschätzen, wird über das SAP Discovery Center ein entsprechender Kostenrechner angeboten. Das in Abbildung 4.8 dargestellte *Estimator Tool* funktioniert dabei wie ein Warenkorb. Sie wählen die relevanten Plattformservices aus dem Servicekatalog aus und sehen eine entsprechende Kostenabschätzung.

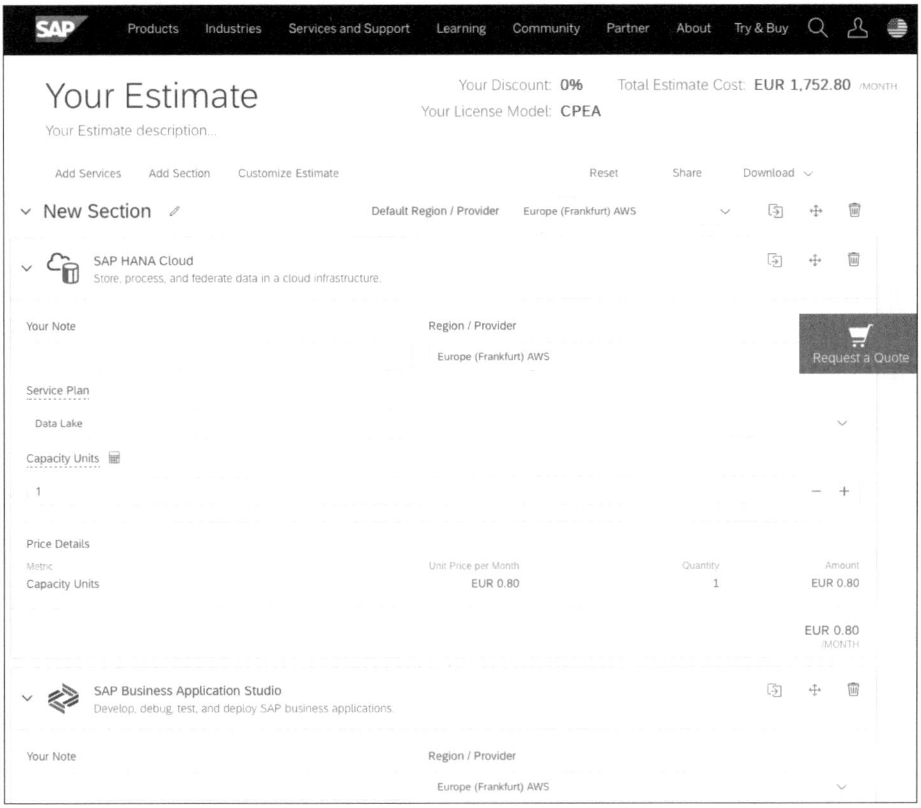

Abbildung 4.8 Kostenabschätzung mit dem Estimator Tool

4.9 SAP Store

Neben den Business-Services und dem Business Content (siehe Abschnitt 4.7) werden über den *SAP Store* (*https://store.sap.com*) auch fertige Erweiterungen (SaaS) für SAP-Standardlösungen angeboten, die mit der SAP BTP umgesetzt und betrieben werden.

Der SAP Store ist ein digitaler Marktplatz, über den Unternehmenskunden fertige Lösungen und Erweiterungen, aber auch technische Services von SAP und SAP-Partnern finden, ausprobieren, und kaufen können. Für Partner ist der SAP Store der Kanal, über den sie ihre Produkte zur Erweiterung und Ergänzung von SAP-Lösungen veröffentlichen und verkaufen können.

Abbildung 4.9 zeigt die Einstiegsseite des SAP Stores. Dort können Kunden die angebotenen Produkte nach Industrie, Fachabteilung und technischer Umsetzung filtern, um die für sie passenden Lösungen zu finden.

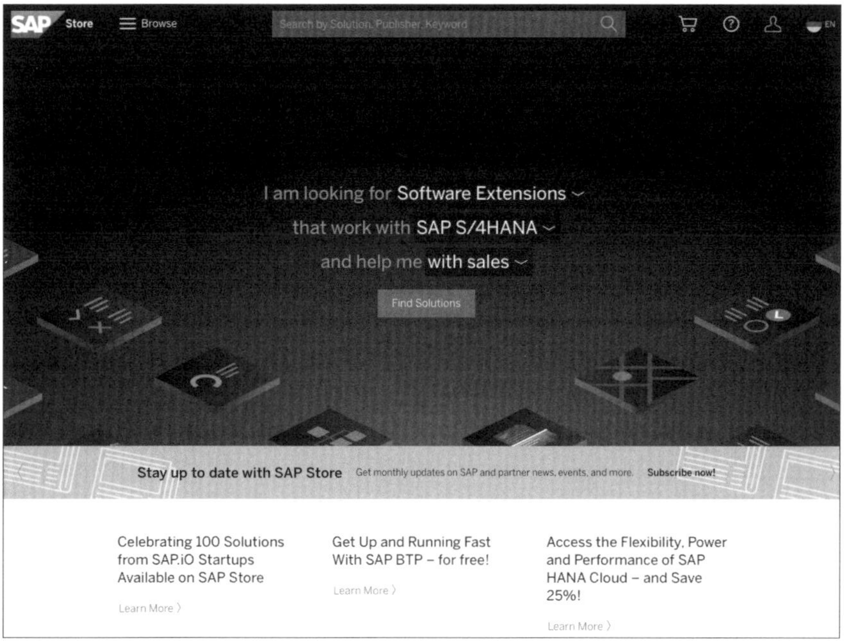

Abbildung 4.9 Einstiegsseite des SAP Stores

4.10 Zusammenfassung

Die in diesem Kapitel vorgestellten Eigenschaften sind für die in den folgenden Kapiteln näher beschriebenen Plattformservices relevant. Sie beginnen den produktiven Einsatz der SAP BTP generell mit einer Strukturierung Ihres Global Accounts in Subaccounts und Directories mithilfe des SAP BTP Cockpits oder des Command-Line Interface. Aufgrund der Multi-Cloud-Eigenschaft der SAP BTP stehen beim Anlegen der Subaccounts verschiedene Cloud Provider und entsprechende Rechenzentren zur Auswahl. Dabei ist zu prüfen, welche Plattformservices aus welchem Rechenzentrum nutzbar sind. Abhängig von den Anforderungen der Erweiterung oder der Anwendung wählen Sie eine entsprechende Laufzeitumgebung. Durch die offene Architektur der Plattform können Sie bei der Implementierung auch die Services von Partnern einbinden. Die Services der SAP BTP richten sich sowohl an Citizen Developer aus den Fachbereichen als auch an Professional Developer. Dabei wird auf der Plattform für einige Services ebenfalls Business Content bereitgestellt, der die Implementierung fachlicher Anforderungen unterstützt.

Kapitel 5

Beispiele zur Nutzung der SAP Business Technology Platform

Die Kombination unterschiedlicher Services der SAP Business Technology Platform unterstützt Sie bei der Umsetzung verschiedener Anforderungen zur Optimierung von Unternehmensprozessen, bei der Implementierung neuer Anwendungen sowie bei Erweiterungen des Geschäftsmodells.

Dank der Integration und Kombination verschiedener Geschäftsprozesse, der Erweiterung der Prozesslogik und der Verarbeitung unterschiedlicher Daten können mit der SAP Business Technology Platform (SAP BTP) verschiedene unternehmensspezifische Anforderungen umgesetzt werden. Zusätzlich unterstützt die Plattform die Entwicklungsproduktivität durch die Bereitstellung von Werkzeugen, Frameworks und weiteren Services (siehe Abschnitt 4.6, »Produktivität der Softwareentwicklung«, Kapitel 9, »Erweiterungen und Anwendungen programmieren«, und Kapitel 14, »Entwicklung einer Architektur für SAP-BTP-Projekte«).

Viele Anwendungsszenarien der SAP BTP bauen auf den gleichen Mustern und Vorgehensmodellen auf. Deshalb werde ich Ihnen in diesem Kapitel die grundlegenden Schritte vorstellen, die bei der Nutzung der Plattformservices eine Rolle spielen.

5.1 Grundlegendes Setup der SAP BTP

Mit dem Ziel, bestehende Unternehmensprozesse zu verbessern und fachliche Anforderungen mit neuen Anwendungen zu implementieren, integriert die SAP BTP Daten und Prozesse und stellt unterschiedliche Services bereit, die bestehende Abläufe optimieren und neue Prozesse umsetzen können.

Account-Struktur

Einer der ersten Schritte bei der Einführung der SAP BTP im Unternehmen ist die Erarbeitung eines Konzepts zur Strukturierung des *Global Accounts*. Durch die Strukturierung werden organisatorische Anforderungen, die sich aus dem Geschäftsmodell des Unternehmens ableiten, in der Organisation und Administration der Plattform abgebildet. Genauere Informationen zur Strukturierung des Global Accounts mithilfe von Subaccounts, Directories und Spaces erhalten Sie in Kapitel 6, »Administration und Konfiguration der SAP Business Technology Platform«.

Ausgangssituation

Die Ausgangssituation in Unternehmen ist vor der Nutzung der SAP BTP häufig ähnlich: Bestehende Geschäftsprozesse eines Unternehmens und deren Daten werden auf Basis einer IT-Infrastruktur und entsprechender Anwendungen realisiert. Dabei erstreckt sich die IT-Landschaft von eigenen Rechenzentren ❶ bis hin in die Cloud, in der häufig IaaS- und SaaS-Angebote ❸ genutzt werden (siehe Abbildung 5.1). Dabei ermöglicht die Kombination von On-Premise-Anwendungen (wie SAP S/4HANA) mit cloudbasierten Lösungen (wie SAP SuccessFactors oder SAP Ariba) durchgängige Unternehmensprozesse. Auch ergänzen oft Produkte anderer Hersteller die Lösungslandschaft.

Für den Zugriff auf die Geschäftsanwendungen und deren Daten werden die digitalen Identitäten der Nutzerinnen und Nutzer aus den Fachabteilungen kontrolliert. Dazu verwaltet ein Identity Provider ❷ die digitalen Identitäten und übernimmt eine Authentifizierung, z. B. über Benutzername und Passwort. Auf Basis dieser grundlegenden IT-Landschaft beschreibe ich in den folgenden Abschnitten die Nutzungsszenarien einiger SAP-BTP-Services ❹.

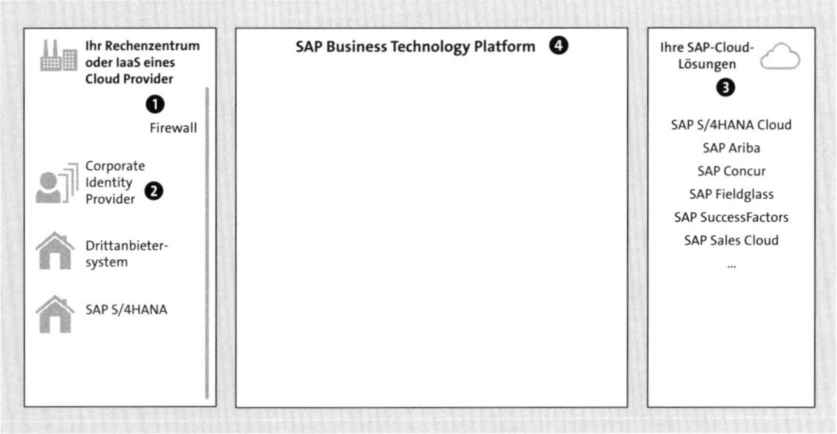

Abbildung 5.1 Die SAP BTP im Kontext bestehender Geschäftsprozesse und IT-Anwendungen

5.1.1 Auf vorhandene Daten und Prozesse zugreifen

Da eine fachabteilungsspezifische Prozesserweiterung zur Optimierung der Abläufe nicht abgekapselt, sondern im Kontext vorhandener Daten und

Unternehmensabläufe arbeitet, ermöglicht die SAP BTP eine sichere Kommunikation zwischen der bestehenden IT-Landschaft und den Plattformservices. Unabhängig davon, ob bestehende Geschäftsprozesse mit Anwendungen im eigenen Rechenzentrum oder über SaaS-Lösungen umgesetzt sind, erfolgt die Integration der vorhandenen Prozesse und ihrer Daten in unternehmensspezifischen Erweiterungen über APIs und Events. Abbildung 5.2 zeigt die Services, die für den Zugriff auf vorhandene Daten und Geschäftsprozesse genutzt werden.

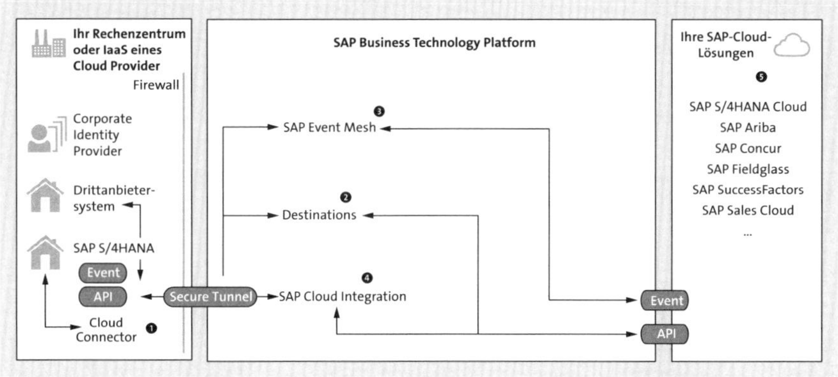

Abbildung 5.2 Services zur Integration bestehender Daten und Prozesse in die SAP BTP

API-basierter Zugriff

Hier wird der *SAP Connectivity Service* verwendet, der sogenannte Destinations ❷ bereitstellt, um für Erweiterungen, die mit den Plattformservices implementiert werden, einen API-basierten Zugriff auf Standardanwendungen zu ermöglichen. Neben der URL der API definiert eine Destination auch weitere Aspekte, die für den Zugriff auf die Standardanwendung relevant sind, wie z. B. die Authentifizierung. Destinations stehen innerhalb der SAP BTP mehreren Erweiterungen oder auch Plattformservices zur Verfügung und ermöglichen eine zentrale Konfiguration und Administration der Zugriffe auf Geschäftsprozesse und deren Daten.

Sowohl der Zugriff auf On-Premise-Anwendungen als auch auf SaaS-Lösungen erfolgt über Destinations. Zum Beispiel stellen SAP-Standardanwendungen wie SAP S/4HANA prozessbezogene Daten über vordefinierte APIs zur Verfügung, die im SAP API Business Hub beschrieben sind. Viele der Standard-APIs nutzen das *Open Data Protocol* (OData), da darüber neben einem lesenden Zugriff auch ein schreibender Zugriff auf die Standardanwendungen möglich ist. So stellt SAP S/4HANA beispielsweise eine OData-API zum Erstellen, Lesen, Aktualisieren und Löschen von Bestellungen zur Verfügung. Eigene OData-Services werden für SAP S/4HANA mit *SAP Gateway* erstellt. Auch bei der Umsetzung von SAP-Fiori-basierten Erweiterungen und bei dem ABAP-RESTful-Progammiermodell zur Programmierung von Erweiterungen mit ABAP spielt OData eine zentrale Rolle. Neben OData-Schnittstellen bieten SAP-Standardlösungen z. B. auch SOAP-basierte APIs an.

Eventbasierter Zugriff

Side-by-Side-Erweiterungen und Anwendungen können sich auch über Änderungen in den Standardanwendungen informieren lassen, z. B. über Änderungen an einem Kundenauftrag. So publiziert SAP S/4HANA über Events z. B. neu angelegte, geänderte oder gelöschte Kundenaufträge. Solche Events werden in der SAP BTP über den in Abschnitt 3.5, »Integration«, erwähnten Service *SAP Event Mesh* ❸ verarbeitet. Damit lassen sich Erweiterungen implementieren, die mit einer eventgesteuerten Architektur Prozessschritte asynchron verarbeiten.

Vordefinierte Integrationsszenarien

Neben dem Zugriff auf transaktionale Prozessdaten über APIs und Events ermöglicht der Cloud-Integration-Service der SAP Integration Suite ❹ die Umsetzung komplexerer, nachrichtenbasierter Integrationsszenarien über mehrere Anwendungen. Die Beschreibung der Integrationsszenarien erfolgt über einen Integration Flow (iFlow). Dabei nutzt auch der Cloud-Integration-Service die im Standard vorhandenen APIs, erlaubt aber darüber hinaus die Umsetzung einer weiteren Verarbeitungslogik der Prozessdaten, die für eine Kombination unterschiedlicher Anwendungen zu durchgängigen Kernprozessen erforderlich ist. So übernimmt der iFlow ein Mapping der Datenfelder, wenn die integrierten Anwendungen mit unterschiedlichen Datenmodellen arbeiten. Auch einen fehlerfreien Austausch gemeinsamer Prozessdaten zwischen zwei Anwendungen kann ein iFlow sicherstellen.

Für die Integration von Prozessen unterschiedlicher SAP-Anwendungen werden vordefinierte iFlows ausgeliefert, die eine direkte Kopplung der Anwendungen zur Umsetzung durchgängiger Kernprozesse ermöglichen. Alle verfügbaren iFlows und Werte-Mappings sind ebenfalls im SAP API Business Hub dokumentiert.

Datenreplikation

Neben einer losen Kopplung von vorhandenen Prozessen mit einer plattformbasierten Erweiterung über APIs und Events besteht die Möglichkeit, Daten vorhandener Anwendungen in die Plattform zu replizieren, sodass sie der Prozesserweiterung direkt zur Verfügung stehen. Technisch werden für die Replikation z. B. Funktionen des genutzten Datenbankservice wie der SAP-HANA-Service *Smart Data Integration* verwendet. Auch vorhandene ETL-Tools (Extract, Transform, and Load – z. B. der *SAP Landscape*

Transformation Replication Server – können für einen Datenaustausch genutzt werden.

Zugriff auf On-Premise-Anwendungen

Abhängig vom Bereitstellungsmodell der Prozesse und ihrer Daten, auf die von der plattformbasierten Erweiterung zugegriffen wird, ist eine unterschiedliche Konfiguration zu nutzen. Da IT-Anwendungen bei einer Bereitstellung im eigenen Rechenzentrum durch Firewalls vor ungewollten Zugriffen geschützt sind, muss ein Zugriff durch eine Side-by-Side-Erweiterung explizit eingerichtet werden. Um Änderungen an der Konfiguration der Unternehmens-Firewall zu vermeiden, bietet die SAP BTP im Rahmen des SAP Connectivity Service den *Cloud Connector* ❶ an (siehe Abschnitt 7.2, »SAP Connectivity Service und Cloud Connector«). Installiert im Rechenzentrum des Unternehmens oder auf der IaaS-Umgebung eines Cloud Providers, agiert der Cloud Connector als Reverse Proxy für sichere und kontrollierte Zugriffe auf Geschäftsprozesse und Daten.

Auf Basis der über den Cloud Connector gesicherten Kommunikation greift die Erweiterung auf vorhandene Daten und Prozesse in einem unternehmensspezifischen, privaten Netzwerk entweder auf Basis einer losen Kopplung über APIs und Events zu, oder es werden transaktionale Prozessdaten in die Datenhaltung der Erweiterung repliziert. Die Wahl der Kopplung hängt vom Anwendungsszenario ab. Für eine Erweiterung der Benutzeroberfläche des Geschäftsprozesses kann eine lose Kopplung auf der Basis von APIs ausreichend sein. Daten werden bei einer API-basierten Kopplung zwischen Standardprozess und Erweiterung nicht zwingend in der SAP BTP gespeichert. Sollen analytische Anforderungen in der Prozesserweiterung unter Berücksichtigung weiterer Daten umgesetzt werden, ist oftmals eine Replikation der Daten von Vorteil.

Zugriff auf SaaS-Anwendungen

Der Zugriff auf Prozesse und Daten, die über SaaS-basierte Standardlösungen ❺ bereitgestellt werden, erfolgt ebenfalls API-basiert oder eventbasiert über die SAP Integration Suite. Für APIs wird eine Destination angelegt, die die Erweiterung für den Zugriff auf die Standardanwendung nutzt. Für die Integration von Nicht-SAP-Anwendungen stehen die *SAP Open Connectors* als Teil der SAP Integration Suite zur Verfügung.

Im Gegensatz zu On-Premise-Anwendungen, bei denen der Zugriff über den Cloud Connector erfolgt, werden cloudbasierte SAP-Standardlösungen, wie z. B. SAP S/4HANA Cloud, SAP SuccessFactors oder SAP Commerce Cloud, für einen API- oder eventbasierten Zugriff anders registriert. Diese cloudbasierten Anwendungen werden durch den Austausch eines systemgenerierten Tokens vertrauenswürdig mit dem SAP-BTP-Account verbunden. Durch die Registrierung der Standardanwendung in der SAP BTP stehen die Standard-APIs und Events direkt in der Plattform für die Entwicklung von Prozesserweiterungen zur Verfügung. Auch die erforderlichen Berechtigungen für den Aufruf werden automatisch eingerichtet. Diesen Automatismus übernehmen die *Extensibility-Services* der Plattform, wie z. B. der SAP S/4HANA Cloud Extensibility Service und der SAP SuccessFactors Extensibility Service.

Mit diesem grundlegenden Setup besteht die Verbindung zu vorhandenen Unternehmensprozessen und Daten. In weiteren Schritten werden mit den Entwicklungsmöglichkeiten und Services der Plattform Geschäftsprozesse an unternehmensspezifische Anforderungen angepasst und optimiert.

5.1.2 Entwicklung der Side-by-Side-Erweiterung

Nachdem der Zugriff auf bestehende Daten und Prozesse eingerichtet worden ist, können Sie die Logik und die Benutzeroberfläche Ihrer Prozesserweiterung programmieren. Abbildung 5.3 zeigt, wie die native Cloud-Erweiterung mit unterschiedlichen Programmiersprachen und Softwarearchitekturen umgesetzt wird ❶ (siehe Abschnitt 9.3, »Laufzeitumgebungen«). Die Programmierung wird durch Entwicklungstools, SDKs (Software Development Kits) und DevOps-Funktionen ❷ unterstützt, die als Service auf der Plattform bereitstehen.

Entwicklungstools

Abhängig von der gewählten Laufzeitumgebung und Programmiersprache werden die Anwendungslogik und die Benutzerschnittstelle mit einer entsprechenden integrierten Entwicklungsumgebung (Integrated Development Environment, kurz IDE) realisiert. Für eine Java-basierte Prozesserweiterung auf Basis des SAP Cloud Application Programming Model kann beispielsweise das *SAP Business Application Studio* verwendet werden. In dieser Entwicklungsumgebung werden sowohl das Datenmodell für eine SAP-HANA-basierte Persistenz als auch die Anwendungslogik und das User Interface implementiert (siehe Abschnitt 9.2, »Entwicklungswerkzeuge und Frameworks«).

APIs nutzen

Der SAP API Business Hub ❸ unterstützt die Nutzung von APIs und Events für den Zugriff auf SAP-Lösungen. Aus dem SAP Business Application Studio ist ein direkter Zugriff auf die im SAP API Business Hub veröffentlichten APIs der SAP-Lösungen möglich.

Daten speichern

Benötigt die Side-by-Side-Erweiterung, z. B. für die Verwaltung von Nutzereingaben, die Möglichkeit zur dauerhaften Speicherung von Daten, stehen entsprechende Plattformservices ❹ zur Speicherung und Verarbeitung verschieden strukturierter Daten zur Verfügung (siehe Kapitel 8, »Daten in der SAP Business Technology Platform verarbeiten«).

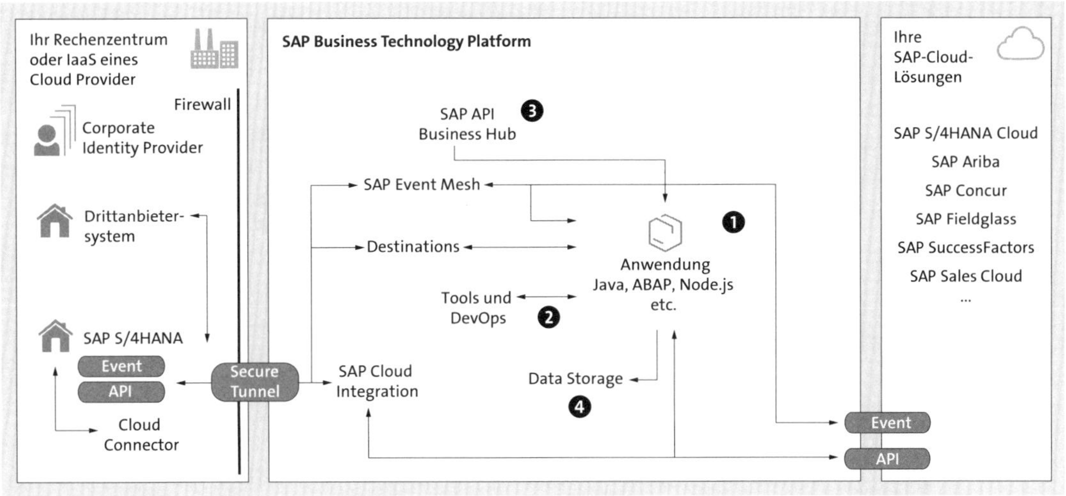

Abbildung 5.3 Entwicklung von Side-by-Side-Erweiterungen und -Anwendungen

5.1.3 Authentifizierung von Nutzerinnen und Nutzern

Nur zuvor registrierte Anwendungsnutzerinnen und -nutzer aus den Fachabteilungen oder solche, die z. B. über eine gültige Identität innerhalb des Unternehmens verfügen, sollen Zugriff auf die Prozesserweiterung haben. Darüber hinaus haben die Nutzerinnen und -nutzer, abhängig von den Attributen der Nutzeridentität, Zugriff auf bestimmte Funktionen und Daten der Erweiterung. Für die Authentifizierung und eine rollenbasierte Autorisierung bietet die SAP BTP unterschiedliche Ansätze (siehe Kapitel 11, »Sicherheit auf der SAP Business Technology Platform«).

Anmeldungen verifizieren

Abbildung 5.4 zeigt die Nutzung der SAP Cloud Identity Services *Identity Authentication* und *Identity Provisioning*, mit denen einerseits die Authentifizierung und andererseits die Verwaltung digitaler Identitäten umgesetzt wird.

Der Service Identity Authentication ❶ wird für die Registrierung neuer User und für deren Authentifizierung mit z. B. Benutzernamen und Passwort genutzt, die der Service nach erfolgreicher Registrierung in einer eigenen Datenbank (*User Store*) speichert. Auch die Authentifizierung der User mit einem bestehenden Social Media Account ist möglich. Soll eine bereits vorhandene Nutzerdatenbank für die Authentifizierung verwendet werden oder sollen Single-Sign-on-Szenarien implementiert werden, wird entweder die vorhandene Nutzerdatenbank im Identity-Authentication-Service integriert, oder die Authentifizierungsanfrage wird an den bestehenden Identity Provider ❸ weitergereicht.

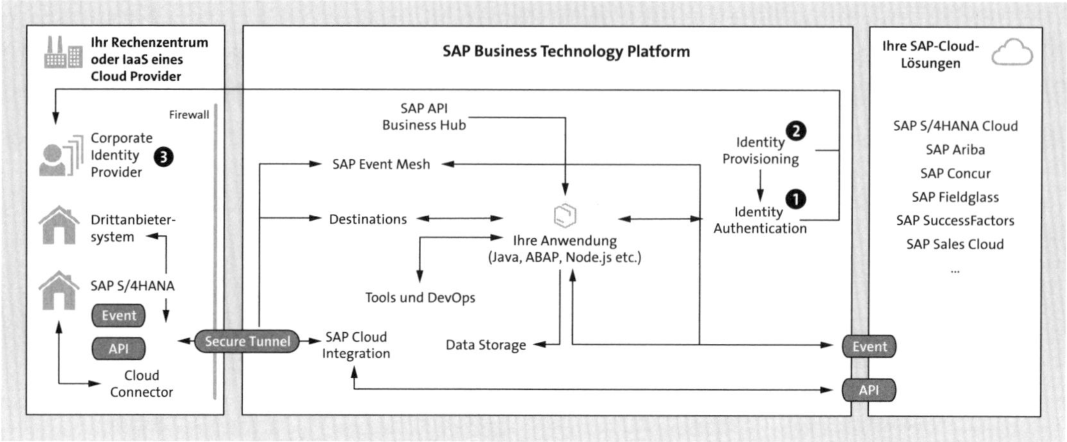

Abbildung 5.4 Authentifizierung der Nutzerinnen und Nutzer der Anwendung bzw. Prozesserweiterung

Lebenszyklus digitaler Identitäten

Der Lebenszyklus von digitalen Identitäten wird mit dem Service Identity Provisioning ❷ gesteuert. Der Plattformservice unterstützt das On-Boarding neuer Mitarbeitenden mit entsprechenden Berechtigungen (*Authorizations*). Auch eine Änderung bestehender Berechtigungen, z. B. aufgrund eines Wechsels innerhalb des Unternehmens, sowie das Off-Boarding, wenn Beschäftigte das Unternehmen verlassen, werden mithilfe dieses Service verwaltet. Der Identity-Provisioning-Service liest dazu die Attribute vorhandener Identitäten, beispielsweise aus einem Microsoft Active Directory, und stellt diese im Identity-Authentication-Service bereit. Bei dieser *Provisionierung* der Identitäten werden unternehmensspezifische Regeln angewendet, die z. B. zusätzliche Attribute in den vorhandenen Identitäten ergänzen und für die Autorisierung innerhalb der Erweiterung benötigt werden. Damit können sich die Anwenderinnen und Anwender mit ihrer vorhandenen digitalen Identität direkt bei der Plattformanwendung authentifizieren und diese nutzen.

5.2 Erweitertes Setup

Nachdem Sie das in Abschnitt 5.1 beschriebene grundlegende Setup zur Erweiterung von Prozessen oder die Entwicklung neuer Anwendungen ausgeführt haben, bietet die SAP BTP weitere Services, um die Integration bestehender Daten und Prozesse sowie die Entwicklung der Prozesserweiterung weiter zu unterstützen.

5.2.1 Kontrollierter Zugriff auf bestehende Daten und Prozesse

SAP API Management

Um den Zugriff auf Ihre Daten und Prozesse über APIs zu kontrollieren und zu protokollieren, nutzen Sie den Service *SAP API Management* der SAP BTP (siehe Abschnitt 7.3, »Prozessintegration mit SAP Cloud Integration«).

Abbildung 5.5 zeigt, wie sich SAP API Management ❶ als Gateway zwischen die Side-by-Side-Erweiterung und die APIs der zu integrierenden IT-Anwendungen legt. In seiner Funktion als Gateway wendet dieser Service Regeln beim API-Aufruf an. So kann beispielsweise sichergestellt werden, dass eine API nicht mehr als 50-mal innerhalb einer Sekunde von der Prozesslogik der Erweiterung aufgerufen werden kann. Damit eine plattformbasierte Erweiterung eine API, z. B. zum Auslesen von Buchungsinformationen aus SAP S/4HANA, aufrufen kann, registriert sich der Entwickler oder die Entwicklerin der Erweiterung zunächst in SAP API Management. Nach erfolgreicher Authentifizierung kann für die verfügbaren APIs ein entsprechender Key (*API Key*) heruntergeladen werden, der in der Erweiterung beim Aufruf der API als Parameter mitgegeben wird. Dadurch ist die Erweiterung eindeutig identifizierbar, und die Aufrufe der API werden anhand des API Keys anwendungsbezogen protokolliert.

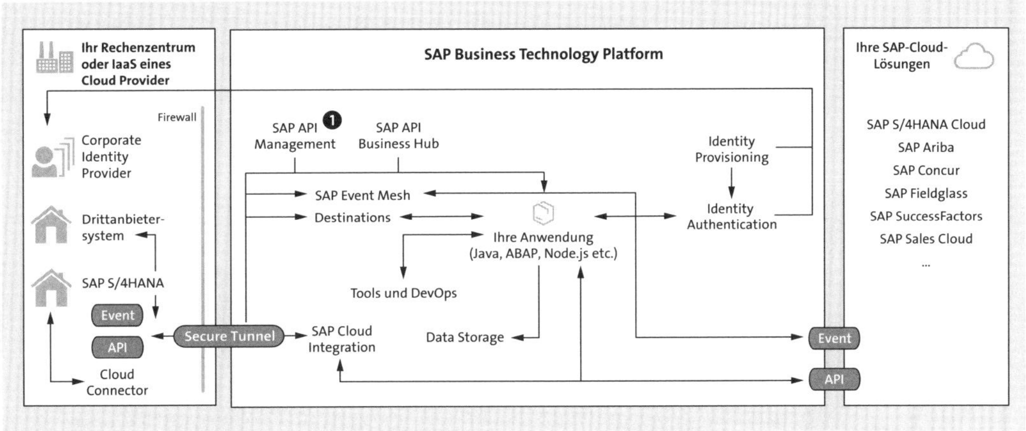

Abbildung 5.5 Verwaltung der APIs während des kompletten Lebenszyklus mit SAP API Management

SAP API Management wird aber nicht nur für den Zugriff auf SAP-Anwendungen innerhalb der bestehenden IT-Infrastruktur eines Unternehmens verwendet. Auch Microservices, die auf der SAP BTP implementiert und betrieben werden, sowie jeder beliebige REST-Endpunkt auch außerhalb der Unternehmens-IT können mit dem Service verwaltet werden. Dazu werden die APIs unternehmensweit über ein zentrales API-Portal zur Verfügung gestellt, über das die APIs gemäß dem *OpenAPI-Standard* für alle Entwicklerinnen und Entwickler des Unternehmens und auch für Partner einheitlich dokumentiert und zentral zur Verfügung stehen.

Monetarisierung der APIs

SAP API Management ist auch ein Baustein zur Erweiterung der vorhandenen Geschäftsmodelle, die auf der Kommerzialisierung von API-Aufrufen basieren. So können Kundinnen und Kunden über APIs kontrolliert Zugriff auf bestimmte Funktionen erhalten, wie beispielsweise eine Adress- oder Bonitätsprüfung, die auf Basis des bestehenden Datenbestands eines Unternehmens umgesetzt ist. Je nach Häufigkeit der API-Aufrufe wird ein Abrechnungsmodell angewendet und den Kunden die Nutzung der APIs in Rechnung gestellt.

5.2.2 Weitere Plattformservices bei der Anwendungsentwicklung

Abbildung 5.6 zeigt weitere Plattformservices, die abhängig von den funktionalen Anforderungen der Fachabteilung für die Entwicklung einer Prozesserweiterung oder Optimierung genutzt werden können.

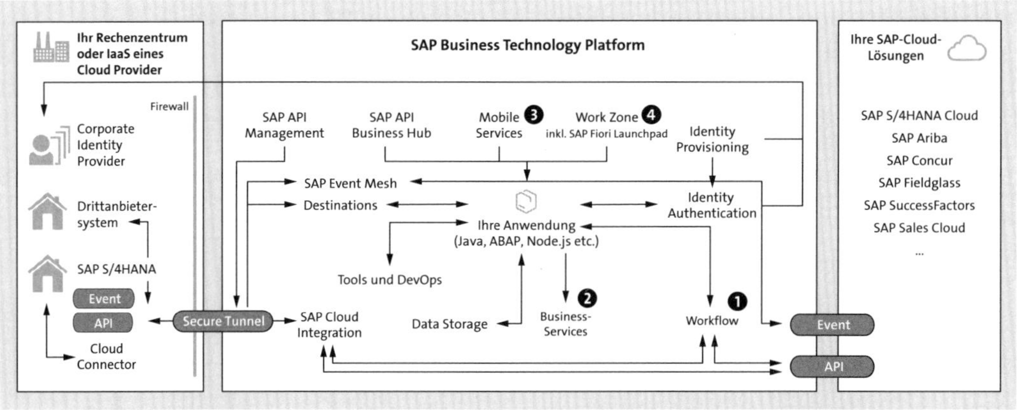

Abbildung 5.6 Weitere Services der SAP BTP für die Entwicklung

Möchten Sie z. B. innerhalb der Erweiterung neue Prozessschritte zur Abbildung zusätzlicher Arbeitsabläufe realisieren, hilft Ihnen der Service *SAP Workflow Management* ❶ der Plattform. Mit einem grafischen Editor werden damit im SAP Business Application Studio die Arbeitsabläufe auf Basis der *Business Process Model and Notation (BPMN)* modelliert. Im Anwendungscode der Side-by-Side-Erweiterung können dann über die RESTful APIs des Workflow-Service neue Instanzen der zuvor definierten Workflows oder auch Aufgaben angelegt werden, die z. B. einen bestehenden Geschäftsprozess ausführen oder eine Nutzerinteraktion erfordern.

Business-Services

Um domänenspezifische Funktionen wie die Steuerberechnung für unterschiedliche Länder, die automatisierte Dokumentenverarbeitung oder eine gesetzeskonforme Speicherung und Nutzung von Kundendaten zu realisieren, werden die entsprechenden *Business-Services* ❷ der SAP BTP verwendet.

Mobile Anwendungen

Für die mobile Nutzung der Erweiterung, kann auf die *SAP Mobile Services* ❸ zurückgegriffen werden, mit denen Sie sowohl hybride als auch native mobile Anwendungen implementieren können. Die SAP Mobile Services ermöglichen z. B., dass mobile Anwendungen offline verwendet und Push-Benachrichtigungen auf mobilen Endgeräten versendet werden können. Speziell entwickelte SDKs für Apple iOS und Google Android unterstützen bei der Implementierung von nativen Unternehmensanwendungen, die direkt auf dem mobilen Endgerät installiert werden und z. B. auf Kundendaten oder Produktinformationen aus SAP-Systemen zugreifen. Neben dem Ziel einer höheren Performance und besseren Geräteintegration unterstützen die SDKs beispielsweise auch bei der Verbindung zu SAP-Systemen und stellen UI-Elemente von SAP Fiori zur Verfügung.

Digitaler Arbeitsplatz

Abhängig vom Anwendungsfall können Mitarbeitende, Geschäftspartner und Kunden über *SAP Work Zone* ❹ oder den SAP Launchpad Service ❹ auf die Geschäftsprozesse und Erweiterungen zugreifen. Auf frei gestaltbaren Seiten werden mit SAP Work Zone die mit den Plattformservices implementierten Erweiterungen und z. B. auch Chatbots platziert. Auch lassen sich externe Inhalte und Nicht-SAP-Anwendungen, wie z. B. Microsoft Office 356, einbinden, um so einen zentralen Einstieg in alle benötigten Funktionen und Informationen für einen digitalen Arbeitsplatz zu schaffen. Mit dem SAP Launchpad Service wird ein SAP-Fiori-basierter, zentraler Einstieg in rollenspezifische Anwendungen auf der Plattform realisiert.

5.3 Anwendungsszenario

Um die Anforderungen der Fachabteilungen mithilfe der SAP BTP umzusetzen, können mehrere Plattformservices miteinander kombiniert werden. In diesem Abschnitt beschreibe ich ein Anwendungsbeispiel, anhand dessen sich das Zusammenspiel unterschiedlicher Services der Plattform nachvollziehen lässt. Dies dient auch zur Vertiefung der in Kapitel 3, »Funktionsbereiche der SAP Business Technology Platform«, vorgestellten Funktionen der SAP BTP.

Beispiel: externer Zugriff

In diesem Beispiel geht es um den externen Zugriff auf Geschäftsdaten durch den Vertrieb. Mit den Services der SAP BTP kann eine neue Benutzerschnittstelle für bestehende Geschäftsdaten, z. B. von SAP S/4HANA, implementiert werden. Vertriebsmitarbeitende benötigen für den Zugriff auf Informationen zu Geschäftspartnern (Business Partner) eine VPN-Verbindung in das Unternehmensnetz und können für den Zugriff keine mobilen

Endgeräte benutzen. Um auch außerhalb des Firmennetzwerkes und über mobile Geräte sicher und mit den bestehenden Berechtigungen auf die Informationen zugreifen zu können, kann eine Side-by-Side-Erweiterung mit der SAP BTP implementiert werden. Ziel dieser mit SAP Fiori gestalteten Oberfläche ist es, die Nutzung der Geschäftsdaten intuitiver zu gestalten und erweiterte Funktionen anzubieten. Dazu gehört auch die Möglichkeit, die Daten von einem mobilen Endgerät zu verwenden. Abbildung 5.7 zeigt die Plattformservices, die für die Entwicklung einer UI-Erweiterung verwendet werden.

[+]

Anwendungsbeispiele

Das SAP Discovery Center (*https://discovery-center.cloud.sap*) bietet mit seinen *Missions* eine Vielzahl von Beispielen, die zeigen, wie Services der Plattform in bestimmten Anwendungsbeispielen zusammenspielen. Neben einer Kategorisierung und Beschreibung der Use Cases werden Tutorials und weitere Informationen zur Umsetzung des Beispiels bereitgestellt.

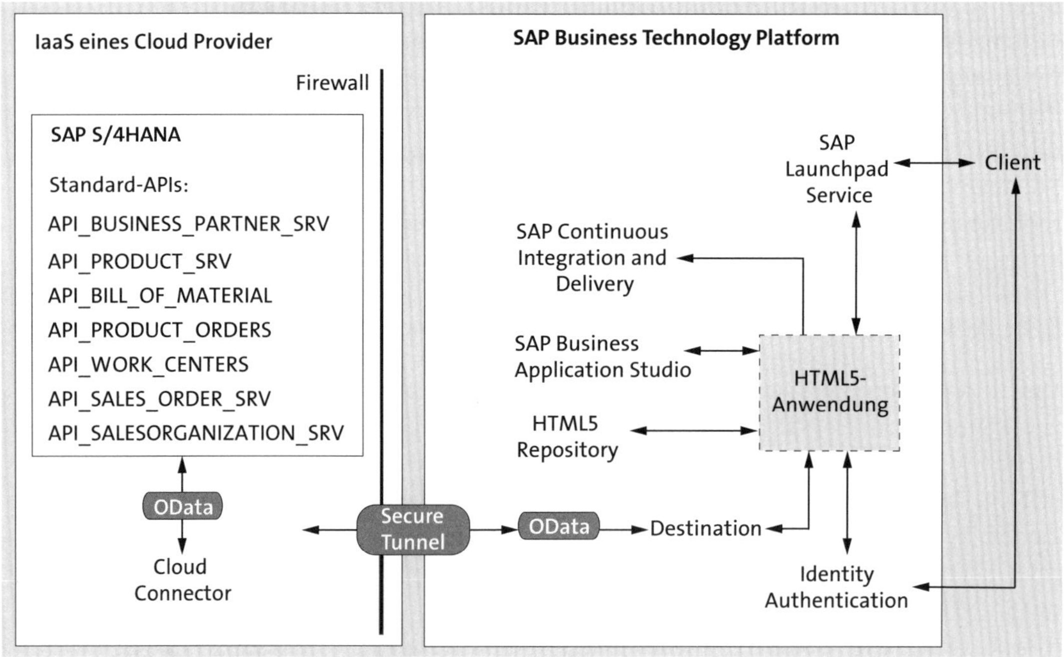

Abbildung 5.7 Erweiterung eines Geschäftsprozesses mit der Möglichkeit, extern auf Daten zuzugreifen

Connectivity

Wie Abbildung 5.7 zeigt, wird SAP S/4HANA im Beispielszenario auf der Infrastruktur eines Cloud Providers betrieben. Für den Zugriff auf das Business-Objekt des Geschäftspartners in SAP S/4HANA werden die Standard-OData-APIs verwendet, so wie sie auch im SAP API Business Hub dokumentiert sind. Der sichere Zugriff auf die OData-API des Geschäftspartnerobjekts aus der Plattform erfolgt über den Cloud Connector.

Subaccount zur Entwicklung

Die Entwicklung der UI-Erweiterung erfolgt in einem Multi-Environment Subaccount der SAP BTP. In diesem Szenario wird die Erweiterung mit SAPUI5 programmiert und in der Cloud-Foundry-Umgebung und in dem SAP HTML5 Application Repository Service umgesetzt. Für die Entwicklung werden folgende Services der SAP BTP verwendet:

- eine Destination für den Zugriff auf die SAP-S/4HANA-OData-API
- das SAP Business Application Studio
- der SAP HTML5 Application Repository Service
- der SAP Launchpad Service
- der Service SAP Continuous Integration and Delivery
- die SAP Cloud Identity Services

Für die Erstellung des Subaccounts, des Cloud Foundry Space sowie der Instanziierung der benötigten Plattformservices kann ein entsprechender *SAP BTP Booster* verwendet werden (siehe Kapitel 6, »Administration und Konfiguration der SAP Business Technology Platform«).

[«]

SAP BTP Booster

Booster sind geführte, interaktive Setup-Schritte, mit denen Subaccounts, Services und Berechtigungen auf der SAP BTP für bestimmte Anwendungsszenarien automatisch konfiguriert und für die Nutzung vorbereitet werden. Auf die Booster wird über das SAP BTP Cockpit zugegriffen.

Entwicklung

Die Programmierung der mit der Fachabteilung abgestimmten Oberfläche erfolgt mit dem SAP Business Application Studio (siehe Abschnitt 9.2.1, »SAP Business Application Studio«). Zur Verwaltung des Quellcodes greift der in die IDE integrierte Git-Client auf ein vorhandenes Git Repository zu, das entweder als Cloud-Service (z. B. GitHub, GitLab, GitBucket) oder in der On-Premise-Infrastruktur des Unternehmens betrieben wird. Der sichere Zugriff auf das Git Repository eines Unternehmens erfolgt über den Cloud Connector und eine entsprechende Destination. Für den Zugriff auf ein öffentliches Git Repository, wie z. B. GitHub, ist der Cloud Connector nicht erforderlich.

[»]

Deployment-Optionen der UI-Erweiterung

Die mit dem SAP Business Application Studio entwickelte UI-Erweiterung kann auf folgende Arten bereitstellt werden:

- als eigene Anwendung in einem Plattform-Subaccount
- über den SAP Launchpad Service oder SAP Work Zone
- im ABAP Repository von SAP S/4HANA

CI/CD

Zur automatisierten Bereitstellung der Erweiterung wird der SAP Continuous Integration and Delivery Service genutzt. Der Plattformservice stellt eine vordefinierte Pipeline für die HTML5-Anwendung zur Verfügung. Sobald das Entwicklungsteam eine Änderung am Quellcode der UI-Erweiterung vornimmt, kann die UI-Erweiterung über diese Pipeline automatisch getestet, gebaut und bereitgestellt werden.

5.4 Zusammenfassung

Wie dieses Kapitel zeigt, führen Sie unabhängig vom spezifischen Anwendungsszenario oftmals ein grundlegendes Setup zur Umsetzung einer Prozesserweiterung oder Anwendung auf der SAP BTP durch. Dabei ist die Integration bestehender Geschäftsprozesse und Daten ein wichtiger Aspekt, der beispielsweise über APIs, Events und komplexere iFlows erfolgt. Zur Vorbereitung und entsprechenden Konfiguration eines SAP-BTP-Subaccounts können Sie Booster für unterschiedliche Anwendungsszenarien nutzen, die das initiale Setup vereinfachen. Abhängig von den fachlichen Anforderungen wählen und kombinieren Sie entsprechende SAP-BTP-Services, z. B. für die Speicherung und Analyse von Daten, für die Entwicklung von Benutzeroberflächen oder für domänenspezifische Business-Services.

TEIL II

Die SAP Business Technology Platform in der Praxis

Kapitel 6
Administration und Konfiguration der SAP Business Technology Platform

Dieses Kapitel beschreibt, wie Sie Organisations- und Projektstrukturen Ihres Unternehmens in der SAP BTP abbilden, die Nutzung der Plattformservices organisieren und Plattform-User verwalten.

6

SAP BTP Cockpit

Die Konfiguration der Plattformservices und die Administration des Global Accounts Ihres Unternehmens erfolgt über das webbasierte *SAP BTP Cockpit*. Das Cockpit ist der zentrale Einstieg in die Plattform und bietet Zugriff auf alle Funktionen zum Konfigurieren und Verwalten von Anwendungen bzw. Prozesserweiterungen, Services und Account-Eigenschaften. Das Plattform-Administrationsteam verwendet das Cockpit, um z. B. Services, die Verbindung zu vorhandenen IT-Anwendungen oder Cloud Providern oder Sicherheitseinstellungen der Plattform zu verwalten. Entwicklungsteams konfigurieren und nutzen die Plattformservices über das Cockpit und greifen auf die unterschiedlichen Laufzeitumgebungen und Tools zu, mit denen sie Prozesserweiterungen und Cloud-Anwendungen programmieren und bereitstellen. Auch die Überwachung der über die Plattform bereitgestellten Anwendungen und die Verwaltung des Lebenszyklus der Anwendungen werden über das Cockpit gesteuert.

[«]

SAP ID Service

Bei der Anmeldung im SAP BTP Cockpit werden die Plattform-User standardmäßig über den SAP ID Service (*https://accounts.sap.com*) authentifiziert. Bei der Lizenzierung der Plattform oder der Registrierung für einen Trial Account werden entsprechende Benutzerkonten im SAP ID Service angelegt.

Command-Line Interface

Alternativ können Sie die Plattform über das interaktive *SAP BTP Command-Line Interface* (btp CLI) konfigurieren und administrieren. Über das Command-Line Interface sind z. B. das Anlegen oder Aktualisieren von Subaccounts und das Berechtigungsmanagement möglich. Das Command-Line Interface ist eine Alternative für alle Nutzerinnen und Nutzer, die gerne über ein Terminal arbeiten oder die administrativen Tätigkeiten mithilfe von Skripten automatisieren. Zusätzlich steht für die Administration eines Multi-Environment Subaccounts und die Nutzung der beinhalteten Cloud-Foundry-Laufzeitumgebung das *Cloud Foundry Command-Line Interface* (cf CLI) zur Verfügung. Als weitere Möglichkeit zur Administration des Accounts können RESTful APIs genutzt werden.

[+]

Cloud-Servicestatus

Den Betriebsstatus der unterschiedlichen SAP-BTP-Services sehen Sie im *SAP Trust Center* (*www.sap.com/about/trust-center.html*). Dort wird im Bereich **Cloud Status** die weltweite Verfügbarkeit der Services dargestellt. Sollten technische Probleme mit den Plattformservices auftreten, nutzen Sie das SAP ONE Support Launchpad, um einen Incident zu melden. Kundenspezifische Statusinformationen zu den lizenzierten Cloud-Services werden darüber hinaus im *Cloud Availability Center* in einem personalisierten Dashboard dargestellt.

6.1 Account-Struktur definieren

Alle Services der SAP BTP werden Ihrem Unternehmen über den Global Account zugänglich gemacht. Ein Vertrag zur Lizenzierung der Plattformservices entspricht dabei einem Global Account. Dem Global Account ist ein entsprechender Lizenztyp (entweder nutzungsabhängige oder nutzungsunabhängige Lizenzierung) zugeordnet, aus dem sich die *Entitlements* für die Nutzung der Plattformservices ergeben (siehe Abschnitt 4.8, »Lizenzierungsmodelle«). Entitlements entsprechen damit Ihrem vertraglich vereinbarten Nutzungsrecht für Services.

Startbildschirm

Nach erfolgreicher Anmeldung am SAP BTP Cockpit mit dem nach Vertragsabschluss zugesendeten bzw. bei der Registrierung definierten Admin-User, sehen Sie den in Abbildung 6.1 gezeigten Startbildschirm Ihres Global Accounts, über den Sie weitere accountspezifische Konfigurationen durchführen können.

So greifen Sie über die Navigationsleiste ❶ auf zusätzliche Informationen Ihres Global Accounts zu. Im Bereich **Entitlements** ❷ können Sie z. B. die für Sie verfügbaren Plattformressourcen (siehe Abschnitt 6.2, »Servicekontingente definieren«) einsehen und die zuvor angelegten Subaccounts zuweisen. Über den Menüpunkt **Users** ❸ fügen Sie neue Plattformnutzerinnen und -nutzer z. B. als Administratorinnen oder Administratoren zu Ihrem Global Account hinzu (siehe Abschnitt 6.4, »Benutzerkonten«).

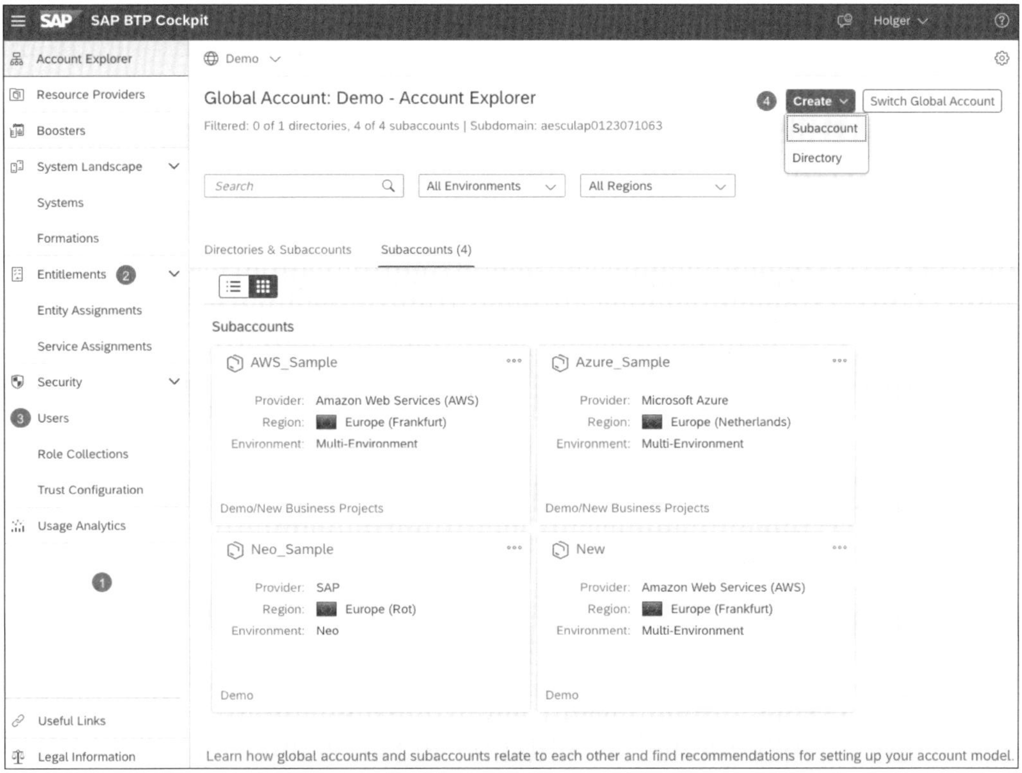

Abbildung 6.1 Einstiegsseite des Global Accounts im SAP BTP Cockpit

Subaccounts

Einer der ersten Schritte zur Konfiguration der SAP BTP ist die Strukturierung des Global Accounts gemäß den Projektanforderungen Ihres Unternehmens in *Subaccounts* (Unterkonten). User mit der Rolle eines Administrators definieren die Subaccounts innerhalb des Global Accounts über den Button **Create** ❹. Zur Konfiguration der Subaccounts gehört auch die Zuweisung von Entitlements zur Nutzung der jeweiligen Plattformservices innerhalb der Subaccounts. So stellt z. B. ein Admin-User aus der zentralen IT-Organisation Ihres Unternehmens die verfügbaren SAP-BTP-Services den Subaccounts über Entitlements für verschiedene Projekte zur Erweiterung von Standardanwendungen zur Verfügung. Auch können unterschiedliche Subaccounts für die Entwicklung, den Test und den produktiven Betrieb der Anwendungen genutzt werden.

Eigenschaften der Subaccounts

Die Subaccounts haben dabei folgende Eigenschaften:

- Über Entitlements werden Servicekontingente für die Nutzung der Plattformservices zugewiesen.
- Die Services werden gemäß den Entitlements über den Service Marketplace eines Subaccounts instanziiert und genutzt.

- Einem Subaccount sind User zugeordnet, die abhängig von der ihnen zugewiesenen *Role Collection* (Sammelrolle) innerhalb des Subaccounts z. B. als Administratorin oder Entwickler arbeiten.
- Cloud-Anwendungen, wie z. B. Prozesserweiterungen, werden über entsprechende Environments (Laufzeitumgebungen) innerhalb des Subaccounts bereitgestellt und nutzen die zugewiesenen Entitlements der Plattformservices.
- Konfigurationen zu den entwickelten Cloud-Anwendungen wie z. B. Destinations für den Zugriff auf Prozesse und Daten anderer Geschäftsanwendungen erfolgen ebenfalls auf der Ebene der Subaccounts.

Subaccounts eines Global Accounts sind unabhängig voneinander und werden getrennt administriert, was für die Sicherheit der Nutzer- und Datenverwaltung entscheidend ist.

[+]

Directories verwenden

Mit *Directories* können Sie Ihre Subaccounts entsprechend den technischen und fachlichen Projektanforderungen organisieren und verwalten. Ein Directory kann sowohl mehrere Subaccounts als auch weitere Directories enthalten, um eine Hierarchie aus bis zu sieben Ebenen abzubilden. Über Directories besteht die Möglichkeit, die Nutzung von Services in mehreren Subaccounts zu analysieren und auch die Entitlements von Plattformservice-Kontingenten für mehrere Subaccounts zu verwalten. Die Verwendung von Directories zur Gruppierung von Subaccounts ist optional.

Abbildung 6.2 zeigt, wie Sie mit der hierarchischen Strukturierung eines Global Accounts durch Subaccounts ein Kontomodell definieren können, das zu Ihren Geschäfts- und Entwicklungsanforderungen passt.

Subaccount-Regionen

Darüber hinaus wird jeder Subaccount in einer bestimmten geografischen *Region* und von einem definierten IaaS-Provider bereitgestellt. Durch die Auswahl der Region, in der der Subaccount betrieben werden soll, wählen Sie implizit die Neo-Umgebung oder eine Multi-Environment-Laufzeitumgebung für den Subaccount aus. Jede Region repräsentiert den Standort eines Rechenzentrums, d. h. den physischen Ort (z. B. Europa, US-Ost), an dem Ihre Anwendungen, Daten und Plattformservices bereitgestellt werden. Die Ihrem Subaccount zugewiesene Region muss nicht Ihrem eigenen Standort entsprechen. Sie können z. B. in Europa ansässig sein, aber Ihren Subaccount in den Vereinigten Staaten betreiben. Abhängig von der verwendeten Umgebung (Multi-Environment oder Neo) können Sie Anwendungen in den verschiedenen Regionen bereitstellen.

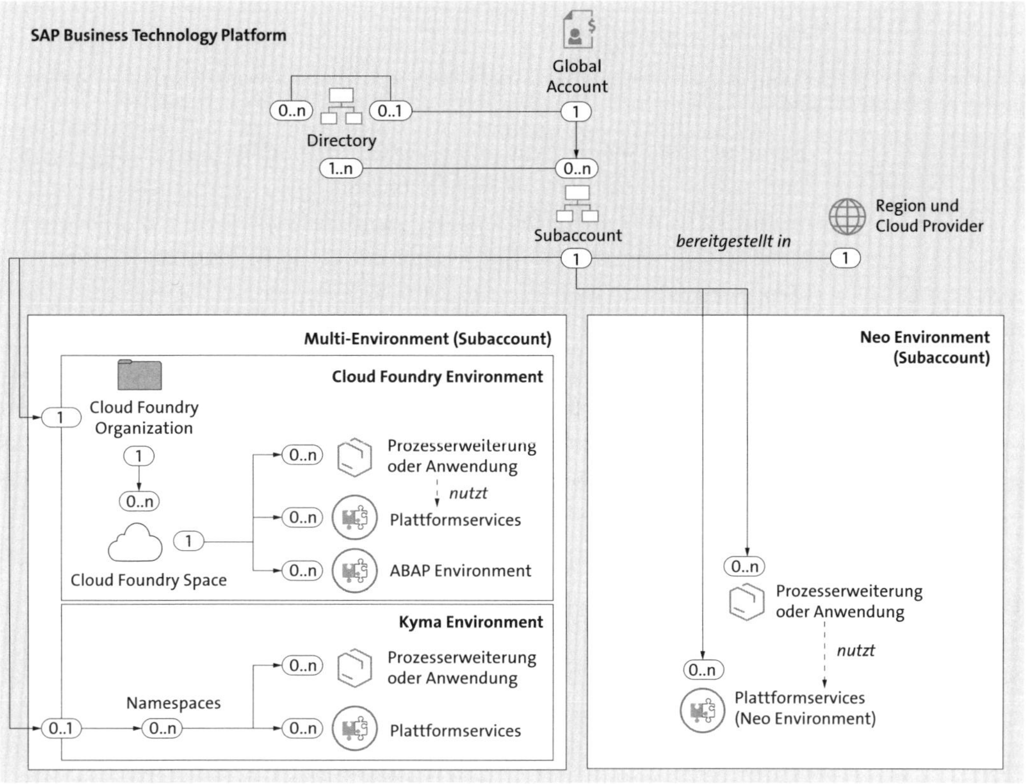

Abbildung 6.2 Definition der Unternehmens- und Projektstruktur mit Subaccounts und Directories

Neo- und Multi-Environment-Umgebung

Alle Rechenzentren, in denen die Neo-Umgebung verfügbar ist, werden ausschließlich von SAP betrieben, während Rechenzentren, in denen das Multi-Environment verfügbar ist, über Cloud-Provider-Infrastrukturen von Amazon Web Services (AWS), Microsoft, Google und Alibaba bereitgestellt werden. Um eine Anwendung in mehreren Regionen zur Verfügung zu stellen, führen Sie das Deployment der Anwendung separat in jedem Subaccount aus, den Sie zuvor in einer entsprechenden Region erstellt haben. Das Laufzeitverhalten (wie z. B. die Netzwerklatenz) Ihrer Cloud-Anwendungen kann optimiert werden, indem Sie für die Bereitstellung der Anwendung oder Prozesserweiterung eine Region in der Nähe der Anwendungsnutzerinnen und -nutzer wählen.

Spaces

In einem Multi-Environment Subaccount besteht zusätzlich die Möglichkeit, Projekte über sogenannte *Spaces* zu strukturieren. In einem solchen Space entwickeln Sie Ihre Anwendung mit den Plattformservices und stellen diese dann mit der *SAP BTP, Cloud Foundry Runtime* ebenfalls innerhalb eines Space bereit.

[»]

Cloud Foundry Orgs

Cloud Foundry nutzt neben den Spaces sogenannte *Organizations* (Orgs) zur Strukturierung. Einer Org können dabei ein oder mehrere Spaces zugeordnet werden. Bei der Aktivierung der Cloud-Foundry-Laufzeitumgebung innerhalb eines Multi-Environment Subaccounts wird automatisch eine zugehörige Cloud Foundry Org erstellt. Somit definiert jeder Multi-Environment Subaccount mit der Aktivierung der Cloud-Foundry-Laufzeitumgebung implizit eine Org.

Orgs: Beispiel

Abbildung 6.3 zeigt ein Beispiel für die Strukturierung eines Global Accounts in die drei Subaccounts DEV, TEST und PROD. Auf jeden Subaccount dürfen unterschiedliche Plattform-User zugreifen. So ist es denkbar, dass auf den Subaccount TEST primär Testpersonal und auf den Subaccount PROD nur bestimmte Mitglieder des Entwicklungsteams und Admin-User zugreifen dürfen.

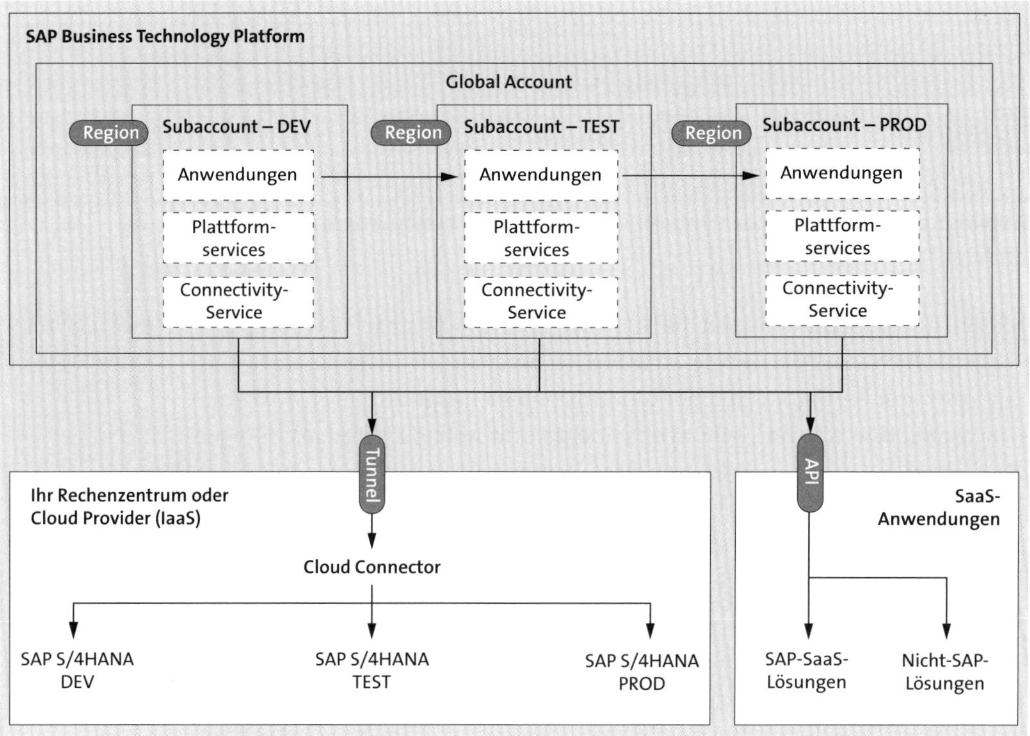

Abbildung 6.3 Umsetzung einer dreistufigen Systemlandschaft mit Subaccounts

Auch in den Konfigurationen unterscheiden sich die Subaccounts. Zum Beispiel binden Sie bei einer hybriden Anwendung im Subaccount PROD über entsprechende Destinations Ihre produktiven On-Premise-Systeme ein. Aus den Subaccounts DEV und TEST greifen Sie auf die entsprechenden Entwicklungssysteme in Ihrer On-Premise-Landschaft zu.

Ebenso können die Anwendungen innerhalb der Subaccounts unterschiedliche Versionsstände haben. Abhängig von der gewählten Anwendungsarchitektur und der Konfiguration der Entwicklungsumgebung transportieren Sie Ihre Cloud-Anwendung zwischen unterschiedlichen Subaccounts mit dem Service SAP Cloud Transport Management, dem Service SAP Continuous Integration and Delivery oder dem Enhanced Change and Transport System (CTS+; siehe Kapitel 10, »Services für DevOps«).

[+]

Subaccount-Landschaft

Es wird empfohlen, dass Sie für Ihre Entwicklungsprojekte mindestens drei Subaccounts einrichten. Dabei wird ein Subaccount für die Entwicklung genutzt, um neue Versionen der Anwendung oder die Prozesserweiterung inkrementell zu erstellen und zu testen. Ein weiterer Subaccount wird für Integrationstests und die Qualitätssicherung in einer produktionsähnlichen Umgebung genutzt. Ein dritter Subaccount wird zur Bereitstellung der produktiven Anwendungen verwendet. Auch können Sie alternativ Cloud Foundry Spaces für eine solche Strukturierung verwenden. Doch besteht hierbei nicht die Möglichkeit einer Benutzertrennung oder der Definition von Destinations zu unterschiedlichen SAP-Standardanwendungen über den SAP Connectivity Service.

6.2 Servicekontingente definieren

Abhängig vom Lizenztyp Ihres Global Accounts (siehe Abschnitt 4.8, »Lizenzierungsmodelle«) stehen entsprechende Kontingente für die Nutzung der Plattformservices zur Verfügung. So können Sie beispielsweise die SAP BTP, Cloud Foundry Runtime mehrmals instanziieren und in unterschiedlichen Subaccounts für die Entwicklung und Bereitstellung Ihrer Erweiterungen und Anwendungen nutzen.

Serviceplan

Als Administrator oder Administratorin eines Global Accounts weisen Sie einzelnen Subaccounts entsprechende Entitlements zu. Die Zuweisung der Entitlements zu Subaccounts erfolgt über *Servicepläne* (engl. Service Plans). Für einen Plattformservice kann es verschiedene Servicepläne geben, die den Service mit unterschiedlichen funktionalen Merkmalen und auch Kosten bereitstellen. So bietet SAP Cloud Integration z. B. einen Serviceplan in der sogenannten *Standard Edition* und einen Serviceplan in der sogenannten *Digital Edition*. Details zu den für die einzelnen Plattformservices verfügbaren Serviceplänen sind im SAP Discovery Center (*https://discovery-center.cloud.sap*) für jeden Service unter **Pricing** aufgeführt.

Abbildung 6.4 zeigt ein Beispiel für die Zuordnung von Entitlements der SAP BTP, Cloud Foundry Runtime zu dem ausgewählten Subaccount eines Global Accounts. Dem Service Cloud Foundry Runtime sind hier im Subaccount zwei von den global verfügbaren vier Einheiten zugeordnet.

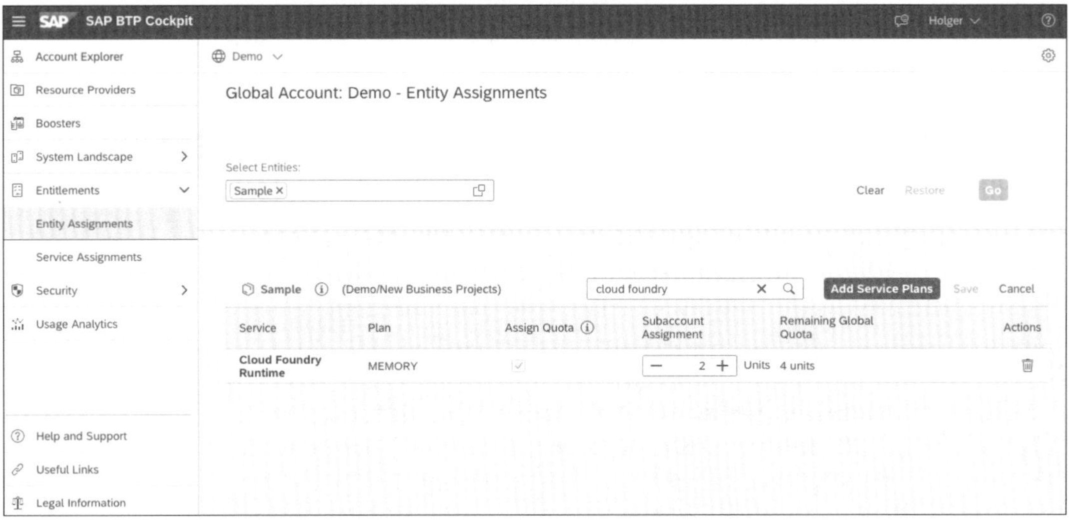

Abbildung 6.4 Zuweisung der Entitlements an die Subaccounts

Bei den Global Accounts mit dem abonnementbasierten (nutzungsunabhängigen) kommerziellen Modell (Subscription) hängt die maximale Anzahl verfügbarer Zuweisungen eines Serviceplans von den erworbenen Subscriptions ab (siehe Abschnitt 4.8, »Lizenzierungsmodelle«).

Bei Global Accounts mit dem nutzungsabhängigen kommerziellen Modell (CPEA, PAYG) können die meisten Servicepläne standardmäßig unbegrenzt eingesetzt werden. Dennoch können Sie eine Kontingentgrenze (*Quota*) für die Servicepläne innerhalb der Subaccounts festlegen, indem Sie das Kontrollkästchen **Assign Quota** für den entsprechenden Serviceplan eines Plattformservice aktivieren und die gewünschte Kontingentmenge festlegen.

Partnerservices

Um Services von SAP-Technologiepartnern zu nutzen, kann Ihr Global Account auch mit einem vorhandenen Plattform-Account eines anderen Cloud-Anbieters verbunden werden. Dazu wird z. B. ein bestehender Unternehmens-Account des anderen Cloud-Anbieters auf der SAP BTP als *Resource Provider* konfiguriert (siehe Abbildung 6.5). Wenn Sie beispielsweise Services wie *PostgreSQL* bei AWS abonniert haben, können Sie AWS als Resource Provider in der SAP BTP registrieren und PostgreSQL in Ihren Subaccounts über den Service Marketplace zusammen mit den anderen SAP-BTP-Services nutzen.

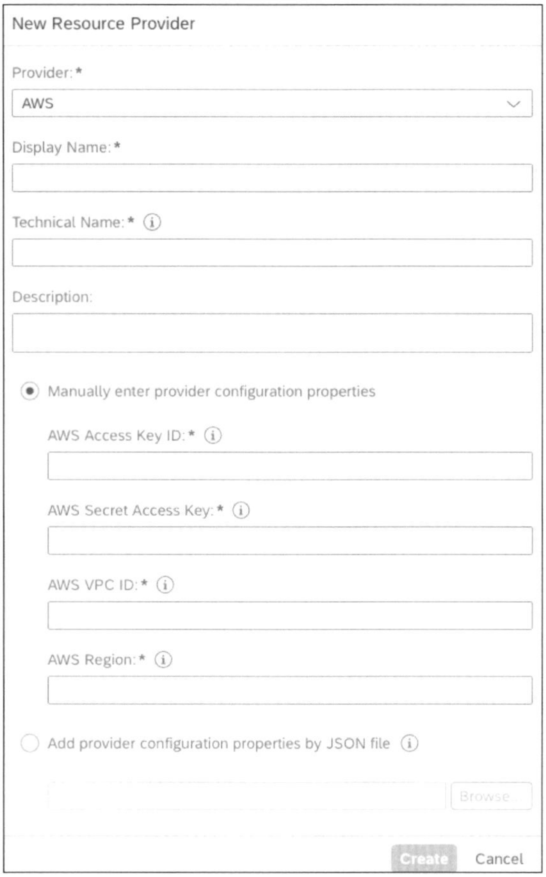

Abbildung 6.5 Konfiguration eines Resource Providers zur Nutzung von Plattformservices von Partnern

6.3 Nutzungsanalyse der Servicekontingente

Metering

Als User (z. B. aus den Entwicklungsteams) eines Subaccounts nutzen Sie die Plattformservice-Entitlements für die Entwicklung und Bereitstellung Ihrer Cloud-Anwendungen und Prozesserweiterungen. Sobald Sie einen Service innerhalb eines Subaccounts bzw. eines Space über den Service Marketplace instanziieren, startet das *Metering* der Servicenutzung, also das Nachverfolgen der verbrauchten Ressourcen. Bei einer nutzungsabhängigen Lizenzierung werden *Cloud Credits* entsprechend des Serviceplans vom globalen Cloud-Credits-Kontingent abgezogen. Löschen oder deaktivieren Sie eine

Serviceinstanz, wird auch die Nutzung des Service nicht mehr gemessen, und es werden keine Cloud Credits von Ihrem Kontingent abgezogen.

Verbrauchsanalyse im Global Account

Abbildung 6.6 zeigt, wie Sie im Kontext Ihres Global Accounts eine Übersicht der monatlich genutzten Servicekontingente erhalten. Navigieren Sie dazu im SAP BTP Cockpit in den Bereich **Usage Analytics**. Die verwendeten Kontingente werden pro Subaccount bzw. Directory und auch pro Service dargestellt. Der Bereich **Service Usage** ❶ zeigt den zeitlichen Verlauf der Nutzung einzelner Plattformservices für Ihre Subaccounts bzw. Directories. Der Bereich **Directory/Subaccount Usage** ❷ stellt die Nutzung aller Services pro Directory bzw. Subaccount im ausgewählten Zeitraum dar. Für eine externe Verarbeitung, wie z. B. eine Weiterverrechnung der Servicenutzung an die Fachbereiche oder die Bereitstellung in einer anderen Abteilung, können Sie die Nutzungsdaten auch als Excel-Datei exportieren.

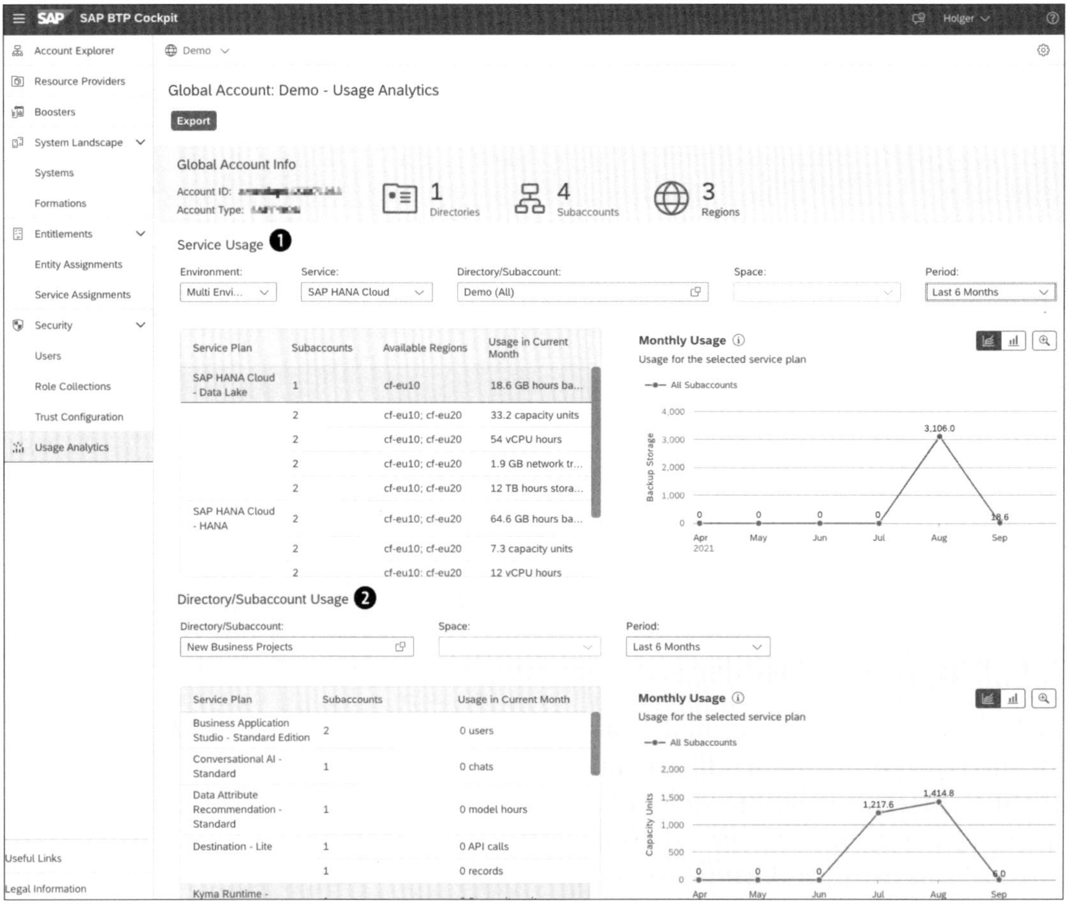

Abbildung 6.6 Nutzung einzelner Plattformservices innerhalb des Global Accounts

Neben der Analyse der Servicenutzung auf der Ebene eines Global Accounts werden die Nutzungsstatistiken der Plattformservices auch im SAP BTP Cockpit auf der Ebene der Subaccounts dargestellt. Auch hier wählen Sie den Plattformservice sowie den Zeitraum, über den Sie die Servicenutzung analysieren möchten. Zusätzlich wird auch die Servicenutzung in einzelnen Spaces visualisiert, um beispielsweise zu sehen, wie viele Servicekontingente für spezifische Projekte verwendet werden.

Verbrauchsanalyse im Subaccount

6.4 Benutzerkonten

Über Benutzerkonten (User) regeln Sie den Zugriff auf die SAP BTP. Dabei wird zwischen *Plattformnutzerinnen* (engl. Platform Users) und *Anwendungsnutzern* (engl. Business Users) unterschieden.

Business User

Business User kommen beispielsweise aus Fachabteilungen oder sind Kunden oder Partner Ihres Unternehmens und verwenden die auf der Plattform bereitgestellten Cloud-Anwendungen oder Prozesserweiterungen. Die User Ihrer Cloud-Anwendungen werden über den Identity-Authentication-Service oder einen anderen Identity Provider, wie z. B. Microsoft Active Directory, authentifiziert.

Plattform-User

Im Gegensatz dazu ist ein Plattform-User beispielsweise eine Mitarbeiterin Ihrer IT-Organisation oder ein Partner, der die Services der SAP BTP verwaltet oder für die Programmierung von Prozesserweiterungen und Cloud-Anwendungen nutzt. Plattform-User werden standardmäßig über den SAP ID Service als Identity Provider authentifiziert, können aber auch über den Identity-Authentication-Service authentifiziert werden (siehe Abschnitt 11.2, »Authentifizierung«).

Role Collection

Je nach Aufgabengebiet weisen Sie den Plattform-Usern entsprechende Sammelrollen (*Role Collections*) zu, die die erforderlichen Berechtigungen für z. B. die Administration, die Entwicklung von Anwendungen oder die Nutzung einzelner Plattformservices mitbringt. Einer Role Collection sind mehrere *Rollen* zugewiesen, die wiederum entsprechende Berechtigungen auf der Plattform mitbringen. So werden Plattform-Usern beispielsweise mit der Role Collection *Global Account Administrator* die vier Rollen *Global Account Admin, Global Account Usage Reporting Viewer, System Landscape Administrator* und *User and Role Administrator* zugeteilt. Auch für jeden Plattformservice sind eigene Role Collections definiert, die die Nutzung einzelner Funktionen des Service steuern.

[»]

Role Collection für Plattformservices

Sobald Plattformservices über den Service Marketplace instanziiert werden, ist es erforderlich, den Plattform-Usern, z. B. aus dem Entwicklungsteam, die entsprechenden Role Collections des Service zuzuweisen, sodass diese den Service nutzen können.

Eigene Role Collection

Als Administrator oder Administratorin können Sie auch eigene Role Collections mit entsprechenden Rollen definieren. Während Sie die Role Collection über das SAP BTP Cockpit anlegen und pflegen, erfolgt die Definition neuer Rollen im Kontext einer Cloud-Anwendung, die auf der Plattform bereitgestellt wird. Dazu werden die Benutzerrollen einer Cloud-Anwendung in der Sicherheitsbeschreibung (Datei **xs-security.json**) der Anwendung definiert. Beim Deployment auf der SAP BTP wird Ihre Anwendung als OAuth-2.0-Client registriert, und es werden auf Basis der Konfiguration der Datei **xs-security.json** entsprechende Rollen erstellt. Diese Rollen können dann einer Role Collection über das SAP BTP Cockpit zugewiesen werden.

6.5 Subscription mandantenfähiger Anwendungen

Erweiterung für Fachabteilungen bereitstellen

Wollen Sie eine Cloud-Anwendung oder Prozesserweiterung den Fachabteilungen Ihres Unternehmens oder Kunden und Partnern zugänglich machen, stellen Sie die Anwendung in einem Subaccount bereit. Dadurch wird die Anwendung zentral administriert. Doch die Fachabteilungen teilen sich *identische* Konfigurationseinstellungen, wie z. B. den Zugriff auf Daten und Prozesse einer SAP-Standardanwendung. Die Prozesserweiterung wird auch über eine einzige URL aufgerufen bzw. in einem gemeinsamen SAP Fiori Launchpad für alle Abteilungen eingebunden. Bei dieser Art der Bereitstellung unterscheiden Sie nicht zwischen unterschiedlichen Mandanten mit unterschiedlichen Konfigurationsanforderungen. Alle Fachabteilungen des Unternehmens werden als ein einziger Mandant behandelt.

Mandantenfähigkeit

Bei einer unternehmensweiten Bereitstellung von Cloud-Anwendungen kann es aus organisatorischen und fachlichen Gründen erforderlich sein, die Anwendung individuell für unterschiedliche Abteilungen, Kunden oder Partner nutzbar zu machen. Ein Grund ist, dass verschiedene Abteilungen zwar die gleiche Anwendung nutzen, aber unterschiedliche Konfigurationsanforderungen für den Zugriff auf vorhandene Daten und Prozesse in On-Premise- oder Cloud-Systemen haben. Aus administrativer Sicht sollte die Bereitstellung der Anwendung dennoch zentral und nicht mehrfach in unterschiedlichen Subaccounts pro Abteilung erfolgen, um eine Aktualisierung der Anwendung nicht in jedem einzelnen Subaccount separat durchführen zu müssen.

Auch für die Nutzung von SAP-Partneranwendungen kann es notwendig sein, innerhalb Ihres SAP-BTP-Accounts die Einbindung der Anwendung unter Berücksichtigung unternehmensspezifischer Konfigurationen zu ermöglichen.

Subscriptions

Für solche Szenarien bietet die SAP BTP mit den *Subscriptions* eine mandantenfähige Funktionalität, die es ermöglicht, eine Cloud-Anwendung für mehrere unterschiedliche Nutzergruppen (wie z. B. Abteilungen, Partner oder Kunden) zu implementieren und zu betreiben. Auf diese Weise wird eine nutzergruppenspezifische Konfiguration, insbesondere für die Anbindung von bestehenden Systemen, möglich.

Provider Subaccount

Bei einer mandantenfähigen Bereitstellung der Plattformanwendung aktualisieren Sie als Anbieter die Anwendung bzw. Prozesserweiterung zentral für alle Nutzergruppen in einem *Provider Subaccount*. Anstatt eine neue Version der Anwendung für jede Nutzergruppe in die jeweiligen Subaccounts einzuspielen, erfolgt die Aktualisierung somit zentral in dem Provider Subaccount.

Abbildung 6.7 zeigt eine solche Strukturierung des Global Accounts in die drei Subaccounts `DEV`, `TEST` und `PROVISIONING`, wobei der Subaccount `PROVISIONING` der Provider Subaccount der Erweiterung bzw. Anwendung ist.

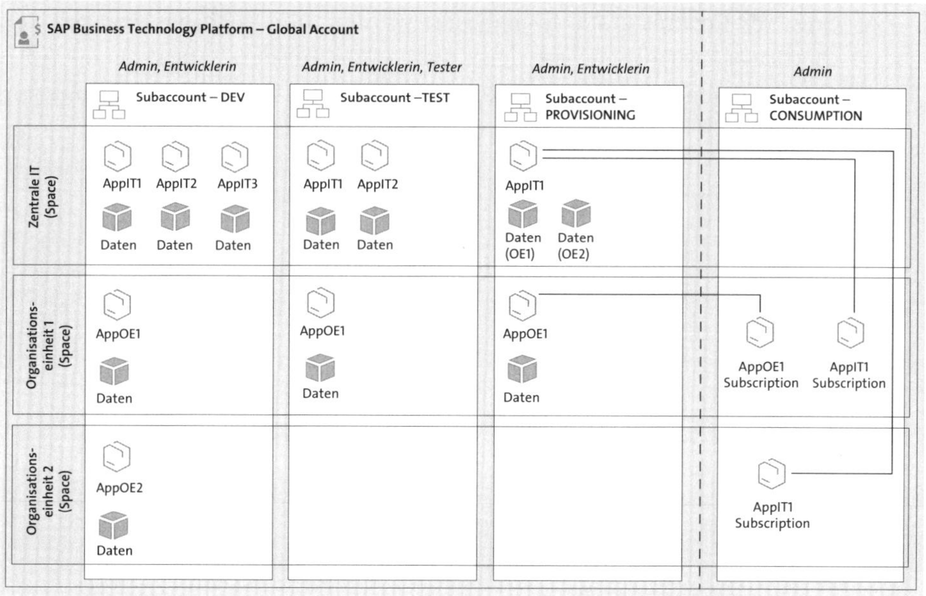

Abbildung 6.7 Beispiel zur Nutzung von Plattformanwendungen über Subscriptions in einem separaten Subaccount

Consumer Subaccount

Zusätzlich gibt es einen weiteren Subaccount `CONSUMPTION`, über den die Nutzer auf die Anwendung im Subaccount `PROVISIONING` über eine Subscription zugreifen. Durch diesen *Consumer Subaccount* ist es möglich, anwendungsspezifische Konfigurationen, wie beispielsweise die Verbindung zu IT-Anwendungen, individuell für unterschiedliche Nutzergruppen vorzunehmen. Auch der Aufruf der Cloud-Anwendung im Consumer Subaccount erfolgt über eine nutzerspezifische URL, sodass die Anwendung z. B. in ein entsprechendes SAP Fiori Launchpad der jeweiligen Nutzergruppe eingebunden werden kann. Aktualisieren Sie beispielsweise die Multi-Tenant-Anwendung `AppIT1`, die in Abbildung 6.7 zu sehen ist, müssen Sie das nicht für jede Organisationseinheit ausführen, sondern Sie aktualisieren einmal zentral, und durch die Subscription nutzen die unterschiedlichen Organisationseinheiten automatisch die aktuelle Version der Anwendung.

6.6 Zusammenfassung

Eine wichtige administrative Aufgabe zur Verwendung der SAP BTP ist die Konfiguration von Subaccounts mithilfe des webbasierten SAP BTP Cockpits oder des zugehörigen Command-Line Interface. Aufgabe dieser Subaccounts ist u. a. die Strukturierung eines Global Accounts. Außerdem erfolgt die Zuweisung von Plattformservice-Entitlements und -Quotas auf der Ebene der Subaccounts. Nutzungsstatistiken der Services können über das SAP BTP Cockpit grafisch analysiert werden, und auch das Anlegen von Plattform-Usern innerhalb der Subaccounts mit den entsprechenden Berechtigungen zur Nutzung der Plattformservices ist Teil der Administration der SAP BTP. Nachdem diese grundlegenden Einstellungen vorgenommen worden sind, kann mit der Nutzung der Plattformservices begonnen werden.

Kapitel 7
Integration und Zugriff auf Daten und Prozesse

Für digitale Transformationsprojekte und die Anpassung des Unternehmens an neue Marktbedingungen sind die Integration bestehender Daten und der Zugriff auf vorhandene Prozesse Schlüsselfaktoren. In diesem Kapitel erfahren Sie, wie Sie beides meistern.

Wie in Kapitel 1, »Das intelligente Unternehmen«, beschrieben, ist die Anpassungsfähigkeit eine zentrale Eigenschaft von intelligenten Unternehmen. Anpassung bedeutet nicht immer, alles neu zu erfinden. Unternehmen können auf Bestehendem aufbauen und es weiterentwickeln. Dabei kommt es besonders darauf an, bisher noch nicht verwendete Technologien mit bestehenden Prozessen und Daten zu kombinieren. Hier spielen sowohl die *Prozessintegration* (siehe Abschnitt 7.1.1) als auch die *Datenintegration* (siehe Abschnitt 7.1.2) eine wichtige Rolle.

Mit der Ausweitung des *Internets der Dinge* (Internet of Things, IoT), siehe Abschnitt 7.7, besteht der Bedarf über Sensoren, Daten von physischen Objekten zu gewinnen und für die transaktionale und analytische Verarbeitung zu integrieren. Um den unterschiedlichen Integrationsanforderungen gerecht zu werden, deckt die SAP Business Technology Platform (SAP BTP) prozess-, daten-, benutzer- und IoT-bezogene Integrationsszenarien ab. Ziel ist es dabei, die Implementierungsaufwände zu minimieren, indem vordefinierte Integrationsbausteine für unterschiedliche Szenarien bereitgestellt werden, um vorhandene Investitionen in Geschäftsprozesse und Daten bestmöglich in Digitalisierungsprojekte mitzunehmen. So spielen als Integrationsszenarien mit der Plattform z. B. das On-Premise-zu-Cloud-Szenario, das Cloud-zu-Cloud-Szenario sowie die Einbindung von Sensorwerten und Geschäftspartnern eine Rolle.

7.1 Integrationsmethodik und -ansätze

Die SAP BTP bietet verschiedene Möglichkeiten, um unterschiedliche Geschäftsprozesse zu integrieren und Daten zwischen verschiedenen IT-Anwendungen auszutauschen.

Integrationsdomänen

Im Kontext von Side-by-Side-Erweiterungen mit der Plattform und einer daraus resultierenden hybriden Architektur können mit der SAP BTP unterschiedliche *Integrationsdomänen* gestaltet werden:

- Integration von On-Premise- und Cloud-Anwendungen
- Integration von unterschiedlichen Cloud-Anwendungen
- Integration von Benutzerinnen und Benutzern (z. B. Geschäftspartnern oder Behörden)
- Integration von Dingen (IoT)

Entlang der Integrationsdomänen unterstützt die SAP BTP wiederum unterschiedliche technische Möglichkeiten zur Integration von Prozessen und Daten.

[+]

SAP Integration Solution Advisory Methodology

Unterschiedliche Integrationsdomänen und Integrationsszenarien werden über Blueprints in der *SAP Integration Solution Advisory Methododolgy* formal beschrieben, um Integrationsarchitektinnen und -architekten bei der Konzeption einer Integrationsstrategie zu unterstützen. Die Empfehlungen und Vorlagen der SAP Integration Solution Advisory Methodology können auf unterschiedliche Weise angewendet werden. So können Sie die Methodik z. B. zur Definition Ihrer Integrationsempfehlungen für Ihr Unternehmen nutzen, Ihre momentane Integrationsstrategie bewerten und aktualisieren oder mehr über Integrationskonzepte (Patterns) erfahren, die Sie in Ihrem Unternehmen einsetzen können. Die SAP Integration Solution Advisory Methodology bietet dazu Vorlagen, die Sie an Ihre Anforderungen und Szenarien anpassen können.

7.1.1 Prozessintegration

Die Integration von Geschäftsprozessen hat zum Ziel, unterschiedliche Teilprozesse zu einem durchgängigen Prozess zu kombinieren.

A2A-Kommunikation

Bei der Integration von Prozessen, die mit unterschiedlichen IT-Anwendungen realisiert sind, ist ein nachrichtenbasierter Austausch einzelner Datenobjekte zwischen den Anwendungen erforderlich, wozu oftmals auch die Formate der ausgetauschten Daten angepasst bzw. die Daten auf Basis standardisierter Formate übermittelt werden müssen. Die Prozessintegration wird durch einen bestimmten Vorgang im Geschäftsprozess ausgelöst. Wird z. B. in der SAP-S/4HANA-Anwendung innerhalb eines Geschäftsprozesses eine Information an den Kostenstellen aktualisiert, wird dies an SAP SuccessFactors weitergegeben, was wiederum einen Prozess in SAP SuccessFactors auslöst. Wichtig bei der Prozessintegration sind die Wahrung der Datenintegrität sowie ein verlässlicher Austausch der Datenobjekte zwischen den Anwendungen. Diesen Austausch bezeichnet man als A2A-Integration (*Application to Application*).

Szenarien zur Prozessintegration

Bei der Prozessintegration spielen außerdem der Datenaustausch zwischen Unternehmen (*Business to Business*, B2B) sowie zwischen Unternehmen und Behörden (*Business to Government*, B2G) eine Rolle. Technisch erfolgt eine Prozessintegration mit der SAP BTP z. B. über das Aufrufen von APIs oder über die Veröffentlichung und Subskription von Events.

Integrationspakete

Komplexere Prozessintegrationsszenarien, die eine Anpassung der Datenformate zwischen den Anwendungen oder ein bestimmtes Austauschformat sowie zusätzliche Funktionen zur Absicherung der transaktionalen Integrität und Protokollierung erfordern, werden in Form von *Integrationspaketen* auf der SAP BTP bereitgestellt (siehe Abschnitt 7.3, »Prozessintegration mit SAP Cloud Integration«). Für die IT-Anwendungen und ihre jeweiligen Prozesse gibt es vordefinierte Integrationspakete z. B. für die Prozessintegration von SAP S/4HANA mit SAP Ariba sowie für die Anbindung der deutschen Steuerbehörde (via ELSTER) oder für die Lösungen anderer Anbieter. Alle verfügbaren Integrationspakete, APIs und Events sind im SAP API Business Hub dokumentiert. Um den Zugriff auf die APIs zu verwalten und zu analysieren, können Sie von dem API-Management-Service der Plattform Gebrauch machen (siehe Abschnitt 7.4, »SAP API Management«).

[«]

SAP Integration Suite

Die SAP Integration Suite kombiniert Plattformservices zur Prozessintegration, SAP API Management, SAP Integration Advisor und SAP Open Connectors in einem ganzheitlichen Toolkit zur Umsetzung von Integrationsszenarien im Unternehmen. Dadurch sind die Services auf der Plattform nicht einzeln zu instanziieren, sondern Teil eines Integration-Suite-Serviceplans und werden über das Launchpad des Services zentral verwaltet.

7.1.2 Datenintegration

Auslösen der Datenintegration

Während bei der Prozessintegration die Kombination zwischen zwei oder mehr IT-Anwendungen auf der Ebene von Geschäftsprozessen erfolgt, findet bei der Datenintegration ein Austausch auf der Datenbankebene statt, der häufig komplexe Transformationen der ausgetauschten Daten erfordert. Im Unterschied zur Prozessintegration werden bei der Datenintegration nicht nur einzelne Datenobjekte in Echtzeit innerhalb eines bestimmten Prozessschrittes ausgetauscht, sondern größere Datenmengen z. B. kontinuierlich in Batch-Verfahren bzw. Replikationsverfahren kopiert. Dabei spielt auch die Prüfung auf Datenqualität durch die Einhaltung gewisser Formate und Inhalte eine wesentliche Rolle. Wie die Prozessintegration kann auch die Datenintegration durch einen bestimmten Geschäftsvorfall im Prozess ausgelöst werden.

Virtueller Zugriff

Neben der Replikation unterstützt die SAP BTP auch den virtuellen Datenzugriff. So kann eine virtuelle Datenschicht für den Zugriff auf Daten einer anderen Anwendung bzw. dessen Datenquelle realisiert werden (*Data Federation* genannt), ohne dass eine dauerhafte Kopie der Daten erforderlich ist. Mit wachsender Anzahl der einzubindenden Datenquellen nimmt auch die Heterogenität der Datenlandschaft zu. Die Plattform unterstützt deshalb bei der Orchestrierung und Integration der unterschiedlichen Daten mithilfe skalierbarer *Daten-Pipelines*. Auch für die Speicherung und Verarbeitung der integrierten Daten stellt die SAP BTP unterschiedliche Services zur Verfügung (siehe Kapitel 8, »Daten in der SAP Business Technology Platform verarbeiten«).

Daten bei UI-Erweiterung

Möchten Sie die User Experience erweitern, können die Daten oftmals in den bestehenden Datenbanken der IT-Anwendung bleiben, und Sie greifen stattdessen z. B. von einer SAP-Fiori-Anwendung der SAP BTP über eine definierte OData-Schnittstelle auf die Daten zu. Nur die für die jeweilige Aktion in der SAP-Fiori-Anwendung benötigten Daten werden über die OData-Schnittstelle übergeben. Eine dauerhafte Speicherung der Daten in der Cloud findet daher nicht zwingend statt. Ist eine Offline-Nutzung der Anwendung erforderlich, werden Teile der Daten allerdings auch außerhalb der bestehenden Datenbanken gespeichert.

Neben der Darstellung von Daten in einer SAP-Fiori-Oberfläche spielt auch der Aufruf bestehender Geschäftsprozesse bei einer Erweiterung des User Interface (UI) eine wichtige Rolle. Auch hier werden keine Daten dauerhaft in der Cloud gespeichert. Über eine API ruft die UI-Erweiterung einen bestehenden Prozess in einer IT-Anwendung auf.

Optional können Sie den Aufruf der OData-Schnittstellen und APIs mit SAP API Management kontrollieren (siehe Abschnitt 7.4, »SAP API Management«).

[«]

OData

Das Open Data Protocol (OData) ist ein REST-basiertes Protokoll für einen lesenden und schreibenden Zugriff auf Daten (CRUD-Operationen). Das Protokoll wurde unter dem *Open Specification Promise* von Microsoft veröffentlicht und hat das Ziel, eine einheitliche Semantik für den Datenaustausch zwischen Anwendungskomponenten zur Verfügung zu stellen.

Datenspeicherung

Sollen vorhandene Daten mit den unterschiedlichen Services der SAP BTP weiter ausgewertet, aufbereitet oder mit anderen Daten, z. B. aus dem Internet oder anderen Cloud-Anwendungen, kombiniert werden, ist eine Speicherung der Daten in der Plattform erforderlich. Auch hier hängt es vom jeweiligen Anwendungsfall ab, welche der möglichen Datenbankservices oder analytischen Fähigkeiten Sie nutzen. Kapitel 8, »Daten in der SAP Business Technology Platform verarbeiten«, gibt eine Übersicht der unterschiedlichen Datenbankservices und erläutert ihre Einsatzbereiche. Auch die analytischen Services wie SAP Analytics Cloud und SAP Data Warehouse Cloud beinhalten Möglichkeiten zur Integration und Speicherung von Daten.

7.2 SAP Connectivity Service und Cloud Connector

Der *SAP Connectivity Service* und der damit bereitgestellte *Cloud Connector* sind wichtige Mittel zur Umsetzung hybrider Architekturen. Gemeinsam stellen sie eine sichere und zuverlässige Konnektivität zwischen Ihren Cloud-Anwendungen auf der SAP BTP und den On-Premise-Anwendungen im eigenen Rechenzentrum bzw. auf der IaaS von Cloud Providern her. Während der SAP Connectivity Service als Service auf der SAP BTP bereitgestellt wird, installieren Sie den Cloud Connector im unternehmenseigenen Rechenzentrum oder in der genutzten IaaS-Landschaft.

Nutzen

Den Cloud Connector nutzen Sie für eine Punkt-zu-Punkt-Verbindung von Side-by-Side-Prozesserweiterungen auf der SAP BTP mit On-Premise-Anwendungen. Damit ist es möglich, aus der Erweiterung oder Cloud-Anwendung erforderliche Funktionen der IT-Anwendungen in der eigenen Infrastruktur (On-Premise oder IaaS) über z. B. Business Application Programming Interfaces (BAPIs), Remote Function Calls (RFCs) und OData-Services aufzurufen. Wenn weitere Anforderungen, wie n:n-Verbindungen zwischen Anwendungen, oder vordefinierte Szenarien zum Austausch transaktionaler Daten zwischen Prozessen umgesetzt werden, nutzen Sie die Funktionen des Service SAP Cloud Integration (siehe Abschnitt 7.3, »Prozessintegration mit SAP Cloud Integration«). Zusätzlich zur Konnektivität von Cloud- und

On-Premise-Anwendungen bietet der Cloud Connector ein Audit-Logging zur Protokollierung der Systemzugriffe, Zugriffskontrollmechanismen und eine Weiterleitung von Benutzerinformationen für eine automatische Authentifizierung in den On-Premise-Anwendungen (*Principal Propagation*).

[+]

Installation des Cloud Connectors

Es wird empfohlen, eine Installation des Cloud Connectors für die Entwicklung und eine Installation für den produktiven Betrieb vorzunehmen, wobei der produktive Cloud Connector redundant ausgelegt wird. Somit haben Sie mindestens drei Cloud-Connector-Installationen in Ihrer On-Premise-Landschaft.

Reverse Proxy

Aus Netzwerksicht agiert der Cloud Connector als *Reverse Proxy* zwischen Ihrem On-Premise-Netzwerk und der SAP BTP. Aus diesem Grund sind auch keine Änderungen in der bestehenden Firewall-Konfiguration Ihres On-Premise-Netzwerks, z. B. durch die Öffnung bestimmter Inbound-Ports, notwendig, um eine Verbindung zwischen On-Premise-Anwendungen und der SAP BTP herzustellen. Auch wird die Verbindung zwischen der Plattform und Ihren On-Premise-Systemen immer vom On-Premise-Netzwerk gestartet und dann bidirektional genutzt. Ein Verbindungsaufbau erfolgt nicht aktiv aus der SAP BTP.

Abbildung 7.1 zeigt, wie der Cloud Connector und der SAP Connectivity Service eine Verbindung zwischen den vorhandenen On-Premise-Systemen und den Services der SAP BTP ermöglicht.

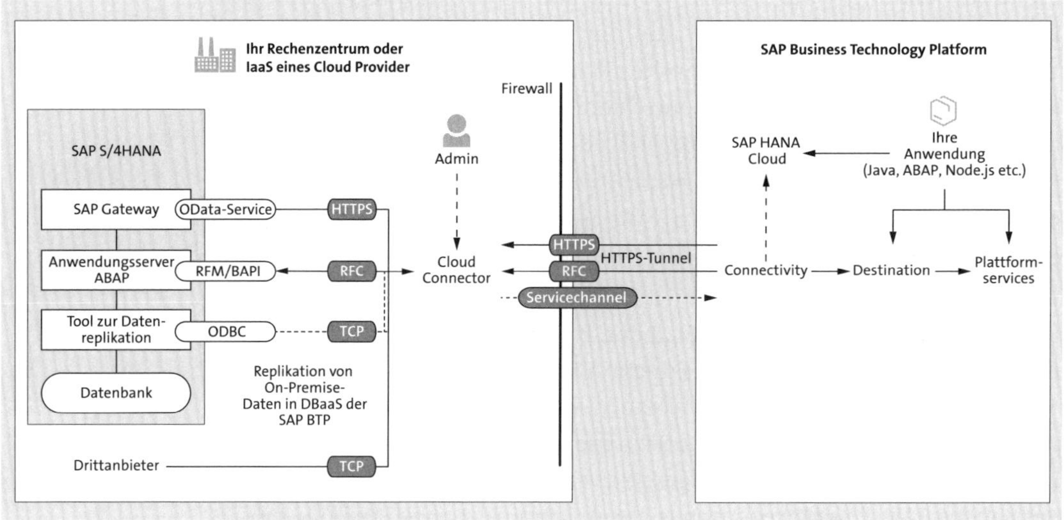

Abbildung 7.1 Hybride Architektur mit dem Cloud Connector

Betrieb des Cloud Connectors

Eine Cloud-Connector-Installation lässt sich mit mehreren Subaccounts der SAP BTP verbinden, wobei jede Verbindung eine separate Authentifizierung erfordert und eine eigene Konfiguration besitzt. Auch eine beliebige Anzahl von SAP- und Nicht-SAP-On-Premise-Systemen können mit einem einzelnen Cloud Connector angebunden werden. Dabei müssen keine Änderungen an den On-Premise-Systemen vorgenommen werden. Nur wenn Sie auf Basis von Zertifikaten eine sogenannte Vertrauensbeziehung (*Trusted Relationship*) zwischen dem Cloud Connector und dem On-Premise-System, z. B. für die Umsetzung der Principal Propagation definieren, muss eine Konfiguration am On-Premise-System erfolgen.

Der Cloud Connector kann auch hochverfügbar betrieben werden. Zu diesem Zweck installieren Sie einen zweiten Cloud Connector, der als Schatteninstanz (*Shadow*) bezeichnet wird. Fällt der primäre Cloud Connector aus, übernimmt der sekundäre Cloud Connector die Arbeit.

Unterstützte Protokolle

Zur Kommunikation zwischen Cloud-Anwendungen auf der SAP BTP und On-Premise-Anwendungen unterstützt der Cloud Connector alle TCP-basierten Protokolle (Transmission Control Protocol). Voraussetzung ist, dass der Client einen SOCKS5-Proxy für den Verbindungsaufbau unterstützt. Beispiele für unterstützte Protokolle sind das HTTP- und das RFC-Protokoll, die zusätzlich weitere Zugriffskontrollmechanismen für On-Premise-Systeme unterstützen. Das RFC-Protokoll nutzen Sie z. B., um ABAP-Funktionsbausteine aufzurufen, die einen Geschäftsprozess in SAP S/4HANA implementieren.

Um von On-Premise-Werkzeugen aus mit Datenbanken in der SAP BTP zu kommunizieren, unterstützt der Cloud Connector zudem die Protokolle JDBC (Java Database Connectivity) und ODBC (Open Database Connectivity). Diese Art der Kommunikation wird auch als Datenbanktunnel (engl. *Database Tunnel*) bezeichnet. So nutzen Sie beispielsweise den SAP Landscape Transformation Replication Server zur Replikation von On-Premise-Daten in eine SAP-HANA-Instanz in der Cloud oder greifen mit lokal installierten Business-Intelligence-Werkzeugen auf Daten in der SAP BTP zu. Dadurch ist es möglich, Cloud-Datenbanken so zu nutzen, als würden sie in der IT-Infrastruktur des Unternehmens betrieben.

Administratorenauthentifizierung

Zur Authentifizierung von Administratorinnen und Administratoren verwendet der Cloud Connector nach der Installation standardmäßig eine dateibasierte Benutzerverwaltung. Nutzen Sie in Ihrer Systemlandschaft einen LDAP-Server (Lightweight Directory Access Protocol), können Sie den Cloud Connector so konfigurieren, dass die vorhandenen Identitäten des LDAP-Servers für die Authentifizierung der Cloud-Connector-Administration verwendet werden.

Sicherheit Auch Anforderungen, die mit dem Thema Sicherheit zusammenhängen, werden vom Cloud Connector verwirklicht. Durch eine Freigabe der On-Premise-Komponenten, die aus der Cloud aufrufbar sind, agiert der Cloud Connector wie eine *Application Firewall*. Für eine sichere Kommunikation zwischen dem Cloud Connector und Ihren On-Premise-Systemen werden ausschließlich verschlüsselte Protokolle wie HTTPS und RFC über Secure Network Communications (SNC) verwendet. Dafür ist es notwendig, Zertifikate zwischen dem Cloud Connector und Ihren On-Premise-Systemen auszutauschen, um eine Vertrauensbeziehung zwischen den Systemen herzustellen.

Wenn Sie HTTPS als Protokoll verwenden, definieren Sie eine Trusted Relationship, indem Sie das Zertifikat des On-Premise-Systems im Cloud Connector konfigurieren. Das Zertifikat des On-Premise-Systems ist ein X.509-Zertifikat, das die Identität der Cloud-Connector-Instanz darstellt, und wird als Client-Zertifikat in der HTTPS-Kommunikation zwischen dem Cloud Connector und Ihrem On-Premise-System verwendet. Um sicherzustellen, dass nur Anrufe von vertrauenswürdigen Cloud-Connector-Instanzen akzeptiert werden, konfigurieren Sie Ihr On-Premise-System so, dass es das Systemzertifikat des Cloud Connectors validiert.

Monitoring Mit *Monitoring APIs* können über den Cloud Connector z. B. Verbindungsdaten und Informationen zur Verfügbarkeit abgerufen werden, die Sie im *SAP Solution Manager* für eine ganzheitliche Überwachung hybrider Architekturen einbinden. So überprüfen Sie mithilfe der Health Check API, ob der Cloud Connector betriebsbereit ist. Auch eine Liste aller aktiven Verbindungen zu On-Premise-Systemen wird dargestellt, in der auch langlaufende Prozesse (*Top Time Consumer*) ausgegeben und Performance-Daten zur Kommunikation zwischen Side-by-Side-Erweiterungen und On-Premise-Anwendungen angezeigt werden. Alternativ zur Anbindung an den SAP Solution Manager können Sie sich E-Mails mit Zustandsinformationen des Cloud Connectors automatisch zusenden lassen.

Auditing Systemzugriffe von Cloud-Anwendungen auf On-Premise-Systeme werden vom Cloud Connector in einem sicheren Audit-Log protokolliert. Der Cloud Connector schreibt einen Log-Eintrag (z. B. »Zugriff verweigert«) für jede blockierte Anfrage. Auch werden Änderungen von kritischen Konfigurationsparametern durch den Administrator oder die Administratorin, wie z. B. eine Konfiguration der einbindbaren On-Premise-Systeme und der zulässigen Ressourcen, protokolliert.

On-Premise-Zugriff konfigurieren Nach der Installation des Cloud Connectors in Ihrem On-Premise-Netzwerk sind zunächst noch keine On-Premise-Anwendungen oder Ressourcen des Unternehmensnetzwerks in der SAP BTP sichtbar. Als Teil des Sicherheitskonzepts müssen Sie jedes System und jede Ressource explizit konfigurieren, die von Prozesserweiterungen und Anwendungen des assoziierten SAP-BTP-Accounts verwendet werden dürfen. Somit ist es möglich, jedes On-Premise-System, das über eines der unterstützten Protokolle ansprechbar ist, in Anwendungen und Erweiterungen der SAP BTP zu integrieren.

Eine Möglichkeit zum Zugriff auf eine ABAP-basierte Standardanwendung in Ihrer On-Premise-Landschaft aus einer Erweiterung besteht beispielsweise über SAP Gateway, da damit ABAP-Logik über HTTP und offene Standards konsumiert wird. Es wird empfohlen, nur Zugriff auf die On-Premise-Systeme und ihre Ressourcen zu gewähren, die von Ihren Cloud-Anwendungen auch explizit benötigt werden. Anstatt z. B. ein On-Premise-System so zu konfigurieren, dass ein Zugriff auf alle Ressourcen möglich ist, gewähren Sie nur Zugriff auf konkrete Ressourcen, die Ihre Cloud-Anwendung benötigen.

Virtueller Host und Port

Wenn Sie im Cloud Connector den Zugriff auf ein On-Premise-System konfigurieren, können Sie einen virtuellen Host und Port für das On-Premise-System definieren. Der Name und der Port des virtuellen Hosts geben den voll qualifizierten Domänennamen des zugehörigen Systems in der Cloud an. Es wird empfohlen, den Namen/das Port-Mapping des virtuellen Hosts zu verwenden. Damit wird verhindert, dass Informationen über den Namen der physischen Maschine und den Port eines lokalen Systems außerhalb des Unternehmensnetzwerkes sichtbar sind.

SAP Connectivity Service

Der *SAP Connectivity Service* ist der zum Cloud Connector gehörige Service auf der SAP BTP. Dieser beinhaltet mit dem *SAP Destination Service* die Möglichkeit, Verbindungsdaten zu anderen Anwendungen (Cloud- oder On-Premise-Anwendungen) zentral in der SAP BTP über *Destinations* zu konfigurieren. Mit einer Destination beschreiben Sie die Verbindungsdetails zu einem On-Premise-System, wie z. B. die URL und den Authentifizierungsmechanismus. Je nach Protokoll werden unterschiedliche Destination Types wie z. B. HTTP, RFC oder MAIL unterschieden. Eine HTTP-Destination verwenden Sie sowohl für den Zugriff auf On-Premise- als auch auf Cloud-Systeme, und sie basiert entsprechend auf dem Protokoll HTTP. Über eine RFC-Destination konfigurieren Sie den Zugriff auf ein On-Premise-ABAP-System über das RFC-Protokoll. Die so definierte Destination kann optional zusammen mit dem SAP Connectivity Service für den Zugriff auf andere IT-Anwendungen genutzt werden.

Destination

Als zentrale Konfiguration der SAP BTP können Sie eine Destination aus unterschiedlichen Cloud-Anwendungen und Erweiterungen nutzen. Sind Änderungen an der Kommunikation mit dem referenzierten On-Premise-System erforderlich, führen Sie die Änderungen einmalig an der Destination durch, und alle Anwendungen nutzen direkt die aktualisierte Konfiguration. Für die Verwendung in unterschiedlichen Subaccounts können Sie Destinations auch exportieren bzw. importieren.

7.3 Prozessintegration mit SAP Cloud Integration

Als Teil der SAP Integration Suite ermöglicht der Service *SAP Cloud Integration* eine infrastruktur- und anwendungsübergreifende Prozessintegration, indem Daten z. B. zwischen Cloud-Anwendungen und On-Premise-Anwendungen ausgetauscht werden.

Austausch von Nachrichten

Der Service unterstützt die Anbindung von SAP-Standardlösungen, Anwendungen anderer Hersteller und Social-Media-Kanälen (z. B. Twitter und Facebook) und bietet dafür einen performanten, verlässlichen und sicheren Austausch von Nachrichten zwischen den verschiedenen Anwendungen. Für die Integration von Geschäftspartnern in die Unternehmensprozesse steht eine EDI-basierte (Electronic Data Interchange) oder eine API-basierte Kommunikation zur Verfügung. Auch die Zusammenarbeit mit Behörden wird unterstützt, um beispielsweise gesetzliche Anforderungen hinsichtlich Meldungspflichten zu erfüllen. Für die Umsetzung fachlicher Anforderungen zur Integration unterschiedlicher Prozesse besteht darüber hinaus auch die Möglichkeit, SAP Cloud Integration mit anderen Plattformservices, wie z. B. den SAP Mobile Services, zu kombinieren, oder ihn in eigenen, auf der Plattform umgesetzten Prozesserweiterungen und Cloud-Anwendungen zu verwenden (siehe Abbildung 7.2).

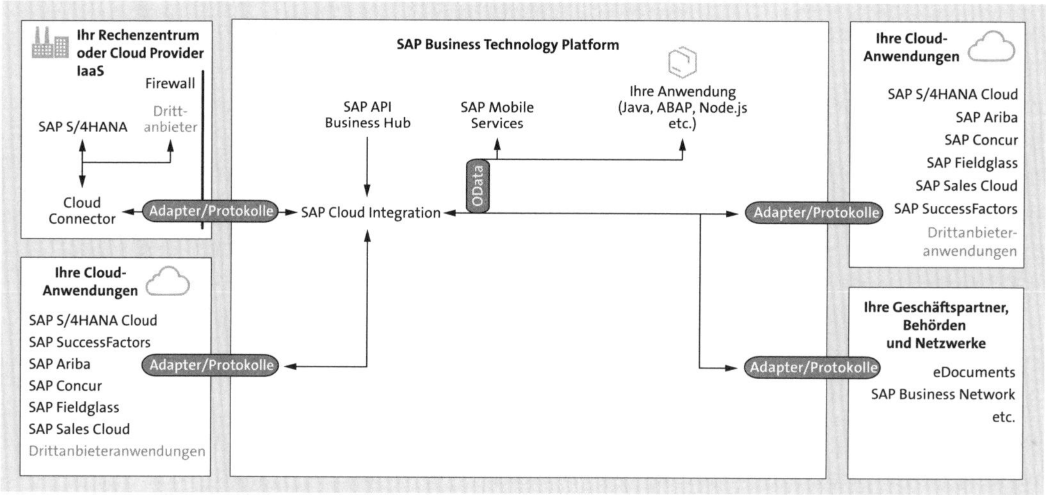

Abbildung 7.2 Prozessintegration zwischen verschiedenen IT-Lösungen mit SAP Cloud Integration

Integration Flow

Ein zentrales Artefakt des Integration Service ist der *Integration Flow* (iFlow), der definiert, wie Daten bzw. Nachrichten von ein oder mehreren Quellsystemen (IT-Anwendungen) verarbeitet werden, bevor die Übergabe an ein oder mehrere Zielsysteme (IT-Anwendungen) erfolgt. Abbildung 7.3 zeigt eine allgemeine Darstellung eines iFlows, der über *Adapter* und entsprechende Protokolle (z. B. HTTPS) auf Daten eines Quellsystems zugreift, diese in ein oder mehreren Integration-Flow-Schritten verarbeitet und die angepassten Daten wiederum über Adapter an das Zielsystem übergibt.

Ein iFlow besteht aus einzelnen *Operatoren*, die beispielsweise das Mapping von Werten oder die Transformation der Daten von einem Quellformat, wie z. B. dem IDoc-Format (*Intermediate Document*), in ein Zielformat, wie etwa die JavaScript Object Notation (JSON), überführen. iFlows werden mit einem webbasierten Editor erstellt, der auch eine unternehmensspezifische Anpassung von in Integrationspaketen vordefinierten iFlows erlaubt.

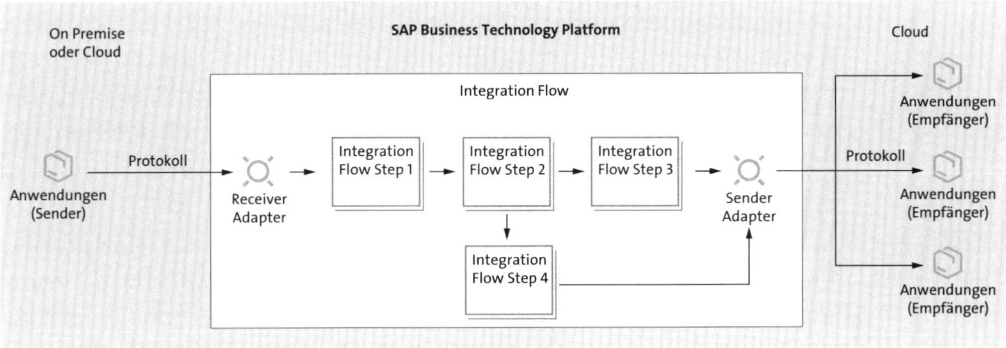

Abbildung 7.3 Integration Flow als zentrales Artefakt

[«]

SAP Process Orchestration

Die On-Premise-Software *SAP Process Orchestration* kombiniert die Funktionen von *SAP Business Process Management*, *SAP Process Integration* und *SAP Business Rules Management* in einer integrierten Lösung. Sie bietet Werkzeuge, mit denen Sie Geschäftsprozesse automatisieren und optimieren können – von Workflows bis hin zu integrierten Prozessen, die unterschiedliche Anwendungen und Regionen abdecken und Unternehmensgrenzen überschreiten. SAP Process Orchestration nutzen Sie für On-Premise-zu-On-Premise-Integrationsszenarien (z. B. A2A) und für On-Premise-zu-Cloud-Integrationsszenarien (z. B. EDI oder B2B). Damit ergänzt SAP Process Orchestration die SAP Integration Suite insbesondere im On-Premise-Bereich. Da SAP Process Orchestration ein On-Premise-Produkt ist, sind Sie – anders als bei SAP Cloud Integration – selbst für die Installation und den Betrieb verantwortlich.

Integrationspakete

Die Integration von SAP-Anwendungen, Geschäftspartnern und Organisationen realisieren Sie über vordefinierte iFlows und Adapter, die als Integrationspakete über den SAP API Business Hub bereitgestellt werden. Die Integrationspakete adressieren Standardszenarien wie die Integration von SAP-S/4HANA-Prozessdaten mit fachabteilungsspezifischen SAP-Cloud-Lösungen (z. B. SAP SuccessFactors, SAP Concur und SAP Ariba). So können Sie beispielsweise mit einem vorgefertigten iFlow Mitarbeiterstamm- und Organisationsdaten aus SAP S/4HANA mit SAP SuccessFactors Employee Central austauschen.

Adapter und Protokolle

Für den Nachrichtenaustausch enthält SAP Cloud Integration eine Reihe vordefinierter Adapter, mit denen über die verfügbaren Protokolle auf Geschäftsanwendungen zugegriffen wird. Für SAP-Standardlösungen wie z. B. SAP Ariba oder SAP SuccessFactors, aber auch für andere Quellsysteme wie Qualtrics, Salesforce, Workdays, Facebook oder Twitter stehen Standardadapter für die Integration zur Verfügung. Für den Austausch der Nachrichten werden unterschiedliche Protokolle, wie z. B. IDoc, HTTP(S), JMS, Kafka, AMQP, (S)FTP, AS2, ELSTER, OData und RFC unterstützt. Abbildung 7.2 zeigt die für eine Prozessintegration bereitgestellten Adapter und Protokolle des Service. Zusätzlich zu den Standardadaptern können Sie mit dem bereitgestellten *Adapter Development Kit* (ADK) eigene Adapter für Quell- und Zielsysteme programmieren.

Entwicklung eigener Integrationspakete

Mit dem Integration Service können Sie außerdem eigene iFlows für die Prozesse Ihrer Anwendungslandschaft erstellen. In der *SAP Cloud Integration Web UI* erfolgt die Modellierung der iFlows, die Sender und Empfänger der Nachrichten für Ihr Szenario beschreiben und die Verarbeitung der Nachrichten zur Laufzeit definieren. Der Zugriff auf die Quellsysteme und Zielsysteme innerhalb des iFlows erfolgt wiederum über die mit dem Service bereitgestellten oder über eigenentwickelte Adapter. Die so definierten iFlows können sowohl auf der SAP BTP als auch über SAP Process Orchestration (ab Release SAP Process Orchestration 7.5 SP 0) ausgeführt werden.

7.3.1 Integration-Flow-Operatoren

Zur Verarbeitung und Aufbereitung der Daten von Quellsystemen nutzen Sie Operatoren innerhalb eines iFlows. Die unterschiedlichen Operatoren werden in der skalierbaren Laufzeitumgebung von SAP Cloud Integration ausgeführt.

Funktionen der Operatoren

Die Operatoren lassen sich funktional in die folgenden Bereiche einordnen:

- Transformation von Daten (Nachrichten)
- Aufruf externer IT-Anwendungen und deren Geschäftsprozesse

- Routing von Nachrichten zu unterschiedlichen Empfängern (IT-Anwendungen)
- (temporäres) Speichern von Daten für die Dauer der Ausführung eines iFlows
- Datensicherheit

Transformation von Daten

So können Sie beispielsweise die Datenstruktur bzw. das Datenformat über einen *Mapping-Operator* transformieren, der die Datenstruktur des Quellsystems in ein Format überträgt, das vom Zielsystem verarbeitet werden kann. Das Mapping wird in einem grafischen Editor definiert, der XSD- (XSL-Schemadefinition) und EDMX-Strukturen unterstützt. Komplexere Transformationen programmieren Sie mit einem *Script-Operator,* der z. B. JavaScript unterstützt. Für Standardtransformationen der Datenstruktur kommt der *Converter-Operator* zum Einsatz, um z. B. XML in JSON, CSV in XML oder XML in EDI zu konvertieren. Den Inhalt von Daten, die von einem Quellsystem zu einem Zielsystem transportiert werden, verändern Sie mit dem *Content-Modifier-Operator.* Mit dem *Decoder-* und *Encoder-Operator* dekodieren und enkodieren Sie beispielsweise Datenformate, die nach dem Base64-Verfahren kodiert wurden, oder ZIP-Dateien. Mit einem *Filter* extrahieren Sie über einen XPath-Ausdruck relevante Inhalte der Daten.

Aufruf externer Systeme und Prozesse

Neben den Operatoren zur Transformation von Daten ermöglichen weitere Operatoren den Aufruf externer Systeme und Prozesse innerhalb eines iFlows. Mit dem *Request-Reply-Operator* führen Sie über eine vorhandene Schnittstelle einen synchronen Prozessaufruf in einer externen Anwendung aus und erwarten auch eine Antwort von dem externen System. Zusätzlich steht der Operator *Content Enricher* zur Verfügung, mit dem der iFlow auf Ressourcen eines externen Systems zugreift und das Resultat mit der ursprünglichen Nachricht kombiniert.

Routing von Nachrichten

Um eine Nachricht an mehrere Empfänger zu senden, nutzen Sie den *Router-Operator.* Auch können Sie, abhängig vom Nachrichteninhalt, mit dem Operator entscheiden, ob und an welchen Empfänger eine Nachricht weitergeleitet wird (inhaltsbasiertes Routing). Den *Multicast-Operator* verwenden Sie, sobald Sie eine Nachricht an mehr als einen Empfänger senden möchten. Dabei entscheiden Sie, ob der Multicast parallel, d. h. gleichzeitig an alle Empfänger, oder sequenziell nach einer von Ihnen vorgegebenen Reihenfolge erfolgt.

Wenn Sie zusammengesetzte Nachrichten verarbeiten und diese in ihre Einzelelemente zerlegen wollen, um sie dann individuell an Empfänger zu schicken, nutzen Sie den *Splitter-Operator.* Umgekehrt nutzen Sie den *Join-Operator,* um Nachrichten von unterschiedlichen Sendern zu einer Nachricht zu kombinieren und als Ganzes zu einem Empfänger zu schicken.

Speichern von Daten Während der Ausführung eines iFlows können Sie die Nachricht für eine spätere Analyse des Nachrichteninhalts mit dem *Persist-Message-Operator* speichern. Zur Speicherung nutzt der Service wiederum andere Plattformservices, wie den SAP ASE Service. Ebenfalls ist die Speicherung von Daten mithilfe des Java-basierten Service Jakarta Messaging möglich.

Datensicherheit Um Daten auch während ihrer Integration zu schützen, nutzen Sie den *Encryptor-* bzw. *Decryptor-Operator*, mit denen Sie den Inhalt einer Nachricht z. B. mit Pretty Good Privacy (PGP) oder mittels Public-Key Cryptography Standards (PKCS) verschlüsseln bzw. entschlüsseln. Mit dem *Signer-Operator* signieren Sie eine Nachricht, deren Signatur Sie entsprechend mit dem *Verifier-Operator* überprüfen.

Tools Zur Entwicklung eigener iFlows und zur Anpassung vordefinierter Integrationspakete verwenden Sie den webbasierten *Integration Flow Editor* der SAP Cloud Integration Web UI. Für die Überwachung der Prozessintegration wird ein ebenfalls webbasiertes Monitoring verwendet, mit dem Sie z. B. den Nachrichtenaustausch und die Laufzeitumgebung der iFlows überwachen können. Das Adapter Development Kit sowie ein Eclipse-Plug-in zur Administration und zum Monitoring von SAP Cloud Integration stehen ebenfalls zur Verfügung und können über die Seite *http://s-prs.de/v859403* geladen werden.

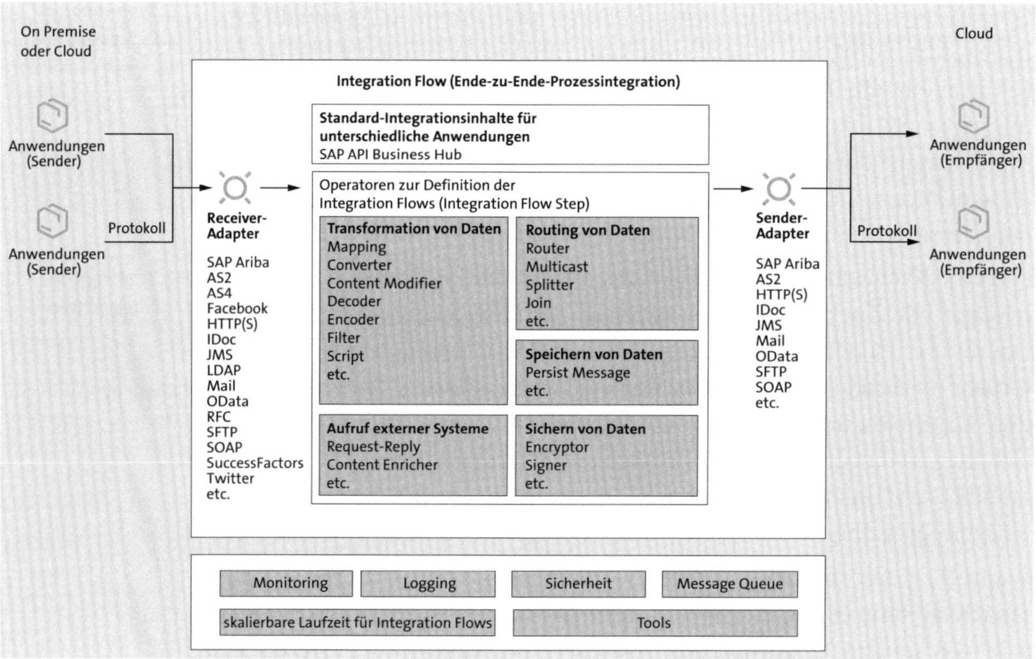

Abbildung 7.4 Standardadapter und Operatoren zur Integration unterschiedlicher Geschäftsprozesse

Abbildung 7.4 zeigt noch einmal im Überblick, wie Nachrichten mit SAP Cloud Integration aus unterschiedlichen Quellsystemen in unterschiedliche Zielsysteme integriert werden können. Neben den vorgefertigten iFlows von SAP und Partnern nutzen Sie die bereitgestellten Standardadapter und Operatoren zur Entwicklung eigener iFlows für unternehmensspezifische Szenarien.

7.3.2 API-basierte Integrationsszenarien

Neben der Integration von Anwendungsprozessen über Protokolle und Adapter sowie einer entsprechenden Verarbeitung von Daten mittels unterschiedlicher Operatoren innerhalb eines iFlows nutzen Sie SAP Cloud Integration ebenfalls zur Entwicklung API-basierter Integrationsszenarien.

API-basierter Nachrichtenaustausch

Im Gegensatz zu einem adapterbasierten Nachrichtenaustausch zwischen Prozessen erfolgt die Bereitstellung der Daten bei einem API-basierten Integrationsszenario über eine API. Dazu werden unterschiedliche Protokolle wie z. B. REST, SOAP und OData unterstützt. Das API-basierte Integrationsszenario übernimmt dabei die Transformation des Quelldatenformats in ein entsprechendes Ausgabeformat, das über eine API angeboten wird. So erstellen Sie beispielsweise auf der Basis bereitgestellter Templates und mithilfe eines grafischen Editors eine OData-Schnittstelle für existierende Datenquellen, die die Quelldaten in einem bestimmten Format ausgibt. Die über SAP Cloud Integration bereitgestellten OData-Schnittstellen können wiederum von SAP-Fiori-Anwendungen, einer von Ihnen entwickelten Prozesserweiterung oder nativen Cloud-Anwendung oder auch von anderen Plattformservices wie den SAP Mobile Services genutzt werden.

7.3.3 SAP Integration Advisor

Speziell für die Gestaltung von B2B-, A2A- und B2G-Integrationsszenarien, die auf einer Vielzahl von Industriestandards für den elektronischen Austausch von Geschäftsdokumenten basieren, wird der *SAP Integration Advisor* als Service der SAP BTP genutzt.

Protokolle definieren

Ziel des SAP Integration Advisor ist es, den Aufwand bei der Definition und Implementierung von standardisierten Schnittstellen für den Austausch von Daten zwischen zwei oder mehreren Geschäftspartnern zu minimieren. Dazu bietet der Service eine cloudbasierte Entwicklungsumgebung zur Erstellung von Integrationsinhalten, basierend auf einer definierten Wissensbasis und ML. Der Service enthält eine Bibliothek (das sogenannte *Type System*) mit Nachrichtenstrukturen und Typen von gängigen Industriestandards zum Nachrichtenaustausch (z. B. ASC X12, UN/EDIFACT, IDoc) sowie eine dazugehörige Dokumentation.

Message Implementation Guideline

Darüber hinaus können Sie *Message Implementation Guidelines* (MIGs) erstellen, über die Sie eine B2B-Schnittstelle in einem konkreten Geschäftskontext formal definieren. Die mit der MIG beschriebene Schnittstelle implementieren Sie wiederum auf Basis des bereitgestellten Type Systems für Austauschformate. Sender- und Empfängersysteme arbeiten oftmals mit unterschiedlichen Schnittstellen, die Sie mit je einer entsprechenden MIG beschreiben können.

Mapping Guideline

Das Mapping der Schnittstelle eines Quellsystems auf die Schnittstelle des Zielsystems definieren Sie mit *Mapping Guidelines* (MAGs). Auf Basis der Schnittstellenbeschreibung (MIG) generieren Sie mit einem entsprechenden Type System und den Mappings (MAG) der Quellstruktur auf die Zielstruktur einen entsprechenden iFlow, den Sie dann mit SAP Cloud Integration ausführen können.

[+]

Weiterführende Literatur zu SAP Cloud Integration

Weitere Informationen und detaillierte Beschreibungen zu SAP Cloud Integration finden Sie in dem Buch »SAP Cloud Integration – Das umfassende Handbuch« von Lars Pülm (SAP PRESS 2021).

7.4 SAP API Management

Bei der Umsetzung von microservicebasierten Prozesserweiterungen und nativen Cloud-Anwendungen auf der SAP BTP sind Schnittstellen für den Aufruf der Microservices ein wesentlicher Aspekt. Auch bei der Integration Ihrer bestehenden Geschäftsprozesse aus SAP S/4HANA oder anderen Unternehmensanwendungen nutzen Sie die APIs.

[»]

Die Bedeutung von APIs

Software und Plattformen, die keine APIs anbieten, werden von Entwicklerinnen und Entwicklern nicht wahrgenommen. Gleiches gilt für Unternehmen in der digitalen Welt: Services bzw. Leistungen des Unternehmens, die intern oder extern von Bedeutung sind, werden über APIs angeboten. Für Unternehmen, die digitale Geschäftsmodelle aufbauen, sind APIs also unumgänglich (API-first-Strategie).

Der Aufbau solcher digitaler Geschäftsmodelle wird durch die SAP BTP unterstützt. Microservices, native Cloud-Anwendungen oder auch vorhandene Prozesse, die in der bestehenden IT-Infrastruktur (z. B. in SAP-Systemen) betrieben werden, lassen sich über die SAP BTP als APIs exponieren und kommerzialisieren (etwa in einem *Pay-per-Use-Modell*).

SAP API Management

Über APIs greifen Sie auf Geschäftsprozesse, Daten oder Services von IT-Anwendungen in Ihrer Unternehmenslandschaft zu. Doch wie und wo veröffentlichen Sie die APIs zentral, damit Entwicklungsteams Ihres Unternehmens, Kunden und Geschäftspartner sie nutzen können? Wie sichern Sie die API-Aufrufe, beispielsweise von einer Side-by-Side-Prozesserweiterung, auf Ihrem SAP-S/4HANA-System gegen unautorisierte oder ungewollte Nutzungsmuster ab? Als Bestandteil der SAP Integration Suite unterstützt hierbei das *SAP API Management* der Plattform.

Nutzen von SAP API Management

Ziel des Service ist die ganzheitliche Unterstützung des Lebenszyklus von APIs, angefangen bei der Definition und der zentralen Veröffentlichung in einem *API Portal* über das Monitoring der API-Aufrufe bis hin zu ihrer Kommerzialisierung. Der SAP-API-Management-Service ergänzt somit die technische Definition von OData-, RESTful- und SOAP-Schnittstellen um eine standardisierte Definition der Schnittstelle nach dem *OpenAPI*-Format. Ebenso übernimmt der Service die Verwaltung, Sicherheitskontrolle und Protokollierung der API-Aufrufe.

[«]

OpenAPI-Spezifikation

Zur Beschreibung und Dokumentation von RESTful APIs nutzt die SAP BTP die OpenAPI-Spezifikation. Ende 2015 wurde die OpenAPI-Initiative unter der Linux Foundation gegründet, um die ursprünglich von Wordnik entwickelte Swagger-Spezifikation (2010) zur Beschreibung und Definition von RESTful APIs weiter zu standardisieren. Die OpenAPI-Spezifikation ist semantisch identisch mit der Swagger-2.0-Spezifikation und zählt heute zu den meistgenutzten Open Source Frameworks zur Erstellung und Beschreibung von RESTful APIs. SAP ist neben weiteren Firmen wie z. B. IBM, Google und Microsoft Mitglied der OpenAPI-Initiative.

API Gateway

Sobald Sie eine Anwendungsschnittstelle mit SAP API Management verwalten, erfolgt der Zugriff auf diese Schnittstelle z. B. aus einer Prozesserweiterung über das *API Gateway* von SAP API Management. Dadurch haben Sie die Möglichkeit, den API-Aufruf zu verwalten, zu protokollieren und zu analysieren.

API-Aufrufe

Zur Nutzung der APIs ist es erforderlich, dass das Entwicklungsteam der Prozesserweiterung die gewünschte API über ein Developer Portal abonniert. Mit dem Abonnement sind eventuell nutzungsabhängige Kosten verbunden. Berechtigt wird der API-Aufruf über die Vergabe eines *API Keys*, den die Entwicklerinnen und Entwickler in ihre Anwendung einbauen. Auch die Verwaltung und Vergabe der API Keys ist Teil des Plattformservice. Primär identifiziert ein API Key eine Anwendung, die die API nutzt, und wird beispielsweise für das eindeutige Monitoring und die Analyse der API-Nutzung verwendet.

API Portal Während die an der Entwicklung einer Anwendung Beteiligten zur Nutzung von APIs auf ein zentrales Self-Service Developer Portal zugreifen, entwickeln, veröffentlichen und verwalten die an der API-Entwicklung Beteiligten die entsprechenden APIs über das *API Portal*. Für eine standardisierte Veröffentlichung von APIs mit dem Open-Data-Protokoll nutzen Sie z. B. den *API Designer* als Werkzeug. Im API Designer importieren Sie entweder vorhandene OpenAPI-basierte API-Definitionen oder importieren eine OData- bzw. RAML-basierte Servicedefinition, um daraus eine entsprechende OpenAPI-basierte Beschreibung der API zu generieren.

Abbildung 7.5 zeigt das Zusammenspiel der einzelnen Komponenten von SAP API Management im Überblick. In den folgenden Abschnitten gehe ich ausführlicher auf die zugrunde liegenden Konzepte ein und zeige Ihnen, wie Sie APIs veröffentlichen und verwenden.

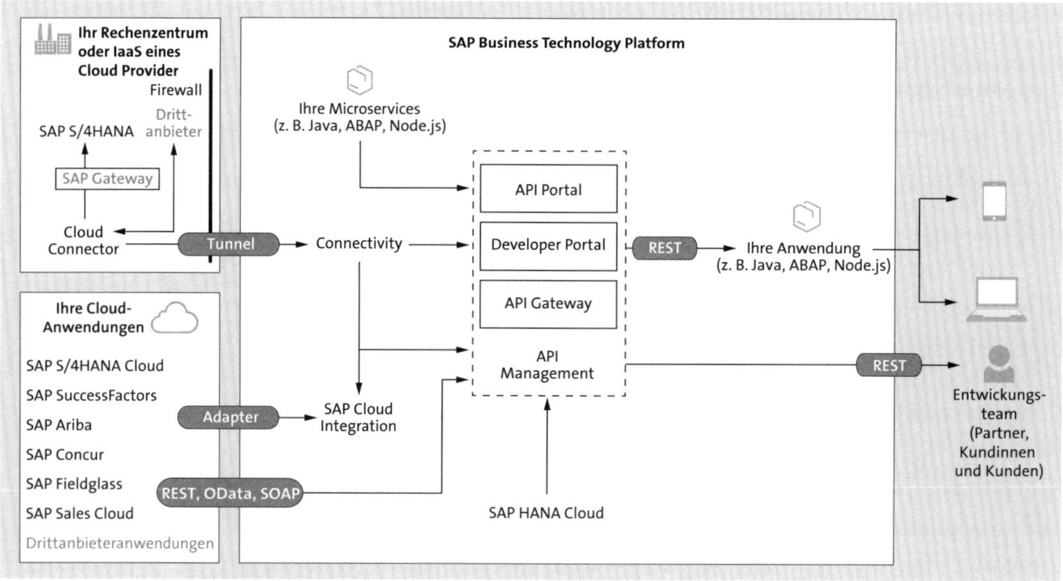

Abbildung 7.5 APIs mit dem Service SAP API Management definieren und veröffentlichen

7.4.1 Grundlegende Konzepte von SAP API Management

SAP API Management ist eine Lösung zur Verwaltung der API-basierten Konnektivität von Clients und Anwendungen. Der SAP-API-Management-Service der SAP BTP wurde für den Zugriff von außen mit spezifischem und unvorhersehbarem Datenverkehr sowie unterschiedlichen Sicherheitsbedrohungen entwickelt. Da Entwicklerinnen und Entwickler, die die APIs verwenden und möglicherweise nicht Teil der IT-Organisation des Unternehmens sind, müssen sie sich auf einen gut dokumentierten und Self-Service-orientierten API-Katalog verlassen können, um effizient zu arbeiten. Wie bereits angeführt, dient SAP API Management ebenfalls als Grundlage zur Monetarisierung von API-Aufrufen.

API Provider

Um den Zugriff auf Daten, Geschäftsprozesse oder Services einer Geschäftsanwendung, wie z. B. SAP S/4HANA oder SAP SuccessFactors, mit SAP API Management zu verwalten, definieren Sie für die Anwendung einen entsprechenden API Provider. Der API Provider abstrahiert dabei die Anwendung, deren API-Zugriffe Sie mit dem API-Management-Service verwalten möchten. Dabei ist sowohl eine API-Provider-Definition für SAP-Lösungen, deren APIs z. B. über SAP Gateway oder direkt über REST-Schnittstellen publiziert werden, möglich, als auch der Zugriff auf Anwendungen anderer Hersteller, der etwa über eine REST- oder SOAP-Schnittstelle erfolgt. Wenn Sie eine SAP-Anwendung, die im Rechenzentrum des Unternehmens betrieben wird, in SAP API Management anbinden, erfolgt die Kommunikation über den Cloud Connector (siehe Abschnitt 7.2, »SAP Connectivity Service und Cloud Connector«). Sobald Sie den Zugriff auf eine IT-Anwendung mittels API Provider definiert haben, können Sie alle Schnittstellen, also die APIs des Systems durchsuchen, die über OData, REST oder SOAP bereitgestellt werden.

Alternativ zum API Provider ist es auch möglich, die URL des SOAP-, OData- oder REST-Service direkt im API-Management-Service anzubinden. Die Nutzung eines API Providers als zentrales Artefakt erhöht allerdings die Wiederverwendbarkeit des Systems innerhalb von SAP API Management und erlaubt eine zentrale Konfiguration des Systems, auf dessen APIs zugegriffen werden soll.

API Proxy

Die OData-, REST- oder SOAP-Schnittstellen des Systems, auf das Sie entweder direkt oder über einen API Provider zugreifen, definieren Sie in SAP API Management über *API Proxies*, die als Fassade für die Schnittstellen bzw. API-Implementierungen der IT-Anwendungen fungieren. Dadurch werden auch interne Entwicklungsdetails der Schnittstelle nicht ungefiltert preisgegeben. Sowohl das gesamte Monitoring der API-Nutzung als auch die auf dem OpenAPI-Standard basierende Dokumentation der Schnittstelle erfolgen über den API Proxy. Dazu definiert der API Proxy einen neuen, öffentlich verfügbaren HTTP-Endpunkt. Durch den Zugriff auf die API über den API Proxy kann SAP API Management zusätzliche Sicherheitsfunktionen, Nutzungsanalysen und eine Überwachung der Serviceaufrufe über Policies sicherstellen.

Policies

Auf Basis eines API Proxys bietet SAP API Management Möglichkeiten, um das Verhalten einer API mithilfe von *Policies* (Unternehmensrichtlinien) zu definieren. Eine Policy ist ein Programm, das beim Aufruf einer API bestimmte Funktionen ausführt, z. B. zum Schutz der API, zur Steuerung des API-Datenverkehrs oder zur Transformation von Nachrichtenformaten. Sie können das Verhalten einer API anpassen, indem Sie über Policies eigene Skripte (z. B. in Python oder JavaScript) hinzufügen.

Die Policies, die Sie direkt nutzen können, lassen sich wie folgt kategorisieren:

- **Traffic Management Policies**
  Sie ermöglichen die Konfiguration von Caches, die Steuerung von Traffic-Quoten und Traffic-Spikes sowie die Festlegung, wie viele Aufrufe der API zeitgleich erlaubt sind.
- **Mediation Policies**
  Sie erlauben die Transformation, das Parsen und Validieren von Nachrichten sowie die Generierung von Fehlern, sofern bei der Validierung Probleme auftreten.
- **Security Policies**
  Sie beinhalten alle sicherheitsrelevanten Kontrollen beim Aufruf einer API, wie z. B. eine Access Control Policy, eine OAuth Policy, eine JSON Threat Detection Policy oder eine Verify API Key Policy.
- **Custom Policies**
  Mit diesen Policies definieren Sie benutzerdefinierte Richtlinien für den Aufruf von APIs, die Sie mittels JavaScript oder Python beschreiben.

Flow

Bei der Konfiguration einer Policy für einen API Proxy fügen Sie die Policy einem bestimmten *Flow* hinzu. Ein Flow bestimmt, wann die Policy im Ablauf des API-Aufrufs angewendet wird. Komplexe Geschäftslogik sollte jedoch entweder in einen Microservice ausgelagert oder in einem iFlow des Service SAP Cloud Integration implementiert werden.

7.4.2 API veröffentlichen

Damit Anwendungen Ihre APIs aufrufen können, publizieren Sie die APIs in Form eines Produkts . Anstatt APIs einzeln zu veröffentlichen, strukturieren und bündeln Sie sie über ein Produkt in funktional oder inhaltlich verwandte Pakete. Dabei kann dieselbe API in mehreren Produkten verwendet werden. Zum Beispiel können Sie alle CRM-bezogenen APIs in einem CRM-Produkt zusammenfassen. Das Produkt veröffentlichen Sie mit einer entsprechenden Beschreibung im API Portal, sodass die APIs von Entwicklerinnen und Entwicklern Ihres Unternehmens oder von Partnern genutzt werden können.

Product

Abbildung 7.6 zeigt den Zusammenhang zwischen APIs und Produkten. Die Geschäftsanwendung bzw. den Microservice, der die Schnittstelle bereitstellt, beschreiben Sie über einen API Provider. Die Schnittstelle selbst wird über einen API Proxy definiert. Dabei können Sie einem API Provider mehrere API Proxies zuweisen. In einem Produkt bündeln Sie mehrere zusammengehörige API Proxies. Der Zugriff auf ein Produkt erfolgt über einen API Key, der für jede Anwendung eindeutig ist. Wollen Sie die Aufrufe Ihrer APIs monetarisieren, beschreiben Sie die von der Anzahl der Aufrufe abhängigen Kosten in einem Preisplan, dem *Rate Plan* (siehe Abschnitt 7.4.3, »APIs verwenden«). Dabei können Sie für ein Produkt unterschiedliche Rate Plans definieren.

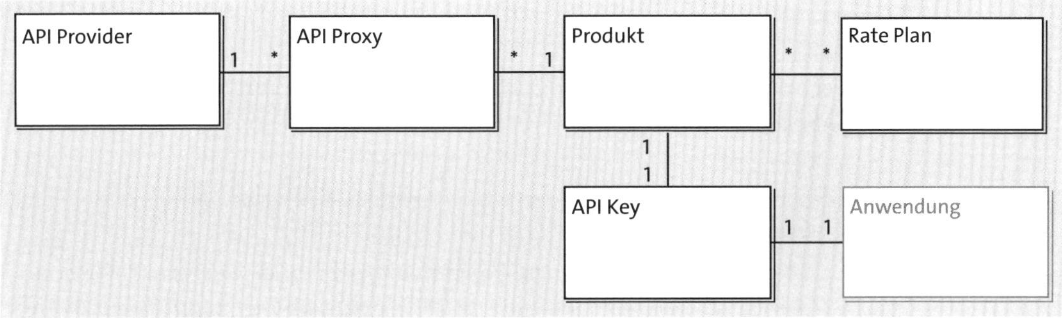

Abbildung 7.6 Beispiel für ein Produkt zur Veröffentlichung von APIs

7.4.3 APIs verwenden

Anwendungsentwicklerinnen und -entwickler greifen über das Developer Portal auf Ihre Produkte bzw. APIs zu. Abbildung 7.7 zeigt ein Beispiel für ein API Portal, in dem die *HERE Location Services* ausgewählt sind. Das API-Produkt zu den Location Services des Partners HERE enthält mehrere APIs sowie Dokumente für weitere Informationen und Beschreibungen.

Developer Portal

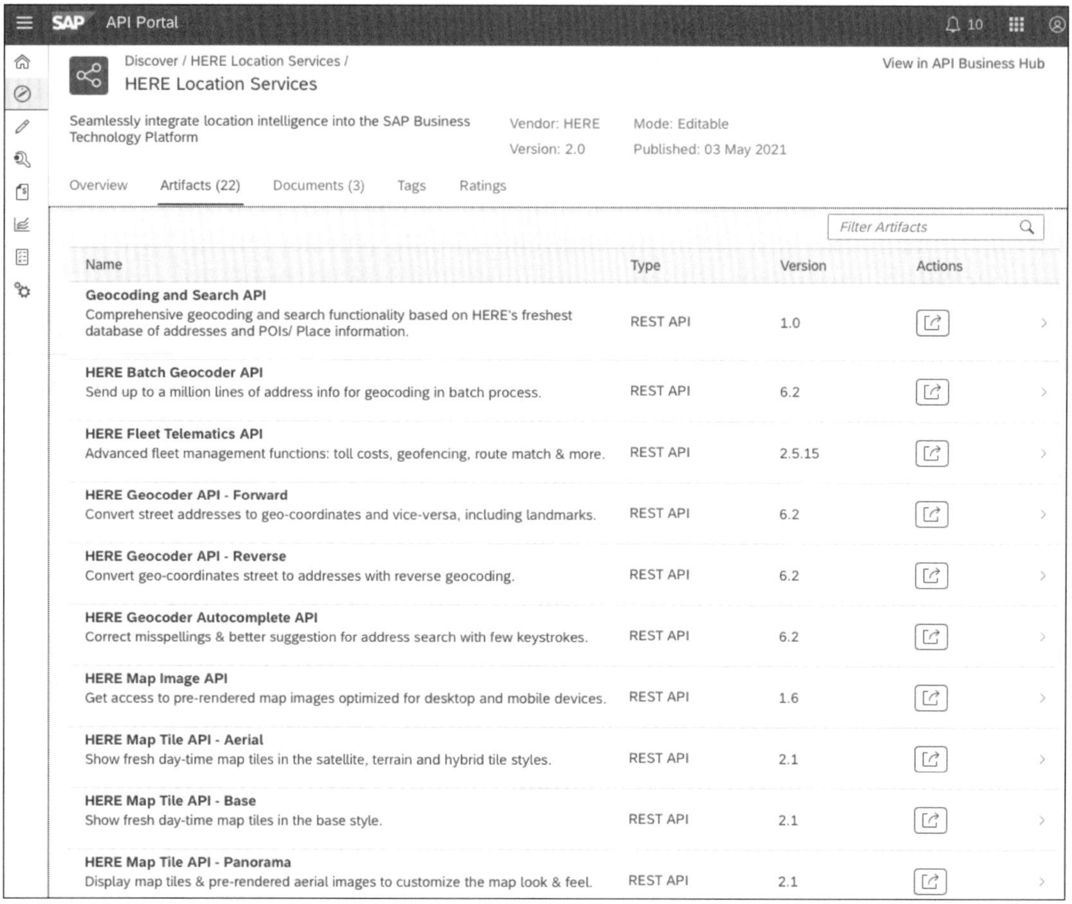

Abbildung 7.7 API Portal

[»]

SAP API Business Hub

SAP API Business Hub (*https://api.sap.com*) ist ein Beispiel für ein API Portal, das als zentraler Katalog zum Testen von APIs für den Zugriff auf SAP-Anwendungen zur Verfügung gestellt wird. Zur testweisen und kostenfreien Nutzung von OData-Schnittstellen ist eine Registrierung erforderlich, nach der Sie entsprechende API Keys herunterladen können, um den API-Aufruf in Ihre Testanwendung einzubauen.

Nutzungsanalyse

SAP API Management bietet umfassende Analysefunktionen, mit denen Sie die Nutzung Ihrer APIs verstehen und eventuelle Probleme erkennen können. Abbildung 7.8 zeigt Beispiele für die Nutzungsanalysen wie den Trend der Antwortzeiten (**API Response Time**), einen zeitlichen Verlauf der API-Aufrufe oder fehlerhafte API-Aufrufe (**Total API Errors**).

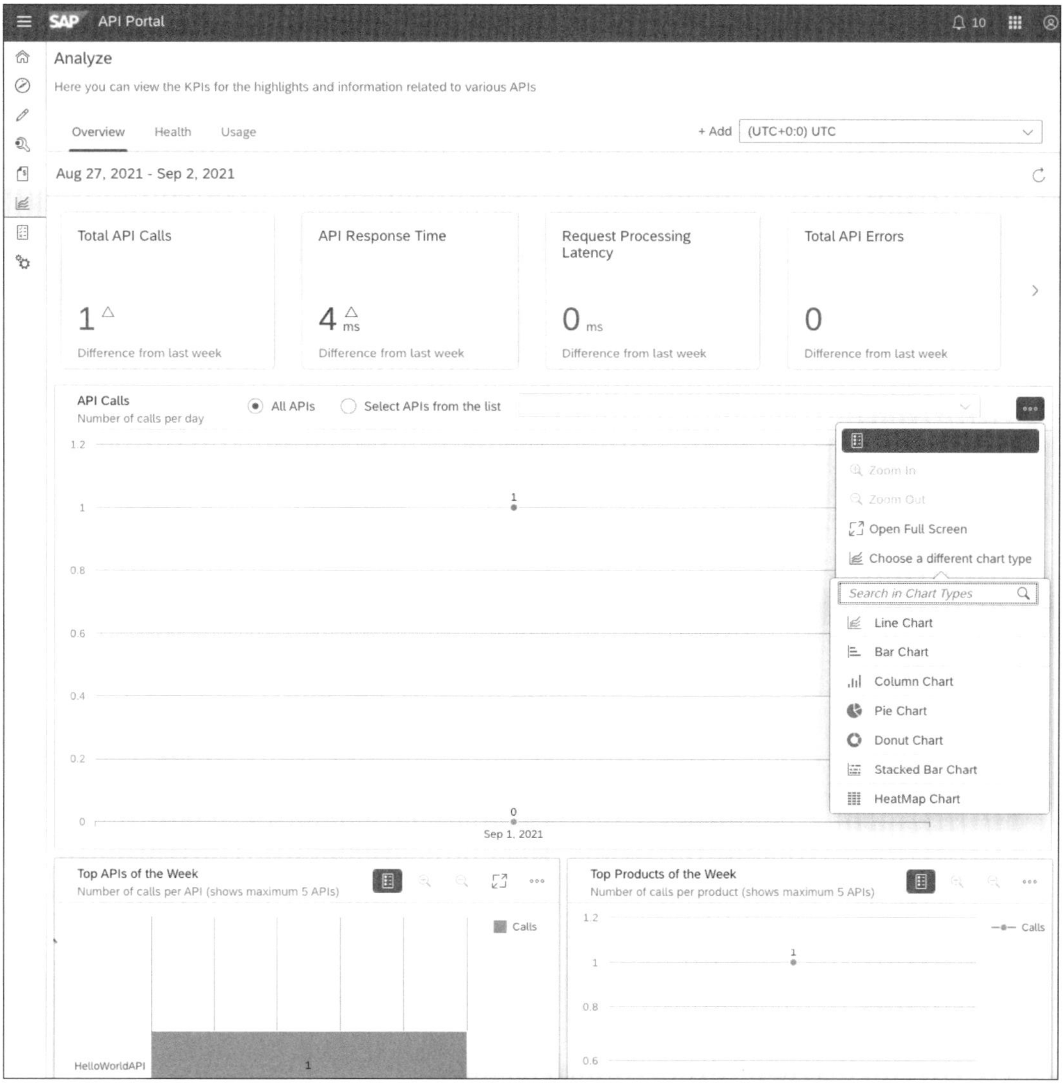

Abbildung 7.8 Analyse der API-Aufrufe und -Nutzung auf Basis unterschiedlicher KPIs

Kommerzialisierung

Für die Kommerzialisierung Ihrer APIs definieren Sie im SAP-API-Management-Service der Plattform entsprechende Rate Plans. Einen Preisplan bzw. Tarifplan erstellen Sie abhängig von der Häufigkeit, mit der die APIs eines Produkts im Monat (Abrechnungszeitraum) von einer Anwendung aufgerufen werden. Abbildung 7.9 zeigt die Definition eines gestaffelten Rate Plans, bei dem die Kosten eines API-Aufrufs mit der Häufigkeit sinken. Denkbar wäre auch ein Preisplan, bei dem z. B. die ersten 512 API-Aufrufe kostenfrei sind und erst ab dem 513. API-Aufruf eine Gebühr fällig wird. Den definierten Preisplan weisen Sie dann einem oder mehreren Produkten zu.

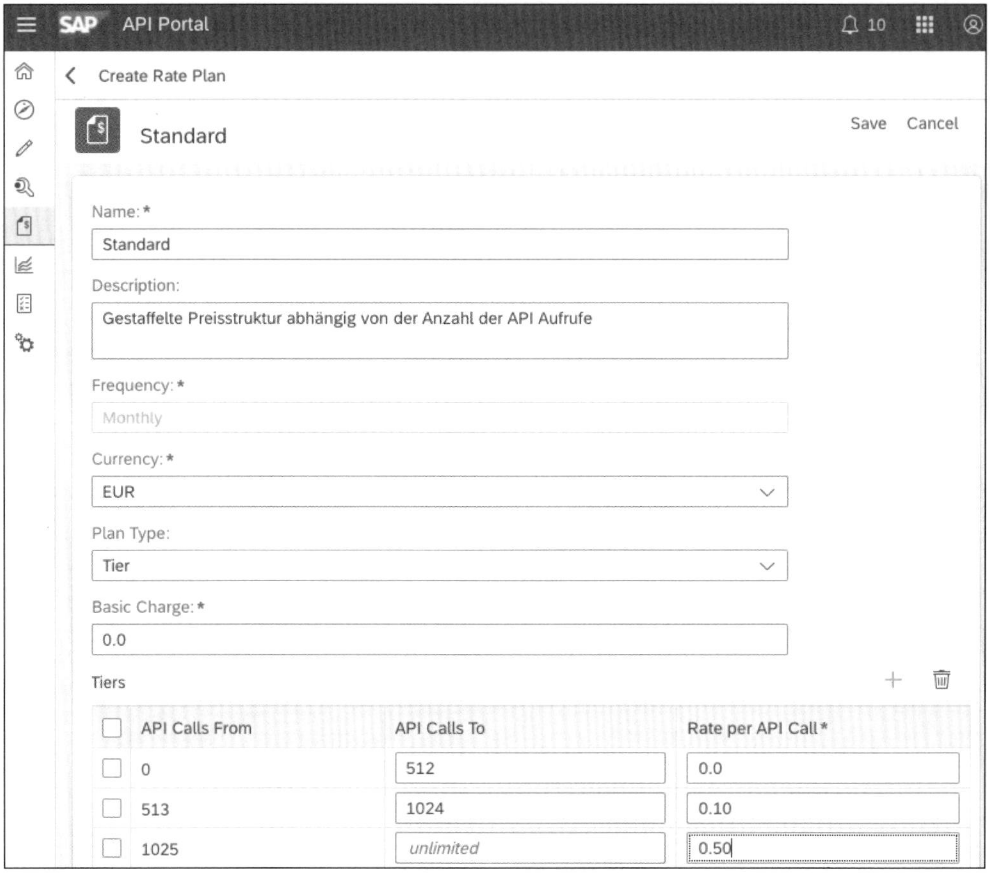

Abbildung 7.9 Definition eines Preisplans (Rate Plan) zur Kommerzialisierung von API-Aufrufen

Zusätzlich sehen Sie in SAP API Management die monatlich aufgelaufenen Kosten pro Entwicklerin oder Entwickler. Diese Informationen dienen wiederum zur Erstellung einer entsprechenden Rechnung.

7.5 SAP Open Connectors

Zur Standardisierung eines API-basierten Zugriffs auf Nicht-SAP-Anwendungen und Services wird der Service *SAP Open Connectors* verwendet. Der Service ist Teil der SAP Integration Suite und ergänzt mit über 170 vordefinierten Konnektoren zu Nicht-SAP-Anwendungen den Service SAP Cloud Integration.

Gerade die Integration von unterschiedlichen Drittanbieteranwendungen kann herausfordernd sein, da jede Anwendung unterschiedliche Verfahren zur Authentifizierung, zum Aufruf der APIs oder auch zur Protokollierung hat. SAP Open Connectors vereinheitlicht den Aufruf aller angebundenen Anwendungen und reduziert damit die Komplexität bei der Entwicklung und Wartung von Anwendungen oder Prozesserweiterungen, die Daten der Nicht-SAP-Lösungen integrieren. Teil des Service ist auch eine kontinuierliche Aktualisierung des einheitlichen API Layers, sollten sich die APIs der angebundenen Lösungen ändern.

Vorteile von SAP Open Connectors

Der einheitliche Zugriff auf die Nicht-SAP-Anwendungen wie z. B. Zendesk, Jira, Microsoft Dynamics CRM oder Sage erfolgt über Konnektoren (engl. *Connectors*). Die verschiedenen Konnektoren werden in einem Katalog mit weiteren Details zur Nutzung bereitgestellt. Abbildung 7.10 zeigt beispielhaft den Eintrag zum Konnektor *DocuSign* in diesem Katalog.

Connectors

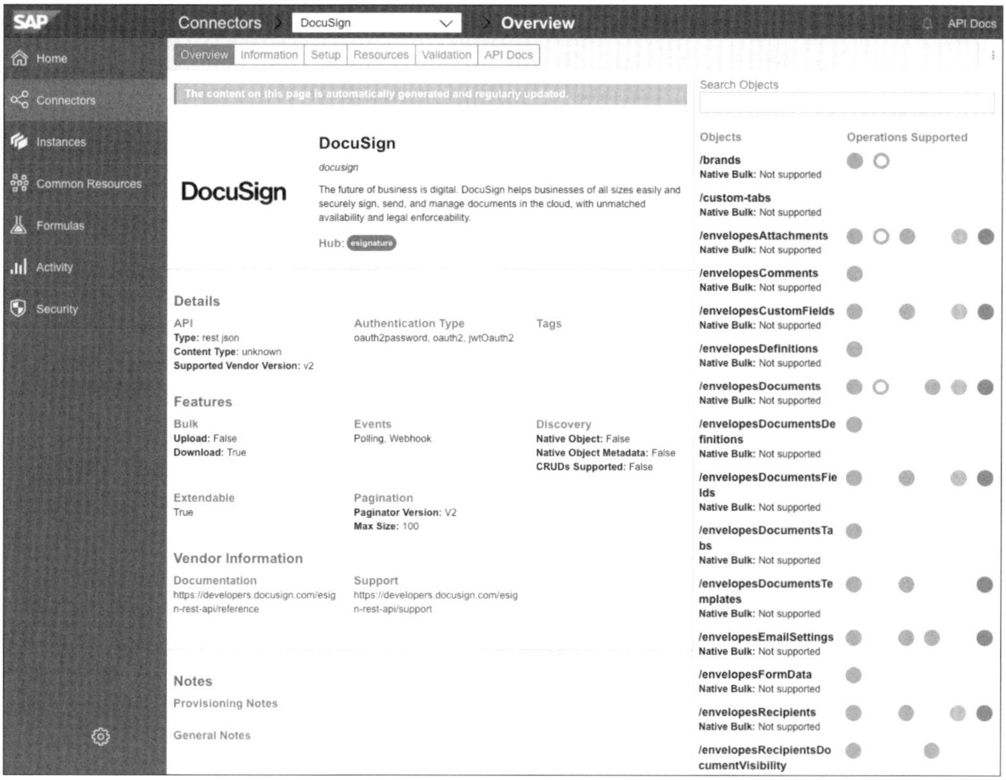

Abbildung 7.10 Übersicht des Connectors DocuSign im Katalog

Ein Konnektor ist eine normalisierte REST-Schnittstelle zu einer Nicht-SAP-Anwendung. Die Normalisierung umfasst eine standardisierte Authentifizierung, Fehlerbehandlung, Paginierung, den Bulk-Upload und -Download sowie einheitliche HTTP-Strukturen, was die Integration der Lösungen vereinfacht. Alle Open Connectors sind sowohl im SAP API Business Hub als auch im Katalog des Service dokumentiert.

Um eine Verbindung zu einer IT-Anwendung (API Provider) zu erstellen, wird der entsprechende Konnektor instanziiert. Tabelle 7.1 listet einige der verfügbaren Konnektoren im Kontext der Kernprozesse eines intelligenten Unternehmens auf.

Order to Cash	Procure to Pay	Hire to Retire
■ DocuSign ■ Salesforce Sales Cloud ■ Microsoft Dynamics ■ Oracle JD Edwards ■ SugarCRM ■ Magento	■ Coupa ■ Sage 200 ■ Tipalti ■ Teampay	■ Workday ■ ServiceNow ■ Oracle Taleo ■ Zendesk ■ Sage Intacct

Tabelle 7.1 Konnektoren für die Kernprozesse eines Unternehmens

API Wrapper

Auch die Entwicklung von *API Wrappern* wird unterstützt, womit mehrere unterschiedliche API-Endpunkte für ein identisches Geschäftsobjekt zusammengefasst werden. Zum Beispiel kann ein API Wrapper für Verträge erstellt werden. Mit Aufruf dieses Wrappers übernimmt der Service dann das Routing, Mapping und Transformieren des Aufrufs auf die unterschiedlichen APIs zu Verträgen in den Systemen von z. B. SalesForce und Zendesk.

Formula

Die Logik zur Verarbeitung der Daten aus einem API-Aufruf wird mit SAP Open Connectors über *Formeln* (engl. Formula) definiert. Eine Formel ist dabei ein Workflow, bestehend aus unterschiedlichen Schritten, die nacheinander ausgeführt werden. Eine Formel kann beispielsweise durch ein bestimmtes Ereignis, wie den Aufruf einer definierten API oder eines Schedules, aktiviert werden.

Für die Definition einzelner Schritte einer Formel werden vordefinierte Typen angeboten, die beispielsweise den HTTP-POST-Aufruf einer AMQP-Nachricht (Advanced Message Queuing Protocol) auf einem IBM-MQ-Server unterstützen, den Aufruf eines HTTP-Endpunkts auslösen oder eigenen JavaScript-Code ausführen. So kann beispielsweise eine Formel definiert werden, die Informationen über neu angelegte Kundenkontakte in der Salesforce Cloud an eine SAP-Lösung weiterleitet. Da Kundendaten in Salesforce anders strukturiert sind als in SAP-Lösungen, transformiert die Formel die Daten. Der Trigger, der die Formel auslöst, ist ein Event in der Salesforce Cloud.

7.6 SAP Event Mesh

Als *Event* wird eine Zustandsänderung, z. B. eines Geschäftsobjekts einer SAP-Standardanwendung, bezeichnet. Dabei beschreibt das Event den Kontext des Ereignisses und kann auch weitere Daten der Zustandsänderung übermitteln. Events werden allgemein über einen *Event Broker* vermittelt.

Arten von Events

Bei Events wird zwischen Benachrichtigungsereignissen (*Notification Events*) und Datenereignissen (*Data Events*) unterschieden. Im Gegensatz zu einem Notification Event übermittelt das Data Event zusätzlich zu der Information der Zustandsänderung noch weitere Daten über das geänderte Geschäftsobjekt. So wird beispielsweise beim Anlegen einer neuen Bestellung in SAP S/4HANA ein Notification Event publiziert. Die sendende SAP-S/4HANA-Anwendung ❶ agiert dabei als Event-Quelle und verschickt das Event über SAP Event Mesh (den Event Broker), um andere SAP-Anwendungen oder eigene Prozesserweiterungen auf der SAP BTP über die Zustandsänderung zu informieren ❷. Im Falle eines Notification Events ruft die Prozesserweiterung eine definierte API von SAP S/4HANA auf, um weitere Details zur neu angelegten Bestellung abzufragen ❸ (siehe Abbildung 7.11).

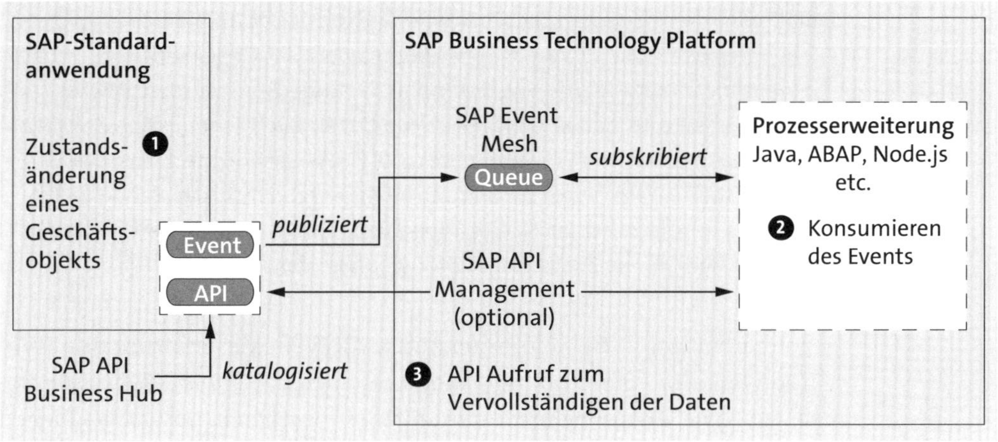

Abbildung 7.11 Ablauf eines Benachrichtigungsereignisses

Ebenso wie die APIs sind auch alle Events, die von SAP-Anwendungen im Standard publiziert werden, im SAP API Business Hub dokumentiert.

Reaktive Prozesslogik

Die Vorteile einer eventbasierten Architektur liegen in der Entkopplung der Kommunikation zwischen Prozessen und Anwendungen sowie der Umsetzung einer reaktiven Prozesslogik, die nahezu in Echtzeit auf Ereignisse in anderen Systemen, Microservices und Geschäftsanwendungen reagiert. Damit erreichen eventbasierte Architekturen eine Prozessintegration und -erweiterung in Echtzeit über unterschiedliche Geschäftsprozesse, IT-Anwendungen und Infrastrukturen. Aufgrund der hohen Parallelität innerhalb einer entkoppelten, eventbasierten Architektur ist allerdings das Monitoring und Debugging schwieriger als bei einer API-basierten Schnittstelle. Auch muss gerade bei Data Events das Thema der Datensicherheit genau berücksichtigt werden.

Funktionen von SAP Event Mesh

Um solche entkoppelten, eventbasierten Architekturen über heterogene Landschaften zu bauen, übernimmt SAP Event Mesh als Event Broker die Kommunikation zwischen zwei oder mehreren IT-Anwendungen bzw. Microservices. Auch die Events von SAP-Standardanwendungen wie z. B. SAP S/4HANA, SAP Sales Cloud und SAP Service Cloud sowie Events von Drittanbietern werden über den Plattformservice in eigene Prozesserweiterungen oder Cloud-Anwendungen eingebunden, um auf aktuelle Geschäftsentwicklungen zu reagieren.

[»]

APIs und Events

Während der Aufruf einer API aus einer Prozesserweiterung synchron erfolgt, verläuft die Nutzung von Events asynchron. Nachdem sich eine Prozesserweiterung einmalig für das Lesen von bestimmten Events registriert hat, wird diese Erweiterung über eine Änderung informiert und entscheidet, wie sie auf die Zustandsänderung reagiert. Im Gegensatz dazu muss eine API von der Prozesserweiterung aktiv aufgerufen werden. Allerdings ermöglichen APIs neben dem Lesen von Daten auch schreibende Zugriffe sowie das Starten von Prozessen über z. B. Funktionsaufrufe. Daher werden Events und APIs oftmals gemeinsam eingesetzt. Nach der Benachrichtigung einer Änderung via Notification Event wird eine parametrisierte API als Reaktion auf die Zustandsänderung aufgerufen.

Zur Verarbeitung von Events unterstützt SAP Event Mesh sowohl eine asynchrone *Point-to-Point-Kommunikation* als auch das *Publish-Subscribe-Modell*, um eine entkoppelte Kommunikation zwischen unterschiedlichen Prozessen und Anwendungen zu realisieren.

Asynchronous Messaging

Bei der Point-to-Point-Kommunikation schickt eine Anwendung Events an eine mit SAP Event Mesh definierte *Queue*, in der die Events gesammelt und für den Abruf bereitstehen. Genau eine empfangende Anwendung holt die Events dort ab, sodass eine 1:1-Beziehung zwischen Sender und Empfänger besteht. Die Events bleiben dabei so lange in der Queue erhalten, bis sie abgeholt werden, und werden nach dem Prinzip *First in, First out* (FIFO) abgearbeitet.

Queue Subscription

Mit dem Publish-Subscribe-Modell sind die Queues thematisch organisiert. Eine Anwendung veröffentlicht Informationen in Form von Events zu einem bestimmten Thema in einer Queue. Beliebig viele andere Anwendungen können das Thema abonnieren, um die entsprechenden Events zu empfangen.

AMQP

SAP Event Mesh arbeitet auf Basis des *Advanced Message Queuing Protocols* (AMQP). Als binäres Netzwerkprotokoll sorgt AMQP unabhängig von Programmiersprachen für eine effiziente Kommunikation zwischen dem Message-Client (z. B. der Prozesserweiterung) und SAP Event Mesh als Message Broker. Das Protokoll wird auch für den Austausch von Nachrichten zwischen unterschiedlichen Message Brokern genutzt und unterstützt damit die Offenheit der Plattform.

Anwendung

Bei der Entwicklung von Prozesserweiterungen oder Cloud-Anwendungen z. B. mit Java oder Node.js auf der SAP BTP nutzen Sie SAP Event Mesh, um aus der Anwendung eine bestehende Event Queue zu subskribieren oder um bei einer Point-to-Point-Kommunikation Nachrichten von einer Queue zu lesen. Ebenso kann Ihre Anwendung Events auf zuvor definierte Queues schreiben, und so Nachrichten anderen Anwendungen zur Verfügung stellen. Für die Verwaltung von Queue Subscriptions sowie für das Senden und Empfangen von Events bzw. Nachrichten verwenden Sie die bereitgestellten RESTful APIs. Auch kann der Service nach bestimmten Events eines Quellsystems, wie z. B. SAP S/4HANA, suchen. Der Service bietet außerdem Hilfe beim Aufbau einer eventbasierten Kommunikation, indem eigene Queues definiert und überwacht und indem Zugriffe auf die Events kontrolliert werden können.

7.7 SAP und das Internet der Dinge

Der Begriff *Internet of Things* (IoT) wurde erstmalig von dem britischen Technologiepionier Kevin Ashton im Jahre 1999 verwendet und bezeichnet die Kommunikation mit verschiedenen, physischen Gegenständen (*Things*). Um Informationen auch untereinander auszutauschen, kommunizieren die Gegenstände über das Internet der Dinge auch direkt miteinander.

Digitaler Zwilling

Aus technischer Sicht ermöglicht es das IoT, relevante Daten, wie z. B. Zustandsinformationen einer Maschine oder eines Objekts, aus der realen (analogen) Welt zu erfassen und für eine digitale Verarbeitung verfügbar zu machen. Dafür wird ein virtuelles Abbild des physischen Objekts erstellt, das als *digitaler Zwilling* bzw. *Digital Twin* bezeichnet wird. Der digitale Zwilling dokumentiert Änderungen an seinem analogen Zwilling, beispielsweise den Standort, die Abnutzung, die aktuelle Nutzung oder den Energieverbrauch. Damit können Daten von Objekten, die eine Rolle innerhalb der betrieblichen Prozesse spielen, in Echtzeit erfasst werden. Neben der Erfassung dieser Daten zur Überwachung und Verwaltung können Sie das physische Objekt über den digitalen Zwilling auch steuern und mit ihm kommunizieren. Die Fähigkeiten der Geräte lassen sich so erweitern, dass auch eine dezentrale Informationsverarbeitung und Entscheidungsfindung möglich ist (z. B. durch maschinelles Lernen, ML). In diesem Fall kann die Entscheidung, einen Geschäftsprozess zu starten oder zu beenden, direkt von Geräten getroffen und ausgeführt werden.

7.7.1 Anwendungsgebiete für IoT-Lösungen

Das IoT verspricht eine ganze Reihe an Verbesserungen im unternehmerischen Kontext, z. B. die Steigerung der Kundenzufriedenheit, die Qualitätsverbesserung von Produkten, die Kostensenkung oder die Unterstützung neuer, datengetriebener Geschäftsmodelle.

Predictive Maintenance

Auch die Echtzeiterfassung von Daten innerhalb betrieblicher Prozesse, etwa bei der vorausschauenden Wartung (*Predictive Maintenance*) von Maschinen, wird durch das IoT möglich. Durch die Analyse von Sensordaten der Maschinen kann auf der Basis von statistischen Methoden mit gewissen Wahrscheinlichkeiten vorhergesagt werden, wann ein Defekt eintritt und die Maschine gewartet werden muss. Dies reduziert die Ausfallzeit der Maschine, regelt notwendige Wartungszyklen und senkt letztendlich Kosten.

Optimierte Produktion

Ein weiterer Anwendungsfall ist die *selbstoptimierende Produktion*. Um die Qualität des Produkts zu verbessern und die Effizienz in der Produktion, z. B. durch Vermeidung von Abfall, zu steigern, nutzen vernetzte Fabriken und Produktionshallen das IoT, um den gesamten Produktionsprozess zu überwachen und zu optimieren.

Automatische Bestandsverwaltung

Auch bei der *automatischen Bestandsverwaltung* unterstützt das IoT mit verbesserten Einblicken in Lagerbestände und Lieferketten. Zur Optimierung von Lieferketten können intelligente Produkte eingesetzt werden, die sich bei Wareneingang und Warenausgang automatisch identifizieren (z. B. durch Radio-Frequency Identification, kurz RFID). Ohne manuelle Dateneingabe sind so die aktuellen Bestände entlang der Lieferkette einsehbar, was die Grundlage für eine bessere Planung ist (Forecasting und Replenishment).

Flottenmanagement

Zusätzlich zur Überwachung von Lagerbeständen und Sendungen wird das IoT beim *Flottenmanagement* verwendet. Mit aktuellen Informationen zum Standort, zur Nutzung und zum Zustand der gesamten Flotte können Wartungs- und Verwaltungskosten optimiert werden. Ein Beispiel dafür sind Carsharing-Angebote.

Smart Objects

Allgemein wird das Internet der Dinge auch dazu genutzt, Objekte intelligenter zu machen (*Smart Objects*). Während alle bisher genannten Beispiele überwiegend auf eine Prozessoptimierung und Kostensenkung (Bottom-Line Growth) abzielen, lassen sich mithilfe von intelligenten Objekten neue Geschäftsbereiche und Angebote aufbauen. Smarte Gegenstände werden dabei zur Grundlage für eine Wandlung von Produkt zu Service. So werden z. B. Autos mithilfe neuer Sensortypen, drahtloser Konnektivität und Steuereinheiten im Fahrzeug intelligenter und bieten unterschiedliche Stufen des autonomen Fahrens, erweiterte Sicherheitsfunktionen, verbesserte Navigation und verschiedene Komfortmöglichkeiten als zusätzliche Services an.

7.7.2 IoT-Architektur

Doch die gesamte Erfassung und Analyse von Sensordaten, nicht vorhersagbare Lastspitzen sowie die Kommunikation unterschiedlichster Geräte ist technisch komplex und erfordert daher eine robuste Architektur. Abbildung 7.12 zeigt typische Komponenten einer IoT-Architektur.

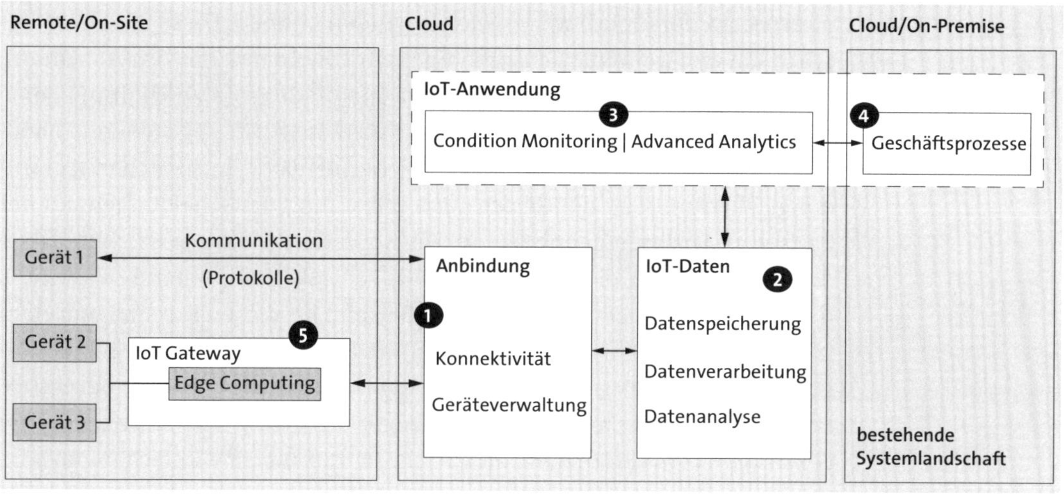

Abbildung 7.12 Komponenten einer IoT-Architektur

Komponenten der IoT-Architektur

Die Verbindung zu den Objekten sowie deren Verwaltung ist der erste Schritt ❶. Dabei spielen Schnittstellen und Protokolle eine große Rolle, da sie oftmals geräteabhängig und daher vielseitig sind. Unterschiedliche Geräte werden jeweils über ihr spezifisches Protokoll angesprochen. Neben der Protokollvielfalt sind auch die Verwaltung und Administration von Geräten – insbesondere bei einer großen Anzahl – eine Herausforderung. Der Kern einer IoT-Lösung setzt sich oftmals aufgrund der guten Skalierbarkeit aus zentralen, cloudbasierten Komponenten zur Speicherung, Verarbeitung und Analyse der Sensordaten zusammen ❷. IoT-Anwendungen werden demnach auch häufig in der Cloud als Software as a Service umgesetzt.

Anwendung des IoT

Auf diese Weise können Anwendungen implementiert werden, die mittels Datenverarbeitung und Analyse eine Zustandskontrolle (*Condition Monitoring*) der angeschlossenen Geräte durchführen und aktuelle Informationen zu der momentanen Nutzung der Geräte in einem Dashboard anzeigen ❸. Ergänzt man die Zustandskontrolle mit erweiterten Datenanalysen (*Advanced Analytics*), wie beispielsweise statistischen Methoden, lassen sich Szenarien zur Predictive Maintenance umsetzen ❸. Mit den Analyseergebnissen lassen sich wiederum Geschäftsprozesse steuern, wie z. B. die Bestellung von Ersatzteilen oder das Anlegen eines Serviceauftrags zur Steigerung der operativen Effizienz ❹.

Edge Computing

Oftmals haben die Endpunkte, d. h. die Sensoren und Geräte, einer IoT-Architektur nicht die technischen Möglichkeiten, um alle erfassten Daten sicher und kontinuierlich an die zentrale Komponente zur Speicherung und weiteren Verarbeitung zu senden, oder die Sensoren produzieren in einem kurzen Zeitintervall so viele Daten, dass diese nicht an eine zentrale Komponente (in der Cloud) weitergeleitet werden können. Diese Situation tritt z. B. dann ein, wenn die Sensoren über ein *Low Energy Protocol* kommunizieren, um Batterieleistung zu sparen, wenn die Sensoren nicht immer eine Verbindung zum Netzwerk haben oder die zur Verfügung stehende Bandbreite zur Übermittlung der Daten nicht ausreicht. In manchen Anwendungsfällen müssen die Geräte auch selbständig Entscheidungen auf der Basis von Analyseergebnissen der Sensordaten treffen. In solchen Fällen dauert es zu lange, die Daten erst an die zentrale Komponente zu schicken und auf Anweisungen zu warten. Ein Beispiel für diesen Fall sind autonom fahrende Autos. Hier wird das sogenannte *Edge Computing* als Architekturkonzept für das IoT genutzt ❺. Beim Edge Computing wird eine dezentrale Datenverarbeitung am Rand (engl. Edge) des Netzwerks ermöglicht, um Sensordaten zu verarbeiten, zu speichern und für eine Entscheidungsfindung zu analysieren. Edge Computing, auch als *Fog Computing* bezeichnet, findet auf einer eigenen Hardware statt, die als *IoT Gateway* bezeichnet wird und physisch nahe bei den Sensoren steht (oder Teil des Sensors ist). Auch bei IoT Gateways – dies sind oft Linux-basierte Systeme – kommen Container-Technologien und eine microservicebasierte Architektur für eine flexible und skalierbare Verarbeitung von Sensordaten zum Einsatz.

7.7.3 SAP Internet of Things

SAP IoT

Die auf der SAP BTP angebotenen IoT-Services werden unter dem Namen *SAP Internet of Things* (SAP IoT) zusammengefasst. Abbildung 7.13 zeigt die technische Umsetzung einer IoT-Architektur auf der SAP BTP. SAP IoT ermöglicht die Kommunikation und Verwaltung von Geräten, die Speicherung und Analyse von Sensordaten und unterstützt die Entwicklung eigener IoT-Anwendungen auf Basis eines digitalen Zwillings. Dazu wird beispielsweise auch eine regelbasierte Verarbeitung von Sensordaten unterstützt, um Events auszulösen (siehe Abschnitt 7.6, »SAP Event Mesh«) oder um Geschäftsprozesse zu starten.

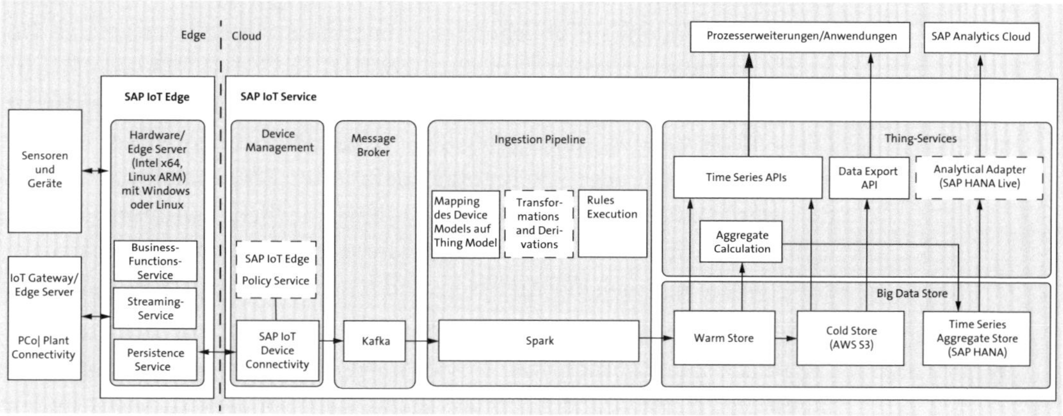

Abbildung 7.13 Technische Umsetzung einer IoT-Architektur durch die Services der SAP BTP

SAP IoT Edge

Edge Computing ist mit den *SAP IoT Edge* der Plattform möglich. Im Gegensatz zur Lösung SAP IoT wird diese Edge-Komponente auf eigener Hardware in der Nähe der Sensoren, z. B. in der Produktionshalle, installiert. Mit SAP IoT Edge werden Geschäftsprozesse lokal gestartet, auch wenn die Sensoren offline und nicht mit dem Cloud-Service SAP IoT verbunden sind. Somit lassen sich mit SAP IoT Edge Sensoren dezentral anbinden und eine lokale Datenverarbeitung am Rand des IoT-Netzwerks realisieren. Sie können SAP IoT Edge auch verwenden, um IoT-Protokolle zu normalisieren, Entscheidungen und Aktionen direkt am Gerät zu treffen und die Sensordaten vorzuverarbeiten. So kann beispielsweise direkt am Gerät entschieden werden, welche Daten relevant sind und an SAP IoT zur Speicherung und Analyse weitergeleitet werden.

Anbindung von Geräten

Für die bidirektionale Kommunikation mit Geräten und Sensoren wird eine Vielzahl von Protokollen unterstützt (z. B. HTTP, MQTT, CoAP, SNMP, ModBus, Sigfox, XMPP, LoRa, NB-IoT und OPC-US). Sollte ein Geräteprotokoll nicht im Standard unterstützt werden, kann ein SDK verwendet werden, um die Anbindung der Sensoren zu entwickeln. Neben einer sicheren Verbindung zu den Sensoren ermöglicht SAP IoT das komplette Lifecycle Management der Geräte, von einer automatischen und zertifikatbasierten Registrierung (*Onboarding* genannt) bis zur Außerbetriebnahme der Geräte (das sogenannte *Decommissioning*). Sie können außerdem Device-Management-Services anderer Cloud-Anbieter integrieren. Die Sensordaten werden in SAP IoT mit einer transparenten, dynamischen Speicherung verwaltet.

Time Series Aggregate Store

Für einen performanten Zugriff auf aggregierte Sensordaten über SQL sind die Zeitreihendaten der Sensoren im *Time Series Aggregate Store* des Service gespeichert, indem sie üblicherweise mehrere Stunden oder wenige Wochen vorgehalten werden. Technisch kommt hier SAP HANA zum Einsatz. Sobald neue Daten eingefügt oder bestehende Daten geändert werden, erfolgt eine Berechnung der Aggregate (z. B. mit den Funktionen `LAST`, `STDDEV`, `MIN`, `MAX`, `AVG`, `COUNT` oder `SUM`) für einen definierten Zeitraum. Je nach Definition, werden die Aggregate dabei über unterschiedliche Zeitintervalle gebildet (z. B. alle zwei Minuten oder einmal die Woche). Über den Hot Storage realisieren Sie die meisten Analysen und Visualisierungen, z. B. mit einem Echtzeit-Dashboard in SAP Analytics Cloud.

Warm Storage

Die Sensordaten werden vom Service nicht direkt von der Spark-basierten Ingestion Pipeline im Hot Storage gespeichert, sondern zunächst in dem Cassandra-basierten *Warm Storage* abgelegt. In diesem Speicherbereich stehen die Daten mehrere Monate lang für historische Analysen zur Verfügung und sind im Gegensatz zum Time Series Aggregate Store nicht aggregiert.

Cold Storage

Für eine Langzeitspeicherung über mehrere Jahre hinweg bewegt der Service die Sensordaten, ebenfalls nicht aggregiert, in einen *Cold Storage*. Hier werden die Daten nur noch selten abgefragt. Technisch kommen für die Implementierung des Cold Storage Partnerservices wie Amazon Simple Storage Service (S3) zum Einsatz.

Aufbewahrungsfrist

Eine Aufbewahrungsfrist (*Retention Period*) legt fest, wie lange die Daten in den unterschiedlichen Speicherbereichen verbleiben, bevor zur Archivierung schließlich ein Bulk Export als CSV-Dateien erfolgt. Die Verwaltung des mehrschichtigen Speicherkonzepts ist Teil des SAP-IoT-Service und muss nicht selbst implementiert werden.

Datenzugriff

Zugriff auf die Sensordaten in den verschiedenen Speicherbereichen erhalten Sie über RESTful APIs. Auch für die analytische Auswertung der Daten werden Meta-Informationen, Aggregate und Kennzahlen über APIs in der eigenen Prozesserweiterung oder Cloud-Anwendung auf der SAP BTP genutzt. Für Fachabteilungen ist darüber hinaus eine direkte Visualisierung der Sensordaten aus dem Time Series Aggregate Store über eine Live-Verbindung in SAP Analytics Cloud möglich.

Geschäftskontext

Neben den sich kontinuierlich aktualisierenden Sensordaten werden auch zugehörige Stammdaten (Master Data), z. B. aus SAP S/4HANA, wie etwa Informationen zu dem stationären Ort oder Dokumente oder auch weitere transaktionale Daten gespeichert. Mit dieser Anreicherung der Sensordaten wird das physische Objekt ganzheitlich in einem Unternehmenskontext beschrieben und lässt sich so in Geschäftsprozesse einbinden.

Thing Model

Alle Daten, Statusinformationen und Eigenschaften eines physischen Objekts werden in einem *Thing Model* strukturiert. So wird der digitale Zwilling eines physischen Objekts, wie beispielsweise ein Silo, als *Thing Type* mit all seinen Eigenschaften (dem *Property Set*) modelliert. Zu den Eigenschaften eines Silos können der geografische Standort, bestehend aus Anschrift, Längengrad, Breitengrad und Höhe, sowie die im Silo gelagerten Materialien gehören.

Zu einem Thing Type werden ein oder mehrere *Sensor Types* zugeordnet. Bei einem Silo sind das beispielsweise Sensoren zur Messung der Temperatur, des Drucks und der Feuchtigkeit. Um mit dem Silo innerhalb einer Prozesserweiterung zu arbeiten, werden mit der RESTful API des SAP-IoT-Service unterschiedliche Instanzen (*Thing Instances*) des zuvor definierten Thing Models erstellt (z. B. mehrere Silos mit unterschiedlichen Eigenschaften). Für die Abbildung komplexerer Objekte lassen sich auch Hierarchien von Dingen modellieren, um beispielsweise einen Roboter, bestehend aus zwei Greifarmen, zu beschreiben.

Auslösen von Events

Beim Überschreiten definierter Schwellenwerte oder einer bestimmten Kombination von Eigenschaften und Sensorwerten der Thing Instances löst der Plattformservice Events aus, die Sie auf Zustandsänderungen hinweisen. Speziell für die Arbeit mit lokationsbasierten Sensorwerten via GPS bietet SAP IoT eigene APIs, um beispielsweise *Geofencing* zu ermöglichen. Geofencing bezeichnet das Szenario, wenn ein Objekt einen zuvor definierten geografischen Bereich verlässt und dadurch ein Event ausgelöst wird. Die Thing Instance ist also ein digitales Abbild eines realen, physischen Objekts, dessen Eigenschaften durch Sensoren am Objekt in die digitale Welt überführt werden.

7.8 Zusammenfassung

Mit der SAP Integration Suite bietet die SAP BTP Services zur Umsetzung unterschiedlicher Integrationsanforderungen, die sich, wie in Abschnitt 7.1 dargestellt, in verschiedene Integrationsdomänen gliedern lassen. Die funktionalen Anforderungen innerhalb der Domänen lassen sich wiederum mit entsprechenden Services zur Prozess-, Daten- und Thing-Integration technisch realisieren. Dabei spielt auch immer der Bezug zur funktionalen Erweiterung sowie die Optimierung bestehender Unternehmensabläufe oder die Gestaltung neuer Prozesse eine zentrale Rolle. Um die verschiedenen Integrationsanforderungen und Ansätze zur technischen Realisierung zu strukturieren, kann die SAP Integration Solution Advisory Methodology verwendet werden.

Kapitel 8
Daten in der SAP Business Technology Platform verarbeiten

Die SAP BTP bietet verschiedene Services zur Verwaltung und Verarbeitung von Daten, die Sie abhängig von Ihren jeweiligen Anwendungsanforderungen einsetzen können, um unterschiedliche Datenarchitekturen zu realisieren.

Die flexible Integration, konsistente und skalierbare Speicherung sowie der performante Zugriff auf unterschiedlich strukturierte Daten sind zentrale Funktionen der IT-Infrastruktur eines Unternehmens. Sie unterstützen das in Kapitel 2, »Die Rolle der SAP Business Technology Platform für intelligente Unternehmen«, beschriebene Anwendungsszenario zur Wertschöpfung aus Daten.

Nach einem kurzen Überblick der SAP-BTP-Services zur Verarbeitung von Daten in Abschnitt 8.1 zeigen die nachfolgenden Abschnitte, wie verschiedene Datenarchitekturen und Anforderungen zur Verwaltung unterschiedlicher Daten mit den Plattformservices konzipiert werden können. Dabei geht Abschnitt 8.2 auf die Umsetzung einer zentralen Datenplattform mit den multimodalen Funktionen von SAP HANA Cloud ein. Abschnitt 8.3 zeigt, wie die SAP Data Services bei der Implementierung einer Data Fabric im Unternehmen eingesetzt werden. Der Umgang mit Anforderungen zur Speicherung nicht relationaler NoSQL-Datenstrukturen (siehe Abschnitt 8.4) sowie die Verwaltung unstrukturierter Daten (siehe Abschnitt 8.5), wie z. B. Dokumenten, schließen das Kapitel ab.

8.1 Entwicklung und Bedeutung von Datenbanken

Seitdem das Konzept von Datenbanken in den 1960er Jahren als separate Software zwischen Betriebssystem (d. h. der Dateiverwaltung) und Anwendungsprogrammen eingeführt worden ist, haben sich Datenbanksysteme kontinuierlich weiterentwickelt. Maßgeblich beeinflusst wurde die Weiterentwicklung von dem Erscheinen neuer Datenquellen und den steigenden

Anforderungen der Anwendungsprogramme im Hinblick auf Abfragen, Performance, Ausfallsicherheit, Datenschutz, Datentypen und vielem mehr.

Die Anfänge der Datenbank

Eines der ersten verbreiteten Datenbanksysteme war das Information Management System (IMS) von IBM, das seinen Ursprung im Jahr 1966 hat und heute noch auf IBM-z-Systems-Servern unter dem Betriebssystem z/OS verwendet wird. Die Struktur von IMS-Datenbanken ist hierarchisch, was auf ihren ursprünglichen Zweck der Stücklistenverwaltung zurückzuführen ist. Unter anderem wurden die Bauteile der Saturn-V-Rakete des Apollo-Mondprogramms der NASA mit dem IMS verwaltet. Einen wesentlichen Fortschritt erzielte Edgar F. Codd in den 1970er Jahren mit seinen Forschungen im IBM Almaden Research Center zu *relationalen Datenbanksystemen* – heute eine der am häufigsten genutzten Organisationsformen von Unternehmensdaten.

Relationales Datenmodell

Mittlerweile gibt es für relationale Datenbanken viele kommerzielle und auch Open-Source-Systeme mit unterschiedlichen Schwerpunkten bei der Verwendung. Je nach Ausprägung des relationalen Datenmodells werden die Datenbanken für *transaktionale Abfragen* oder *analytische Abfragen* verwendet. Transaktionale Datenbanken mit Schwerpunkt auf der Massendatenverarbeitung werden als OLTP-Datenbanken (*Online Transaction Processing*) bezeichnet und haben ein *normalisiertes Datenmodell* ohne Redundanzen. Ein Nachteil des normalisierten Datenmodells ist jedoch die unzureichende Performance bei analytischen Abfragen. Für die Datenanalyse wurden separate OLAP-Datenbanken (*Online Analytical Processing*) entwickelt.

OLTP- und OLAP-Systeme sind durch regelmäßige Datenkopien, sogenannte *ETL-Prozesse*, (Extract, Transform, Load) miteinander verknüpft. Üblicherweise laufen die ETL-Prozesse im Batch-Modus und können bei entsprechenden Datenmengen mehrere Stunden andauern. Somit stehen erst nach der Durchführung der ETL-Prozesse die gesammelten Massendaten für analytische Auswertungen bereit.

Bedeutung von Datenbanken

OLTP- und OLAP-Datenbanksysteme sind ein zentraler und kritischer Bestandteil der IT-Infrastruktur eines Unternehmens. Sie sind von der Verfügbarkeit, Vollständigkeit und Richtigkeit der Daten abhängig. Ganze Geschäftsmodelle sind auf dem Sammeln, Aufbereiten und Analysieren von Daten aufgebaut. Daher werden Daten als strategischer Vermögenswert eines Unternehmens betrachtet, und ihre Speicherung und Verarbeitung ist dementsprechend wichtig für die Umsetzung des Geschäftsmodells (siehe Abschnitt 1.1, »Bausteine eines Unternehmens«). Gerade auch im Kontext der Prozessoptimierung durch die Digitalisierung ist es für Unternehmen entscheidend, dass sie Daten aus unterschiedlichen Quellen mit unterschiedlicher Informationsdichte in unterschiedlichen Formaten speichern, korrelieren und auswerten können. Auch den Anwenderinnen und Anwendern soll ein möglichst einfacher, domänenspezifischer und performanter Zugang geboten werden. Wenn Daten als nutzbares Produkt innerhalb des Unternehmens gesehen werden, ist es naheliegend, bestehende Geschäftsprozesse aus Marketing, Produktion und Vertrieb dahingehend zu optimieren oder auch komplett neue Geschäftsmodelle aufzubauen. Es könnte beispielsweise ein Textilhersteller für Sportbekleidung seine Bekleidungsartikel mit Sensoren ausstatten und digitale Services anbieten, die die gesammelten Fitnessdaten für Kundinnen und Kunden nutzbar machen.

Database as a Service

Aus der Integration, Speicherung, Aufbereitung und Analyse sowie dem Self-Service-Zugriff auf Daten ergeben sich viele technische Anforderungen an die IT. In diesem Zusammenhang bietet die Datenverarbeitung in der Cloud einige Vorteile, um z. B. mit kontinuierlich neuen Datenquellen, unterschiedlichen Strukturen, dem Datenwachstum sowie den Verarbeitungsmöglichkeiten und dem flexiblen Zugriff Schritt zu halten. Die SAP BTP bietet dazu unterschiedliche Eigen- und Partnertechnologien zur Speicherung und Verarbeitung von Daten, die Sie, abhängig von Ihren jeweiligen Anwendungs- und Architekturanforderungen, verwenden können. Datenbanksysteme werden dabei als vollständig verwaltete Datenbankservices, d. h. *Database as a Service* (DBaaS), mit Enterprise-Support angeboten, sodass keine Installation und Wartung notwendig sind. Auch der grundlegende Betrieb mit Backups, Recovery, Hochverfügbarkeit und Skalierbarkeit ist Teil der Cloud-Services.

Das DBaaS-Angebot der SAP BTP umfasst Technologien zur Speicherung und Verwaltung von unterschiedlich strukturierten Daten:

- relationale Daten (SQL)
- nicht relationale Daten (NoSQL; siehe Abschnitt 8.4)
- Graphen
- Streaming-Daten
- Geodaten
- multimediale Dateien und Dokumente

Relevant sind die Datenbankservices für Cloud-Anwendungen, die eine komplexe Geschäftslogik umfassen, Zustände der Anwendung speichern oder Datenanalysen vornehmen. Aus Gründen der Laufzeit bietet es sich hier an, die Daten in der Cloud – d. h. dort, wo auch die Anwendung bzw. Prozesserweiterung betrieben wird – zu speichern.

Verfügbare Datenbankservices

Tabelle 8.1 fasst die primären Anwendungsfelder der unterschiedlichen Datenbankservices der SAP BTP zusammen. Die Plattformservices zur Verwaltung und Auswertung von Daten nutzen Sie über entsprechende Self-Services im SAP BTP Cockpit, z. B. zum Anlegen, Löschen, Skalieren, Neustarten oder Aktualisieren der Serviceinstanzen.

Szenario	Datenbankservice
▪ Anwendung, die gleichzeitig mit unterschiedlichen Datenformaten arbeitet (strukturierte und unstrukturierte Daten, Text, Graphen, Spatial Data) und diese in Kombination (multimodal) ▪ Anwendung zum operativen Reporting in Echtzeit ▪ analytische Anwendung ▪ agiles Data Mart ▪ Anwendung, die OLTP- und OLAP-Workloads kombiniert	SAP HANA Cloud (inklusive Data Lake)
primär transaktionale Anwendungen (OLTP) auf strukturierten Daten	▪ SAP ASE Service ▪ PostgreSQL auf der SAP BTP, Hyperscaler Option
Anwendung zur Verwaltung und Analyse unstrukturierter Daten	Redis auf der SAP BTP, Hyperscaler Option
Anwendung, die Dokumente, Dateien und BLOBs speichert und verwaltet	▪ SAP Document Management Service ▪ Object-Store-Service auf der SAP BTP

Tabelle 8.1 Anwendungsfälle der SAP-BTP-Services zur Datenverwaltung

[»]

Prozesserweiterung ohne Datenspeicherung in der Cloud

Implementieren Sie z. B. optimierte Benutzeroberflächen für bestehende Geschäftsprozesse, z. B. mit SAP Fiori oder SAPUI5, ist eine Speicherung von Daten in der SAP BTP nicht zwingend erforderlich. Die für die Benutzeroberfläche relevanten Daten werden über OData-Services der SAP-Anwendungen angebunden und nicht dauerhaft in der SAP BTP gespeichert.

8.2 Multimodale Datenplattform mit SAP HANA Cloud

Seit ihrer Einführung in den 1970er Jahren, sind relationale Datenbanken fester Bestandteil bei der effizienten Verwaltung und sicheren Speicherung von Unternehmensdaten. Im Gegensatz zu den hierarchischen Datenmodellen bieten relationale Datenbanken insbesondere beim Zugriff über die *Structured Query Language* (SQL) eine hohe Flexibilität.

Vorteile des OLTP

Mit ihrem normalisierten Datenmodell und Schwerpunkt auf OLTP verarbeiten und speichern relationale Datenbanken strukturierte Daten transaktionssicher, verlässlich und effizient für Unternehmensanwendungen.

[«]

ACID

Die Abkürzung ACID steht für die folgenden Eigenschaften einer Transaktion in relationalen Datenbanken:

- Atomicity
- Consistency
- Isolation
- Durability

Nur wenn Datenbanktransaktionen nach dem ACID-Prinzip ablaufen, kann die Verlässlichkeit und Richtigkeit der Daten bei vielen gleichzeitig stattfindenden Lese- und Schreiboperationen garantiert werden.

Vorteile des OLAP

Das Datenmodell einer relationalen Datenbank kann auch für analytische Anwendungen (OLAP) definiert werden, um z. B. mit einem *Sternschema* (Star-Schema) unterschiedliche Datenquellen zusammenzuführen und auszuwerten. Das Ziel des Sternschemas ist dabei nicht die Normalisierung (für OLTP), sondern die Optimierung für effiziente Analyseoperationen (für OLAP). Unter anderem, um diese starre Aufteilung zwischen einer OLAP- und OLTP-Ausprägung einer relationalen Datenbank aufzuweichen, wurde SAP HANA entwickelt.

Vorteile des HTAP

Mit der Einführung von SAP HANA als In-Memory-Datenbank im Jahr 2011 hat sich der klassische in OLTP und OLAP aufgeteilte Datenbankmarkt weiterentwickelt. Dazu wurde die neue Kategorie des *Hybrid Transactional Analytical Processing* (HTAP) zur Klassifikation von Datenbanken eingeführt. Diese Datenbanken haben den grundlegenden Vorteil, dass man auf dem gleichen Datenbestand sowohl eine ACID-konforme und performante transaktionale Verarbeitung großer Datenmengen umsetzen und gleichzeitig eine Auswertung der Daten vornehmen kann. SAP HANA Cloud erreicht die Zusammenführung von OLTP- und OLAP-Abfragen auf einer einzigen

Datenbasis durch einen Technologiemix aus In-Memory-Datenhaltung, Rechenleistung und hardwareoptimierten Instruktionen. Datenbankdesign-Entscheidungen, wie z. B. eine spaltenbasierte Organisation der tabellarischen Daten, resultieren in guten Komprimierungsfaktoren, was wiederum der In-Memory-Datenhaltung entgegenkommt.

Operatives Reporting

Hervorzuheben ist, dass durch die Rechenleistung der SAP-HANA-Datenbank die transaktional und normalisiert anfallenden Massendaten direkt analytisch ausgewertet werden, ohne dass die Daten extrahiert, transformiert und in ein anderes Datenmodell überführt werden. Bei SAP HANA Cloud erfolgt die Datenanalyse demnach im laufenden Betrieb der Transaktionen auf aktuellen Daten, weshalb man von einem *Echtzeit-Reporting* spricht. Diese Fähigkeit ermöglicht Ihnen die Umsetzung von Anwendungen, die einerseits Massendaten verarbeiten und andererseits Auswertungen auf den Massendaten in voller Datengranularität vornehmen, um z. B. Geschäftsprozesse oder Entscheidungen schneller auszulösen oder etwa Planungen, Simulationen und Was-wäre-wenn-Analysen in Ihrer Anwendung zu realisieren.

[»]

Live Connection zu SAP Analytics Cloud

SAP Analytics Cloud nutzt die analytischen Fähigkeiten von SAP HANA über eine sogenannte *Live Connection*, d. h. eine Verbindung, die eine Kopie der Daten aus der Persistenzschicht in die Reporting-Schicht vermeidet. Die für die Berichterstellung benötigten Daten werden über die Live Connection mit entsprechenden SQL-Abfragen aus SAP HANA ausgelesen. Dabei findet die analytische Aufbereitung der Daten bereits in SAP HANA statt, sodass SAP Analytics Cloud die Daten nur noch visualisieren muss. Bei einer Live Connection werden keine Daten in SAP Analytics Cloud gespeichert.

8.2.1 Datenmodelle

Geodaten

Neben der transaktionalen Datenverarbeitung in normalisierten, relationalen Datenmodellen (OLTP) und der gleichzeitigen analytischen Auswertung der Daten (OLAP) können auch ortsbezogene Daten (auch *Geodaten* genannt) mit SAP HANA Cloud verarbeitet und analysiert werden. Bei der Definition der Tabellen des relationalen Datenmodells verwenden sie dazu SQL-Datentypen für die Speicherung und Analyse von georeferenzierten Daten (Längengrad, Breitengrad, Höhe) sowie von geometrischen Formen (Linie, Polygon) zur Beschreibung von Straßen, Pipelines, Ländergrenzen oder Lagerflächen. Diese Datentypen werden gemäß dem SQL-Multimedia-Standard (SQL/MM) definiert.

Um mit den räumlichen Daten aus einer Prozesserweiterung oder Anwendung zu arbeiten, stellt SAP HANA entsprechende SQL-Funktionen bereit. Mit diesen ermitteln Sie beispielsweise die Entfernung zwischen zwei Punkten (z. B. Städten). Auch können Sie bestimmen, ob eine Koordinate, die die Position eines Tanklastwagens angibt, in der Fläche eines Vielecks liegt, das beispielsweise einen bestimmten Bereich auf dem Vorfeld eines Flughafens begrenzt. Wenn Sie den Standort einer Ressource kennen und die Standortveränderung verstehen, können entsprechende Transaktionen bzw. Geschäftsprozesse ausgelöst werden.

[«]

SAP HANA Cloud als ArcGIS-Geodatenbank

SAP HANA Cloud ist für den Einsatz mit dem Geoinformationssystem (GIS) *ArcGIS* der Firma ESRI zertifiziert. SAP HANA Cloud beschleunigt die Berechnung lokationsbasierter Analysen, da komplexe Berechnungen direkt in der Datenbank und nicht in der GIS-Software ausgeführt werden. Auch können die von ArcGIS zur Visualisierung genutzten Geometrien und lokationsbezogenen Metadaten in SAP HANA Cloud gespeichert werden.

Relationale Datenbanken organisieren und speichern Daten in Tabellen mit Spalten und Zeilen, wobei eine strikte Typdefinition und das Datenbankschema für jede Tabellenspalte die Struktur der verwalteten Daten festlegt. Ein auf Tabellen basierendes relationales Datenmodell ist »flach«, da es nicht tief verschachtelt oder hierarchisch ist. Um Informationen der realen Welt in der normalisierten Darstellung einer relationalen Datenbank abzubilden, ist es erforderlich, Verknüpfungen über Primär- und Fremdschlüssel zwischen mehreren flachen Tabellen zu definieren.

Graphdatenbank

Zusätzlich zur relationalen Speicherung und Verarbeitung von Daten bietet SAP HANA die Möglichkeit zur Umsetzung graphenbasierter Datenmodelle. *Graphen* sind Datenstrukturen, die Sie verwenden, um verschiedene Arten von Netzwerken und verknüpften Daten zu modellieren. Einsatzgebiete finden sich in verschiedenen Bereichen wie z. B. der Logistik im Bereich der Versorgungsnetzwerke und der Wissensrepräsentation. Anschauliche Beispiele für Graphen sind Stammbäume oder das U-Bahn-Netz einer Großstadt. Mit der Möglichkeit, solche Graphen umzusetzen, unterstützt SAP HANA Cloud die zusätzliche Strukturierung und Verarbeitung von Daten.

In SAP HANA Cloud ist ein Graph eine Menge von Knoten und Kanten. Jede Kante verbindet zwei Knoten: den Quellknoten und den Zielknoten. Quelle und Ziel sind über gerichtete Kanten miteinander verbunden. Zwei Knoten können auch über mehrere unterschiedliche Kanten verbunden werden. Knoten und Kanten werden darüber hinaus mit einer beliebigen Anzahl von Attributen näher beschrieben, wobei ein Attribut aus einem Namen, einem Datentyp und einem zugeordneten Wert besteht. Die Attribute werden für die Abfrage des Datenmodells verwendet (siehe Abschnitt 8.4).

Document Store

In Ergänzung zur graphenbasierten Datenmodellierung, ist der *Document Store* in SAP HANA eine Möglichkeit, um JSON-Artefakte zu speichern und Standardoperationen wie das Filtern, Aggregieren und Verknüpfen (Join) von JSON-Dokumenten durchzuführen. Dabei ist der SAP HANA Document Store komplett in SAP HANA Cloud integriert, sodass die gespeicherten JSON-Daten ACID-konform verarbeitet und von allen SAP-HANA-Datenbankfunktionen, wie z. B. Backup and Recovery, Failover und Datenreplikationen, ebenfalls berücksichtigt werden.

[»]

Dateiformate im Document Store

Der Begriff Document Store kommt aus dem NoSQL-Umfeld, in dem JSON-Artefakte als *Dokumente* bezeichnet werden. Der SAP HANA Document Store ist nicht für die Speicherung und Verarbeitung von z. B. Text- oder PDF-Dokumenten geeignet.

Die Strukturierung von Daten mit JSON und deren Verwaltung im SAP HANA Document Store ist von Vorteil, wenn Ihr Datenmodell ein flexibles Schema zur Abbildung der realen Welt erfordert. Dies ist beispielsweise der Fall, wenn die zu verarbeitenden Produktdaten unterschiedliche Attribute, wie z. B. Kilometerstand oder Lumen, benötigen, die nicht im Voraus bekannt sind und definiert werden können.

[»]

SAP HANA und SAP HANA Cloud

Da SAP HANA Cloud für den Betrieb in einem reinen PaaS-Umfeld (Platform as a Service) entwickelt wurde, unterscheidet sich die Cloud-Lösung hinsichtlich ihres Funktionsumfangs von einer Installation von SAP HANA im eigenen Rechenzentrum. Die Dokumentation zu SAP HANA Cloud im SAP Help Portal beschreibt die funktionalen Unterschiede zwischen SAP HANA und SAP HANA Cloud im Detail.

Multimodale Datenverarbeitung

SAP HANA Cloud erlaubt bei der Datenverarbeitung alle bisher genannten Organisationsformen von Daten in einem gemeinsamen Datenmodell und somit eine voll integrierte und auch ACID-konforme Verarbeitung der Daten. Man spricht daher auch von einer *multimodalen Datenverarbeitung*.

8.2.2 Machine Learning

Neben der Verarbeitung multimodaler Daten bietet der Service SAP HANA Cloud eine umfassende Umgebung für maschinelles Lernen (ML). Integrierte Algorithmen sind Teil der SAP-HANA-Datenbank und werden zur Anwendung von ML genutzt. Die Algorithmen zur Analyse von Daten werden in die *Predictive Analysis Library* (PAL) und die *Automated Predictive Library* (APL) gruppiert.

Predicitive Analysis Library

Die PAL bietet Funktionen für Predictive Analysis und ML. Die Bibliothek unterstützt Algorithmen für die Klassifizierung, Regression, Cluster-Analyse, Zeitreihenanalyse, Assoziationsanalyse, die Analyse sozialer Netzwerke, Empfehlungssysteme, Datenvorverarbeitung und Statistik. Die Algorithmen werden aus *SQLScript-Prozeduren* aufgerufen. SQLScript ist eine spezielle SQL-Erweiterung für SAP HANA zur Implementierung von Ablauflogik mit SQL.

Die PAL ist auch als Teil der *SAP HANA Python Client API* verfügbar. Dieses Python-Paket bietet eine Reihe von Python-Algorithmen und -Funktionen, mit denen Anwendungen auf die Funktionen für ML in SAP HANA zugreifen können. Die SAP HANA Python Client API nutzt den *SAP-HANA-Dataframe*, der eine Reihe von Methoden bereitstellt, mit denen Daten direkt in SAP HANA analysiert werden können, ohne dass eine Kopie in der Anwendung oder dem Data-Science-Tool erstellt werden muss. Des Weiteren bieten die PAL-Funktionen in Python zusätzliche Möglichkeiten für die Verwaltung von SAP-HANA-Dataframes sowie einige Visualisierungs- und Hilfsfunktionen.

Eine weitere Möglichkeit zur Nutzung der PAL besteht über die *SAP HANA R Machine Learning Library*, die eine Reihe von clientseitigen ML-Algorithmen für die freie Programmiersprache R bereitstellt. Mit R gelingen statistische Berechnungen und die entsprechende Visualisierung der Ergebnisse. Da auch bei R im Zusammenspiel mit SAP HANA das eigentliche ML in der SAP-HANA-Datenbank stattfindet, müssen die Trainingsdaten nicht auf den R-Server oder die Client-Seite übertragen werden. Die PAL richtet sich primär an Data Scientists und Entwicklerinnen und Entwickler.

Automated Predictive Library

In Ergänzung dazu ist die APL in erster Linie für Business Analysts konzipiert. Dazu bietet die APL Funktionen zur Erstellung von Vorhersagemodellen zur Klassifizierung, zur Regression, für das Clustering, für Zeitreihenvorhersagen, für Empfehlungen und zur Analyse sozialer Netzwerke. Anhand der Art der Data-Mining-Funktion, die auf die Daten angewendet werden soll, identifiziert APL automatisch den geeigneten Algorithmus und erstellt das optimale Modell. Auf diese Weise ermöglicht die Bibliothek eine automatisierte Ausführung prädiktiver Algorithmen auf in SAP HANA gespeicherten Daten, sodass keine Data-Scientist-Kenntnisse für die Anwendung erforderlich sind. APL-Funktionen, für z. B. die Klassifizierung und die Regression, können via SQL und über die SAP HANA Python Client API aufgerufen werden. Auch APL nutzt den SAP-HANA-Dataframe, sodass die Analyse der Daten direkt in SAP HANA und ohne einen zusätzlichen Transfer der Daten stattfindet.

Data-Science-Tools Über die SAP HANA Python Client API und die SAP HANA R Machine Learning Library können auch gängige Tools für Data Scientists, wie z. B. *Jupyter Notebooks* und die R-Entwicklungsumgebung mit SAP HANA Cloud, verwendet werden, um beispielsweise integrierte maschinelle Lernmodelle direkt in SAP HANA zu entwickeln. Darüber hinaus ist eine Integration mit der Machine-Learning-Plattform *TensorFlow* von Google durch die *External Machine Learning Library* (EML) möglich. Diese Bibliothek nutzt Googles gRPC-Paket für Remote-Prozeduraufrufe, um vordefinierte TensorFlow-Modelle, die auf dem TensorFlow Serving Server gehostet sind aufzurufen.

8.2.3 Komponenten

Data Lake Neben der SAP-HANA-Datenbank beinhaltet SAP HANA Cloud eine Reihe weiterer Komponenten. Die Komponente *SAP HANA Cloud, Data Lake* wird für das Integrieren, Speichern und Abfragen großer Datenmengen in einem relationalen Data Lake verwendet. Mit einem Data Lake ist es möglich, große Datenmengen in ihrem ursprünglichen Rohformat zu speichern. Dabei wird auch die Speicherung von unterschiedlichen Datenformaten unterstützt. So liegen oftmals nicht weiter validierte oder formatierte Daten in dem Data Lake. Technisch basiert der Data Lake auf SAP IQ und kann daher auch eingesetzt werden, wenn Sie bestehende SAP-IQ-Datenbanken aus einem eigenen Rechenzentrum in die Cloud migrieren möchten.

SAP ASE Mit der Komponente *SAP Adaptive Server Enterprise für SAP HANA Cloud* beinhaltet der Plattformservice eine SAP-Adaptive-Server-Enterprise-Datenbank (SAP ASE) als vollständig verwalteten Cloud-Service. Damit lassen sich Anforderungen realisieren, die beispielsweise eine schnelle Speicherung relationaler Massendaten erfordern. SAP ASE ist ein performantes, relationales Datenbankmanagement-System, das sich für unternehmenskritische, transaktionsorientierte Anwendungen auf strukturierten Daten eignet. Der Service kann beispielsweise zur Migration bestehender SAP-ASE-Datenbanken in die Cloud genutzt werden.

Replikation Die Komponente *SAP HANA Cloud, SAP Adaptive Server Enterprise Replication* ermöglicht eine Datenreplikation zwischen SAP-HANA-Cloud-Instanzen und SAP ASE. Der transaktionssichere Austausch von Daten funktioniert bidirektional und basiert auf der Replikation des Datenbank-Logs.

[«]

SAP ASE Service

Neben der in SAP HANA Cloud integrierten Variante wird der *SAP ASE Service* als eigenständiger Service auf der SAP BTP angeboten. Er kann somit auch unabhängig von SAP HANA Cloud genutzt werden.

8.2.4 Eigenschaften

Skalierung

Über das SAP BTP Cockpit werden SAP-HANA-Cloud-Instanzen im Kontext eines Subaccounts angelegt und verwaltet. Für die Speicherung von Daten werden Instanzen der SAP HANA Cloud z. B. mit einer Kapazität zwischen 30 GB und 5,6 TB in-memory definiert. Auch eine spätere Anpassung der Speicherkapazität ist möglich. Eng verbunden mit der Wahl der Hauptspeichergröße sind die automatisch assoziierten Compute Resources in Form virtueller CPUs (vCPUs). Abhängig von der gewählten In-Memory-Speicherkapazität wird außerdem die Größe des Festplattenspeichers abgeleitet.

Native Storage Extension

Während der In-Memory-Speicher stark frequentierte Daten (Hot Data) verwaltet, werden nicht so häufig geänderte Daten (Warm Data) über die *SAP HANA Native Storage Extension* auf Festplatten (SSDs und Flash-Laufwerken) gespeichert, um ein verbessertes Kosten- Leistungsverhältnis zu erzielen. Die Native Storage Extension agiert dabei wie ein intelligenter Puffer, der je nach Bedarf Daten aus dem In-Memory-Speicher auf die Festplatten auslagert oder umgekehrt Daten von der Festplatte in den Hauptspeicher kopiert. Durch eine spaltenbasierte Aufteilung oder durch eine Partitionierung der Tabellen, werden die Daten einer Tabelle teilweise im Hauptspeicher und auf der Festplatte gespeichert. Der automatische und für Benutzerinnen und Benutzer transparente Transfer von Daten zwischen den Speicherbereichen basiert auf kontinuierlich gesammelten Statistiken über den Datenzugriff.

Data Lake

Für Daten, die kaum noch geändert werden, kann der optionale SAP HANA Cloud, Data Lake verwendet werden, der eine Speicherkapazität zwischen 1 TB und 90 TB hat. Die Speicherkapazität des Data Lake wird unabhängig von der Kapazität des SAP-HANA-Hauptspeichers definiert. Der Data Lake ist vollständig in SAP HANA Cloud integriert und bietet zwei unterschiedliche Möglichkeiten zur Speicherung von Daten:

- Einerseits können Daten relational strukturiert im Data Lake organisiert und performant mittels SQL verarbeitet und analysiert werden (*Data Lake IQ*).
- Andererseits lassen sich Daten auch dateibasiert im Data Lake speichern, was die Verwaltung strukturierter, teilweise strukturierter und unstrukturierter Daten ermöglicht (*Data Like Files*).

Die Data Lake Files werden dabei in einem von SAP verwalteten Speicher (*Managed Object Store*) auf der Infrastruktur von Cloud Providern wie z. B. Microsoft Azure oder Amazon Web Services, gespeichert. Der Zugriff auf die Dateien erfolgt über *SQL on Files*, sodass die Inhalte der Dateien direkt abgefragt werden können. Ein vorheriges Laden in eine Tabelle ist somit nicht erforderlich. Für bestimmte Dateitypen, wie z. B. CSV, Parquet und Apache ORC, werden auch analytische SQL-Abfragen unterstützt.

Zum Be- oder Entladen des Data Lake kann ein kundeneigener, bereits vorhandener Object Store von einem Cloud Provider verwendet werden. Beispiele sind *Azure Blob Storage*, *Azure Data Lake*, *Amazon-S3-Bucket* und *Alibaba Cloud Object Storage Service Bucket*. Abbildung 8.1 fasst die unterschiedlichen Speicherbereiche von SAP HANA Cloud, *Data Tiering* genannt, zusammen.

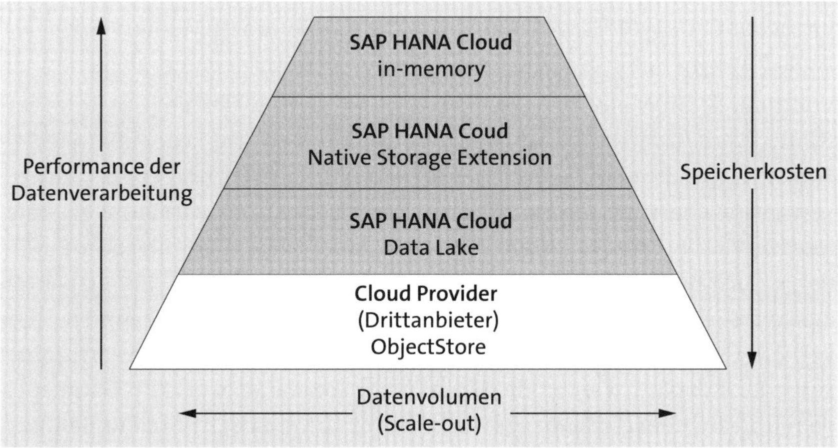

Abbildung 8.1 SAP HANA Data Tiering

[+]

Eigenständiger Data Lake

Der SAP HANA Cloud, Data Lake kann auch unabhängig von einer SAP-HANA-Cloud-Instanz verwendet werden. Durch Möglichkeiten der Datenintegration von Cloud- und On-Premise-Quellen, wie für den Datenzugriff und die Analyse, kann die Komponente zur Umsetzung eines eigenständigen Data Lake in der Datenarchitektur genutzt werden.

Hochverfügbarkeit

SAP-HANA-Cloud-Instanzen werden standardmäßig in einer *Availability Zone* mit einem Service Level Agreement (SLA) von 99,9% Verfügbarkeit angeboten. Dies beinhaltet Funktionen wie einen automatischen Neustart der

Datenbank sowie Möglichkeiten zum *Near-Zero-Downtime-Upgrade* der Datenbankinstanz. Abhängig von den Verfügbarkeitsanforderungen Ihrer Anwendung oder Prozesserweiterungen besteht die Möglichkeit, eine Kopie der SAP-HANA-Datenbank zu erstellen. Über eine kontinuierliche, synchrone Replikation werden Änderungen der Daten in eine Kopie innerhalb der gleichen Availability Zone kopiert (*volumenbasierte Replikation*). Im Falle eines Fehlers wird automatisch auf die Kopie umgeschaltet, wodurch eine Verfügbarkeit der Datenbank von 99,95 % erreicht wird. Innerhalb von circa 30 Sekunden werden die Datenbankabfragen nicht mehr an die ursprüngliche SAP-HANA-Instanz, sondern an die Datenbankkopie gestellt.

[«]

Availability Zones

Um eine hohe Verfügbarkeit von Cloud-Services zu gewährleisten, werden die Services meist aus unterschiedlichen Rechenzentren weltweit bereitgestellt. Die Rechenzentren werden dabei verschiedenen Regionen und Verfügbarkeitszonen (Availability Zones) zugeordnet. Dabei bestehen Regionen aus ein oder mehreren Availability Zones, die als physisch getrennte Standorte definiert sind. Zu einer Availability Zone gehört mindestens ein Rechenzentrum mit eigener Stromversorgung und Netzwerkanbindung. Werden mehrere Availability Zones zu einer Region zusammengefasst, dürfen diese nicht zu weit voneinander entfernt sein, um hohe Datenübertragungen zwischen den Availability Zones zu ermöglichen.

Basierend auf einer asynchronen SAP-HANA-System-Replikation kann eine weitere Kopie der Datenbank auch in einer anderen Availability Zone angelegt werden. Durch die asynchrone Replikation wird die höhere Netzwerklatenz zwischen zwei unterschiedlichen Availability Zones adressiert.

Administration, Monitoring

Abbildung 8.2 zeigt den Bereich des SAP BTP Cockpits innerhalb eines Cloud Foundry Space zur Definition und Verwaltung von SAP-HANA-Cloud-Instanzen. Hier sehen Sie alle bereits angelegten Instanzen der SAP HANA Cloud und des Data Lake ❶ und können neue Serviceinstanzen erstellen ❷.

Weitere Administrationswerkzeuge

Weitere webbasierten Tools zur Datenbankadministration und für das Monitoring wie *SAP HANA Cloud Central* und *SAP HANA Cockpit* können Sie ebenfalls im SAP BTP Cockpit ansteuern. Während SAP HANA Cloud Central einen Überblick über grundlegende Parameter aller SAP-HANA-Cloud-Instanzen anzeigt, wird das SAP HANA Cockpit für die Administration und das Monitoring einzelner Instanzen genutzt. Der administrative Zugriff auf einzelne Datenbankobjekte, wie z. B. Tabellen, erfolgt über den *SAP HANA Database Explorer* und über die *SQL-Konsole*, die auch aus dem SAP Business Application Studio nutzbar sind.

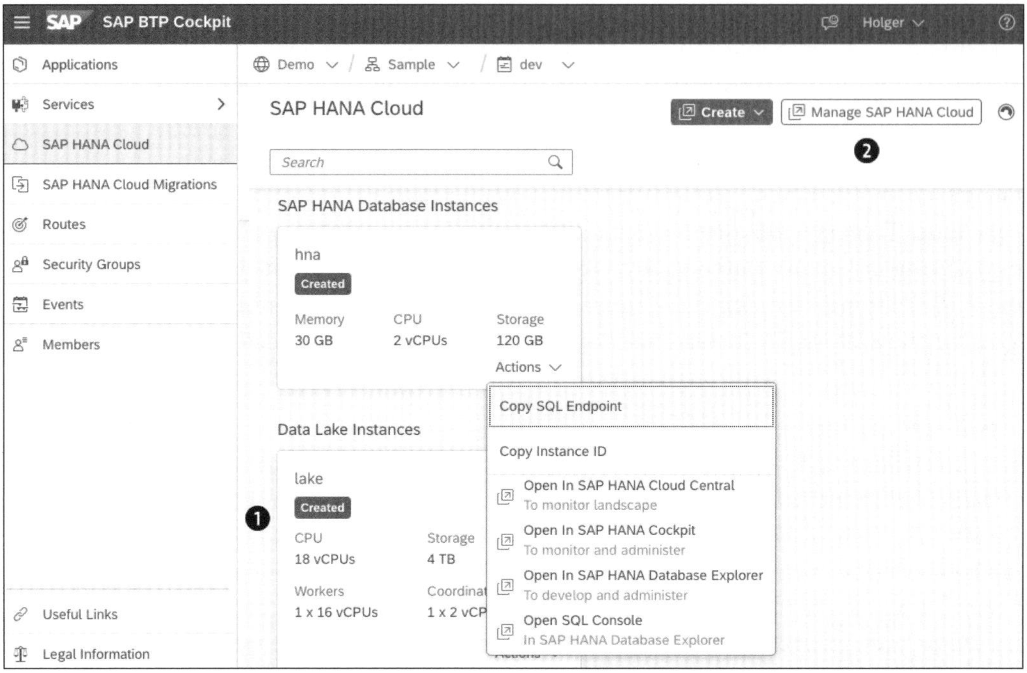

Abbildung 8.2 Anlegen und Verwalten von Instanzen der SAP HANA Cloud und des SAP HANA Cloud, Data Lake im SAP BTP Cockpit

Automatische Backups

SAP setzt Backup-Prozesse und andere Maßnahmen ein, die bei Bedarf eine schnelle Wiederherstellung geschäftskritischer Anwendungen ermöglichen. Dazu werden SAP-HANA-Cloud-Datenbankinstanzen, die online sind, kontinuierlich gesichert. Einmal pro Tag wird ein komplettes Backup der Datenbank erstellt. Backups des Datenbank-Logs werden kontinuierlich alle 15 Minuten geschrieben. Somit beträgt die Recovery Point Objektive (RPO) maximal 15 Minuten. Die Backups werden 14 Tage lang aufbewahrt.

[»]

Recovery Point Objective

Die Recovery Time Objective (RTO) definiert, wie lange ein Geschäftsprozess bzw. eine Anwendung im Katastrophenfall ausfallen darf, also um die Zeit, die vom Zeitpunkt des Schadens bis zur vollständigen Wiederherstellung der Geschäftsprozesse vergehen darf. Wenn die Systeme bzw. Prozesse sofort wieder verfügbar sein sollen, beträgt die RTO 0 Minuten.

Um vor unbefugten Zugriff zu schützen, werden die Backups der Datenbank mit den Funktionen des genutzten IaaS-Anbieters verschlüsselt und in einem Object Store des Cloud Providers gespeichert. Zusätzlich erfolgt eine Replikation der Backups in weitere Availability Zones des Cloud Providers.

Self-Service Recovery

Wenn ein logischer Datenbankfehler auftritt, können Sie eine SAP-HANA-Datenbank bis zu einem Zeitpunkt innerhalb der letzten 14 Tage wiederherstellen. Informationen über verfügbare Datenbanksicherungen werden im SAP HANA Cockpit angezeigt. Die Wiederherstellung einer SAP-HANA-Datenbank starten Sie selbstständig über das webbasierte SAP HANA Cloud Central.

[+]

Administration mit dem Cloud Foundry Command-Line Interface

Als Alternative zum SAP BTP Cockpit können Sie auch das Cloud Foundry Command-Line Interface (cf CLI) zum Erstellen, Verwalten und Löschen von SAP-HANA-Cloud- und Data-Lake-Instanzen verwenden.

Entwicklungsumgebung

Native SAP-HANA-Anwendungen, die Daten in SAP HANA Cloud speichern und analysieren, werden mit dem SAP Business Application Studio entwickelt. Dafür stellt das Entwicklungstool einen eigenen Dev Space bereit, der alle für die Entwicklung notwendigen SAP-HANA-Tools, wie z. B. auch den SAP HANA Database Explorer, enthält (siehe Abbildung 8.3).

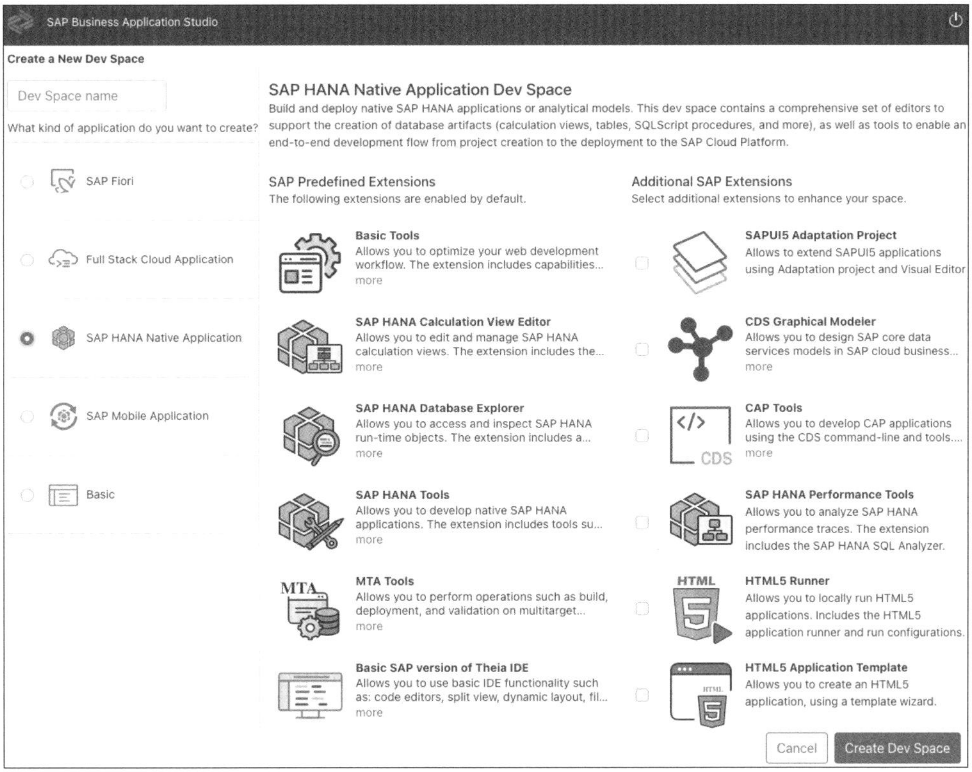

Abbildung 8.3 Dev Space für SAP-HANA-Projekte im SAP Business Application Studio

Vorteile der SAP HANA Cloud

Generell ermöglicht es SAP HANA Cloud, datenintensive Berechnungen für strukturierte und unstrukturierte Daten direkt in der Datenbank, d. h. in der Persistenzschicht, auszuführen, um dadurch eine Kopie von Daten zur Analyse und Verarbeitung in der Anwendungsschicht zu vermeiden. Vorteile von SAP HANA Cloud ergeben sich bei einer kombinierten Speicherung und Auswertung unterschiedlich strukturierter Daten in einem gemeinsamen, multimodalen Datenmodell. Die SAP BTP bietet außerdem einen einfachen Zugang zu den unterschiedlichen Möglichkeiten von SAP HANA Cloud, ohne dass Sie sich um die Installation und den Betrieb kümmern müssen.

8.3 Data Fabric mit dem SAP Data Intelligence Service

Der *SAP Data Intelligence Service* unterstützt Sie bei der Gestaltung einer Data Fabric (siehe Abschnitt 3.2.2, »Data Fabric«).

Data Pipelines

Der Service bietet Funktionen zum Anbinden unterschiedlicher Datenquellen innerhalb der gesamten IT-Landschaft des Unternehmens und ermöglicht die Analyse von auch nicht zusammenhängenden Datenbeständen. In dieser Funktion nimmt der SAP Data Intelligence Service die Rolle einer Datenorchstrierungsschicht innerhalb der SAP BTP ein. Mit dem Service werden beliebige Daten aus unterschiedlichen Quellen verwaltet, katalogisiert, integriert und mit skalierbaren *Data Pipelines* aufbereitet und analysiert. Dies können Daten aus Cloud- und On-Premise-Quellen sein, Daten von IT-Anwendungen, aus Datenbanken oder Dateisystemen. Auch externe Daten von z. B. Partner- oder Dienstleistungsunternehmen sowie Streaming-Daten, Daten aus sozialen Medien, Wetterdaten oder Sensordaten werden mit dem Service verarbeitet. Damit schafft der Plattformservice eine Datengrundlage für die Umsetzung intelligenter Geschäftsprozesse. Auch unterstützt der Service die Fachabteilungen beim Self-Service-Zugriff auf die Daten und ermöglicht so eine domänenspezifische Verarbeitung, die wiederum bei der Optimierung und Umsetzung von Geschäftsprozessen hilft.

[»]

SAP Data Intelligence (On-Premise-Version)

Zusätzlich zu dem vollständig von SAP verwalteten und betriebenen Cloud-Service als Teil der SAP BTP, kann SAP Data Intelligence auch im eigenen Rechenzentrum oder in einem IaaS-Angebot eines Cloud Providers installiert und selbst betrieben werden. Für den Betrieb im eigenen Rechenzentrum ist eine entsprechende Container-Plattform von z. B. SUSE, Red Hat, Cisco oder Virtustream erforderlich. Ein eigener Betrieb in der Cloud ist über IaaS-Services, wie z. B. dem Elastic Kubernetes Service (EKS) von Amazon, dem Azure Kubernetes Service (AKS) von Microsoft oder dem Google Kubernetes Engine (GKE), möglich.

Abbildung 8.4 zeigt die Rolle des SAP Data Intelligence Service bei der Umsetzung einer Data Fabric im Zusammenspiel mit weiteren Plattformservices aus den Bereichen Analyse und Datenmanagement. In den folgenden Abschnitten gehe ich auf die einzelnen Aspekte dieses Szenarios, die Data Governance, die Datenaufbereitung und -analyse sowie die Einbindung von ML, näher ein.

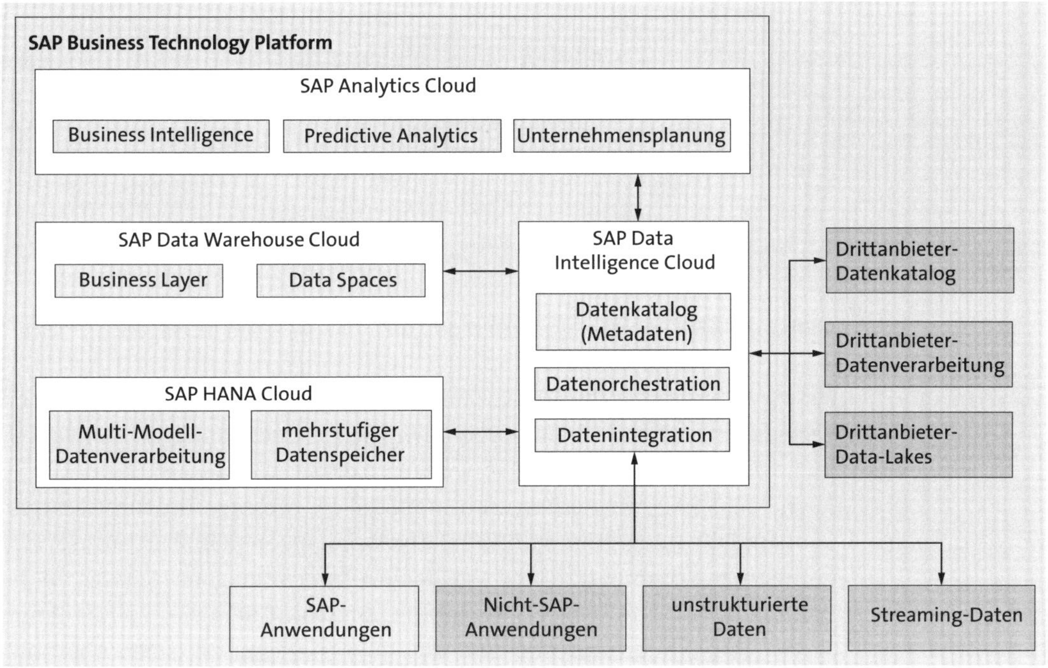

Abbildung 8.4 Umsetzung einer Data Fabric mit Services der SAP BTP

8.3.1 Data Governance

Eine wesentliche Funktion des SAP Data Intelligence Service in der SAP BTP ist es, beliebige Daten (strukturiert, unstrukturiert) aus verschiedenen Quellen (Datenbanken, IT-Anwendungen, Dateisystemen, Cloud-Service) unabhängig vom Betriebsmodell der Datenquelle (on-premise, Cloud) auf unterschiedliche Arten (Streaming, Echtzeit, Batch) zu integrieren (siehe Abbildung 8.5).

Mögliche Verbindungen

Hierzu werden entsprechende Standardadapter zur Einbindung von SAP-Anwendungen, wie z. B. SAP S/4HANA, SAP BW/4HANA, SAP Fieldglass, SAP SuccessFactors, SAP Concur und SAP Customer Experience bereitgestellt. Auch eine direkte Anbindung von SAP-HANA-Datenbanken (On-Premise- und Cloud-Version) sowie SAP Analytics Cloud und SAP Data Warehouse Cloud ist möglich.

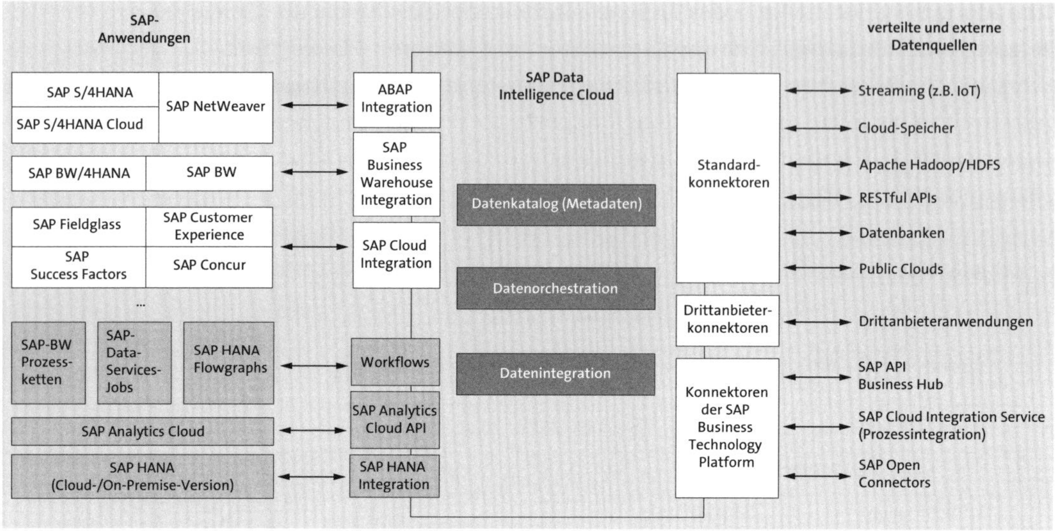

Abbildung 8.5 Einbindung von Datenquellen mit SAP Data Intelligence Service

Für die Integration von SAP-Anwendungen und SAP HANA, die im eigenen Rechenzentrum betrieben werden, wird der Cloud Connector verwendet (siehe Abschnitt 7.2, »SAP Connectivity Service und Cloud Connector«). Auch Nicht-SAP-Anwendungen, Datenbanken, Message Broker, Dateisysteme und die Integration von IoT-Daten werden von dem Plattformservice unterstützt. Kombinieren lässt sich der SAP Data Intelligence Service für die Datenintegration mit der SAP Integration Suite und dem darin enthaltenen Service SAP Cloud Integration für die Prozessintegration (siehe Abschnitt 7.3, »Prozessintegration mit SAP Cloud Integration«) sowie SAP Open Connectors für den einheitlichen Zugriff auf Daten von Nicht-SAP-Anwendungen (siehe Abschnitt 7.5, »SAP Open Connectors«).

Datenkatalog

Über die Verbindungen zu den unterschiedlichen Datenquellen ermöglicht der SAP Data Intelligence Service die Ermittlung und Katalogisierung der Metadaten von Datenstrukturen, die in unterschiedlichen Quellen verteilt sind. Dafür gibt es den *Metadata Explorer*. Zusätzlich zu z. B. Spaltennamen und Datentypen einer Tabelle werden durch ein *Profiling* auch Informationen zu den gespeicherten Werten erfasst, sodass z. B. die Werteverteilung innerhalb einer Tabellenspalte ermittelt wird.

Auf Basis des erstellten Metadatenkatalogs sind Daten auch in heterogenen Landschaften auffindbar. Die Anbindung unterschiedlicher Datenbestände aus dem Unternehmensumfeld und ihre Katalogisierung ist ein grundlegender Schritt für einen Self-Service-basierten Datenzugriff aus den Fachabteilungen. Der Datenkatalog kann auch Metadaten aus anderen Repositories wie z. B. dem *SAP Information Steward* oder über APIs integrieren.

Speziell für SAP-Anwendungen werden außerdem die ABAP-Metadaten angebundener SAP-Systeme in den Datenkatalog übernommen. Auch ein manuelles Editieren, wie z. B. das Hinzufügen von Tags, Kommentaren oder Bewertungen ist möglich.

Business Glossary

Sie können zudem ein unternehmensweites Glossar zur Beschreibung aller Daten aus Sicht der Fachabteilungen aufbauen (*Business Glossary*). Dazu kann auch das Glossar aus dem SAP Information Steward eingebunden werden. Zur Sicherung und Bewertung der Datenqualität der angebundenen Quellen werden Regeln definiert, deren Einhaltung übersichtlich in einem Dashboard dargestellt wird. Bestehende Regeln, beispielsweise aus dem SAP Information Steward, können im SAP Data Intelligence Service wiederverwendet werden.

8.3.2 Datenaufbereitung und Analyse

Auf Basis des einheitlichen Zugriffs auf unterschiedliche und verteilte Datenquellen ermöglicht es der SAP Data Intelligence Service, dass die Daten zentral weiterverarbeitet werden können.

Data Pipeline

Die Verarbeitung der Daten erfolgt über Data Pipelines, die hier auch als *Graphen* bezeichnet werden. Data Pipelines werden grafisch mit dem *SAP Data Intelligence Modeler* erstellt (siehe Abbildung 8.6) und in einer skalierbaren, containerbasierten Laufzeitumgebung (Kubernetes) ausgeführt. Data Pipelines basieren auf einem datenflussorientierten Programmierparadigma und bestehen aus verschiedenen Operatoren.

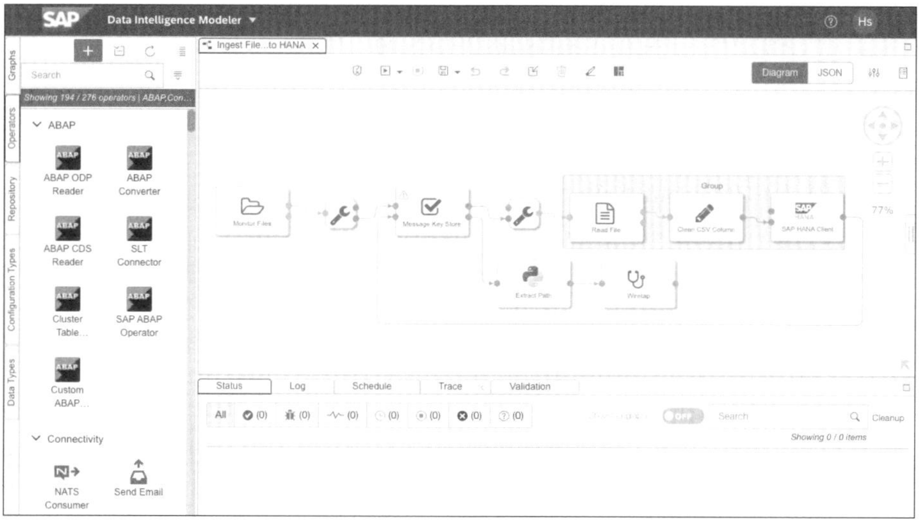

Abbildung 8.6 Der SAP Data Intelligence Modeler zur Definition von Data Pipelines

Operatoren

Neben Operatoren zur Nutzung von Open-Source-Technologien wie z. B. Python, R, Go, TensorFlow oder Apache Kafka werden über 250 weitere vordefinierte *Operatoren* zum Anbinden und Verarbeiten von Daten bereitgestellt, so z. B. auch Operatoren zur Nutzung ABAP-basierter Funktionen. Auch eigene Operatoren lassen sich programmieren. Data Pipelines können auch als *Computational Graphs* verstanden werden. Die Knoten eines solchen Graphen repräsentieren die Operationen auf den Daten, während die Kanten den Datenfluss darstellen.

ABAP-Operatoren

Um in Data-Pipelines semantische Informationen aus SAP-Anwendungen zu verwenden, ermöglicht der SAP Data Intelligence Service eine bidirektionale Einbindung von ABAP-Anwendungen. Dadurch werden im Datenkatalog auch entsprechende ABAP-Metadaten für das Finden geeigneter Datenquellen genutzt. Ebenso stehen verschiedene Standardoperatoren zur Verfügung, um z. B. ABAP CDS Views zu nutzen, Daten mittels SAP Landscape Transformation Replication Server in Pipelines zu integrieren, oder operative Daten aus SAP BW/4HANA zu lesen. Auch eigener ABAP-Code kann über einen entsprechenden Operator in einer Pipeline aufgerufen werden.

Flexible Datenverarbeitung

Ein Vorteil der Data Pipelines ist die Kombination und Verwendung unterschiedlicher Datenintegrationsmuster, z. B. für das Streaming, die Batch-Verarbeitung, für Replikationen oder virtuelle Zugriffe. Auch lassen sich innerhalb einer Pipeline verschiedene SAP- und Open-Source-Technologien zur Datenverarbeitung über unterschiedliche IT-Infrastrukturen hinweg kombinieren. Abhängig von der gewählten Technologie ist hierbei nicht einmal eine Kopie der Daten erforderlich, sodass die Verarbeitung direkt in der über die Data Pipeline angebundenen Datenquelle erfolgt. So können beispielsweise SAP HANA Graph und die Machine-Learning-Funktionen (ML-Funktionen) von SAP HANA mit OpenCV, TensorFlow und Spark kombiniert werden.

Nutzung vorhandener Tools

Bei der Umsetzung einer Datenarchitektur des Typs Data Fabric mit dem SAP Data Intelligence Service können über die Operatoren auch bestehende Tools, wie z. B. SAP Data Services und der SAP Landscape Transformation Server, sowie Nicht-SAP-Tools verwendet werden. So können beispielsweise auch bestehende SAP-Data-Services-Jobs zur Standardisierung der Daten über eine Data Pipeline wiederverwendet werden. Ebenso wird eine Integration mit SAP Analytics Cloud zur Visualisierung von Daten unterstützt. Dazu werden über einen Standard-Pipeline-Operator Daten als Data Sets innerhalb von SAP Analytics Cloud integriert und zur Erstellung eines Datenmodells oder einer Story genutzt (siehe Abbildung 8.7).

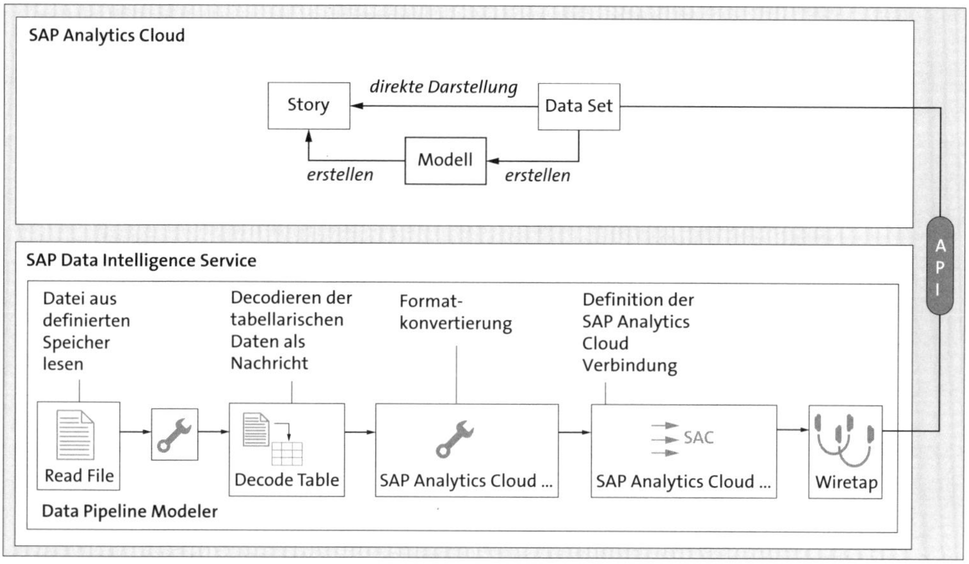

Abbildung 8.7 Kombination von SAP Analytics Cloud mit dem SAP Data Intelligence Service

8.3.3 Operationalisierung von Machine Learning

ML-Komponenten

Als Data Scientist unterstützt Sie der SAP Data Intelligence Service in allen Phasen Ihres Projekts. Die Organisation von Daten erfolgt mit dem *ML Scenario Manager*, und die Visualisierung und Bewertung des ML-Modells wird durch den *Metrics Explorer* unterstützt. Die verschiedenen Aufgaben zur Bereitstellung eines ML-Modells werden durch unterschiedliche Funktionen des SAP Data Intelligence Service realisiert (siehe Abbildung 8.8).

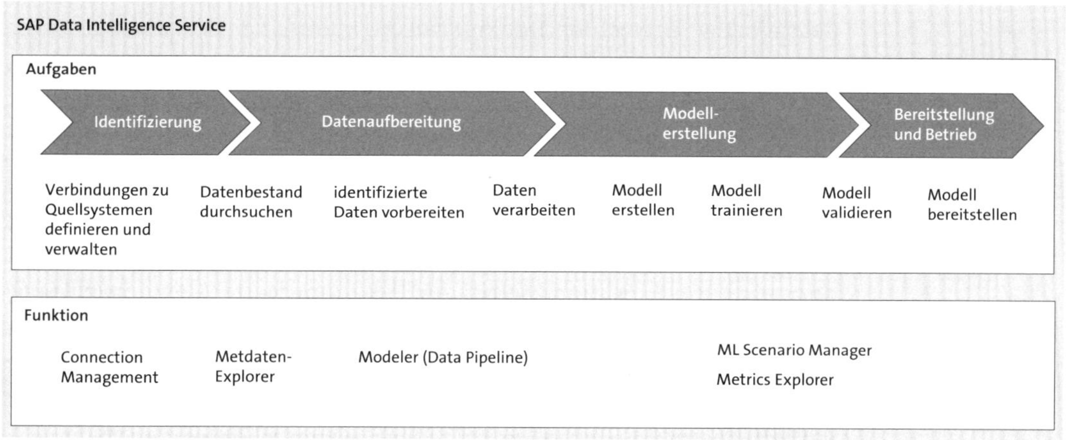

Abbildung 8.8 Schritte zur Bereitstellung eines ML-Modells und die jeweiligen Funktionen des SAP Data Intelligence Service

Pipeline-Operatoren

Für die Umsetzung der Machine-Learning-Szenarien werden entsprechende Operatoren ausgeliefert, die beispielsweise vorhandene ML-Modelle in eine Data Pipeline integrieren, oder neue Jupyter Notebooks erstellen. Auch für die Nutzung der Machine-Learning-Funktionen in SAP HANA wird ein Standardoperator angeboten. Zusätzlich können Sie die Machine-Learning-Funktionen über ein Software Development Kit (SDK) nutzen, das beispielsweise in ein Jupyter Notebook eingebunden werden kann.

[»]

Jupyter Notebook

Jupyter Notebook ist eine Open-Source-Webanwendung, mit der Sie interaktive Dokumente zur wissenschaftlichen Auswertung erstellen und teilen. Die Dokumente enthalten Live-Code, Berechnungen, Visualisierungen und Text und unterstützen dafür Programmiersprachen wie Julia, Python und R, aus denen sich auch der Name Jupyter ableitet. Als Data Scientist verwenden Sie Jupyter Notebooks, um Daten zu bereinigen und zu transformieren, zur numerischen Simulation und statistischen Modellierung, zur Datenvisualisierung sowie für das ML. Ein Juypter Lab Environment zur Nutzung von Jupyter Notebooks ist im SAP Data Intelligence Service enthalten.

ML Scenario Manager

Mit dem ML Scenario Manager organisieren Sie alle Artefakte, die während eines Data-Science-Projekts benötigt werden. Dazu zählen beispielsweise Datensätze, Data Pipelines und Jupyter Notebooks. Wie auch der ML Data Manager, greift der ML Scenario Manager bei der Einbindung von Datensätzen auf den Datenkatalog des SAP Data Intelligence Service zurück. Auf Basis verschiedener Pipeline-Vorlagen wird so beispielsweise eine Data Pipeline zum Trainieren eines TensorFlow-Modells erstellt. Auch kann dem Szenario eine zweite Pipeline für das Deployment des zuvor trainierten Modells hinzugefügt werden. Der ML Scenario Manager enthält ebenfalls Informationen zur Performance und Ausführung von Data Pipelines und eine Deployment-Historie der Projektartefakte. Auch eine Versionierung der Szenarien wird unterstützt, sodass man sie beispielsweise auf eine vorherige Version zurücksetzen kann.

Metrics Explorer

Zur Bewertung eines trainierten ML-Modells werden, abhängig vom Szenario, unterschiedliche Metriken verwendet. Ein Beispiel ist die Klassifikationsmetrik (Classification Metric) zur Bestimmung der Genauigkeit eines Modells. Wird z. B. über den ML Scenario Manager eine Machine Learning Pipeline ausgeführt, können die bei der Ausführung gesammelten Metriken zur Genauigkeit und die Parameter im *Metrics Explorer* angezeigt und mit vorherigen Ausführungen der Data Pipeline verglichen werden.

[+]

Weiterführende Literatur zu SAP Data Intelligence

Weitere Informationen und detaillierte Beschreibungen zu SAP Data Intelligence finden Sie in dem Buch »SAP Data Intelligence – Das umfassende Handbuch« von Alexander Kästner et al. (SAP PRESS 2021).

8.4 NoSQL-Datenbanken

Definition von NoSQL

Relationale Datenbanken haben Vorteile, wenn es auf Transaktionssicherheit (gemäß der ACID-Prinzipien) und Datenintegrität ankommt (siehe Abschnitt 8.2, »Multimodale Datenplattform mit SAP HANA Cloud«). In vielen Bereichen sind sie daher die erste Wahl zur Speicherung von Unternehmensdaten. *NoSQL* steht hingegen für »Not only SQL« und bezeichnet Datenbanksysteme, die einen nicht relationalen Ansatz zur Strukturierung und Speicherung von Daten verfolgen. Motiviert durch einige Nachteile relationaler Datenbanken kam im Jahr 2010 der NoSQL-Trend auf und griff dabei einige ältere Ideen zur Datenverwaltung wieder auf.

Während Daten in relationalen Datenbanken in mehreren Tabellen, die über Primärschlüssel und Fremdschlüsselbeziehungen verknüpft sind, gespeichert werden, verwenden NoSQL-Datenbanken z. B. Wertepaare, Objekte, Dokumente oder Listen und Reihen für die Organisation der Daten. Als schemafreie Datenbanken setzen sie auf flexible Techniken, um festzulegen, wie Daten gespeichert werden. Namensgebend ist der Einsatz anderer Protokolle als SQL für die Kommunikation mit den Anwendungen.

Vorteile nicht relationaler Datenbanken

Die Architektur vieler NoSQL-Datenbanken ist auf Skalierbarkeit ausgelegt, sodass sich große Datenbestände in einem Cluster verwalten lassen. Insbesondere die Skalierbarkeit, aber auch die Schemafreiheit wird durch eine Lockerung der Vorgaben zur Datenintegrität erreicht. NoSQL-Datenbanken stellen daher einen Kompromiss aus den ACID-Eigenschaften relationaler Datenbanksysteme und einer höheren Flexibilität des Datenmodells dar, das eine einfache horizontale Skalierung ermöglicht.

Im Vergleich zu den relationalen Datenbanken unterscheiden sich die NoSQL-Datenbanken hinsichtlich des unterstützten Datenmodells voneinander. Die verschiedenen NoSQL-Ansätze und Datenbankmodelle lassen sich in vier wesentliche Kategorien einteilen:

- dokumentenorientierte Datenbanken
- Schlüssel-Wert-Datenstruktur (Key-Value-Datenbanken)
- Graphdatenbanken
- spaltenorientierte Datenbanken

Zu den bekannten Implementierungen des NoSQL-Ansatzes zählen Apache Cassandra, CouchDB, MongoDB und Redis. Redis wird z. B. als Service im Service Marketplace der SAP BTP angeboten.

Einsatzbereiche

NoSQL-Datenbanken sind für Anwendungen optimiert, die große Datenmengen und flexible Datenmodelle erfordern, bei denen also im Voraus noch nicht klar ist, welche Strukturen die zu speichernden Daten haben. Auch können große Datenmengen mit NoSQL-Systemen mit hoher Performance gespeichert und abgefragt werden. Besonders bei komplexen und flexiblen Abfragen von unstrukturierten Daten bieten NoSQL-Lösungen Vorteile im Vergleich zur relationalen Variante.

8.4.1 Multimodaler Speicher in SAP HANA

Mit den unterschiedlichen Möglichkeiten zur Speicherung und Verarbeitung von Daten ergänzt SAP HANA die relationale Datenhaltung mit einigen NoSQL-Funktionen.

Document Store

Dazu zählt der *SAP HANA Document Store*, der mit SAP HANA 2.0 SPS 01 eingeführt wurde und ebenfalls in SAP HANA Cloud enthalten ist. Der Document Store nutzt JSON und verbindet damit einen flexiblen, dokumentenorientierten NoSQL-Speicheransatz mit den Vorteilen einer relationalen Datenbank, wie z. B. der ACID-Konformität. Er ermöglicht die Speicherung von semistrukturierten Daten in Sammlungen (*Collections*), ohne eine explizite Struktur zu definieren. Dies erhöht die Flexibilität und Kompaktheit der Speicherung.

Hervorzuheben ist, dass der Document Store die Möglichkeit bietet, eine dokumentenorientierte Datenbank direkt und vollständig in SAP HANA zu integrieren, ohne dass eine zusätzliche Datenhaltung parallel betrieben werden muss. Dabei sind die vollständigen ACID-Eigenschaften verfügbar und relationale Operationen wie ein Join mit anderen Tabellen im SAP-HANA-Datenmodell möglich. Auf diese Weise kann sich eine einzelne Transaktion über alle SAP-HANA-Speichermöglichkeiten erstrecken.

Graphdatenbanken

Neben der Speicherung von JSON-Dokumenten erlaubt SAP HANA die Speicherung und Verarbeitung graphenbasierter Datenstrukturen. Wie bereits in Abschnitt 8.2.1, »Datenmodelle«, erwähnt, verwendet eine Graphdatenbank in der Datenverarbeitung Knoten und Kanten mit entsprechenden Eigenschaften zur Darstellung und Speicherung von Daten. Der Graph beschreibt die Beziehungen (Kanten) zwischen den verschiedenen Entitäten (Knoten) und alle Eigenschaften der Beziehungen und Entitäten über entsprechende Attribute. Die Beziehungen ermöglichen es, Daten direkt miteinander zu verknüpfen und unter Berücksichtigung der Attribute auszulesen. Beziehungen können mit Graphdatenbanken intuitiv visualisiert werden, was sie gut für stark miteinander verknüpfte Daten anwendbar macht. Auch ist die Datenstruktur von Graphdatenbanken sehr flexibel, da die Daten nicht in vorgegebenen Schemata gespeichert werden. Eigenschaften von Knoten und Kanten können nach Belieben hinzugefügt oder entfernt werden.

Für die Speicherung von Daten als Graph werden alle Daten in SAP HANA in einer Knotentabelle (Menge der Knoten) und einer Kantentabelle (Menge der Kanten) innerhalb eines Datenbankschemas gespeichert. Die Spalten der Knoten- und Kantentabellen entsprechen dabei den jeweiligen Eigenschaften (Attributen) der Knoten und Kanten des Graphs. Abbildung 8.9 zeigt ein Beispiel, bei dem der Graph Knoten mit den Eigenschaften **Type**, **Name** und **Year** hat. Die Kante hat die Eigenschaft **Type**. Schlüsselattribute (**ID**) in der jeweiligen Knoten- und Kantentabelle identifizieren alle Knoten und Kanten im Graph eindeutig. Die Kantentabelle enthält zwei zusätzliche Spalten, die den Quell- (**Source**) und Zielknoten (**Target**) jeder Kante speichern.

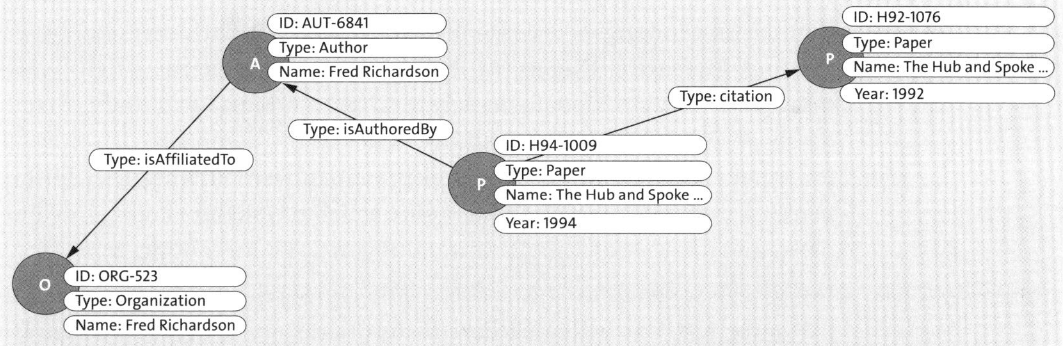

SAP-HANA-Knotentabelle

ID	TYPE	NAME	YEAR
AUT-6841	Author	Fred, Richardson	
H94-1009	Paper	The Hub and Spoke Paradigm for CSR Evaluation	1994
ORG523	Organization	Boston University	
H92-1076	Paper	Speech Collection for the CSR Corpus	1992

SAP-HANA-Kantentabelle

ID	SOURCE	TARGET	TYPE
1	H94-1009	AUT-6841	isAuthoredBy
2	AUT-6841	ORG-523	isAffiliatedTo
3	H94-1009	H92-1076	citation

Abbildung 8.9 Graph in SAP HANA mit Knoten- und Kantentabelle

Durch die relationale Speicherung der Graphen werden alle Funktionen, wie z. B. die Zugriffskontrolle, Backup und Recovery, von SAP HANA auch auf die Graphdaten angewendet.

[»]

SAP HANA ist keine NoSQL-Datenbank

Auch wenn SAP HANA die Speicherung graphenbasierter Strukturen erlaubt, ist SAP HANA keine NoSQL-Datenbank. Alle Daten in SAP HANA werden innerhalb eines Schemas ACID-konform gespeichert. Durch die multimodale Speichermöglichkeit erweitert SAP HANA die klassische relationale Datenmodellierung jedoch um weitere Konzepte wie Graphen und JSON.

8.4.2 Redis auf der SAP BTP, Hyperscaler Option

Redis (Akronym für Remote Dictionary Service) erschien im Jahr 2009 und ist eine Open-Source-NoSQL-Datenbank. Redis nutzt eine Schlüssel-Wert-Datenstruktur (Key Value Store) zur Organisation von Daten im Hauptspeicher.

Redis verfügt über zahlreiche Datenstrukturen wie Zeichenfolgen, Listen, Sätze, sortierte Sätze, Hash-Zuordnungen und Bit-Muster. Zu den weiteren Funktionen und Vorteilen von Redis zählen eine hohe Verfügbarkeit, Geodaten-Indizes, die Skript-Sprache Lua, Transaktionen, Festplattenbeständigkeit und Cluster-Unterstützung. Redis ist in C-Code geschrieben und unterstützt mehrere Entwicklungssprachen sowie Open-Source-Tools.

Nutzen

Häufige Anwendungsfälle des Redis-Service sind z. B. Caching, Sitzungsverwaltung, Messaging Queue für Publish- und Subscribe-Szenarien, Streaming-Datenanalyse, Geodatenanalyse, Chat bzw. Messaging und Echtzeitdatenspeicher für Media-Streaming. Redis kann demnach vielseitig als Datenbank, Cache und Message Broker genutzt werden. Aufgrund der hohen Geschwindigkeit ist Redis auch eine beliebte Wahl für Finanz-, Gesundheits- und Internet-of-Things-Anwendungen (IoT-Anwendungen).

Hyperscaler Option

Redis ist als sogenannte *Hyperscaler Option* im Service Marketplace der SAP BTP integriert. Das bedeutet, dass Redis-Cloud-Services von Partnern wie AWS (mit dem Service *Amazon Elastic Cache for Redis*) oder Microsoft (mit dem Service *Azure Cache for Redis*) über einen Service Broker genutzt werden können. Die erforderliche Lizenzierung beim jeweiligen Cloud Provider wird dabei von SAP verwaltet (siehe Abbildung 8.10).

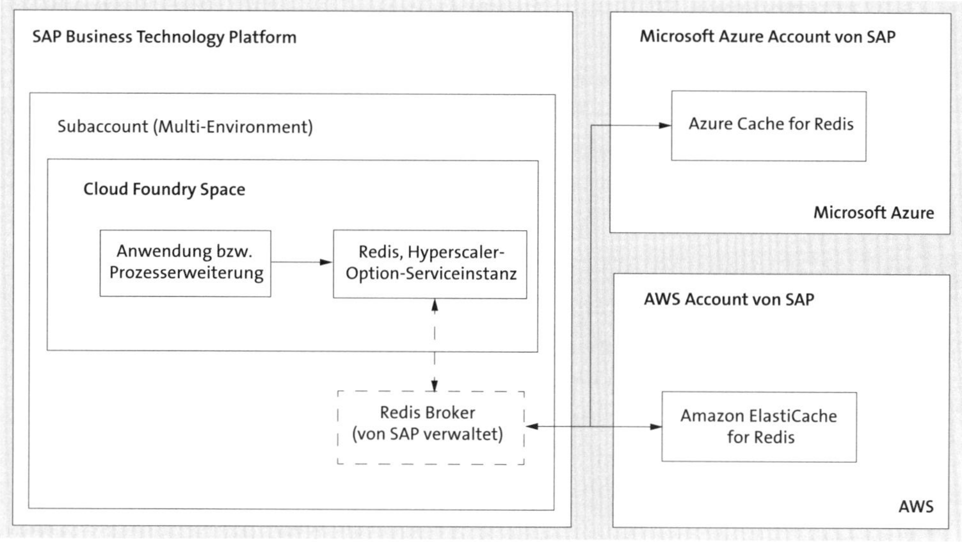

Abbildung 8.10 Redis auf der SAP BTP, Hyperscaler Option

8.5 Unstrukturierte Daten

Viele Daten sind bei ihrer Entstehung unstrukturiert, d. h., dass sie in einer nicht formalisierten Struktur vorliegen und eine Anwendung oder Prozesserweiterung nicht über eine definierte Schnittstelle analytisch auf sie zugreifen kann. Daten gewinnen Struktur, indem sie durch menschliche oder maschinelle Modellierung in ein Schema gebracht werden. Durch die Strukturierung können Nachteile entstehen, da oft Informationen verloren gehen. Im Unternehmensumfeld liegen daher auch wichtige Informationen in unstrukturierten Daten vor.

SQL-Datentypen

Unstrukturierte oder semistrukturierte Daten wie z. B. Texte und Bilder können auch in entsprechenden Large-Object-Datentypen (LOB) in relationalen Datenbanken gespeichert werden. SAP HANA bietet für die Verarbeitung von Text spezielle SQL-Datentypen, Funktionen zur Indexierung und eine Volltextsuche. Für rein dokumentenbasierte Anwendungen, die beispielsweise Anhänge aus E-Mails speichern, spielen relationale Datenbanken nicht alle ihrer Vorteile aus. Daher bietet die SAP BTP speziell für die Speicherung und Verwaltung von unstrukturierten Daten eigene Services.

8.5.1 Object Store auf der SAP BTP

Der Service *Object Store* der SAP BTP unterstützt die Speicherung und den Zugriff auf beliebig große, unstrukturierte Daten (z. B. Dateien und Binary

Large Objects, BLOBs) als Objekte. Dazu wird die jeweilige BLOB-Speicherlösung des zugrunde liegenden Cloud Providers, auf dem der Subaccount der SAP BTP bereitgestellt wird, verwendet. Bei einer Nutzung der Plattform auf der AWS-Infrastruktur wird der Amazon Simple Storage Service (Amazon S3) verwendet, bei einer Bereitstellung über die Google Cloud der Google Cloud Storage und in Verbindung mit Azure als IaaS-Provider der Azure Blob Storage.

Cloud Provider SDK

Zur Nutzung des Object Store verwendet Ihre Anwendung oder Prozesserweiterung ein programmiersprachenabhängiges SDK, das von den Cloud Providern zur Verfügung gestellt wird. Um beispielsweise Multi-Media-Dateien, Dateiarchive oder Backups in einer Java-basierten Anwendung zu verwalten, nutzen Sie den Object Store über ein IaaS-Cloud-Provider-spezifisches SDK zur sicheren BLOB-Speicherung auf der Basis von z. B. Amazon-S3-Buckets, Azure Blob Containern oder Google Cloud Storage Buckets.

[»]

Speicherklassen

Alle vom Service Object Store erstellten Buckets auf den jeweiligen Cloud-Provider-Diensten werden in der Standard-Objektspeicherklasse (Storage Class) erstellt. Damit werden die meisten Anwendungsfälle zur allgemeinen Speicherung von Daten mit häufigem Zugriff unterstützt. Andere Speicherklassen, wie z. B. Infrequent Tier oder Glacier, für Anwendungsfälle mit selteneren Zugriffen und zur Langzeitspeicherung werden vom Plattformservice nicht unterstützt.

Multi-Cloud-Anwendung

Für die Programmierung einer Anwendung oder Prozesserweiterung, die auf der Infrastruktur unterschiedlicher Cloud Provider betrieben werden soll und dabei mit grundlegenden objektbezogenen Operationen auskommt, werden entsprechende Open-Source-Bibliotheken, wie z. B. *Apache JClouds*, in der Anwendung verwendet. Die Bibliotheken abstrahieren die Cloud-Provider-spezifischen Unterschiede der BLOB-Speicherkonzepte (Amazon-S3-Buckets, Azure Blob Storage, Google-Cloud-Storage-Buckets) und bieten einheitliche Methoden für grundlegende Object-Store-Operationen an. Dadurch reduziert sich die Komplexität und der Aufwand bei der Programmierung von Multi-Cloud-Anwendungen, die funktional einen Object Store benötigen.

8.5.2 SAP Document Management Service

Um sowohl UI-basierte als auch rein API-basierte Funktionen zur Dokumentenverwaltung zu nutzen, bietet die SAP BTP den *SAP Document Ma-*

nagement Service. Der Service unterstützt beispielsweise den Austausch von Dateien mit Partnern oder die Umsetzung eigener Content-Management-Funktionalität innerhalb einer Anwendung oder Prozesserweiterung.

Integration Option

Indem Sie mit der *SAP Document Management Service, Integration Option* vorhandene CMIS-konforme Dokumentenmanagement-Systeme (DMS) in SAP S/4HANA als Repository einbinden, können Sie eigene Anwendungen oder Prozesserweiterungen zur Verwaltung unterschiedlicher Dokumente implementieren. Auch stellt der SAP Document Management Service eine wiederverwendbare und in die eigene Anwendung integrierbare UI5-Komponente zum Verwalten von Repository-Ordnerstrukturen, eine attributbasierte Suchfunktion, eine Anzeige von z. B. PDF- oder Microsoft-Office-Dokumenten sowie eine Metadaten- und Versionsverwaltung zur Verfügung. Der Service ist außerdem mit anderen Plattformservices kombinierbar, wie z. B. den SAP Mobile Services, um Bilder oder Dokumente (z. B. Rechnungen) aus einer mobilen Anwendung zentral zu verwalten.

[«]

CMIS und Apache Chemistry

Um die Funktionen der SAP Document Management Service, Integration Option in Ihrer Anwendung zu nutzen, sind Kenntnisse des CMIS-Standards und von Apache Chemistry von Vorteil. *CMIS* (Content Management Interoperability Services) ist ein herstellerübergreifender Standard zur Anbindung von Content-Management-Systemen. *Apache Chemistry* unterstützt Open-Source-Implementierungen von CMIS für Java, Python, PHP, .NET und weitere.

Repository Option

Neben der Einbindung vorhandener SAP- und Nicht-SAP-Repositories über CMIS, können Sie mit dem Service auch ein eigenes, skalierbares Repository zur Verwaltung unstrukturierter Daten umsetzen. Dafür wird die *SAP Document Management Service, Repository Option* als Datenspeicher bereitgestellt, auf den via CMIS zugegriffen wird. Die Repository Option unterstützt ebenfalls das Scannen nach Viren, bevor Dokumente im Repository gespeichert werden. Auch das Verwalten von Shared Foldern ist möglich, sodass unterschiedliche Fachabteilungen und Geschäftspartner gemeinsam mit den verwalteten Dokumenten arbeiten können. Unabhängig vom verwendeten Repository, können Sie den Service auch nutzen, um Dokumente mithilfe von Ordnerhierarchien, Attributen, Versions- und Statusinformationen zu organisieren.

Application Option

Im Gegensatz zu der Integration Option, ist die *SAP Document Management Service, Application Option* eine eigenständige, in den Fachabteilungen sofort einsatzbereite SAP-Fiori-Cloud-Anwendung, die verschiedene Funktionen zur Verwaltung von beliebigen Dokumentenarten wie z. B. Texten, Medien und Binär-Formaten bietet. Damit kann beispielsweise der SAP-EasyDMS-Client um eine webbasierte Lösung ergänzt werden.

Business-Services

Abgesehen von den Dokumentenmanagement-Services zur Integration, Speicherung und Verwaltung von Dokumenten stellt die SAP BTP eine Reihe weiterer Business-Services zur Verarbeitung von unstrukturierten Daten bereit. Diese Business-Services können mit dem SAP Document Management Service über Ihre Anwendung bzw. Prozesserweiterung kombiniert werden. So kategorisiert der Service *Document Classification* mit einem konfigurierbaren Klassifikationsmodel unstrukturierte Dokumente mithilfe von ML, um E-Mails, Verträge oder Rechnungen automatisiert zu verarbeiten. Des Weiteren nutzt der Business-Service *Document Information Extraction* ML, um für eine weitere Verarbeitung relevante Informationen aus den unstrukturierten Daten zu extrahieren und bereitzustellen. Für die Dokumentenverwaltung kann auch der *SAP Forms Service by Adobe* nützlich sein, um interaktive Formulare zu erstellen und Dokumente für den Druck vorzubereiten.

8.6 Zusammenfassung

Die SAP BTP bietet verschiedene Services zur Verwaltung von Daten, die Sie an die funktionalen Anforderungen Ihrer Prozesserweiterungen oder Anwendungen auswählen können. Dabei liegen die Schwerpunkte auf einer flexiblen und skalierbaren Integration und Speicherung unterschiedlich strukturierter Daten aus verschiedenen Quellen innerhalb und auch außerhalb der IT-Infrastruktur des Unternehmens. Zentral ist dabei ebenfalls die Aufbereitung der Daten durch Validierungen und Transformationen der verschiedenen Formate.

Neben der Implementierung fachlicher Anforderungen zur Optimierung der Geschäftsabläufe können die SAP-BTP-Services auch zur Umsetzung zentraler Datenarchitekturen im Unternehmen genutzt werden, die von unterschiedlichen Entwicklungsteams oder auch von den Fachabteilungen verwendet werden können.

Kapitel 9
Erweiterungen und Anwendungen programmieren

Die flexible Erweiterbarkeit von Geschäftsprozessen ist eine wichtige Voraussetzung für intelligente Unternehmen, um eine schnelle und kontinuierliche Innovation zu gewährleisten. Dieses Kapitel stellt Ansätze, Tools und Services zur Umsetzung von Prozesserweiterungen und neuen Anwendungen mit der SAP BTP vor.

Mit den Services der SAP BTP werden Erweiterungen für bestehende Geschäftsprozesse implementiert. Auch die Umsetzung komplett neuer IT-Anwendungen ist mit den Plattformservices möglich. So können in Fachabteilungen bestehende Abläufe optimiert sowie neue Prozesse und damit auch neue Unternehmenskompetenzen realisiert werden. Bei der Erweiterung von SAP-Standardlösungen mit der SAP BTP profitieren Sie nicht nur von den bereitgestellten Services, sondern auch von integrierten Rollen- und Berechtigungskonzepten für eine durchgängige Datenzugriffssteuerung sowie von konsistenten Benutzeroberflächen auf der Basis von SAP Fiori und SAPUI5.

Offene Technologie

Bei der Entwicklung von Anwendungen und Prozesserweiterungen verfolgt die SAP BTP einen offenen Technologieansatz. So können Entwicklungsteams die Anforderungen der Fachabteilungen mit unterschiedlichen Programmiersprachen und Anwendungsarchitekturen umsetzen und dabei Tools und Frameworks ihrer Wahl nutzen. Neben SAPUI5 und SAP Fiori kann die Benutzeroberfläche beispielsweise auch mit AngularJS implementiert und die Geschäftslogik mit Node.js, Java und Spring programmiert werden. Auch für die Bereitstellung der Anwendung mittels Continuous Integration und Continuous Deployment (CI/CD) ist eine Kombination mit gängigen und in der IT-Infrastruktur bereits vorhandenen Werkzeugen wie beispielsweise Jenkins möglich.

Best Practices

Diese Flexibilität unterstützt bei einer bestmöglichen Einbindung von bestehenden Entwicklungsumgebungen, -ansätzen und -teams. Für Unternehmen oder Abteilungen, die noch keine etablierten Prozesse oder Werkzeuge haben, ist ein Start in die Programmierung und Bereitstellung von

Cloud-Anwendungen zeitaufwendiger und schwieriger. Es besteht der Wunsch nach Orientierung und Empfehlungen. Aus diesem Grund bietet die SAP BTP eine Reihe von Tools, Vorlagen, Software Development Kits (SDK) und modellgetriebenen Entwicklungs-Frameworks, die auf die Nutzung der Plattformservices und eine einfache Kombination der Services hin optimiert sind.

9.1 Erweiterung von SAP-Anwendungen

Side-by-Side-Erweiterungen

Je nach Branche und Region werden die im Unternehmen eingesetzten SAP-Lösungen oftmals erweitert, um individuelle Geschäftsprozesse oder domänenspezifische Anforderungen umzusetzen. Mit den Funktionen der SAP BTP (siehe Kapitel 3, »Funktionsbereiche der SAP Business Technology Platform«) ist es möglich, Side-by-Side-Erweiterungen, also Erweiterungen auf einer separaten Laufzeitumgebung, wie zusätzliche Workflows oder funktionale Module für SAP-Standardanwendungen, zu implementieren. In diesen Erweiterungsprojekten können die unterschiedlichen technischen Erweiterungsmöglichkeiten der SAP-Standardlösungen genutzt werden, die es Kunden und Partnern erlauben, die Software nach unternehmensspezifischen Bedürfnissen zu erweitern.

Entkopplung

Die mit der SAP BTP entwickelten Erweiterungen können als lebenszyklusstabile Ergänzungen zum vordefinierten Umfang der SAP-Standardlösungen umgesetzt werden. Dies bedeutet, dass die Side-by-Side-Erweiterungen keinen Einfluss auf eine Aktualisierung der Standardlösung haben und diese nicht behindern. Umgekehrt haben auch neue Versionen der Standardlösung keinen Einfluss auf die Funktionalität der Erweiterung. Eine solche Entkopplung von Standardlösungen und domänenspezifischen Erweiterungen unterstützt schnelle Innovationszyklen und ist beispielsweise auch eine allgemeine Voraussetzung für die Bereitstellung der Standardlösung als Software as a Service (SaaS) in der Cloud.

Arten von Erweiterungen

Zu den mit der SAP BTP realisierbaren Erweiterungen gehören u. a. folgende:

- **Erweiterung von Benutzeroberflächen**
  Entwicklung alternativer oder angepasster Benutzeroberflächen, einschließlich der Unterstützung mobiler Anwendungen
- **Erweiterung von Entitäten**
  Verarbeitung zusätzlicher Datenstrukturen
- **Erweiterung von Prozessen**
  Erweiterung der Prozessschritte und Prozesslogik (neue Transaktionen), Bereitstellung von zusätzlichen Funktionen über APIs

- **Erweiterung von Anwendungen**
  Entwicklung kompletter Anwendungen

Sie können in einem Erweiterungsprojekt gleich mehrere SAP-Lösungen gemeinsam erweitern und so beispielsweise eine funktionale Ergänzung implementieren, die sowohl SAP S/4HANA, SAP Sales Cloud, SAP Service Cloud und SAP Marketing Cloud umfasst.

[«]

Modifikation von SAP-Standardlösungen

Im Gegensatz zur lebenszyklusstabilen Erweiterung können Kunden eine SAP-Standardlösung, die im eigenen Rechenzentrum betrieben wird, auch modifizieren. *Modifikationen* sind Änderungen am Quellcode oder an den Metadaten der Standardlösung, die bestehende Funktionen der Software anpassen, verbessern oder verändern. Modifikationen haben Auswirkungen auf den Lebenszyklus der Standardanwendung, d. h., dass sie Aktualisierungen auf neuere Versionen der Standardlösung erschweren. Modifikationen von SAP-Standardlösungen fallen nicht in den Anwendungsbereich der SAP BTP.

Extension Domains

Erweiterungen von SAP-Standardlösungen werden über verschiedene Ansätze umgesetzt:

- Basierend auf den Erweiterungsmöglichkeiten der SAP-Standardlösung können Erweiterungen einerseits mit einem *In-App-Erweiterungsansatz* implementiert werden. Hierbei wird die Erweiterung in der gleichen Laufzeitumgebung wie die Standardlösung ausgeführt. Zur Programmierung werden Editoren und Funktionen verwendet, die direkt mit der Standardlösung bereitgestellt werden. Dabei lassen sich über API-Aufrufe auch externe Funktionen in eine In-App-Erweiterung einbinden.
- Im Gegensatz dazu wird eine Side-by-Side-Erweiterung in einer der Laufzeitumgebungen der SAP BTP umgesetzt und nutzt die bereitgestellten Plattformservices zur Implementierung der funktionalen Anforderungen der Fachbereiche. Im Vergleich zu einer In-App-Erweiterung steht bei einer Side-by-Side-Erweiterung eine größere Auswahl an Software-Architekturen und Programmiersprachen zur Verfügung, und sie bietet mehr Möglichkeiten zur Skalierung. Ebenfalls werden über API-Aufrufe externe Funktionen anderer Lösungskomponenten eingebunden.

Beide Erweiterungsansätze, In-App und Side-by-Side, lassen sich auch miteinander kombinieren, sodass z. B. eine In-App-Erweiterung eine Funktion aufruft, die auf der SAP BTP als Side-by-Side-Erweiterung implementiert und bereitgestellt wird.

Abbildung 9.1 visualisiert die beiden Erweiterungsansätze »In-App« ❶ und »Side-by-Side« ❷ in Bezug auf die zu erweiternde Standardfunktionalität. Auch eine Kombination beider Ansätze zu einem hybriden Ansatz ❸ ist möglich.

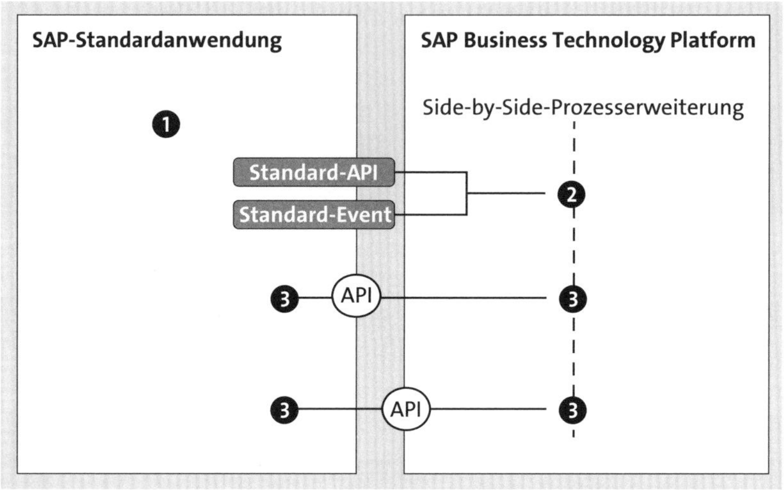

Abbildung 9.1 In-App- und Side-by-Side-Erweiterung einer Standardanwendung

Projektkonfiguration

Für Side-by-Side-Erweiterungen von SAP-Standardlösungen stehen auf der SAP BTP drei unterschiedliche Optionen für die Projektkonfiguration zur Verfügung, die Sie alle in einem Multi-Environment Subaccount der Plattform implementieren können:

- **Automatische Projektkonfiguration für die Cloud-Foundry-Laufzeitumgebung**
  Erweiterungen auf Basis einer automatischen Projektkonfiguration für die Cloud-Foundry-Umgebung sind z. B. in Verbindung mit SAP S/4HANA Cloud, SAP Marketing Cloud und SAP SuccessFactors nutzbar.
- **Automatische Projektkonfiguration für die Kyma-Laufzeitumgebung**
  Erweiterungen auf Basis einer automatischen Projektkonfiguration für die Kyma-Umgebung sind z. B. in Verbindung mit SAP S/4HANA Cloud, SAP Marketing Cloud, SAP SuccessFactors, SAP Sales Cloud, SAP Service Cloud, SAP Commerce Cloud und SAP Field Service Management nutzbar.
- **Erweiterungen auf Basis einer manuellen Projektkonfiguration für SAP-BTP-Laufzeitumgebungen**
  Falls die fachlichen Anforderungen eine Konfiguration erfordern, die

nicht von den automatischen Projektkonfigurationen unterstützt wird, können Sie die Integration zwischen SAP BTP und Ihrer SAP-Lösung optional manuell konfigurieren.

Automatische Projektkonfiguration

Bei der automatischen Konfiguration eines SAP-BTP-Erweiterungsprojekts erfolgt eine Registrierung (*Pairing* genannt) der zu erweiterten SAP-Standardlösungen in der SAP BTP. Dabei werden ausschließlich cloudbasierte (SaaS-)Lösungen von SAP unterstützt, da bei diesen Lösungen die Kommunikation zwischen der SAP BTP und der Standardlösung nicht über den Cloud Connector erfolgt (siehe Abschnitt 7.2, »SAP Connectivity Service und Cloud Connector«). Der Registrierungsprozess basiert auf einem Integrations-Token, der für das Pairing z. B. zwischen einem SAP-S/4HANA-Cloud-Tenant und einem Global Account der Plattform verwendet wird. Den Token erstellen Sie über das SAP BTP Cockpit, und der Tenant-Administrator oder die -Administratorin der jeweiligen SAP-Standardlösung (z. B. SAP S/4HANA Cloud) verwendet den Token, um den automatisierten Registrierungsprozess zu starten.

Extensibility-Service

Für die Erweiterung einiger Lösungen, wie z. B. SAP S/4HANA Cloud, SAP Marketing Cloud und SAP SuccessFactors gibt es eigene Plattformservices, die den Zugriff auf die APIs und Events dieser Standardlösungen vereinfachen. Nach der Zuweisung eines entsprechenden Entitlements zum Subaccount können diese *Extensibility-Services* mit der Auswahl entsprechender Servicepläne instanziiert werden, um die Kommunikation zwischen der SAP BTP und der Standardlösung zu definieren. Für den *SAP S/4HANA Cloud Extensibility Service* gibt es z. B. einen Serviceplan für den Zugriff auf die Standard-APIs der SAP S/HANA Cloud (den Serviceplan `api-access`) und einen zweiten Serviceplan für den Zugriff auf die Business Events (den Serviceplan `messaging`). Durch die Instanziierung des Service werden automatisch entsprechende Destinations für den Zugriff auf den SAP-S/4HANA-Cloud-Tenant im Subaccount konfiguriert (siehe Abbildung 9.2).

Anbinden der Extensibility-Services

Nachdem die Standardlösung registriert ❶ und ein entsprechender Extensibility-Service für die Kommunikation instanziiert worden ist ❷, binden Sie die Instanz des Extensibility-Service an Ihre Anwendung bzw. Prozesserweiterung ❸, wodurch der Erweiterungsanwendung eine URL und den APIs der Standardlösung Zugangsinformationen zugewiesen werden. Durch dieses *Binding* der Extensibility-Service-Instanz an Ihre Anwendung wird z. B. eine automatische Übermittlung der für den Zugriff auf die SAP-Standardanwendung erforderlichen Anmeldeinformationen ermöglicht. Alternativ kann Ihre Anwendung auch die automatisch angelegte Destination ❹ für den Zugriff auf die SAP-Standardlösung nutzen.

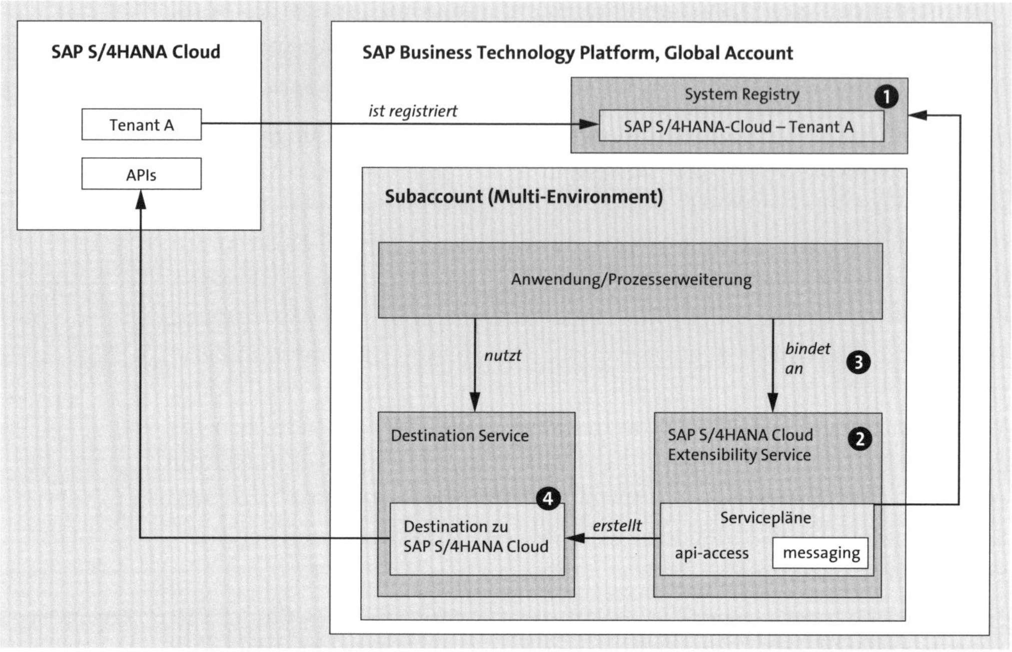

Abbildung 9.2 Zugriff auf SAP S/4HANA-Cloud-APIs und -Events über einen Extensibility-Service

[»]

Formation für Projekte mit mehreren Standardlösungen

Um durchgängige Prozesserweiterungen umzusetzen, umfassen Erweiterungsprojekte oftmals mehrere SAP-Standardlösungen. So kann es für die Implementierung einer Fachabteilungsanforderung erforderlich sein, sowohl SAP S/4HANA Cloud als auch SAP SuccessFactors zu erweitern und über APIs und Events auf beide Standardlösungen zuzugreifen. Um unterschiedliche SAP-Standardlösungen im Rahmen eines gemeinsamen Anwendungsfalls bzw. Plattformprojekts zu erweitern, erstellen Sie im SAP BTP Cockpit eine *Formation* und weisen die entsprechend registrierten SAP-Lösungen dieser Formation zu.

Manuelle Projektkonfiguration

Sofern Ihr Erweiterungsszenario nicht durch eine automatische Projektkonfiguration abgedeckt ist, führen Sie die erforderlichen Konfigurationsschritte für den Zugriff auf die Standardanwendung manuell durch. Dabei ist prinzipiell zu unterscheiden, ob Sie eine SAP-Cloud-Lösung oder eine SAP-Anwendung im Rechenzentrum des Unternehmens (bzw. auf einem IaaS, Infrastructure as a Service) erweitern. Letzteres erfordert die Installation und Konfiguration des Cloud Connectors (siehe Abschnitt 7.2, »SAP Connectivity Service und Cloud Connector«), um eine Kommunikation zwischen der Side-by-Side-Erweiterung und der Standardlösung (z. B. SAP S/4HANA) herzustellen. Neben der Konfiguration entsprechender Destinations für die Kommunikation zwischen der Standardanwendung und der Erweiterung zählt auch die Konfiguration der Authentifizierung der Erweiterung, z. B. über einen SAML (Security Assertion Markup Language) Identity Provider, zu den manuellen Konfigurationsaufgaben.

Fachanforderungen umsetzen

Der Zugriff auf SAP-Standardanwendungen erfolgt über die im SAP API Business Hub dokumentierten APIs und Events, und die Programmierung von Benutzeroberflächen, Prozesslogik und Datenhaltung wird mit Tools, SDKs und Frameworks unterstützt. Damit die Fachanforderungen umgesetzt werden können, gibt es weitere Plattformservices, wie SAP Mobile Services, SAP Conversational AI oder SAP Work Zone zur Realisierung von Benutzerschnittstellen, oder SAP Workflow Management zur Implementierung zusätzlicher Prozessschritte. Im Zusammenspiel all dieser Möglichkeiten spielt die SAP BTP ihren Plattformcharakter aus.

9.2 Entwicklungswerkzeuge und Frameworks

Für die Programmierung von Erweiterungen und Anwendungen stellt die SAP BTP unterschiedliche Services bereit, zu denen eine Entwicklungsumgebung und, je nach Software-Architektur (Serverless, Microservice, ABAP RESTful), entsprechende Laufzeitumgebungen und Frameworks gehören. Abhängig von bestehenden Entwicklungsprozessen und Standards im Unternehmen lassen sich auch vorhandene Tools und Entwicklungsansätze für die Plattform nutzen.

9.2.1 SAP Business Application Studio

Eclipse Theia

Das *SAP Business Application Studio* ist ein Cloud-Service der SAP BTP, der eine Entwicklungsumgebung für die Umsetzung von Prozesserweiterungen und Geschäftsanwendungen bereitstellt. Der browserbasierte Editor (siehe Abbildung 9.3) unterstützt den gesamten Softwareentwicklungszyklus von der Programmierung über die Paketierung bis zur Bereitstellung von Anwendungen. Die Umsetzung von Entwicklungsaufgaben wird dabei durch entsprechende Assistenten, Vorlagen und Beispiele erleichtert. Das SAP Business Application Studio basiert auf der Open-Source-IDE *Eclipse Theia* und bietet neben optimierten Werkzeugen und Editoren für unterschiedliche Aufgaben (z. B. für Java-Quellcode, BPMN-basierte Workflows oder den SAP HANA Database Explorer) auch eine Befehlszeile zur direkten Ausführung von Kommandos. Eclipse Theia bietet eine herstellerneutrale

Alternative zu Visual Studio Code von Microsoft, setzt dabei aber in Teilen auf der gleichen Open-Source-Codebasis auf.

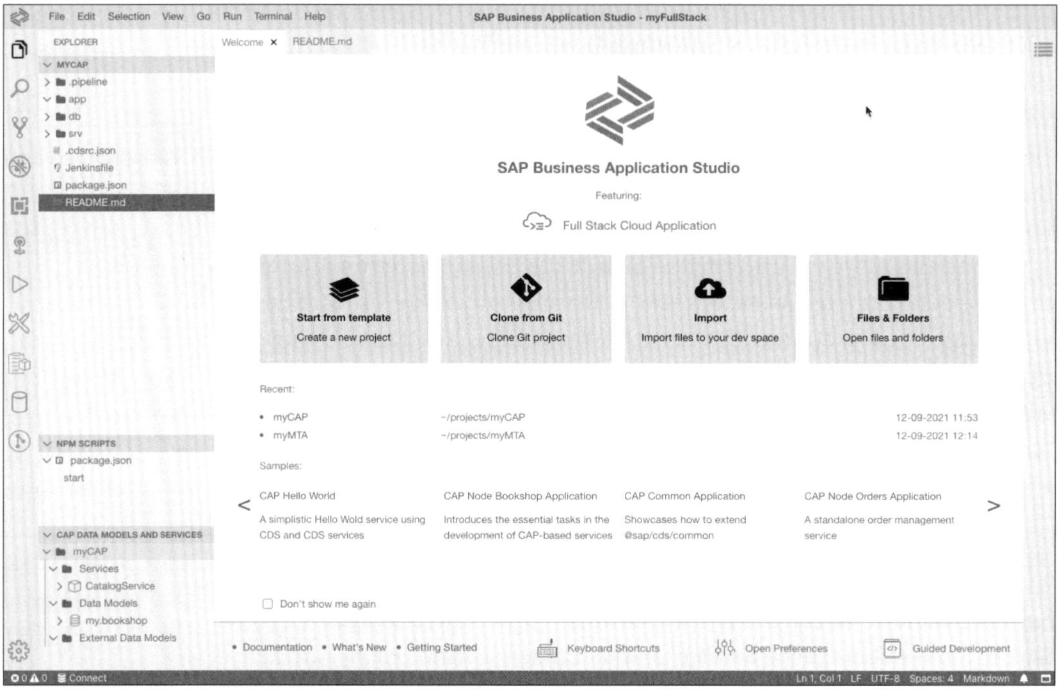

Abbildung 9.3 Einstiegseite des SAP Business Application Studios

Einsatzszenarien

Ein grundlegendes Konzept des SAP Business Application Studios sind *Dev Spaces*, die gleichzeitig die verschiedenen Einsatzszenarien der Entwicklungsumgebung beschreiben. Vergleichbar mit isolierten virtuellen Maschinen, bieten sie für unterschiedliche Entwicklungsszenarien entsprechende Werkzeuge und Editoren, wie z. B. für die Programmierung von SAP-Fiori-Anwendungen, Erweiterungen für SAP-Standardanwendungen und mobile Anwendungen. Die vordefinierten Dev Spaces unterstützen den gesamten Entwicklungszyklus – von der Entwicklung über den Test bis hin zur Bereitstellung des Projekts. Tabelle 9.1 fasst die Standard-Dev-Spaces und ihre jeweiligen Einsatzszenarien zusammen.

Dev-Space-Typ	Beschreibung
SAP Fiori	Beinhaltet SAP-Fiori- und SAPUI5-Tools zur Entwicklung von SAP-Fiori-Anwendungen auf der Grundlage verschiedener Laufzeitumgebungen wie z. B. Cloud Foundry und ABAP.

Tabelle 9.1 Dev Spaces zur Unterstützung verschiedener Entwicklungsszenarien

Dev-Space-Typ	Beschreibung
Full-Stack-Cloud-Anwendungen	Wird zur Programmierung von Prozesserweiterungen für SAP-Standardanwendungen sowie zur Programmierung neuer Geschäftsanwendungen mit dem SAP Cloud Application Programming Model, SAP Fiori und Java oder Node.js. genutzt.
SAP HANA Native Application	Dient der Implementierung von nativen SAP-HANA-Anwendungen und analytischen Modellen mithilfe von Editoren zur Erstellung von Datenbankartefakten, wie z. B. Calculation Views, Tabellen und SQLScript-Prozeduren sowie zur Integration von Daten auf der Basis von SAP HANA Smart Data Integration.
SAP Mobile Application	Unterstützt die Entwicklung mobiler Anwendungen mit dem Mobile Development Kit (siehe Abschnitt 9.4.2, »SAP Mobile Services«).

Tabelle 9.1 Dev Spaces zur Unterstützung verschiedener Entwicklungsszenarien (Forts.)

Dev-Space-Erweiterungen

Jeder der in Tabelle 9.1 dargestellten Dev-Space-Typen enthält eine Reihe von vordefinierten Erweiterungen (*Extensions*). Die SAP-Business-Application-Studio-Erweiterungen umfassen dabei eine Reihe von Tools, die Sie bei der Durchführung bestimmter, szenarioabhängiger Entwicklungsaufgaben unterstützen. Die Erweiterung *Java Tools* stellt Ihnen z. B. Werkzeuge für die Entwicklung von Java-Anwendungen zur Verfügung. Die Erweiterung *SAP Fiori Tools* enthält hingegen Vorlagen und Editoren mit passendem Syntax-Highlighting und passender Code-Vervollständigung für SAP-Fiori-Anwendungen.

Einem vordefinierten Dev Space können Sie zusätzliche Erweiterungen hinzufügen, um weitere Tools in Ihrer Entwicklungsumgebung zu nutzen. Über entsprechende Erweiterungen verwenden Sie im SAP Business Application Studio auch weitere SAP-BTP-Services, wie z. B. SAP Work Zone, SAP Workflow Management, SAP HANA Cloud, das SAP HTML5 Application Repository und die SAP Mobile Services. Ebenso wird der direkte Zugriff auf den SAP API Business Hub über eine entsprechende Extension unterstützt.

[«]

Installation zusätzlicher Extensions

Mit dem Extension Framework des SAP Business Application Studios können Sie neue Projekt- und Modul-Templates hinzufügen, um die Umsetzung Ihrer Entwicklungsprojekte zu erleichtern. So wird die IDE mit zusätzlichen Tools angereichert, die weitere Funktionen, wie z. B. Code Assist, statische Codeanalysen und die Formatierung des Quellcodes, bereitstellen. Auch eine Integration externer Dienste wird unterstützt. Neben der Entwicklung eigener Erweiterungen und Vorlagen kann zusätzliche Funktionalität über die *VSX Open Registry* der Eclipse Foundation eingebunden oder es können vorhandene *Yeoman Generators* für die Bereitstellung von Vorlagen genutzt werden.

Software-Entwicklungszyklus

Ziel des SAP Business Application Studios ist die Entwicklung vollständiger Anwendungen, bestehend aus Datenbankobjekten (z. B. SAP-HANA-Tabellen und Calculation Views), Geschäftslogik (z. B. in Java) und der Benutzerschnittstelle auf der Basis von SAP Fiori und SAPUI5. Die Entwicklungsumgebung richtet sich an professionelle und semiprofessionelle Entwicklerinnen und Entwickler. Sie bietet u. a. Code-Editoren mit Vorlagen für unterschiedliche Anwendungen, Funktionen für die Formatierung des Quellcodes, eine automatische Vervollständigung des Quellcodes und eine syntaktische Überprüfung an.

Funktionen

Über den im SAP Business Application Studio integrierten *Git-Client* verwalten Sie den Quellcode der Entwicklungsprojekte oder klonen ein bereits existierendes Projekt aus einem Repository für die Weiterentwicklung. Spezielle Editoren für bestimmte Plattformservices wie SAP Workflow Management, SAP Mobile Services oder SAP HANA Cloud (Database Explorer) unterstützen bei der Programmierung.

Dabei bietet das SAP Business Application Studio eine vergleichbare Nutzererfahrung wie eine lokal installierte Entwicklungsumgebung. Über eine integrierte Befehlszeile (Terminal) ermöglicht es z. B. auch den Zugriff auf das lokale Dateisystem. Ebenso können Sie Ihre Anwendung im Dev Space testen, ohne sie dafür auf die Ziel-Laufzeitumgebung der SAP BTP (z. B. Cloud Foundry) übertragen zu müssen. Speziell für die Entwicklung von Geschäftsanwendungen und Prozesserweiterungen im SAP-Umfeld stellt das SAP Business Application Studio verschiedene Vorlagen, Tools und Wizards bereit, die Sie bei der Projektumsetzung unterstützen.

Zugriff auf On-Premise-Systeme

Auch SAP-Lösungen, die im eigenen Rechenzentrum oder auf der Infrastruktur eines Cloud Providers (IaaS) betrieben werden, lassen sich mit dem SAP Business Application Studio erweitern. Dazu wird funktional der Cloud Connector (siehe Abschnitt 7.2, »SAP Connectivity Service und Cloud Connector«) verwendet und eine entsprechend definierte HTTP Destination für den Zugriff auf das Backend-System genutzt. So kann beispielsweise auch ein eigenes, im Rechenzentrum installiertes Git Repository für die Verwaltung des Quellcodes eingebunden werden.

9.2.2 Entwicklungsumgebung Eclipse

Seit IBM im November 2001 den Quellcode für die Entwicklungsumgebung *Eclipse* freigegeben hat, wird diese Umgebung zur Entwicklung von Software verschiedenster Art genutzt. Durch die gute Erweiterbarkeit über Plug-ins gibt es für nahezu jede Aufgabe im Software-Entwicklungszyklus und für jede Programmiersprache entsprechende Funktionen und Editoren. SAP stellt über die Website *https://tools.hana.ondemand.com* Eclipse-Plug-ins zur Verfügung.

ABAP Development Tools

Für die Entwicklung von ABAP-Programmen in der SAP BTP verwenden Sie die *ABAP Development Tools* für Eclipse. Dabei handelt es sich um das gleiche Plug-in, das Sie für die Entwicklung auf dem SAP NetWeaver Application Server ABAP (SAP NetWeaver AS ABAP) nutzen könnten. Im Unterschied zur ABAP-Entwicklung für die SAP-NetWeaver-Umgebung wird jedoch die traditionelle ABAP Workbench (Transaktion SE80) für eine Entwicklung von ABAP-Cloud-Anwendungen nicht unterstützt. Die Anwendungen müssen mit den ABAP Development Tools in Eclipse auf dem Rechner der Entwicklerin oder des Entwicklers erstellt und in der ABAP-Laufzeitumgebung der SAP BTP bereitgestellt werden.

Eine Integrationsoption für Git ist auch für die ABAP Development Tools verfügbar, um Entwicklungsartefakte zu importieren und zu verwalten und um direkten Zugriff auf Open-Source-Projekte zu bieten.

[«]

BW-Modellierung und Administration von SAP HANA

Auch für die Modellierung von Objekten für SAP BW powered by SAP HANA und SAP BW/4HANA sowie die Administration von SAP HANA stehen Plug-ins für Eclipse zur Verfügung.

9.2.3 SAP AppGyver

Anwendungen erstellen

SAP AppGyver ist eine browserbasierte No-Code- bzw. Low-Code-Plattform zur visuellen Entwicklung und Bereitstellung von Cloud-Anwendungen und mobilen Apps. Gerade für die sogenannten Citizen Developer ohne Programmierkenntnisse erlaubt SAP AppGyver die einfache Konfiguration von Anwendungen, die auf unterschiedlichen Betriebssystemen laufen – ohne eine einzige Zeile Programmcode zu schreiben.

Composer Pro

Eine zentrale Komponente von SAP AppGyver ist der Editor *Composer Pro*. Er unterstützt neben einer intuitiven Erstellung von Benutzeroberflächen mittels Drag & Drop von UI-Elementen auch die Umsetzung der Anwendungslogik und die Datenhaltung (siehe Abbildung 9.4).

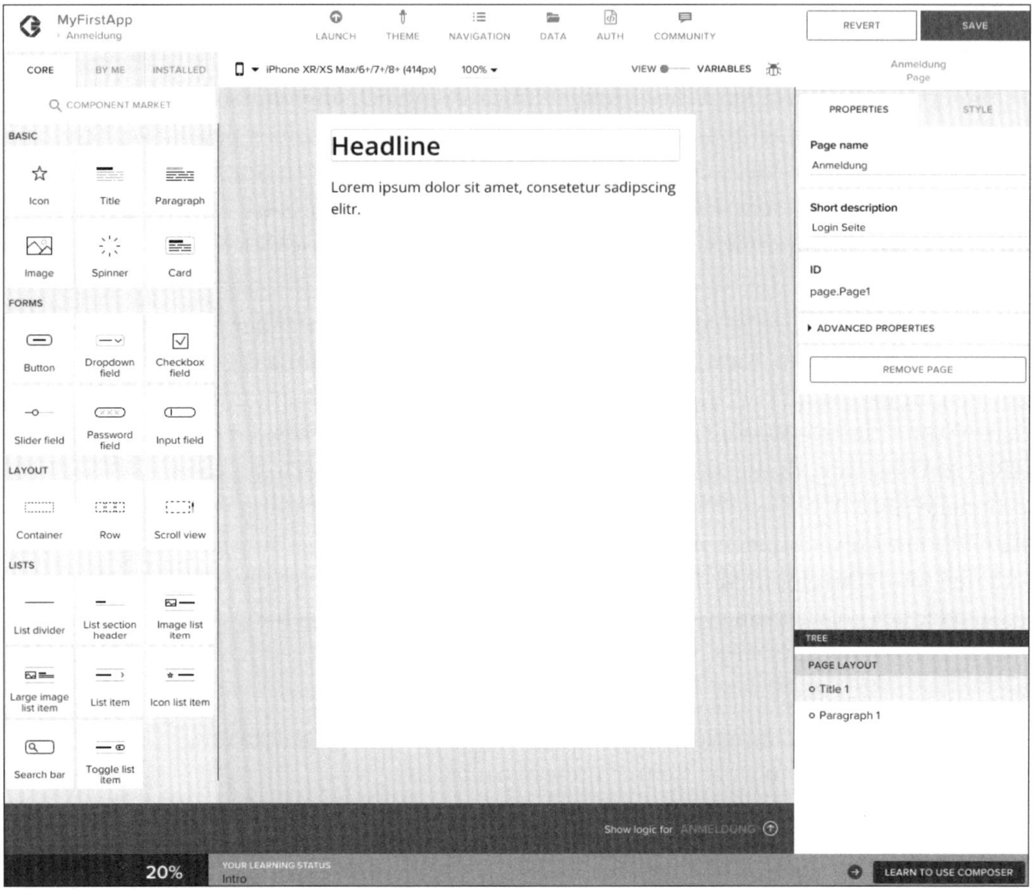

Abbildung 9.4 Composer Pro in SAP AppGyver

Funktionsbibliothek

Composer Pro stellt eine Bibliothek von Funktionen bereit, z. B. für den Zugriff auf Dateien, die Verarbeitung von Daten und die Verarbeitung von Nutzereingaben. Auch die Logik der Anwendung wird mithilfe der Bibliothek visuell modelliert. Die Arbeit mit Daten ist über Formeln möglich, die sich, ähnlich wie bei einem Tabellenkalkulationsprogramm, nutzen lassen. Mit über 400 vordefinierten Funktionen, z. B. für die Berechnung der Entfernung zwischen zwei Koordinaten oder für die Umwandlung eines Datenformats, werden gängige Operationen bereitgestellt, die Sie direkt nutzen können.

[+]

Vorbereiten des Subaccounts für die Nutzung von SAP AppGyver

Um alle erforderlichen Konfigurationsschritte für die Low-Code-/Now-Code-Programmierung mit SAP AppGyver durchzuführen, nutzen Sie den SAP BTP Booster *Prepare an Account for Low-Code/No-Code App Develop-*

ment im SAP BTP Cockpit. Der Booster weist die erforderlichen Entitlements zu, erstellt bei Bedarf einen neuen Subaccount und fügt den Usern notwendige Role Collections zur Verwendung des Service hinzu.

Cloud Build

Nach der Erstellung der Anwendung wird sie mit dem Service *Cloud Build* von SAP AppGyver auf unterschiedlichen Plattformen bereitgestellt. Für die Auslieferung mobiler Anwendungen über den App Store von Apple oder den Google Play Store können entsprechende native Dateien generiert werden.

9.2.4 SAP Cloud Application Programming Model

Das *SAP Cloud Application Programming Model* ist ein Framework, das einen deklarativen Ansatz für die Umsetzung unternehmensspezifischer Anforderungen nutzt, um die Entwicklung nativer Cloud-Anwendungen mit der SAP BTP zu vereinfachen. Notwendige Anwendungsbestandteile, wie z. B. Datenbankdefinitionen oder OData-Service-Definitionen, generiert das Framework dabei automatisch.

Core Data Services

Als zentralen Mechanismus zur Beschreibung der Anwendungsbestandteile verwenden Sie die *Core Data Services* (CDS). Auf Basis der CDS-Beschreibungen wird entsprechender Quellcode, wie z. B. SQL-Befehle, zum Anlegen der Datenbank, automatisch generiert und auch ausgeführt.

Für die Implementierung einer Anwendung oder Prozesserweiterung mit dem SAP Cloud Application Programming Model nutzen Sie einen entsprechenden Dev Space im SAP Business Application Studio, der Java und Node.js als Programmiersprachen unterstützt. Auch Eclipse oder Microsoft Visual Studio können für die Programmierung verwendet werden.

[+]

Weiterführende Literatur zum SAP Cloud Application Programming Model

Weitere Informationen und detaillierte Beschreibungen zum SAP Cloud Application Programming Model finden Sie in dem Buch »Anwendungsentwicklung auf der SAP Cloud Platform – Das SAP Cloud Application Programming Model« von Klaus Kopecz (SAP PRESS 2020).

9.3 Laufzeitumgebungen

Die mit den Plattformtools entwickelten Anwendungen und Prozesserweiterungen werden abhängig von der gewählten Programmiersprache und Softwarearchitektur mit entsprechenden Laufzeitumgebungen der SAP BTP bereitgestellt. Das Deployment der Anwendung in der Laufzeitumgebung erfolgt dabei entweder aus dem SAP Business Application Studio, aus Eclipse oder aus dem Microsoft Visual Studio heraus – oder automatisiert mithilfe von Kommandozeilentools bzw. Plattformservices.

Programmiersprache, Architektur und Betrieb

Die Anwendungsarchitektur, die Art der Bereitstellung und der Betrieb sind eng mit der Laufzeitumgebung verknüpft. Bei der Wahl von Programmiersprache und Anwendungsarchitektur bieten die Cloud-Foundry-Umgebung und die Kyma-Umgebung der SAP BTP verschiedene Möglichkeiten. Die Cloud-Foundry-Umgebung setzt auf eine microservicebasierte Architektur mit dem SAP Cloud Application Programming Model und Node.js oder Java und die Kyma-Umgebung auf eine microservicebasierte Architektur mit Serverless Computing und Container-Deployment. Java und JavaScript bzw. Node.js sind die empfohlenen Programmiersprachen für die Cloud-Foundry- und Kyma-Umgebungen, da Sie hierfür die beste Tool-Unterstützung auf der Plattform erhalten. Für Anwendungsszenarien mit Anforderungen im Bereich der künstlichen Intelligenz (KI), wie z. B. maschinellem Lernen (ML), können Sie auch Python verwenden. Dabei kann das Entwicklungsteam auch eine Kombination der verschiedenen Programmiersprachen verwenden. Es können z. B. die meisten sachlichen Anforderungen in Java programmiert werden, und nur für Funktionen vom ML kommt dann Python zum Einsatz.

Auch das ABAP-RESTful-Programmiermodell kann in einer entsprechenden Umgebung auf der Plattform zur Umsetzung von Prozesserweiterungen und Anwendungen mit ABAP genutzt werden.

[»]

SAP BTP, Neo Environment

Beim Anlegen eines neuen Subaccounts kann neben dem Multi-Environment auch das Neo Environment gewählt werden, das ausschließlich aus SAP-Rechenzentren bereitgestellt wird. Das Neo Environment ist eine von SAP eigenentwickelte PaaS (Platform as a Service), die die Entwicklung und den Betrieb von Java-, HTML5- und SAP-HANA-XSC-Anwendungen (SAP HANA Extended Application Services Classic) unterstützt. Das Environment eignet sich gut zur Umsetzung komplexer, monolithischer Java-Anwendungen. Obwohl die Neo-basierten Services weiterhin verfügbar sind und bereits entwickelte Anwendungsszenarien weiterhin funktionieren, erfolgt keine Weiterentwicklung der Services oder Bereitstellung der Laufzeitumgebung in zusätzlichen Rechenzentren. Die Neo-Umgebung eignet sich zwar für die Entwicklung von Cloud-Anwendungen, bietet aber nicht das gleiche Maß an Flexibilität und cloudnativen Funktionen wie die Multi-Cloud-Umgebungen der SAP BTP. Auch können keine neuen Trial-Subaccounts im Neo-Environment angelegt werden.

9.3.1 SAP BTP, Cloud-Foundry-Umgebung

Die SAP BTP, Cloud-Foundry-Umgebung ist eine offene PaaS für die Entwicklung und den Betrieb von microservicebasierten Anwendungen.

Buildpack

Über *Buildpacks* unterstützt die Umgebung unterschiedliche Frameworks, Technologien und Programmiersprachen – wie z. B. Go, Java, .NET Core, Node.js und Python. Die Buildpacks werden von der Cloud Foundry Foundation zur Verfügung gestellt und können mit der SAP BTP genutzt werden. Tabelle 9.2 zeigt einige der über die Foundation bereitgestellten Programmiersprachen.

System-Buildpack-Name	Unterstützte Programmiersprachen, Frameworks und Technologien	In der SAP BTP vorinstalliert
Go	Go	nein
Java	Grails, Play, Spring und jede andere JVM-basierte Sprache oder jedes Framework	ja
.NET Core	.NET Core	nein
Node.js	Node oder JavaScript	ja
PHP	Cake, Symfony, Zend, NGINX oder HTTPD	nein
Python	Django oder Flask	ja
Ruby	Ruby, JRuby, Rack, Ruby on Rails oder Sinatra	nein
Staticfile	HTML, CSS, JavaScript oder NGINX	ja für SAPUI5
NGINX	NGINX	nein

Tabelle 9.2 Cloud Foundry System Buildpacks für gängige Programmiersprachen und Frameworks

Zusätzliche Informationen zu den Cloud Foundry Buildpacks finden Sie in der Cloud-Foundry-Dokumentation unter *http://s-prs.de/v859407*. Weitere Buildpacks für zusätzliche Programmiersprachen, wie z. B. Haskell, werden per GitHub von der Open Source Community zur Verfügung gestellt. Sie können auch eigene Buildpacks erzeugen, was den Ausdruck »Bring Your Own Language« (BYOL) geprägt hat. In der Cloud-Foundry-Umgebung der SAP BTP lassen sich zwar alle Cloud-Foundry-konformen Buildpacks nutzen, doch bietet SAP nicht pauschal für alle Buildpacks ein Enterprise-Support-Modell an. Die Buildpacks für Programmiersprachen wie Java, Node.js und Python erhalten entsprechenden Support und stehen daher auch standardmäßig in der Cloud-Foundry-Umgebung der SAP BTP zur Verfügung.

Entwicklungsprozess

Abbildung 9.5 veranschaulicht die Entwicklung einer microservicebasierten Anwendung für die Cloud-Foundry-Umgebung der Plattform. Die Umsetzung der Prozess- bzw. Anwendungslogik erfolgt mit den Best Practices und Tools des SAP Cloud Application Programming Models in einem Dev Space des SAP Business Application Studios. Das auf Metadaten-Annotationen basierende SAP-Fiori-Elements-Framework bzw. das JavaScript-basierte SAPUI5-Framework (siehe Abschnitt 9.4.1, »SAPUI5«) werden zur Umsetzung der Benutzeroberfläche und Plattformservices (wie z. B. SAP HANA Cloud) für die Verarbeitung der Daten innerhalb der Anwendungslogik verwendet.

Für die Integration und den Zugriff auf Daten von SAP-Standardanwendungen und Nicht-SAP-Anwendungen über APIs und Events stellt der SAP API Business Hub alle notwendigen Informationen bereit.

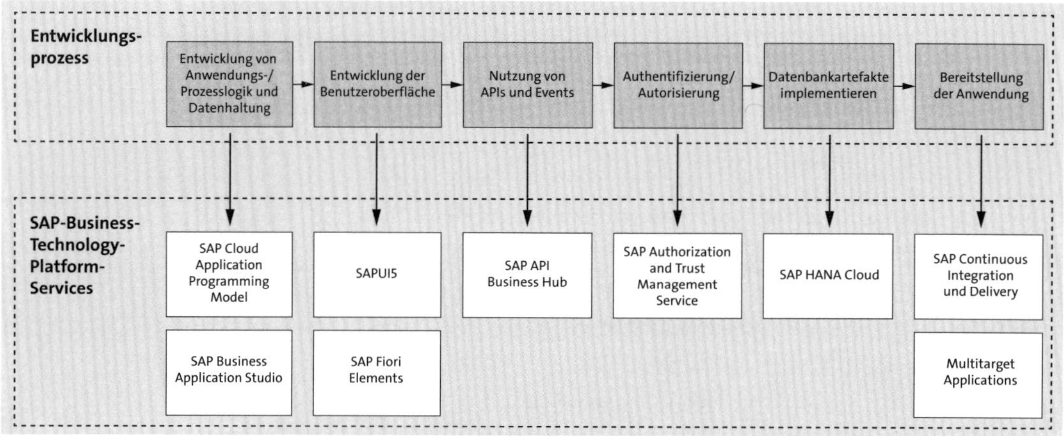

Abbildung 9.5 Entwicklungsschritte einer Cloud-Foundry-basierten Prozesserweiterung bzw. Anwendung

[»]

Java und Node.js

Für die Programmierung von Cloud-Foundry-Anwendungen und Erweiterungen auf der SAP BTP wird das SAP Cloud Application Programming Model empfohlen, das die Programmiersprachen Java und Node.js. unterstützt. Als Alternative zum SAP Cloud Application Programming Model können Entwicklungsteams auch das Spring Boot Framework für die Programmierung mit Java verwenden.

Deployment-Optionen

Die fertige Anwendung wird mit dem Service *SAP Continuous Integration and Delivery* auf der Plattform bereitgestellt. Alternativ erfolgt das Deployment der Anwendung mit dem Cloud Foundry Command-Line Interface (cf CLI). Wahlweise kann die Anwendung in der Cloud-Foundry-Umgebung auch als *Multitarget Application* (MTA) paketiert und bereitgestellt werden (in einem **.mtar**-Archiv). Eine MTA besteht aus mehreren Teilen (Modulen), die mit unterschiedlichen Technologien erstellt wurden. Trotz der unterschiedlichen Technologien wird über den Ansatz MTA sichergestellt, dass alle Teile denselben Softwarelebenszyklus haben (siehe Abschnitt 10.2, »Multitarget Applications«). Weitere Informationen zur Bereitstellung von Erweiterungen und Anwendungen in der Cloud-Foundry-Laufzeitumgebung der SAP BTP finden Sie in Kapitel 10, »Services für DevOps«.

Deployment als Docker Image

Ebenso ist es möglich, Ihre Anwendung als Docker Image über das Cloud Foundry Command-Line Interface in der Cloud-Foundry-Umgebung bereitzustellen, was allerdings aufwendiger im Vergleich zu anderen Deployment-Methoden ist. Dafür haben Sie aber höhere Freiheitsgrade bei der Bereitstellung der Anwendung. Zu beachten sind die besonderen Konfigurationsvorgaben des Docker Image, die in der Cloud-Foundry-Dokumentation beschrieben sind (*http://s-prs.de/v859405*).

Fazit

Zusammengefasst ist die Cloud-Foundry-Umgebung der SAP BTP eine skalierbare und vollständig von SAP verwaltet Laufzeitumgebung für native Cloud-Anwendungen. Die Umgebung bietet dabei einen hohen Grad an Abstraktion von der zugrunde liegenden Infrastruktur. So müssen Sie sich nicht mit technischen Aspekten wie virtuellen Maschinen, Netzwerken und deren Überwachung befassen. Auch eine direkte Nutzung der anderen Plattformservices ist möglich.

9.3.2 SAP BTP, ABAP-Umgebung

Einsatzgebiete

Die ABAP-Entwicklungsumgebung der SAP BTP legt den Anwendungsschwerpunkt auf die Entwicklung von Erweiterungen für ABAP-basierte Standardanwendungen wie SAP S/4HANA – aber auch die Umsetzung von eigenständigen Anwendungen, die unabhängig von der SAP-Standardlösung betrieben werden, ist möglich. Dabei können vorhandene ABAP-Kenntnisse eingesetzt und auch vorhandene ABAP-basierte Funktionsbausteine wiederverwendet werden.

[»]

ABAP-basierte SAP-Standardlösungen

ABAP-basierte SAP-Standardlösungen, wie z. B. SAP S/4HANA Cloud, werden nicht in der ABAP-Umgebung der SAP BTP betrieben, sondern bringen ihre eigene Laufzeitumgebung mit. Die SAP BTP mit ihren Services und Laufzeitumgebungen können Sie jedoch für die Entwicklung und den Betrieb von Side-by-Side-Erweiterungen der Standardlösungen nutzen.

ABAP RESTful Application Programming Model

ABAP-Anwendungen werden in der SAP BTP mit dem *ABAP RESTful Application Programming Model* umgesetzt, das sich von dem klassischen ABAP-Programmiermodell und dem für SAP Fiori optimierten ABAP-Programmiermodell unterscheidet. Das ABAP-RESTful-Programmiermodell ist speziell auf die Umsetzung von Cloud-Anwendungen ausgerichtet. Geschäftsobjekte und Prozesslogik werden als SAP-HANA-optimierte OData-Services oder allgemein als RESTful API bereitgestellt. Diese Services nutzen dann SAP-Fiori-Anwendungen oder andere Anwendungen für den transaktionalen Zugriff auf die Geschäftsobjekte bzw. die ABAP-basierte Prozesslogik. Das domänenspezifische Datenmodell der Geschäftsobjekte wird mit CDS definiert und die Geschäftslogik mittels ABAP programmiert. Alle Daten werden mit dem ABAP-RESTful-Programmiermodell in einer SAP-HANA-Datenbank gespeichert. Zur Entwicklung nutzen Sie Eclipse mit den ABAP Development Tools.

Sprachumfang

Die Programmiersprache ABAP in der SAP BTP unterstützt eine Teilmenge der Operationen und Sprachkonstrukte von ABAP für SAP NetWeaver, On-Premise-Version, und ist für die Cloud optimiert. So werden bei ABAP in der SAP BTP beispielsweise Anweisungen ausgeschlossen, die nicht mit sicheren Operationen in der Cloud vereinbar sind. Dazu zählen Operationen wie `OPEN DATASET` und `SQL-CONNECTION` und der Zugriff auf Dateien. Anweisungen, die nicht dem Cloud-Programmiermodell entsprechen, wie z. B. `CALL SCREEN`, `CALL-FUNCTION-RFC` und die Dynpro-Programmierung, werden ebenfalls nicht in der Umgebung der SAP BTP unterstützt. Auch sind alle codegenerierenden Anweisungen, wie z. B. `PERFORM-DYNAMIC-PROGRAM`, `GENERATE` oder `INSERT-REPORT`, nicht möglich. Darüber hinaus wurden veraltete ABAP-Anweisungsvarianten aus dem Sprachumfang für die Cloud entfernt, sodass mit dem ABAP-RESTful-Programmiermodell ein aktuelles und modernes ABAP zur Verfügung steht.

[+]

Weiterführende Literatur zur Entwicklung mit ABAP

Weitere Informationen und detaillierte Beschreibungen zur Programmierung mit ABAP finden Sie in dem Buch »ABAP-Entwicklung auf der SAP Cloud Platform« von André Tiebing et al. (SAP PRESS 2020).

Fazit

Wenn Sie bereits bestehende Erweiterungen oder Anwendungen (on-premise) in ABAP entwickelt haben und eine Migration der Lösung in die Cloud planen, ist das SAP BTP, ABAP Environment zu empfehlen. Da Sie weiterhin ABAP als Programmiersprache verwenden, kann so der Refactoring-Aufwand der bestehenden Anwendung reduziert werden. Darüber hinaus können Sie auch neue ABAP-basierte SAP-Fiori-Anwendungen für die Cloud von Grund auf neu implementieren. Diese Anwendungen sind vollständig für SAP HANA optimiert und profitieren von den integrierten Lifecycle-Management-Funktionen der ABAP Umgebung.

9.3.3 SAP BTP, Kyma-Umgebung

Abhängig von den funktionalen Anforderungen implementieren Sie Prozesserweiterungen oder auch komplette Anwendungen in der Kyma-Umgebung entweder als einfache Funktionen (Function as a Service, FaaS) oder als komplexere microservicebasierte Applikation.

Function as a Service

Eine FaaS ist eine einfache, gekapselte Prozess- bzw. Anwendungslogik, die ohne die Bereitstellung und Verwaltung eines eigenen Anwendungsservers ausgeführt wird. Daher bezeichnet man diesen Bereitstellungsansatz auch als *Serverless*. Auch eine Kombination aus FaaS und microservicebasierten Anwendungen wird in der Kyma-Umgebung unterstützt. So können beispielsweise Event- und API-basierte Erweiterungen kombiniert umgesetzt werden, in dem eine microservicebasierte Anwendung in der Kyma-Umgebung über APIs exponiert und über Events (FaaS) aufgerufen wird. Als Eventing-Infrastruktur kann SAP Event Mesh der SAP BTP genutzt werden.

Programmiersprachen

Für die Programmierung von FaaS werden die Programmiersprachen Node.js und Python unterstützt. Microservicebasierte Anwendungslogik wird in einer Programmiersprache Ihrer Wahl implementiert und als Docker-Container-basierte Anwendung in der Kyma-Umgebung bereitgestellt.

[«]

Container und Docker

Um Microservices unabhängig voneinander in Produktion zu bringen, muss jeder Microservice ein eigener Prozess sein oder sogar eine eigene Laufzeitumgebung mit dem notwendigen Technologie-Stack mitbringen. Dies kann äußerst unhandlich und zeitaufwendig für Entwicklungsteams sein. Aus diesem Grund wurden Container entwickelt, die seit 2013 mit der Einführung der Software von Docker verbreitet Anwendung findet. Dabei werden alle zur Laufzeit notwendigen Ressourcen, wie z. B. Bibliotheken, Datenbanken oder statische Dateien und Konfigurationen in ein Container-

Image gepackt, sodass eine Anwendung oder ein Microservice konsistent auf unterschiedlicher Hardware betrieben werden kann. In diesem Zusammenhang spricht man auch von Container-Virtualisierung.

Deployment Die Bereitstellung und Konfiguration von Microservices und Funktionen erfolgt wiederum zentral über die *Kyma-Konsole*. Auch SAP-BTP-Services und Services anderer Cloud Provider (z. B. von AWS, Azure und Google Cloud) können über die Kyma-Konsole registriert und instanziiert werden, um sie in Funktionen und microservicebasierten Anwendungen zu nutzen. Als Alternative zur Konsole kann das Kubernetes-Kommandozeilentool *kubectl* genutzt werden.

Fazit Damit ist die Kyma-Umgebung eine sehr offene Laufzeitumgebung und bietet durch die containerbasierte Bereitstellung viel Flexibilität bei der Umsetzung der fachlichen Anforderungen. Ebenso wie die Cloud-Foundry-Laufzeitumgebung nutzen Sie auch die SAP BTP, Kyma Runtime zur Implementierung nativer Cloud-Anwendungen. Durch die Verwendung von Kubernetes ist es ebenfalls möglich, hoch skalierbare Anwendungen zu realisieren.

9.3.4 SAP HTML5 Application Repository Service der SAP BTP

Um HTML5-basierte Benutzeroberflächen wie SAP Fiori und SAPUI auf der SAP BTP bereitzustellen, nutzen Sie den SAP HTML5 Application Repository Service. Dieser Service ermöglicht dabei die zentrale Speicherung von statischen Inhalten der HTML5-Anwendungen, wie z. B. HTML-, CSS- und JavaScript-Dateien, die in einem Browser ausgeführt werden. Der Service kann von der SAP BTP, Cloud Foundry Runtime und der SAP BTP, Kyma Runtime genutzt werden.

Funktionen Zu den Funktionen des SAP HTML5 Application Repository Service zählen eine Versionierung, die Aktualisierung der Anwendung ohne Unterbrechung des Betriebs (Zero Downtime), Laufzeitoptimierungen durch das Caching von Inhalten sowie eine automatische Skalierung durch die Bereitstellung zusätzlicher Kapazitäten bei hoher Auslastung.

Application Router Um auf Anwendungen im SAP HTML5 Application Repository Service zuzugreifen, wird der *Application Router* der SAP BTP verwendet. Neben dem Zugriff auf statische Inhalte regelt der Application Router auch die Authentifizierung von Benutzerinnen und Benutzern, übernimmt das Umschreiben von URLs und die Weiterleitung von Anfragen an andere SAP-BTP-Services.

9.4 Services für die Digital Experience

Durch die Offenheit der SAP BTP können Sie die Benutzeroberflächen Ihrer Prozesserweiterungen oder Anwendungen mit Technologien, Tools und Frameworks Ihrer Wahl gestalten. Die Editoren und Werkzeuge des SAP Business Application Studios erlauben dabei eine durchgängige Oberflächenentwicklung mit SAPUI5 und SAP Fiori. Neben der Oberflächenentwicklung für Ihre eigene Cloud-Anwendung stellt die Plattform auch weitere Services, z. B. zur Gestaltung eines digitalen Arbeitsplatzes, von Chatbots oder zur Entwicklung mobiler Anwendungen zur Verfügung.

9.4.1 SAPUI5

User Interface Controls

SAPUI5 ist eine Sammlung von Bibliotheken, mit denen Sie Anwendungen auf der SAP BTP erstellen können, die im Browser von Desktop- oder mobilen Geräten ausgeführt werden. Die User Interface (UI) Controls einer SAPUI5-Benutzeroberfläche, wie z. B. Charts oder Eingabefelder, passen sich dabei automatisch der Bildschirmgröße des Geräts an. Das nennt man *Responsive Design*.

Vordefinierte UI-Elemente

Außerdem kombiniert SAPUI5 Webtechnologien wie HTML5, JavaScript und CSS zu einem einzelnen Toolkit, das eine Vielzahl an vordefinierten UI Controls wie z. B. interaktive Charts, Kacheln, Buttons und editierbare Listen enthält. SAP Fiori nutzt SAPUI5 und definiert ein eigenes *Theme* zur Darstellung der UI Controls.

[«]

OpenUI5

Seit Dezember 2013 ist SAPUI5 unter dem Namen OpenUI5 Open Source und unter der Apache-2.0-Lizenz nutzbar. OpenUI5 wird von SAP entwickelt und ist offen für Erweiterungen. SAPUI5 und OpenUI5 enthalten unterschiedliche UI Controls.

Architektur

SAPUI5-Anwendungen entwickeln Sie nach den Richtlinien des Architekturmusters *Model View Controller* (MVC). Bei diesem Architekturmuster zur Implementierung von Benutzeroberflächen wird die Darstellung von der Benutzerinteraktion und den zu visualisierenden Daten getrennt. Diese Trennung der drei namensgebenden Einheiten Model, View und Controller erleichtert die Entwicklung der Webanwendung in unabhängigen Teilen und resultiert in einer besseren Lesbarkeit, Wartbarkeit und Erweiterbarkeit Ihrer Anwendung. Darüber hinaus können Sie durch diese Trennung die Visualisierung (View) ändern, ohne die zugrunde liegende Geschäftslogik anzupassen, und auch mehrere unabhängige Views auf dieselben Daten definieren.

Abbildung 9.6 zeigt den Zusammenhang zwischen Model, Controller und View. Die Einheit *View* ist für die Definition und das Rendering der Benutzeroberfläche zuständig. Das *Model* verwaltet die Anwendungsdaten, und der *Controller* reagiert auf Ereignisse und Interaktionen durch den Benutzer oder die Benutzerin, indem er View und Model anpasst.

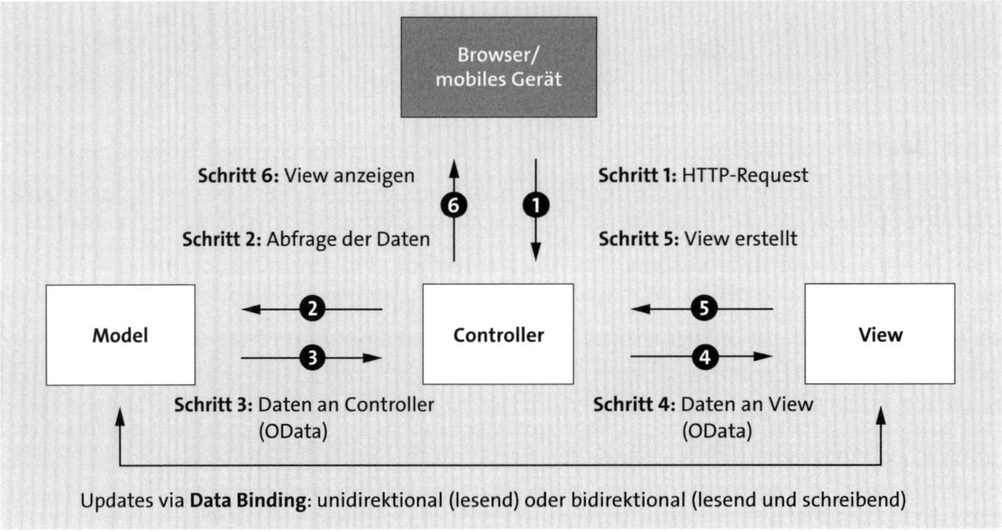

Abbildung 9.6 Model-View-Controller-Konzept

View und Controller bilden oft eine 1:1-Beziehung, aber Sie können auch Controller ohne eine zugehörige Benutzeroberfläche programmieren. Solche Controller werden als *Anwendungscontroller* (Application Controller) bezeichnet. Umgekehrt ist es z. B. auch möglich, Views ohne Controller zu erstellen.

Datenbereitstellung mit OData

Es lassen sich z. B. SAPUI5-Anwendungen schreiben, bei denen die gesamte Geschäftslogik sowie die Daten in SAP S/4HANA bzw. anderen Standardanwendungen implementiert sind und über einen OData-Service aufgerufen werden. Alternativ können Sie die Geschäftslogik in ABAP oder Java auf der SAP BTP implementieren und die Daten über eine SAPUI5-Benutzeroberfläche visualisieren. Auch SAP HANA kann gespeicherte Daten und Analyseergebnisse für ein Data Binding und eine entsprechende Visualisierung mit SAPUI5 direkt über OData bereitstellen.

Entwicklung

SAPUI5-Anwendungen programmieren Sie entweder mit dem SAP Business Application Studio oder mit MS Visual Studio Code. Das SAP Business Application Studio nutzen Sie für die Entwicklung komplexer SAPUI5-Anwendungen, bei denen Sie auf die aktuellsten Funktionen und Bibliotheken zugreifen möchten. Auch für die Entwicklung und Erweiterung von SAP-Fiori-Anwendungen verwenden Sie das SAP Business Application Studio. OpenUI5-basierte Anwendungen entwickeln Sie mit einem (HTML-, JavaScript-)Editor Ihrer Wahl.

[+]

SAP Fiori Elements

Um Aufwände bei der Programmierung von SAP-Fiori-Benutzeroberflächen zu reduzieren, kann von Entwicklungsteams *SAP Fiori Elements* genutzt werden. Das Framework basiert auf SAPUI5 und bietet Designs für häufig verwendete UI-Muster (sogenannte *Floorplans*) und vordefinierte Vorlagen für bestimmte SAP-Fiori-Anwendungstypen wie z. B. eine tabellarische Liste mit einer Detailansicht der Einträge oder eine Worklist mit zu bearbeiteten Einträgen. Auf SAP Fiori Elements basierenden Anwendungen erstellen Sie mit nur wenigen Zeilen JavaScript und greifen dabei auf definierte Vorlagen für Views und Controller sowie OData-Services zu, die Sie über Annotationen anpassen. Die vordefinierten Views und Controller gewährleisten die Konsistenz des UI-Designs. Auch das metadatenbasierte Entwicklungsmodell reduziert den Frontend-Code für eine SAPUI5-Anwendung, sodass Sie sich auf die Implementierung der Geschäftslogik konzentrieren können.

9.4.2 SAP Mobile Services

Mobile Anwendungen entwickeln

Die SAP Mobile Services stellen unterschiedliche Funktionen zur Entwicklung mobiler Anwendungen bereit. Dazu zählen für die mobile Anwendungsentwicklung häufig verwendete Funktionen wie z. B. die Umsetzung von Push-Benachrichtigungen, die Offline-Fähigkeit der mobilen Anwendung oder die Multi-Faktor-Authentifizierung.

Funktionsbereiche

Die grundlegenden Funktionen der SAP Mobile Services lassen sich in die Bereiche App-Services, App-Sicherheit und App-Support untergliedern ❹ (siehe Abbildung 9.7). Auf Basis dieser verschiedenen Funktionsbereiche unterstützen die Services die Programmierung und Gestaltung mobiler Anwendungen mithilfe von SDKs für iOS und Android ❶, mithilfe eines *Mobile Development Kit* (MDK) ❷ und der App *SAP Mobile Cards* ❸. Diese Entwicklungsmöglichkeiten nutzen wiederum Funktionen, die von den SAP Mobile Services standardisiert zur Verfügung gestellt werden. Mit diesem Konzept können sich die Entwicklerinnen und Entwickler mobiler Anwendungen auf die Umsetzung des Anwendungsszenarios konzentrieren und werden durch das Wegfallen von sich wiederholenden Aufgaben, wie z. B. der Implementierung der Authentifizierung, entlastet.

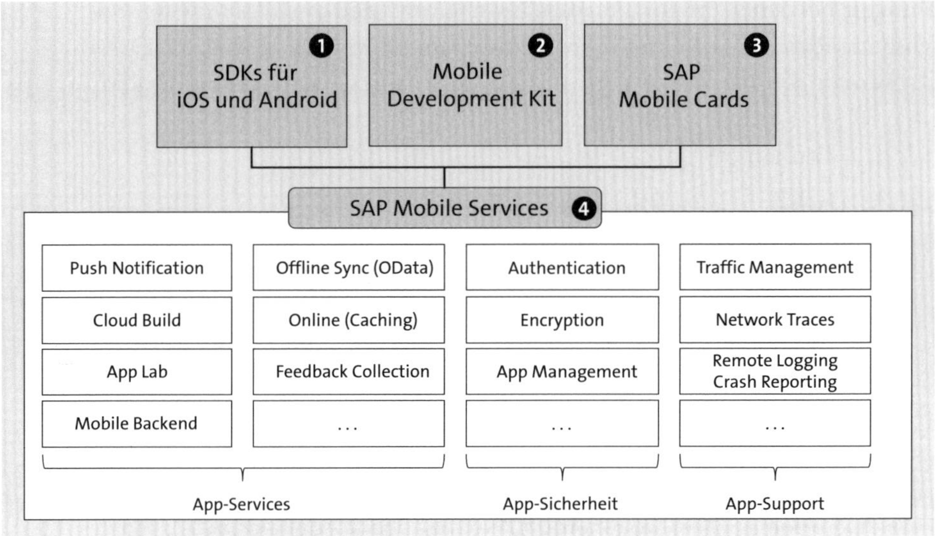

Abbildung 9.7 Funktionale Komponenten der SAP Mobile Services

Tools

Das MDK und SAP Mobile Cards nutzen Sie über entsprechende Editoren und Projektvorlagen in einem Dev Space des SAP Business Application Studios. Darüber hinaus sind viele dieser Tools auch als Extensions für Visual Studio Code für die Entwicklung auf einem lokalen Rechner verfügbar. Das SAP BTP SDK für iOS und das SAP BTP SDK für Android zur Programmierung nativer Anwendungen werden in den jeweiligen Entwicklungsumgebungen für die mobilen Plattformen eingebunden (z. B. Xcode und Android Studio) und enthalten neben den SAP-spezifischen Bibliotheken noch weitere lokale Tools zur Unterstützung der Entwicklerproduktivität.

Mobile Development Kit

Mobile Development Kit Editor

Das MDK der SAP Mobile Services stellt einen metadatenbasierten Ansatz zur Entwicklung mobiler Anwendungen bereit, mit dem Sie sowohl Standardanwendungen von SAP erweitern als auch neue mobile Anwendungen für Android und iOS erstellen können. Ein Vorteil des metadatenbasierten Ansatzes ist, dass Entwicklungsteams keine Vorkenntnisse im Bereich der mobilen App-Entwicklung mitbringen müssen. Die mit dem MDK entwickelten Apps nutzen die nativen APIs von iOS und Android. Auch eine Kombination mit anderen Frameworks, wie z. B. Angular, wird unterstützt. Die Anwendungsentwicklung erfolgt webbasiert über den Mobile Development Kit Editor des SAP Business Application Studios. Auch für Microsoft Visual Studio steht eine Extension zur Nutzung des MDK zur Verfügung.

Prozesserweiterungen und Anwendungen, die Sie mit dem MDK entwickeln, nutzen z. B. Offline-Funktionen und gerätespezifische Hardware wie die Kamera, um z. B. einen Barcode zu scannen. Die Apps kommunizieren über OData mit der SAP-Standardlösung und können somit lesend und schreibend auf die Standardanwendungen zugreifen.

Metadaten

Die metadatenbasierte Mobile-Development-Kit-Anwendungsarchitektur basiert auf dem Open Source Framework *NativeScript* (*https://nativescript.org*) und verwendet offene Industriestandards wie z. B. JavaScript, JSON und OData. NativeScript ist eine intermediäre Transkriptionstechnologie, die JavaScript-Eingaben verarbeitet und in nativen iOS- bzw. Android-Code übersetzt. Ebenfalls stellt das MDK vordefinierte Aktionen, wie das Lesen von Barcodes, zur Verfügung, die direkt in der eignen Anwendung genutzt werden können.

Layout Editor

Die Benutzeroberfläche gestalten Sie mit dem grafischen Layout Editor, über den vordefinierte UI Controls, wie z. B. Tabellen oder Eingabefelder, genutzt werden. Auch für die Umsetzung mobiler Anforderungen stehen spezielle Controls, wie z. B. ein Unterschriftenfeld, zur Verfügung. Die UI Controls werden durch Ändern der Eigenschaften an ihre konkreten Projektanforderungen angepasst. So lassen sich vordefinierte oder eigene Aktionen definieren, die beim Eingeben von Text oder Drücken eines Buttons ausgeführt werden sollen.

Die Anwendungslogik, wie z. B. eigene Aktionen, programmieren Sie mit JavaScript, wobei auch die Funktionen der NativeScript API genutzt werden können.

SAP-Mobile-Services-Client

Die über Metadaten erstellten Anwendungsdefinitionen werden auf dem mobilen Gerät über den *SAP-Mobile-Services-Client* dynamisch interpretiert. Dieser Client stellt das Metadaten-Framework bereit, das die Geschäftslogik, die Business-Objekte und die Benutzeroberfläche zur Laufzeit rendert. Dazu verbindet sich der Client mit den SAP Mobile Services, um die Metadaten der App zu laden. Der Client kann Anwendungen online oder offline ausführen und die Funktionen des mobilen Geräts integrieren, um z. B. Bilder von der Kamera oder aus der Fotobibliothek des Geräts zu nutzen. Die Interaktion zwischen dem Client und dem Backend (also die Herstellung der OData-Verbindung, das Onboarding, die Authentifizierung, die Sicherheit, Anwendungsaktualisierungen, Analysen usw.) wird über die SAP Mobile Services auf der SAP BTP bereitgestellt und zentral verwaltet.

Web Runtime

In Ergänzung zum SAP-Mobile-Services-Client kann eine mobile App über die *MDK Web Runtime* auch über einen Browser auf einem Desktop genutzt werden. Somit können Sie mit dem MDK und dem SAP Business Application Studio eine App erstellen und verwalten, die sowohl auf verschiedenen mobilen Betriebssystemen (Android und iOS) als auch als Webanwendung (online) im Browser läuft (siehe Abbildung 9.8).

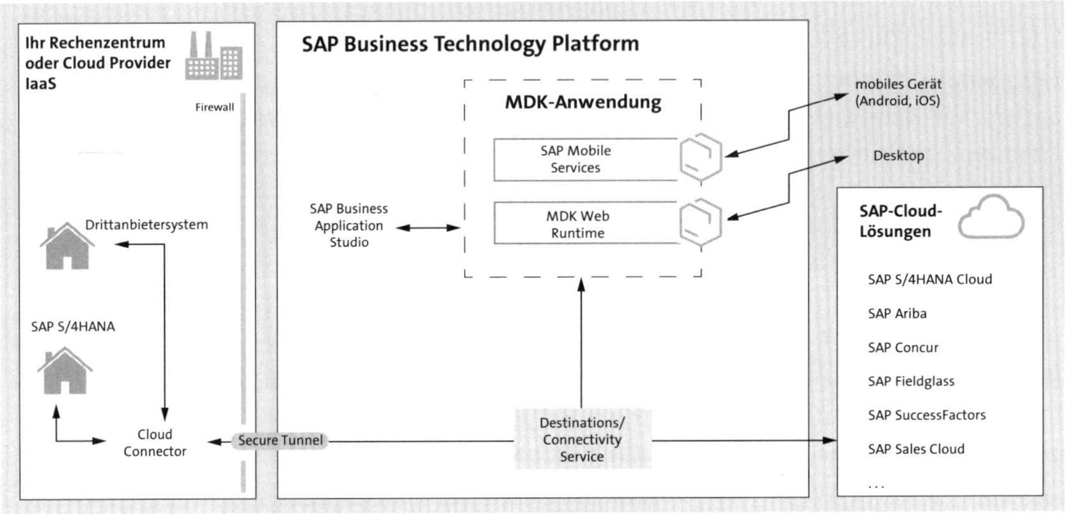

Abbildung 9.8 Entwicklung mobiler Anwendungen mit dem Mobile Development Kit

SAP Mobile Cards

Datenzugriff

SAP Mobile Cards ermöglicht es, den Fachabteilungen Informationen aus SAP-Fiori-Anwendungen oder bestimmte Geschäftsdaten, wie z. B. Kundenkontaktinformationen, auf einem mobilen Endgerät übersichtlich zur Verfügung zu stellen (siehe Abbildung 9.9).

Die Daten werden dabei automatisch aktualisiert und sind auch offline verfügbar. Auch Benachrichtigungen über geänderte Geschäftsdaten aus SAP-Fiori-Anwendungen können mit SAP Mobile Cards geteilt werden, indem entsprechende Messaging-Dienste von Apple und Google genutzt werden. Mit SAP Mobile Cards können somit auch Daten aus SAP-Fiori-Anwendungen mobil verfügbar gemacht werden, sodass Endanwenderinnen und -anwender benötigte Informationen von ihrem SAP Fiori Launchpad auf dem Desktop-Computer auf ein mobiles Gerät übertragen können. Auch Transaktionen, wie z. B. die Genehmigung von Anträgen, können über SAP Mobile Cards direkt ausgeführt werden.

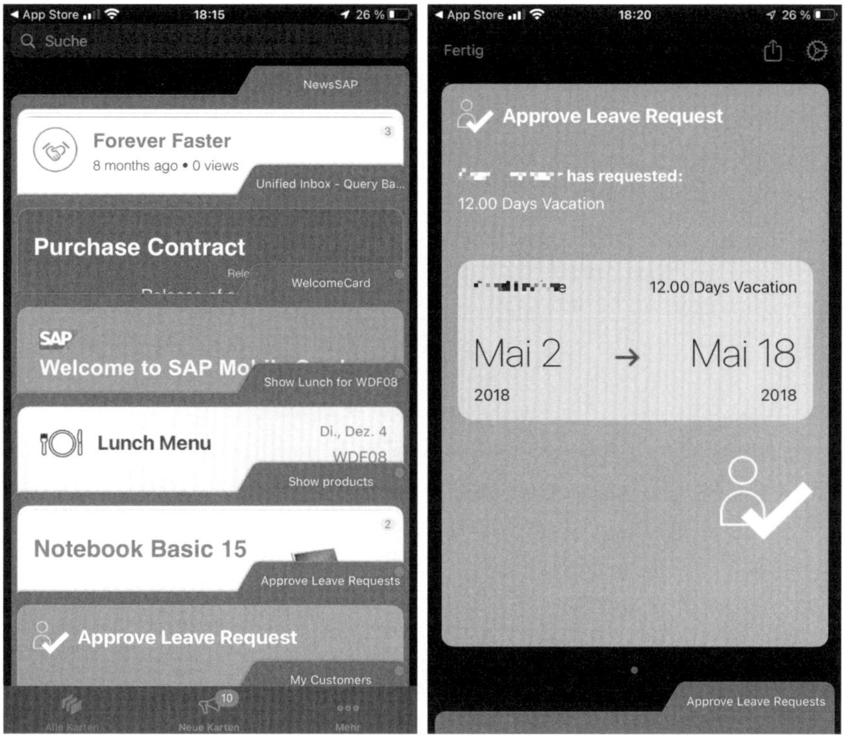

Abbildung 9.9 SAP Mobile Cards im Wallet-Stil

SAP BTP SDKs für iOS und Android

Native, mobile Anwendungen

Das SAP BTP SDK für iOS und das SAP BTP SDK für Android ermöglichen eine Programmierung von nativen, mobilen Anwendungen, die beispielsweise zur (Benutzeroberflächen-)erweiterung von SAP S/4HANA dienen können. Durch die Entwicklung nativer Anwendungen haben Sie vollen Zugriff auf gerätespezifische Funktionen wie z. B. Touch-ID, Ortungsdienste und Benachrichtigungen. Die SDKs sind eng in die SAP Mobile Services integriert, um folgende Funktionen bereitzustellen:

- eine durchgängige Authentifizierung und Autorisierung von Nutzerinnen und Nutzern
- die Unterstützung von Offline-Anwendungen
- Logging und Monitoring inklusive Upload von Log Files in die SAP BTP zur Fehleranalyse
- Zugriff auf SAP-S/4HANA-Daten und -Geschäftsprozesse
- Nutzung der weiteren SAP-BTP-Services
- SAP Fiori als Designsprache

Zentrale Funktionen zur Entwicklung mobiler Anwendungen

Funktionen

Tabelle 9.3 zeigt abschließend eine Übersicht einiger Funktionen der SAP Mobile Services, die über das MDK, SAP Mobile Cards und die SDKs genutzt werden. Dazu gehören eine Reihe von grundlegenden Funktionen wie z. B. Push-Benachrichtigungen, Offline-Fähigkeit, Authentifizierung und Nutzungsanalysen.

Mobile-Service-Funktion	Beschreibung
Offline arbeiten	Benutzerinnen und Benutzer können nahtlos mit den Apps arbeiten, auch wenn kein Netzwerk verfügbar ist. Der abgesicherte lokale Datenspeicher wird über OData synchronisiert und aktuell gehalten.
Push-Benachrichtigung	Senden Sie Updates und Benachrichtigungen von der Backend-Datenquelle an mobile Apps. Ein Vorteil der Push-Benachrichtigungen der SAP Mobile Services besteht darin, dass sich Entwicklungsteams nicht um die Implementierung von Code für die Kommunikation mit APNS (Apple Push Notification Services) oder FCM (Firebase Cloud Messaging) kümmern müssen, sondern für beide Dienste eine einheitliche API verwenden.
App-Updates	Änderungen an den mobilen Apps müssen entweder über öffentliche App-Stores oder, in den meisten Unternehmensszenarien, über einen Enterprise App Store, der in der Regel von einem MDM-Produkt (Mobile Device Management) bereitgestellt wird, an die Benutzerinnen und Benutzer verteilt werden. Diese Veröffentlichungen verursachen zusätzlichen Aufwand bei der App-Entwicklung. Mit *App Update* können Sie Updates für Ihre Anwendung bereitstellen, ohne dass eine neue Version über den App Store oder die MDM-Lösung verteilt werden muss.
Nutzungsstatistiken	Zusätzlich zu den gesammelten Nutzungsdaten Ihrer Apps bieten die SAP Mobile Services eine Reihe von vordefinierten Berichten, die Ihnen dabei helfen, Ihre Apps zu verbessern und die Nutzung zu messen. Diese Erkenntnisse ermöglichen es Entwicklungsteams, sich auf Bereiche mit Verbesserungsbedarf zu konzentrieren.

Tabelle 9.3 Funktionen für mobile Anwendungen

[+]

Weiterführende Literatur zu SAP Mobile Services

Weitere Informationen und detaillierte Beschreibungen zu den Funktionen von SAP Mobile Services finden Sie in dem Buch »SAP Mobile Services – Das umfassende Handbuch« von Gernot Haider et al. (SAP PRESS 2021).

9.4.3 SAP Work Zone

Digitaler Arbeitsplatz

Mit SAP Work Zone entwickeln Sie einen digitalen Arbeitsplatz, der Zugang zu allen relevanten Informationen und Anwendungen ermöglicht, um die Produktivität und das Engagement der Benutzerinnen und Benutzer zu steigern. So erlaubt der Service die Umsetzung eines personalisierten digitalen Arbeitsplatzes. Alle für die jeweilige Nutzerin oder den Nutzer relevanten SAP-Anwendungen, Daten und Prozesse können als SAP-Fiori-Kacheln in einem *Launchpad* zusammenfasst bereitgestellt werden. Wichtige Unternehmensdaten und Informationen aus SAP- und auch Nicht-SAP-Anwendungen können für Fachabteilungen, Partner und Kunden über SAP Fiori und *UI Integration Cards* visualisiert werden. Zu erledigende Aufgaben werden in der App *My Inbox* dargestellt und abgearbeitet. Auch Inhalte aus diversen Quellen, wie z. B. Microsoft SharePoint oder Google Drive, können mit SAP Work Zone integriert werden und stehen zentral für eine gemeinsame Arbeit im Team zur Verfügung. Über die Integration von Microsoft Teams können darüber hinaus noch weitere Funktionen für die Zusammenarbeit zwischen unterschiedlichen Fachbereichen eingebunden werden – und bei der täglichen Arbeit kann Ihrem Team ein mit SAP Conversational AI integrierter Chatbot (siehe Abschnitt 9.4.5) helfen, Aufgaben zu bearbeiten und Informationen zu finden.

Benutzerproduktivität

Damit ist das wesentliche Ziel von SAP Work Zone die Steigerung der Benutzerproduktivität. Dies soll durch drei Maßnahmen erreicht werden:

- ein schneller Zugriff auf Anwendungen, Geschäftsprozesse, Workflows, Berichte und Informationen
- die Harmonisierung der Benutzererfahrung für SAP- und Drittanbieteranwendungen
- eine erleichterte Zusammenarbeit durch die Bereitstellung integrierter Informations- und Kollaborationswerkzeuge

Wie Sie mit SAP Work Zone und weiteren Plattformservices wie SAP Conversational AI oder SAP Workflow Management den Arbeitsplatz digitalisieren, sehen Sie in Abbildung 9.10.

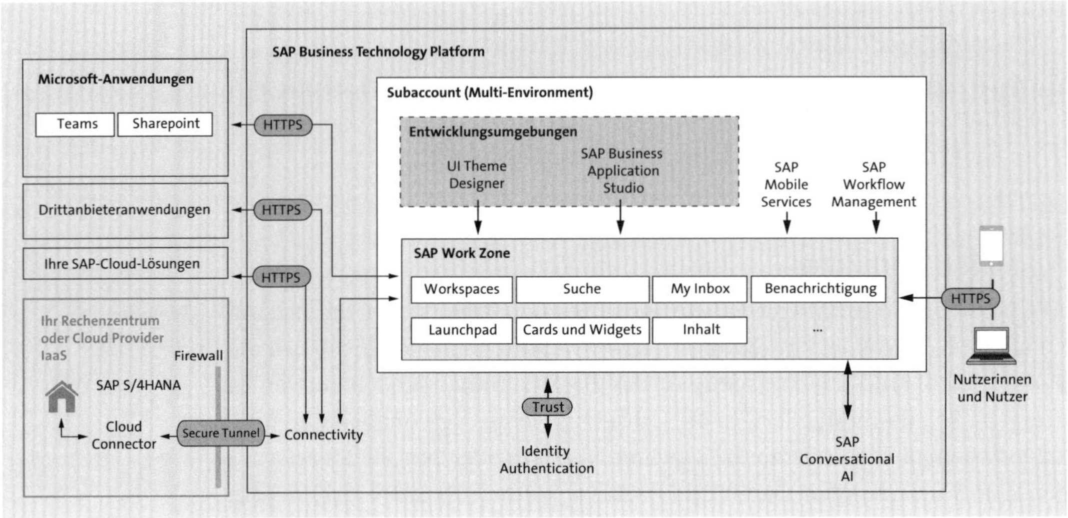

Abbildung 9.10 Umsetzung eines digitalen Arbeitsplatzes mit SAP Work Zone in Kombination mit weiteren Plattformservices

Page Editor

Den digitalen Arbeitsplatz gestalten Sie mit einem grafischen Editor, dem *Page Editor*, mit dem Sie neben dem Layout der Seite auch den Zugriff sowie Änderungen und Versionen verwalten. Änderungen, die Sie im Editor vornehmen, sind direkt sichtbar, und Sie brauchen keine Programmierkenntnisse für die Nutzung. Abbildung 9.11 zeigt ein Beispiel für eine mit dem Page Editor erstellte Seite.

User-Interface-Elemente

Für die Gestaltung der Seite stehen unterschiedliche UI-Elemente als *Cards* und *Widgets* zur Verfügung:

- Widgets sind Container für eine Vielzahl von unterschiedlichen Inhaltstypen wie z. B. Videos, Feeds und Fotos. Beispielsweise binden Sie Multi-Media-Inhalte, Slideshows, Umfragen und Suchfunktionen auf der Seite über Widgets ein oder erstellen eigene Texte mit einem Rich Text Editor.
- Cards werden verwendet, um wichtige Informationen und Aktionen anzuzeigen, die beispielsweise täglich geprüft oder durchgeführt werden müssen. Sie bieten sich an, um Inhalte zu gruppieren, eine Zusammenfassung wichtiger Informationen anzuzeigen und zu weiteren Details zu verlinken.

Dabei können auf einer Card jeweils nur bestimmte Daten einer Anwendung, z. B. in einer Tabelle (im Falle einer *Table Card*) oder einem Balkendiagram (im Falle einer *Analytical Card*) angezeigt werden.

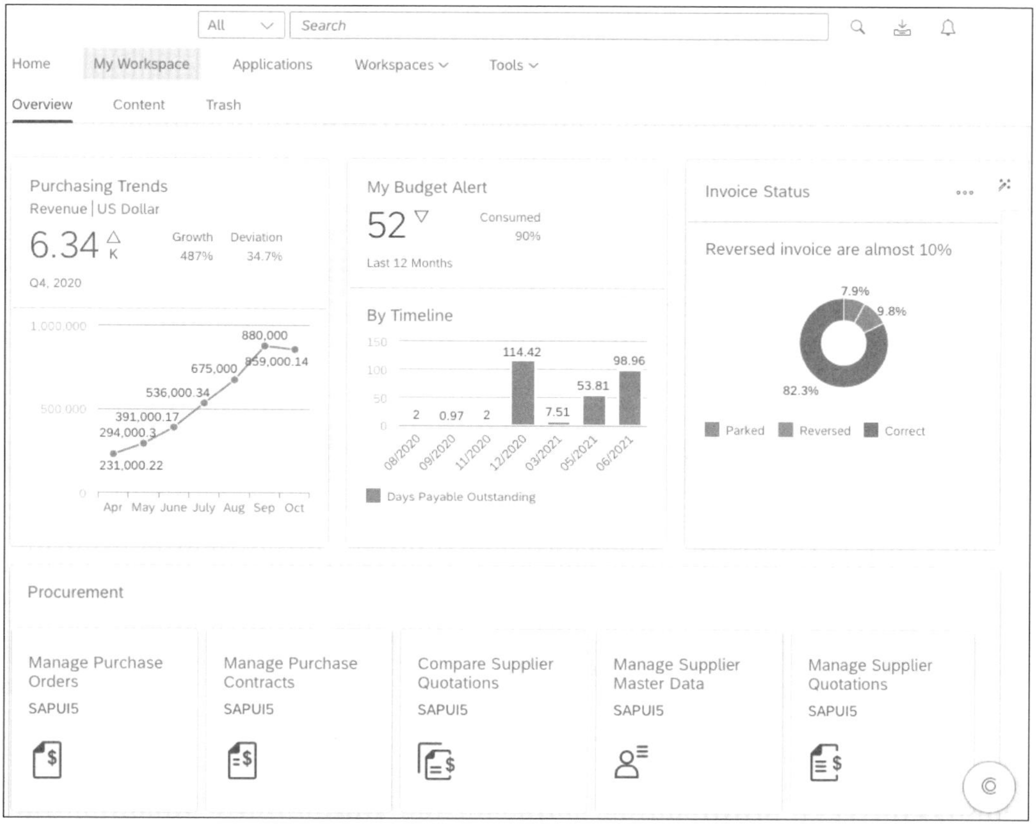

Abbildung 9.11 Beispiel einer in SAP Work Zone gestalteten Seite zur Anzeige von Einkaufsinformationen

Darüber hinaus bietet SAP Work Zone noch weitere Card-Typen, wie z. B. *List Cards*, *Timeline Cards* oder *Web Content Cards* zur Einbettung beliebiger externer Webinhalte. Entsprechend konfigurierte Cards, die auf mobilen Endgeräten angezeigt werden können, lassen sich auch über die App *SAP Mobile Cards* (siehe Abschnitt 9.4, »Services für die Digital Experience«) nutzen. Durch *UI Integration Cards* können auch Nicht-SAP-Anwendungen und Daten direkt grafisch eingebunden werden.

Erweiterung

Neben den mit SAP Work Zone ausgelieferten Standard-Cards können Sie das SAP Business Application Studio für die Erstellung eigner UI Integration Cards nutzen und so SAP Work Zone nach Ihren eigenen Anforderungen erweitern, um z. B. Daten aus Salesforce oder Microsoft Dynamics anzuzeigen. Das SAP Business Application Studio nutzen Sie auch, um eigene Workflows mit dem Service SAP Workflow Management (siehe Abschnitt 9.5.1) zu erstellen und in SAP Work Zone entsprechende Widgets (Workflow Launcher, Workflow Wizard) zur Einbindung dieser Workflows zu nutzen.

[»]

SAP Work Zone Content Package

Eigene Erweiterungen von SAP Work Zone, wie die mit dem SAP Business Application Studio entwickelten UI Integration Cards und Workflows, können als Content Packages zusammengefasst, verteilt und deployt werden.

Launchpad

SAP-Fiori-Anwendungen bzw. SAP-Fiori-Anwendungsgruppen werden über ein integriertes Launchpad als Kacheln auf einer Seite angezeigt. Auch eigene Anwendungen und Prozesserweiterungen, die auf der SAP BTP entwickelt und bereitgestellt werden, können in dieses Launchpad eingebunden werden (siehe Abbildung 9.12).

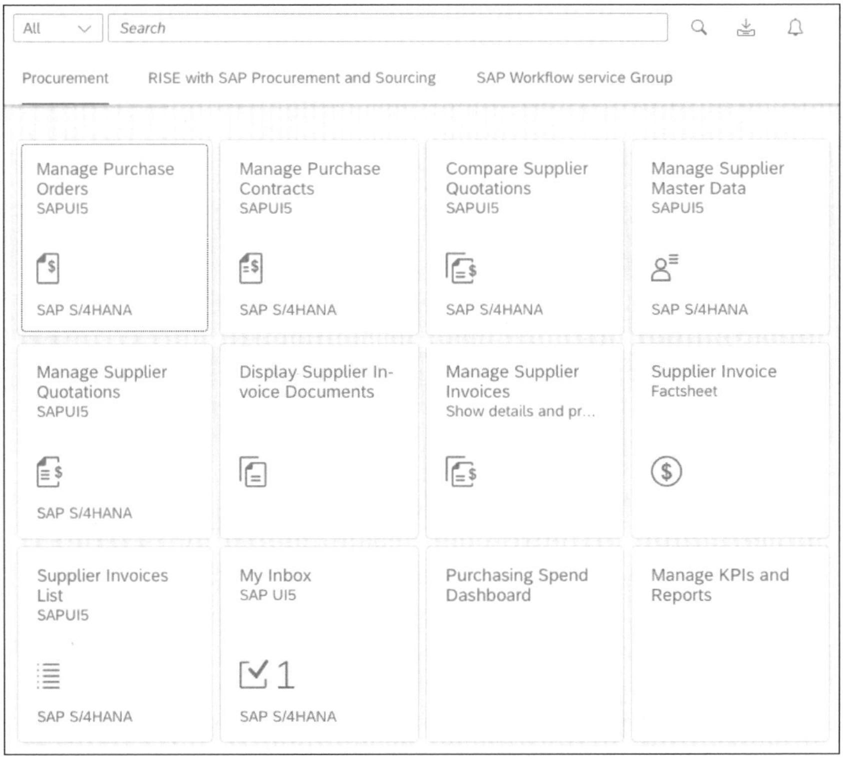

Abbildung 9.12 Launchpad innerhalb von SAP Work Zone

Workspace

Die Organisation aller Inhalte, die über den Page Editor erstellt werden, erfolgt über *Workspaces*. Workspaces werden z. B. für bestimmte Themen erstellt. Anschließend werden dem Workspace spezifische Inhalte und Möglichkeiten zur Zusammenarbeit über entsprechend gestaltete Pages hinzugefügt. SAP Work Zone unterstützt unterschiedliche Arten von Workspaces:

- Inhalte eines *Public Workspace* können z. B. von jeder Benutzerin und jedem Benutzer des Unternehmens eingesehen werden und eignen sich für den Austausch von Informationen im gesamten Unternehmen.
- Der Zugriff auf die Inhalte eines *Private Workspace* muss explizit angefordert und freigegeben werden, sodass nur bestimmte Benutzer oder Benutzerinnen Zugriff darauf haben. Ein solcher Workspace wird beispielsweise für die gemeinsame Arbeit an Projekten genutzt.
- *External Workspaces* umfassen projektbezogene Inhalte, die Sie auch mit Benutzerinnen und Benutzern außerhalb Ihres Unternehmens, z. B. von Partner- und Kundenunternehmen, teilen möchten, um gemeinsam daran zu arbeiten.
- Darüber hinaus besteht die Möglichkeit, mit *My Workspace* auch einen nutzereigenen Workspace anzulegen, der individuelle Inhalte und Anwendungen, die projektbezogen oder für die tägliche Arbeit benötigt werden, bereitstellt.

Um die Erstellung digitaler Arbeitsplätze zu erleichtern, bietet SAP Work Zone unterschiedliche *Workspace Templates*. Auch eigene Vorlagen können erstellt und unternehmensweit genutzt werden.

SAP Work Zone for HR

SAP Work Zone for HR bietet auf das Personalwesen abgestimmte SAP-Work-Zone-Vorlagen, die einen einfachen Zugriff auf Bereiche innerhalb der SAP-SuccessFactors-Suite ermöglichen. Die Vorlagen liefern z. B. vorkonfigurierte UI Integration Cards, um mitarbeiterbezogene Informationen anzuzeigen.

9.4.4 SAP Launchpad Service

SAP Fiori

SAP Fiori User Experience (UX) ist das führende Design für alle SAP-Anwendungen und bietet eine harmonisierte Benutzererfahrung und Navigation für On-Premise- und Cloud-Lösungen, einschließlich eines intuitiven und nahtlosen Zugriffs auf Anwendungen über Single Sign-on (SSO). Dabei dient das *SAP Fiori Launchpad* Benutzerinnen und Benutzern als zentraler Einstiegspunkt zu allen SAP- und Nicht-SAP-Geschäftsanwendungen auf mobilen und Desktop-Geräten. Das SAP Fiori Launchpad kann auf unterschiedliche Arten innerhalb der Unternehmens-IT bereitgestellt werden. Beim On-Premise-Betrieb von SAP S/4HANA kann ein integrierter SAP-Fiori-Frontend-Server zur Bereitstellung des SAP Fiori Launchpads genutzt werden. Alternativ kann der SAP-Fiori-Frontend-Server auch separat vom SAP-S/4HANA-System installiert und betrieben werden.

Unabhängiger Betrieb

Sollen SAP-Fiori-Anwendungen mehrerer SAP-Lösungen mit Nicht-SAP-Lösungen und auch eigenen, auf der SAP BTP entwickelten Anwendungen in einem Launchpad integriert werden, bietet sich der *SAP Launchpad Service* der SAP BTP an. Aus betrieblicher Sicht bleiben die an diesen Service angeschlossenen IT-Anwendungen in Bezug auf ihr Software Lifecycle Management, ihre Berechtigungen und die Struktur der Geschäftsinhalte unabhängig. Während jedes System nach wie vor über ein eigenes Launchpad als Einstiegspunkt verfügt, können Anwenderinnen und Anwender über das zentrale, cloudbasierte Launchpad auf alle ihre relevanten Apps zugreifen. So bietet der SAP Launchpad Service den Fachabteilungen einen SAP-Fiori-basierten, zentralen Einstiegspunkt zu SAP-Anwendungen, Nicht-SAP-Anwendungen und eigenen Anwendungen, die auf der SAP BTP entwickelt und bereitgestellt werden (siehe Abbildung 9.13).

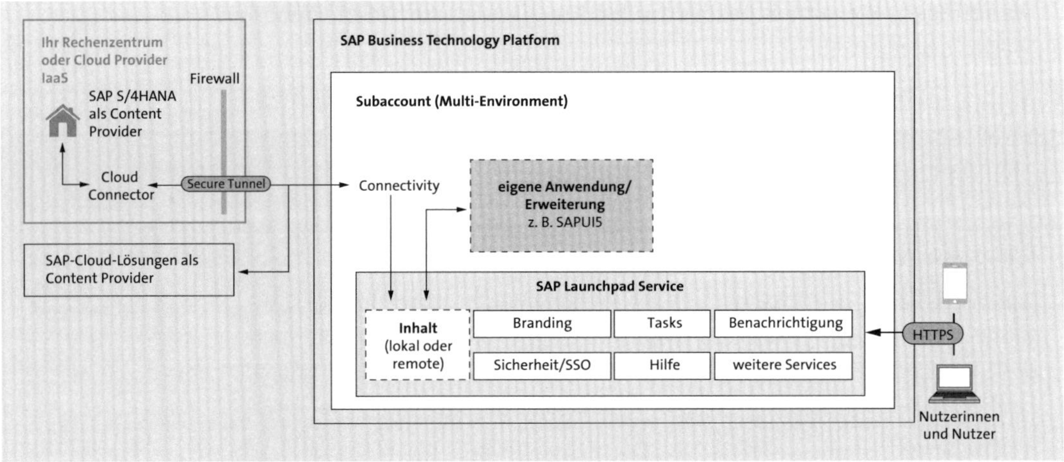

Abbildung 9.13 Architektur des SAP Launchpad Service

Manuelle Integration von Anwendungen

Die Integration von Anwendungen erfolgt im SAP Launchpad Service auf zwei Arten. Einerseits werden dem Launchpad Anwendungen über eine *manuelle Integration* hinzugefügt. Hierzu stehen vorgefertigte Vorlagen für SAPUI5, SAP Fiori, Web Dynpro ABAP, SAP GUI for HTML und WebClient UI zur Verfügung. Ebenfalls ist die manuelle Integration von z. B. Cloud Foundry und ABAP-Anwendungen möglich, die auf der SAP BTP entwickelt und bereitgestellt wurden. Die eigenen Anwendungen können darüber hinaus Benachrichtigungen im Launchpad publizieren, die direkt in der Kopfzeile des Launchpads angezeigt und bearbeitet werden. Erfordert beispielsweise eine mit der Plattform entwickelte Prozesserweiterung eine Freigabe, erfolgt eine Benachrichtigung, und die Anwenderin oder der Anwender kann sie akzeptieren oder zurückweisen. Auch Nicht-SAP-Anwendungen können über den SAP Launchpad Service via URL eingebunden werden.

Content Federation

Eine weitere Möglichkeit, um Inhalte im Launchpad zu veröffentlichen, ist eine *Content Federation*. Im Unterschied zur manuellen Konfiguration sind bei der Content Federation bereits alle erforderlichen Konfigurationen im entsprechenden Content-Provider-System (z. B. SAP S/4HANA) erfolgt und werden über das Format *Common Data Model* (CDM) in das Launchpad eingebunden. Beispiele für Content Provider, die über eine Content Federation eingebunden werden können, sind SAP S/4HANA und SAP S/4HANA Cloud, SAP Enterprise Portal und SAP-BTP-Cloud-Foundry-Anwendungen, die im HTML5 Application Repository bereitgestellt werden.

Sites

Die Strukturierung und Veröffentlichung von Geschäftsanwendungen und Inhalten erfolgt im SAP Launchpad Service über entsprechend erstellte *Sites*, die in einem *Site Directory* verwaltet werden. Den Sites werden eine oder mehrere Rollen zugewiesen, um zu definieren, welche Benutzergruppen die jeweiligen Anwendungen der Content Provider nutzen können.

[«]

SAP Mobile Start

Für einen mobilen Zugriff auf SAP-Standardanwendungen, wie z. B. SAP S/4HANA, SAP SuccessFactors, SAP Concur, SAP Ariba und SAP Fieldglass, kann die native App SAP Mobile Start verwendet werden. Sie ermöglicht den zentralen, rollenbezogenen Zugriff auf Unternehmensinformationen, informiert via Push-Benachrichtigung über Neuigkeiten und stellt die Informationen als Widgets auf dem mobilen Gerät dar. Die Inhalte von SAP Mobile Start werden über den SAP Launchpad Service konfiguriert, der Voraussetzung für die Nutzung der App ist.

9.4.5 SAP Conversational AI

Für die Interaktion mit Geschäftsprozessen und IT-Anwendungen können Chatbots ein einfacher und intuitiver Weg sein. SAP Conversational AI ist eine Lösung zum Trainieren, Erstellen, Testen und Überwachen von Chatbots, die in SAP- und Nicht-SAP-Lösungen eingebettet werden können. Die Erstellung der Chatbots erfolgt auf der Basis von NLP-Technologie (*Natural Language Processing*) für verschiedene Sprachen und Low-Code-Funktionen. Dadurch wird eine schnelle Entwicklung der Bots ermöglicht.

Nutzen von Chatbots

Das Ziel von SAP Conversational AI ist es, wiederkehrende Routineaufgaben zu automatisieren und den Zugang zu Informationen über personalisierte Konversationen zu vereinfachen. Häufige Anwendungsfälle für Chatbots sind der Kundensupport oder die Beantwortung von FAQ zu Produkten. Ein

Chatbot besteht aus zwei Bestandteilen: Skills und Daten zum Trainieren des Bots.

Skills

Ein *Skill* bzw. eine Fähigkeit des Bots ist ein von Ihnen definierter Gesprächsblock, der einen klaren Zweck hat und den Ihr Bot ausführen kann, um ein Ziel zu erreichen. Eine wesentliche Aufgabe bei der Erstellung von Bots ist daher die Definition seiner Skills, die den Funktionsumfang des Bots bestimmen. Der Plattformservice stellt bereits einige vordefinierte Skills in unterschiedlichen Kategorien wie »Begrüßung«, »Small Talk« und »Kundenzufriedenheit« zur Verfügung, die Sie bei der Erstellung eines eigenen Bots direkt nutzen und anpassen können. Ein Skill beinhaltet auch die Aktionen, die ein Chatbot ausführen kann, wie z. B. den Aufruf eines SAP-Geschäftsprozesses über eine OData-API.

Trainingsdatensatz

Ein Trainingsdatensatz (engl. Training Dataset) für einen Chatbot besteht jeweils aus vielen Sätzen, die Benutzerinnen und Benutzer zu Ihrem Chatbot sagen können. Diese werden *Intents* (Absichten) zugeordnet. Ein Intent ist demnach eine Sammlung von unterschiedlich formulierten Sätzen, die alle die gleiche Bedeutung haben. Zum Beispiel können Sie einen Intent »Hilfe« definieren, der Sätze wie »Was kann ich tun?«, »Ich brauche Hilfe« oder »Wie geht es weiter?« enthält. SAP Conversational AI unterstützt die Bereitstellung der unterschiedlichen Ausdrücke, indem automatisch weitere Vorschläge auf Basis der zuvor eingegebenen Sätze gemacht werden.

Entities

Bei der Definition der Intents durch die Eingabe unterschiedlicher Sätze erkennt SAP Conversational AI darin benannte *Entities*, wie z. B. Personen, Orte, Zeitangaben, Entfernungsangaben oder Berufsbezeichnungen. Neben der Erkennung vordefinierter Entities ist auch die Definition eigener Entities möglich, die in den Konversationen erkannt werden sollen. Der so erstellte Trainingsdatensatz wird verwendet, um den Bot darauf zu trainieren, die unterschiedlichen Anfragen zu verstehen und die richtigen Teile der vordefinierten Konversationsblöcke auszulösen und eine sinnvolle Konversation zu führen.

Ablauf

Wenn ein Benutzer oder eine Benutzerin eine Nachricht an Ihren Bot sendet, wird diese auf Basis des NLP einem vorab definierten Intent (einer Absicht) zugeordnet, und es werden entsprechende Entities erkannt. Auf Basis des erkannten Intents wird dann beispielsweise ein definierter Skill initiiert. Bei der Ausführung eines Skills kann der Bot unterschiedliche Aktionen auslösen, z. B. eine Nachricht an den Benutzer oder die Benutzerin zurückgeben, einen externen Service via API aufrufen, einen anderen Skill initiieren oder die Bearbeitung an menschliche Mitarbeitende weiterreichen.

Business Connector

Der Zugriff auf Geschäftsprozesse und Funktionen anderer IT-Anwendungen erfolgt über den *Business Connector* via HTTP-Webhooks (siehe Abbildung 9.14). Dabei werden zuvor in der SAP BTP definierte Destinations genutzt, um z. B. Prozesse aus SAP-Lösungen zu integrieren. Erfolgt der Zugriff auf Lösungen, die im eigenen Rechenzentrum oder auf der Infrastruktur eines Cloud Providers betrieben werden, wird zusätzlich der Cloud Connector verwendet. Somit ist beispielsweise auch ein Zugriff auf die IT-Anwendungen und ihre Geschäftsprozesse via SSO möglich.

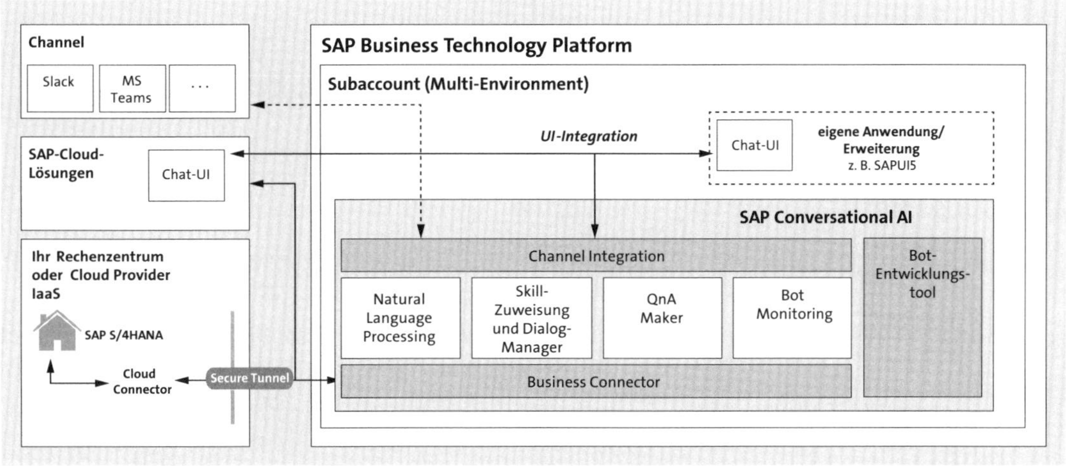

Abbildung 9.14 Übersicht der funktionalen Komponenten von SAP Conversational AI

Chatbot-Typen

Prinzipiell können Sie mit dem Service zwei unterschiedliche Arten von Chatbots erstellen:

- Einerseits können Sie Chatbots erstellen, die über Skills definierte Aktionen, wie z. B. den Aufruf von APIs oder den parametrisierten Start anderer Anwendungen wie SAP Analytics Cloud ausführen.
- Andererseits können Sie aber auch FAQ-Bots erstellen, die in der Lage sind, verschiedene Fragen zu einem Produkt oder einer Dienstleistung zu beantworten. Dafür können vorhandene FAQ-Dokumente direkt genutzt und bei der Erstellung des Bots importiert werden.

Bereitstellung

Der mit dem SAP Conversational AI entwickelte Chatbot kann über verschiedene Kanäle bereitgestellt und genutzt werden. So kann der SAP-Fiori-basierte Web-Client in jede browserbasierten Anwendung oder in eine Webseite eingebunden werden. Auch eine Integration in andere Programme, wie z. B. Microsoft Teams, Slack und Amazon Alexa wird unterstützt. Kann eine Benutzeranfrage nicht über die Skills des Chatbots beantwortet werden, werden über eine Integration mit der Customer-Relationship-Mangement-Software *SAP Contact Center* menschliche Mitarbeitende involviert.

[+]

Weiterführende Literatur zu SAP Conversational AI

Weitere Informationen und detaillierte Beschreibungen zu SAP Conversational AI finden Sie in dem Buch »SAP Conversational AI – Das Handbuch für Entwicklung und Projektleitung« von Thomas Müller und Christian Pretzsch (SAP PRESS 2021).

9.5 Services zur Digitalisierung und Automatisierung von Prozessen

Die Implementierung von Side-by-Side-Prozesserweiterungen mit unterschiedlichen Programmiersprachen und Softwarearchitekturen sowie den Tools, SDKs und Business-Services ist nur eine der Funktionen der SAP BTP. Zusätzlich liefert die Plattform weitere Services, die bei der Automatisierung und Optimierung bestehender Geschäftsabläufe unterstützen und auch Funktionen zur Entwicklung komplett neuer Geschäftsprozesse bieten.

9.5.1 SAP Workflow Management

Mit SAP Workflow Management digitalisieren Sie Arbeitsabläufe im Unternehmen, die eine zeitliche und organisatorische Reihenfolge von zusammengehörigen Vorgängen umfassen. Dabei koordiniert der Service notwendige Benutzerinteraktionen und Prozessaufrufe. Auch die Automatisierung von Entscheidungsprozessen entlang der Arbeitsabläufe wird unterstützt. Die Workflows erstellen Sie über einen Low-Code-Ansatz, sodass Benutzerinnen und Benutzer aus den Fachabteilungen einen Prozessablauf auch ohne Beteiligung der IT-Abteilung verbessern oder erstellen können. Typische Arbeitsabläufe, die mit dem Service umgesetzt werden, sind z. B. Genehmigungen von Anträgen oder die Bearbeitung von Bestellungen. Oftmals erstrecken sich die mit SAP Workflow Management implementierten Abläufe über verschiedene Abteilungen und IT-Anwendungen.

Organisation

Entweder nutzen Sie den Service, um neue workflowbasierte Anwendungen zu erstellen, oder Sie erweitern die vorhandenen Prozesse in SAP-Standardanwendungen um Ihre unternehmensspezifischen Arbeitsabläufe. So können Sie beispielsweise den Bestellprozess in SAP S/4HANA oder das Änderungsmanagement in Produktionsabläufen anpassen oder einen eigenen Prozess definieren, wie Ihre Kunden defekte Produkte zurückgeben. Auch Anwendungen anderer Hersteller können Sie mit dem Workflow-Service erweitern, um Aufgaben zwischen SAP- und Nicht-SAP-Anwendungen zu koordinieren. Hierbei ist die Kombinationsmöglichkeit mit der SAP Integration Suite (siehe Abschnitt 7.3, »Prozessintegration mit SAP Cloud Integration«) hilfreich, um auf unterschiedliche IT-Anwendungen zuzugreifen. Kurz gesagt, verwenden Sie SAP Workflow Management, sobald Sie Aufgaben organisieren wollen, die sich über unterschiedliche Personen (Mitarbeitende, Partner, Kunden), Anwendungen und Organisationen erstrecken, oder wenn Sie manuelle Schritte digitalisieren und automatisieren möchten.

Workflow

Zentral für die Erstellung von neuen und die Digitalisierung von vorhandenen Arbeitsabläufen ist der *Workflow Editor* im SAP Business Application Studio, über den Sie Prozessabläufe grafisch (d. h. dem Low-Code-Ansatz folgend) mittels BPMN 2.0 modellieren. Über die mit dem Service bereitgestellte App *My Inbox* verwalten und bearbeiten die am Prozess beteiligten Personen die ihnen zugeordneten Aufgaben. Neben der SAP Fiori App *My Inbox*, können Sie RESTful APIs nutzen, um mit dem Plattformservice definierte Workflows in Ihrer eigenen Prozesserweiterung oder Anwendung zu verwenden, die Sie beispielsweise für die Cloud-Foundry- oder ABAP-Laufzeitumgebung der SAP BTP entwickelt haben.

[«]

Business Process Model and Notation (BPMN)

Business Process Model and Notation (BPMN) ist eine grafische Spezifikationssprache zum Modellieren und Dokumentieren von Geschäftsprozessen und Arbeitsabläufen. Der Schwerpunkt von BPMN liegt auf der grafischen Darstellung von Prozessen und Abläufen mithilfe von Symbolen. BPMN wurde 2001 vom IBM-Mitarbeiter Stephen A. White erarbeitet. Im Jahr 2005 wurde die Weiterentwicklung und Pflege von der Object Management Group (OMG) übernommen, die im Januar 2011 die aktuelle Version 2.0 veröffentlichte. Am 15. Juli 2013 wurde BPMN 2.0.1 zu einem ISO-Standard.

Business Rules

Um Entscheidungen in den Arbeitsabläufen zu automatisieren, definieren Sie entsprechende Regeln mit der Funktion *Business Rules* des SAP-Workflow-Management-Service. Regeln werden in Form von Entscheidungstabellen unabhängig von den Arbeitsabläufen in einem eigenen Editor erstellt, der einem Tabellenkalkulationsprogramm ähnelt. Wie die Workflows können auch definierte Regelwerke über APIs aufgerufen werden und lassen sich so in Ihren eigenen Anwendungen nutzen.

Process Visibility

Informationen zur Ausführung und Nutzung von Workflows werden über die Funktion *Process Visibility* des Service in einem Dashboard visualisiert. So lassen sich beispielsweise Engpässe bei der Prozessbearbeitung erkennen und unterschiedliche Kennzahlen wie z. B. die Anzahl abgeschlossener

Prozessläufe oder offener Prozesse einsehen. Auch Zeiten, die innerhalb einzelner Prozessschritte anfallen, werden übersichtlich dargestellt.

Process Content Package Um die Umsetzung gängiger Arbeitsabläufe als Ergänzung zu den Geschäftsprozessen der SAP-Standardanwendungen zu beschleunigen, werden über den SAP API Business Hub vordefinierte Prozesse als *Live Process Content Packages* zur Verfügung gestellt. Die Content Packages enthalten neben der domänenspezifischen Workflow-Definition auch entsprechende Geschäftsregeln und Vorlagen zur Darstellung und Analyse von Prozessinformationen mit Process Visibility. Je nach Content Package beinhalten die vordefinierten Workflows z. B. auch Subscriptions von SAP-S/4HANA-Events, die in Prozessschritten der bereitgestellten Arbeitsabläufe berücksichtigt werden. Dafür integriert SAP Workflow Management den Plattformservice SAP Event Mesh (siehe Abschnitt 7.6, »SAP Event Mesh«).

Process Flexibility Die Content Packages werden über die No-Code-Funktion *Process Flexibility* des Plattformservice genutzt, die neben der Suche nach verfügbaren Content Packages, deren Import sowie eine entsprechend den Unternehmensanforderungen erforderliche Konfiguration und Erweiterung unterstützt. Auch die Aktivierung der auf Basis der vordefinierten Content Packages erstellten Prozessvarianten erfolgt über Process Flexibility in einem grafischen No-Code-Ansatz.

Komponenten Abbildung 9.15 fasst die unterschiedlichen Funktionen von SAP Workflow Management zusammen und zeigt einige Integrationsmöglichkeiten mit anderen SAP-BTP-Services. Hervorzuheben ist im Zusammenhang einer Automatisierung von Prozessabläufen die Integration mit den Plattformservices *SAP Conversational AI* (siehe Abschnitt 9.4.5) und *SAP Intelligent RPA* (siehe Abschnitt 9.5.2, »SAP Intelligent Robotic Process Automation«).

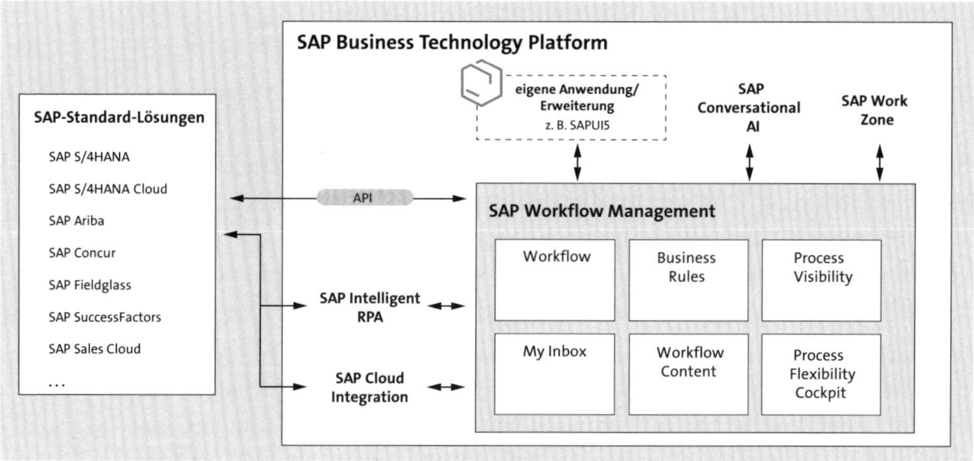

Abbildung 9.15 Komponenten von SAP Workflow Management

Eigenschaften von Workflows

Ein Workflow ist eine Sammlung von zusammengehörenden Aktivitäten, die entweder automatisch oder durch Benutzerinteraktionen ausgeführt werden. Eine Workflow-Definition umfasst dabei die auszuführenden Aktionen, den Zeitpunkt der Ausführung, die Ausführungsreihenfolge sowie eine Beschreibung der Bedingungen, unter denen die Aktionen gestartet werden. Bei der Nutzung des Service unterscheiden Sie zwischen einer *Workflow-Definition* und einer *Workflow-Instanz*.

Instanz

Die eigentliche Ausführung der Aktivitäten wird als Workflow-Instanz bezeichnet. Eine einzelne Workflow-Definition kann dabei mehrere Workflow-Instanzen haben. Workflow-Instanzen folgen einem Status- und Aktionsmodell. Das heißt, dass, sobald eine Workflow-Instanz startet, sie sich im Status `RUNNING` befindet, und die einzelnen Aktionen gemäß der definierten Reihenfolge so lange hintereinander ausgeführt werden, bis der Workflow auf eine externe Benutzerinteraktion, das Ende einer Aktivität oder auf ein Event wie z. B. auf einen Timer oder eine Nachricht von einer anderen IT-Anwendung wartet.

Statusänderungen

Eine fehlerfrei ausgeführte Workflow-Instanz endet im Status `COMPLETED`. Schlägt eine Aktion einer Workflow-Instanz fehl, ändert sich der Status der Instanz in `ERRONEOUS`. Sie können eine fehlerhafte Instanz entweder abbrechen und ihren Status in `CANCELED` ändern, oder Sie setzen die Ausführung der Instanz für eine bestimmte Zeit aus und ändern den Status entsprechend in `SUSPENDED`. Informationen über unterschiedliche Workflow-Instanzen sowie den Status werden mit der Process-Visibility-Funktion von SAP Workflow Management dargestellt.

[+]

Booster zur Nutzung von SAP Workflow Management

Für die automatische Konfiguration eines SAP-BTP-Accounts zur Nutzung von SAP Workflow Management kann ein SAP BTP Booster genutzt werden. Der Booster konfiguriert z. B. die erforderlichen Berechtigungen für den Plattformservice und erstellt eine Service-Instanz. Bei Bedarf wird die erforderliche Cloud-Foundry-Umgebung eines Multi-Environment Subaccounts ebenfalls automatisch aktiviert.

Workflows erstellen

Workflow Editor

Um Arbeitsabläufe mit SAP Workflow Management zu entwerfen, nutzen Sie das SAP Business Application Studio. Die Entwicklungsumgebung bietet Ihnen dazu einen eigenen Editor, mit dem Sie Workflows grafisch mit dem

BPMN-Standard modellieren. Abbildung 9.16 zeigt den Workflow Editor, mit dem Sie Ihre Workflows im SAP Business Application Studio modellieren.

Events

Generell verwenden Sie Events, um den Ablauf eines Workflows zu definieren. Jeder Workflow beginnt zunächst mit einem Startpunkt, dem sogenannten *Start Event*, über das Sie festlegen, wie bzw. wodurch der Workflow gestartet wird. Neben dem Start Event können Sie auch ein *Intermediate Message Event* nutzen, wodurch eine Workflow-Instanz auf eine bestimmte Nachricht (Message) wartet, bevor der Workflow weiterläuft. Mit einem *Intermediate Timer Event* wartet Ihr Workflow eine definierte Zeit, bevor er weiterläuft. Das sogenannte *End Event* definiert das reguläre Ende eines Workflows.

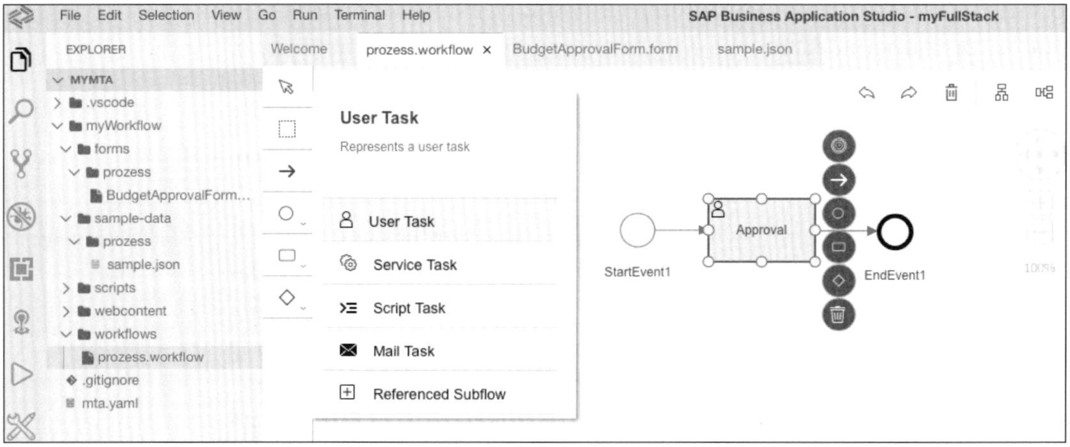

Abbildung 9.16 Geschäftsprozesse mit dem Workflow Editor des SAP Business Application Studios definieren

Tasks

Die einzelnen Prozessschritte eines Workflows sowie ihre Reihenfolge definieren Sie mithilfe von *Tasks* und *Gateways*. Prozessschritte innerhalb eines Workflows definieren Sie über Tasks, die entweder von Benutzerinnen und Benutzern, einem System oder auch von einem Skript ausgeführt werden. Es gibt verschiedene Arten von Tasks in SAP Workflow Management:

- **User Task**
  Eine *User Task* erfordert die Interaktion eines Benutzers oder einer Benutzerin wie z. B. die Genehmigung eines Antrags. Einem User Task weisen Sie bestimme Attribute zu, die eine Abarbeitung durch die Fachabteilung erleichtern. Dazu gehören beispielsweise ein Betreff, eine Beschreibung, eine Priorität und ein Fälligkeitsdatum. Zur Bearbeitung von User Tasks durch Fachabteilungen ist die SAP-Fiori-App *My Inbox* standardmäßig im Workflow-Service enthalten. In dieser App sehen Be-

nutzerinnen und Benutzer alle Aufgaben, die sie bearbeiten sollen, inklusive einer Beschreibung. Die App *My Inbox* können Sie auf SAPUI5-Basis weiter anpassen.

- **Service-Tasks**
  Den Aufruf eines RESTful bzw. OData-Service mit den HTTP-Anweisungen `GET`, `POST`, `PATCH`, `PUT` und `DELETE` modellieren Sie über *Service-Tasks*. Für den Zugriff auf andere IT-Anwendungen mittels API werden hierbei die Destinations der SAP BTP verwendet. Ebenfalls können Sie auf eine über die SAP Integration Suite bereitgestellte OData-Schnittstelle zugreifen und damit alle Möglichkeiten von SAP Cloud Integration (siehe Abschnitt 7.3, »Prozessintegration mit SAP Cloud Integration«) auch innerhalb des Workflow-Service nutzen. Auch die Business Rules und APIs aus dem SAP API Business Hub binden Sie über einen Service Task in Ihren Workflow ein. Damit spielt der Service Task eine sehr zentrale Rolle, um auch weitere Services der SAP BTP innerhalb eines Workflows zu nutzen.
- **Script Task**
  Neue und eigene Logik, die innerhalb des Kontextes Ihres Workflows ausgeführt werden soll, definieren Sie über einen *Script Task*. Hier programmieren Sie mittels JavaScript eine eigene Logik, um beispielsweise Daten innerhalb Ihres Workflows zu transformieren. Auch schreiben Sie mit dem Script Task Informationen in die Workflow-Instanz bzw. lesen sie von dieser aus. Das Skript darf einen Umfang von 10.000 Zeichen und eine Ausführungszeit von 150 Millisekunden nicht überschreiten, um seine Komplexität zu begrenzen.
- **Mail Task**
  Mail Tasks nutzen Sie, um E-Mails an einen oder mehrere Empfängerinnen oder Empfänger zu versenden. Hierzu wird auf eine entsprechend definierte Destination der SAP BTP zugegriffen. Eine Mail Task erlaubt die Definition des Betreffs sowie des Textes in HTML oder als Plain-Text.

Gateway

Die eigentliche Logik des Prozessablaufs steuern Sie mit Gateways. Das *Exclusive Gateway* nutzen Sie, um eine konditionale Entscheidung in Ihrem Ablauf zu modellieren. Mit einem Exclusive Gateway teilen Sie demnach Ihren Arbeitsablauf in zwei unterschiedliche Teilabläufe, die je nach Erfüllung der Bedingung ausgeführt werden. Mit dem *Parallel Gateway* teilen Sie einen Arbeitsablauf in mehrere parallele Teilabläufe (*Splits*), oder Sie nutzen den Parallel Gateway, um mehrere parallele Teilabläufe wieder zu einem Ablauf zusammenzuführen (*Join*). Es ist zu beachten, dass Sie mit dem Parallel Gateway keine Optimierung der Ausführungszeit erreichen. Vielmehr arbeitet der Parallel Gateway auf der logischen Ebene des Prozessablaufs. Das Ende eines Workflows definieren Sie mit dem bereits erwähnten *End Event*.

Workflow nutzen Nachdem Sie Ihren Workflow mit dem Workflow Editor des SAP Business Application Studios definiert haben, stellen Sie ihn aus der Entwicklungsumgebung bereit. Eine Workflow-Instanz nutzt immer die zuletzt bereitgestellte Definition des Workflows. Nach der Bereitstellung des Workflows verwenden Sie entweder die Standard-SAP-Fiori-App *My Inbox*, um mit dem Workflow zu arbeiten, oder Sie programmieren mit dem SAP Business Application Studio eigene Anwendungen, die Ihren bereitgestellten Workflow über APIs nutzen.

Workflow APIs Über APIs des Service können Sie beispielsweise auch neue Workflow-Instanzen starten, Nachrichten an Workflows senden, Details zu User-Task-Instanzen oder die Definition von Workflows und Informationen zur Ausführung von Instanzen abfragen.

9.5.2 SAP Intelligent Robotic Process Automation

Mit SAP Intelligent Robotic Process Automation (SAP Intelligent RPA) werden Backoffice-Aufgaben und zeitintensive, manuelle Prozessschritte eines Arbeitsablaufs automatisiert. Während SAP Workflow Management eine Automatisierung über die Digitalisierung von Prozessschritten sowie die Definition und Nutzung von Business Rules erreicht, automatisiert SAP Intelligent RPA sich wiederholende Aufgaben von Mitarbeitenden innerhalb von Geschäftsprozessen auf Basis der Aktivitäten über die Benutzerschnittstelle. Dabei können die Aufgaben die Nutzung unterschiedlicher SAP- und Nicht-SAP-Anwendungen umfassen, wie das Kopieren von Bestellinformationen aus Anhängen in eingehenden E-Mails oder aus einem Lieferantenportal in eine entsprechende SAP-S/4HANA-Transaktion.

Automatisierung Sie können *Bots* verwenden, um regelmäßig anfallende manuelle Tätigkeiten im Backoffice zu automatisieren, wie z. B. die Datenerfassung oder die Bestellverwaltung. Auch im Frontoffice können Bots eingesetzt werden, um die Reaktionsfähigkeit von Mitarbeitenden auf Kunden- oder Partneranfragen zu verbessern und so die Qualität des Service zu steigern. Ebenso finden Bots in der internen IT eines Unternehmens Einsatz, um z. B. den IT-Helpdesk zu unterstützen oder Serviceanfragen oder das Zugriffsmanagement zu automatisieren.

Komponenten Die Bots zur Automatisierung der Geschäftsprozesse werden mit dem browserbasierten *Cloud Studio* erstellt, mit dem Bot Workflows entworfen und die Bots trainiert werden können. Die *Cloud Factory* wird verwendet, um Software-Bots zu verwalten, zu starten und zu orchestrieren und ihre Ausführung zu überwachen. Ebenfalls bietet die Cloud Factory direkten Zugriff auf den *SAP Intelligent RPA Store*, in dem vorgefertigte Bots für die Automatisierung gängiger Abläufe bereitgestellt werden. Auf den Rechnern der Mitarbeitenden in den Fachabteilungen oder Servern wird der *Desktop Agent* installiert, der die Ausführung bestimmter Bots übernehmen kann.

[+]

SAP Intelligent RPA Store

Über den SAP Intelligent RPA Store (*http://s-prs.de/v859406*) können Sie vorgefertigte Bots für bestimmte Branchen und Geschäftsbereiche nutzen.

Cloud Studio

Um Arbeitsabläufe in den Fachabteilungen zu automatisieren, nutzen Sie den Low-Code- und No-Code-Ansatz des Cloud Studios zur Entwicklung von Bots. Der Low-Code-Ansatz richtet sich an Entwicklungsteams, die Bots mit ihren JavaScript-Kenntnissen umsetzen. Beim No-Code-Ansatz nutzen Citizen-Developer eine rein grafische Oberfläche zum Design des Bot-Workflows.

Recorder

Der über den Bot zu automatisierende Prozess wird mit dem *Recorder* des Cloud Studios erfasst, der alle Schritte aufzeichnet, die Mitarbeitende in den Fachabteilungen über die Benutzeroberflächen der am Prozess beteiligten Anwendungen ausführen. Dazu zählen die Eingabe von Daten, Bewegungen und Klicks mit der Maus und alle Eingaben über die Tastatur. So werden die Bildschirminhalte (UI-Elemente) der IT-Anwendungen mit den zugrunde liegenden Metadaten erfasst. Auf diese Weise wird mit dem Recorder z. B. die Benutzung von browserbasierten Anwendungen, Windows-Anwendungen oder SAP-Anwendungen erfasst. SAP Intelligent RPA unterstützt dabei verschiedene Oberflächentechnologien wie SAP GUI oder SAP GUI for Windows.

Automation Designer

Um einen Workflow zu definieren, wird die fertige Aufzeichnung im nächsten Schritt mit dem *Automation Designer* des Cloud Studios bearbeitet. Hierbei ist auch eine manuelle Anpassung der zuvor aufgezeichneten Schritte möglich. Eine *Automation* führt mehrere *Activities* aus, die in verschiedenen Anwendungen und Benutzeroberflächen (Screens) auf einem Computer durchgeführt werden. Eine Activity kann z. B. das Lesen des Clipboards oder die Texteingabe eines Eingabefelds der Benutzeroberfläche einer Anwendung umfassen. Der über eine Automation definierte Ablauf von Activities kann über *Controls*, wie z. B. Loop Controls und Condition Controls, gesteuert werden. Innerhalb eines Workflows werden Daten zwischen Activities oder Screens über Input- und Output-Parameter ausgetauscht. Auch eigene, komplexere Datentypen können als Ein- und Ausgabeparameter definiert werden. Der auf dem lokalen Rechner installierte Desktop Agent führt die erstellte Automation aus.

9.6 Zusammenfassung

Die in diesem Kapitel vorgestellten Services der SAP Extension Suite werden zur Entwicklung und Bereitstellung von Anwendungen und Prozesserweiterungen genutzt. Neben Services zur Unterstützung der Produktivität von Entwicklungsteams bietet die Plattform unterschiedliche Funktionen zur Umsetzung, Optimierung und Automatisierung von Geschäftsprozessen sowie zur Gestaltung digitaler Arbeitsplätze. Die Services der SAP Extension Suite helfen bei der Realisierung fachlicher Anforderungen, ohne dabei SAP-Standardanwendungen zu modifizieren.

Kapitel 10
Services für DevOps

Dieses Kapitel beschreibt grundlegende Konzepte zur kontinuierlichen und automatisierten Bereitstellung von Anwendungen und Prozesserweiterungen auf der SAP BTP.

Um die Qualität und Robustheit von Erweiterungen und Anwendungen auf der SAP BTP sicherzustellen, werden die Entwicklung und der Test eng miteinander verzahnt. Hier kommt CI-Software (*Continuous Integration*) zum Einsatz, um die Paketierung, unterschiedliche Testszenarien sowie die Auslieferung zu automatisieren.

Anpassungsfähigkeit

Damit intelligente Unternehmen anpassungsfähig bleiben, müssen neue Versionen einer Anwendung oder eines Prozesses in vielen kleinen iterativen Schritten auch unter Einbeziehung der Nutzerinnen und Nutzer validiert werden können. Letzteres erfordert demnach eine kontinuierliche Auslieferung und Bereitstellung einer neuen Version für Kunden, Partner und Fachabteilungen. Dies birgt oft Konfliktpotenzial, da hier organisatorisch zwei unterschiedliche Teams ineinandergreifen: Das Entwicklungsteam möchte die neuen Versionen schnellstmöglich den Nutzerinnen und Nutzern bereitstellen, während der IT-Betrieb in der Aktualisierung ein potenzielles Ausfallrisiko der Anwendung sieht.

DevOps

Mit *DevOps*, einem Kunstwort aus den beiden Begriffen Development und Operations, wird dieser Konflikt gelöst, indem die agile Arbeitsweise aus der Softwareentwicklung den Betrieb der Anwendung mit einschließt. Werkzeuge für *Continuous Integration* und *Continuous Delivery* (CD), also eine regelmäßige Bereitstellung, ermöglichen dabei den erforderlichen hohen Automatisierungsgrad des Softwarelebenszyklus.

Abhängig von den bestehenden Werkzeugen und Prozessen in der Unternehmens-IT und von der gewählten Softwarearchitektur zur Implementierung der Erweiterung oder Anwendung, bietet die SAP BTP verschiedene Ansätze und Services zur Realisierung eines DevOps-basierten Entwicklungsansatzes. Abschnitt 10.1 gibt einen ersten Überblick der Services sowie Hinweise zur Strukturierung des SAP-BTP-Accounts. Abschnitt 10.2 geht auf das SAP-BTP-Konzept der Multitarget Applications (MTAs) ein und erläutert

Aspekte zur Bereitstellung der MTAs. Der Transport von Anwendungen zwischen unterschiedlichen Subaccounts wird in Abschnitt 10.3 behandelt und mit Informationen über Continuous Integration und Delivery Integration in Abschnitt 10.4 ergänzt. Abschnitt 10.5 schließt das Kapitel mit einem Überblick dazu, wie Benachrichtigungen auf der SAP BTP zur Automatisierung operativer Aufgaben im Bereich DevOps genutzt werden können.

10.1 Bereitstellung von Anwendungen oder Prozesserweiterungen

Ein wesentlicher Bestandteil von DevOps ist die kontinuierliche, agile und automatisierte Bereitstellung von Anwendungen und Prozesserweiterungen. Damit adressiert DevOps fast alle Bereiche des Softwarelebenszyklus.

[»]

Softwarelebenszyklus

Der Softwarelebenszyklus beschreibt Phasen der Softwareentwicklung mit dem Ziel der Bereitstellung einer Software für Kunden, Partnerunternehmen oder Mitarbeitende. Je nach definiertem Vorgehensmodell umfasst der Lebenszyklus einer Anwendung die Phasen *Planung*, *Design*, *Entwicklung* (*Build*), *Test* und *Auslieferung*. Mit der Auslieferung geht die Anwendung in den produktiven Betrieb über.

Account-Struktur

Um in der SAP BTP einen Softwarelebenszyklus abzubilden, strukturieren Sie Ihren Global Account in mehrere Subaccounts (siehe Abschnitt 6.1, »Account-Struktur definieren«). Mit diesen Subaccounts lassen sich die unterschiedlichen Entwicklungsphasen Ihrer Software abbilden, z. B. in einer dreistufigen Landschaft, bestehend aus Entwicklung (Subaccount DEV), Test (Subaccount TEST) und Produktion (Subaccount PROD).

Der Subaccount DEV wird dabei für die tägliche, inkrementelle Weiterentwicklung der Anwendung bzw. Prozesserweiterung genutzt. Anwendungsentwicklerinnen und Tester haben Zugriff auf den Subaccount DEV. Erfolgreiche Builds der Anwendung werden automatisch im Subaccount TEST bereitgestellt, in dem Sie weitere automatisierte und eventuell auch manuelle Tests durchführen. Hier erfolgen beispielsweise Integrationstests der Prozesserweiterung in einer Laufzeitumgebung, die dem produktiven Umfeld ähnelt. Nach der erfolgreichen Durchführung von Tests setzen Sie Ihre Anwendung kontrolliert produktiv. Die Produktivsetzung erfolgt ebenfalls in einem separaten Subaccount (PROD), auf den ausschließlich Administratorinnen und Operatoren (also Mitarbeitende aus dem Support-Team) der

Anwendung Zugriff haben. Diese Trennung erhöht die betriebliche Sicherheit für produktive Anwendungen, da Sie pro Subaccount entsprechende Zugriffsberechtigungen auf der SAP BTP vergeben.

Bereitstellung Ihrer Anwendungen

Um neue Anwendungen in einem Subaccount bereitzustellen oder bestehende Anwendungen mit einer neuen Version zu aktualisieren, nutzen Sie in der SAP BTP, abhängig von der gewählten Laufzeitumgebung (z. B. Cloud Foundry oder Kyma), unterschiedliche Services und Tools. Zum Beispiel verwenden Sie für die Bereitstellung von Anwendungen in der Cloud-Foundry-Umgebung entweder das *Enhanced Change and Transport System* (CTS+), den Service *SAP Continuous Integration and Delivery* der SAP BTP oder das Cloud Foundry Command-Line Interface (cf CLI). Die Wahl der Bereitstellungsmethode ist davon abhängig, wie die Anwendung paketiert ist, welche Abhängigkeiten zu anderen Komponenten bestehen und wie sich das Entwicklungs- und Betriebsteam organisieren. Beispielsweise nutzen Sie das Command-Line Interface, wenn Sie die Cloud-Foundry-basierte Anwendung als Docker Image bereitstellen. CTS+ bietet sich an, wenn Ihre Prozesserweiterung aus Komponenten besteht, die auch in einer On-Premise-Installation von SAP S/4HANA bereitgestellt werden müssen. Für den Transport von Projektobjekten zwischen unterschiedlichen Subaccounts in der ABAP-Umgebung der SAP BTP eignet sich das *Git-fähige Change and Transport System* (gCTS). Der Open-Source Git-Client *abapGit* unterstützt Sie beim Import von Projekten in ABAP-Systeme.

Git Repository

Zur Speicherung und Verwaltung des Quellcodes sowie der Projektdateien Ihrer Prozesserweiterung bzw. Anwendung nutzen Sie ein *Git Repository*, das z. B. mit GitHub, GitLab oder Bitbucket angelegt und verwaltet werden kann. Mit dem im SAP Business Application Studio integrierten Git-Client arbeiten Sie direkt aus der Entwicklungsumgebung mit Ihrem Repository. Es lässt sich z. B. über das Kontextmenü einer Projektdatei im SAP Business Application Studio nutzen. Auch haben Sie die Möglichkeit, Git-Befehle direkt mit dem Terminal des SAP Business Application Studios auszuführen. Auch für Eclipse stehen entsprechende Plug-ins für die ABAP-basierte Entwicklung zur Verfügung.

[«]

GitHub

Viele zusätzliche Hilfsmittel für Ihre Anwendungsentwicklung mit der SAP BTP, wie beispielsweise SDKs (Software Development Kits) oder Jenkins-Pipelines (siehe Abschnitt 10.4.2, »Projekt ›Piper‹«), werden über *GitHub* bereitgestellt. Der Online-Dienst, der 2008 entstand, setzt auf Git Repositories auf und vereinfacht das Teilen von Quellcode bzw. unterstützt bei der Organisation von Code in Entwicklungsprojekten. Viele Open-Source-Projekte entstehen im GitHub, in dem jeder den Programmcode von anderen einsehen und (kontrolliert) verändern darf. So bietet auch SAP unter *https://github.com/SAP* verschiedene Repositories, die für eigene Projekte genutzt werden können.

On-Premise Git Repository

Auch ein (neues oder vorhandenes) Git-Repository, das Sie in Ihrer bestehenden IT-Infrastruktur betreiben, können Sie in der SAP BTP für die Versionskontrolle und die Entwicklung in Teams einbinden. Dazu definieren Sie eine Destination zu Ihrem On-Premise Git Repository über das SAP BTP Cockpit. Für den Aufbau der Verbindung von der SAP BTP zu einem Git Repository innerhalb der Unternehmens-IT ist der Cloud Connector erforderlich (siehe Abschnitt 7.2, »SAP Connectivity Service und Cloud Connector«). Da die Kommunikation zwischen der SAP BTP und dem Git Repository über HTTPS erfolgt, muss das Zertifikat Ihres On-Premise-Git-Servers dem Cloud Connector bekannt geben werden.

10.2 Multitarget Applications

Insbesondere für den Transport von Anwendungen in die Cloud-Foundry-Umgebung der SAP BTP spielt das Konzept der MTAs eine Rolle.

Definition

Eine MTA besteht aus mehreren Teilen (sogenannten *Modulen*), die mit unterschiedlichen Technologien erstellt und über verschiedene Plattformservices bereitgestellt werden, aber dennoch einen einzigen gemeinsamen Softwarelebenszyklus haben. Ein Beispiel für MTAs sind Anwendungen, die mit den *SAP HANA Extended Application Services, Advanced Model* (SAP HANA XS Advanced) erstellt werden, dem in SAP HANA integrierten Applikationsserver. Sie bestehen aus UI- und Datenbankmodulen aus Anwendungscode. Eine MTA kann z. B. ein HTML5-Modul (für die UI-Logik), ein Java-Modul (für die Geschäftslogik) und ein SAP-HANA-Datenbank-Modul (für die Datenhaltung und Analyse) enthalten.

Ein Modul muss nicht unbedingt Code für die Ausführung in einer Plattformumgebung enthalten, sondern kann auch andere Projektdateien, die für die Ausführung der Anwendung erforderlich sind, beinhalten. Beispiele für solche Projektdateien sind Dokumente, die auf einem Dokumentationswebserver, API-Metadaten, die auf einem API Gateway, oder Konfigurationsdaten, die in einer zentralen Registry bereitgestellt werden sollen. Die Programmierung, Versionierung, Bereitstellung und der Betrieb einer solch heterogen strukturierten Anwendung erfolgen über das MTA-Konzept als logische Einheit.

Homogenität

Ohne ein Modell, wie es durch das MTA-Konzept umgesetzt wird, müssten Sie all die heterogenen Anwendungsmodule in ihrem Lebenszyklus individuell handhaben, indem Sie z. B. benutzerdefinierte Skripte in einem CI/CD-Tool umsetzen, um alle zugrunde liegenden Komponenten, die Serviceabhängigkeiten und die Konfigurationen zu verwalten. Auch eine Automatisierung und Wartung solch unterschiedlicher, benutzerdefinierter Skripte bedeutet Aufwand. Daher vereinfacht die Modellierung Ihrer Anwendung oder Prozesserweiterung als MTA den Lebenszyklus heterogener Lösungen.

MTA-Archiv

Wie in Abbildung 10.1 dargestellt, bündelt ein *MTA-Archiv* die unterschiedlichen Module einer Anwendung, wie beispielsweise Quellcode (von mehreren Microservices), Bibliotheken, Konfigurationen und Ressourcen, die auch durch unterschiedliche Plattformservices bereitgestellt und ausgeführt werden.

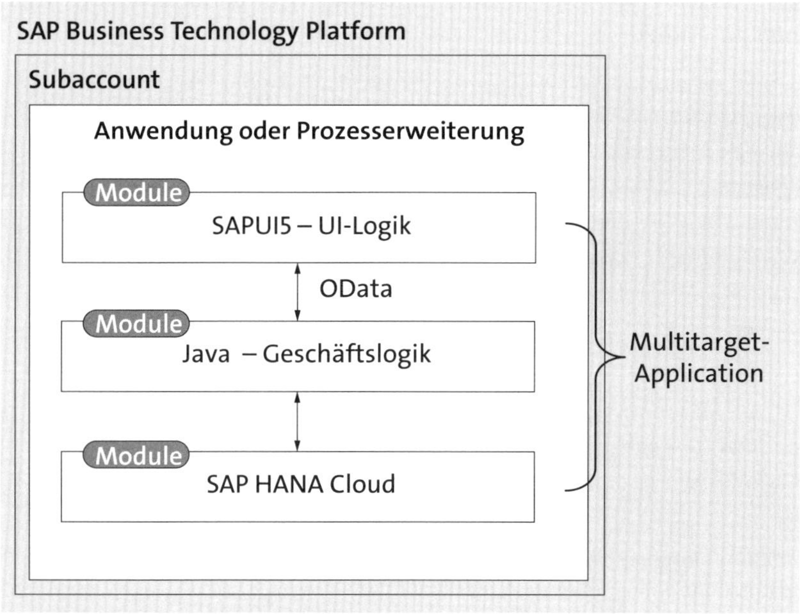

Abbildung 10.1 Module einer Multitarget Application in der SAP BTP

Die einzelnen MTA-Module entwickeln Sie im SAP Business Application Studio (siehe Abschnitt 9.2.1, »SAP Business Application Studio«). Die Methoden zur Auslieferung des MTA-Archivs in Subaccounts der SAP BTP unterscheiden sich hinsichtlich ihres Automatisierungsgrades und sind in Abhängigkeit der vorhandenen Infrastruktur, des verwendeten Programmiermodells und der Zielsetzung zu wählen.

Services für den MTA-Transport

Ein manueller Export der Anwendung aus dem Subaccount für den Test und ein entsprechender Import in den produktiven Subaccount funktionieren immer und können für erste Prototypen ausreichend sein. Bei der Aktualisierung und Auslieferung Ihrer Anwendung helfen Werkzeuge für den Transport der Anwendungsartefakte zwischen den Subaccounts. Dazu können CTS+ oder der Plattformservice *SAP Cloud Transport Management* (siehe Abschnitt 10.3, »Transport von Anwendungen«) genutzt werden. Für eine hohe Automatisierung und eine kontinuierliche Auslieferung neuer Builds unter Berücksichtigung der Softwarequalität unterstützt die SAP BTP die Verwendung von CI/CD Pipelines (siehe Abschnitt 10.4, »Continuous Integration und Continuous Delivery«). So kann beispielsweise Ihre Prozesserweiterung über eine Pipeline automatisiert vom Entwicklungs-Subaccount in den Test-Subaccount transportiert und dort weitergetestet werden, bevor sie dann kontrolliert in dem produktiven Subaccount für die Fachabteilung bereitgestellt wird.

MTA-Deployment-Methoden

Tabelle 10.1 fasst die unterschiedlichen Deployment-Methoden eines MTA-Archivs zusammen.

Deployment-Methode	Szenario
manueller Export und Import	eigenes Skript zur Synchronisierung des Git Repositorys, zum Build von z. B. Java-Anwendungen mit Maven und zum Deployment mittels Skript über das cf CLI
CTS+	▪ hybride Anwendungsarchitektur, bestehend aus ABAP- und Nicht-ABAP-Komponenten ▪ Integration mit Change-Management-Lösungen wie dem Szenario Change Request Management des SAP Solution Managers
SAP Cloud Transport Management	▪ MTA zwischen Subaccounts transportieren ▪ Transport von Plattformserviceinhalten (z. B. Integration Flows (iFlows) für den Integration-Service)
Continuous Integration und Continuous Delivery	▪ bereits vorhandene und etablierte CI/CD-Infrastruktur einbinden ▪ hohe Flexibilität und Möglichkeit der Automatisierung des Softwarelebenszyklus ▪ MTA paketieren, testen und im Subaccount bereitstellen ▪ Transport von Plattformserviceinhalten (z. B. iFlows für den Integrationsservice)

Tabelle 10.1 Ansätze zur Auslieferung einer MTA in Subaccounts

[«]

SAP Cloud Application Programming Model

Anwendungen und Prozesserweiterungen, die mit dem SAP Cloud Application Programming Model entwickelt werden, können als MTA-Archiv in der Cloud-Foundry-Umgebung der Plattform bereitgestellt werden. Es bietet sich die Verwendung des Plattformservice SAP Continuous Integration and Delivery in Verbindung mit dem Framework an, da hier bereits eine vordefinierte Pipeline für Anwendungen des Programmiermodells zur Verfügung steht.

10.3 Transport von Anwendungen

Um Anwendungen kontrolliert und nachvollziehbar von einem Subaccount in einen anderen Subaccount zu transportieren, nutzen Sie auf der SAP BTP entweder SAP Cloud Transport Management, oder Sie binden die SAP BTP in eine bereits vorhandene Installation von CTS+ ein. Beide Ansätze unterstützen die Umsetzung eines standardisierten Änderungsmanagementprozesses unter einer klaren Trennung von Verantwortlichkeiten (Separation of Concerns) und schaffen Transparenz über die Bereitstellung von Änderungen bestehender Anwendungen. In Ergänzung zum Service SAP Continuous Integration and Delivery (siehe Abschnitt 10.4) ermöglicht der Transport von Anwendungen, z. B. durch SAP Cloud Transport Management, außerdem eine stärkere Kontrolle bei der Bereitstellung von Änderungen in der Produktivumgebung.

10.3.1 Enhanced Change and Transport System (CTS+)

Mit CTS+ wurde das *Change and Transport System* (CTS) des SAP NetWeaver AS ABAP (SAP NetWeaver Application Server ABAP) so erweitert, dass es auch für den Transport von Nicht-ABAP-Objekten verwendet werden kann. So kann für hybride Anwendungen, bei denen z. B. die SAP-Fiori-Benutzeroberfläche in der SAP BTP und ein Teil der Anwendungslogik in SAP S/4HANA implementiert ist, ein gesamtheitlicher Transport der Cloud- und On-Premise-Anwendungsartefakte realisiert werden. Damit eine SAP-BTP-Anwendung mit CTS+ zwischen Subaccounts transportiert werden kann, ist es erforderlich, die Anwendung als MTA zu paketieren (siehe Abschnitt 10.2, »Multitarget Applications«). Innerhalb eines CTS+-Transportauftrags können Sie auch mehr als ein MTA-Archiv aus Ihren Subaccounts transportieren.

Change-Management-Lösungen

Ab SAP Solution Manager 7.2 ist es ebenfalls möglich, Ihren SAP-BTP-Account in Change-Management-Prozesse wie z. B. das *Change Request Management* (CRM) oder das *Quality Gate Management* (QGM) zu integrieren.

[»]

SAP Solution Manager

Der SAP Solution Manager bietet unterschiedliche Werkzeuge zur Administration, für den Betrieb und das Monitoring von SAP-Unternehmensanwendungen. Darüber hinaus wird der SAP Solution Manager vom SAP-Support als Gateway zur Betreuung Ihrer Unternehmensinfrastruktur verwendet.

Abbildung 10.2 zeigt den Zusammenhang zwischen einer dreistufigen SAP-BTP-Landschaft und CTS+. CTS+ betreiben Sie in Ihrer On-Premise-Landschaft. Das Werkzeug kommuniziert über *HTTP-Verbindungen* mit der SAP BTP und den unterschiedlichen Subaccounts. Die HTTP-Verbindungen definieren Sie in Ihrem CTS+-System (Transaktion SM59).

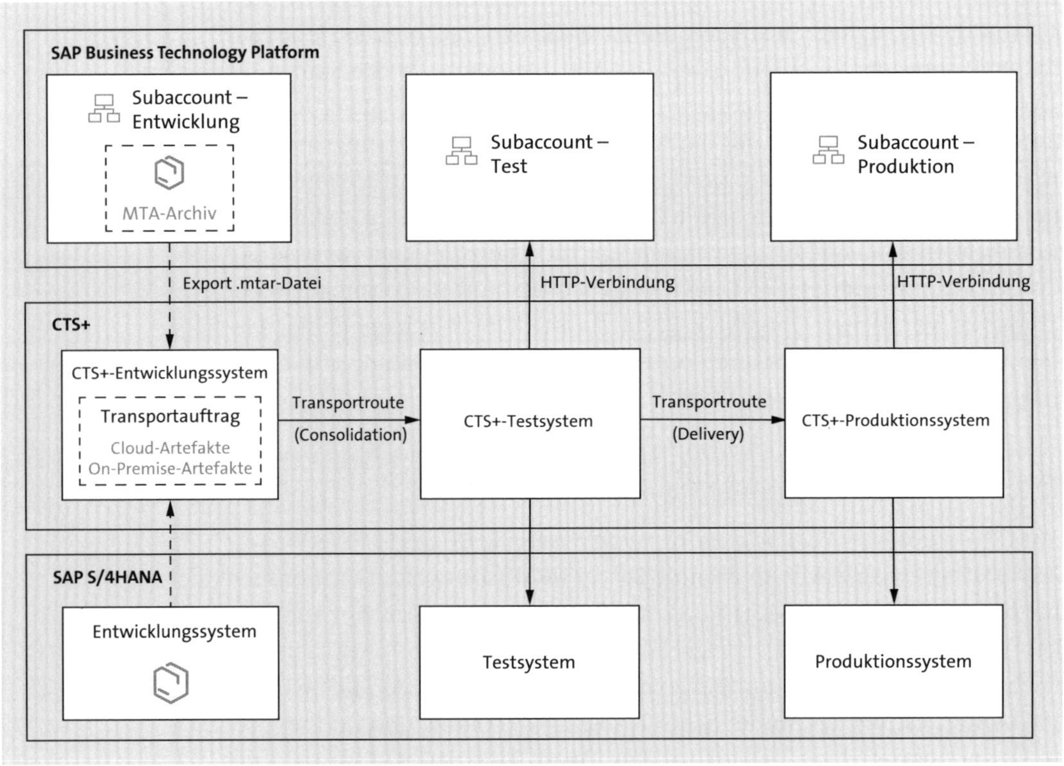

Abbildung 10.2 Aufbau einer dreistufigen Systemlandschaft für die Bereitstellung hybrider Anwendungen

CTS+-Systeme definieren und verbinden

Wenn Sie in der SAP BTP eine dreistufige Landschaft – bestehend aus Subaccounts für Entwicklung, Test und Produktion – betreiben, definieren Sie zu den Subaccounts entsprechende CTS+-Systeme. Über *Transportrouten* verbinden Sie die unterschiedlichen CTS+-Systeme, die Ihre Subaccounts für die Entwicklung, den Test und den produktiven Betrieb repräsentieren. Dabei werden zwei Arten von Transportrouten genutzt: eine *Consolidation Route* und eine *Delivery Route*:

- Die Consolidation Route verwenden Sie, wenn Anwendungsartefakte aus einem Entwicklungssystem exportiert und in einem Testsystem konsolidiert werden.
- Mit der Delivery Route verbinden Sie das Testsystem mit dem Produktivsystem.

Aus dem SAP-BTP-Subaccount, den Sie zur Entwicklung nutzen, exportieren Sie das MTA-Archiv der Anwendung auf das Dateisystem. Im entsprechenden CTS+-Entwicklungssystem erstellen Sie mit dem *Transport Organizer* entweder einen neuen Transportauftrag, oder Sie nutzen einen bereits vorhandenen Auftrag, dem Sie das exportierte MTA-Archiv hinzufügen. Auch Anwendungsartefakte aus Ihren On-Premise-Systemen (z. B. SAP S/4HANA) fügen Sie dem Transportauftrag hinzu. Sobald Sie den Transport freigeben, wird er in die Import-Queue des nächsten CTS+-Systems gestellt, das in unserem Beispiel das CTS+-System für den Test ist. Über eine HTTP-Destination kommuniziert das CTS+-Testsystem mit dem entsprechenden SAP-BTP-Subaccount, um das MTA-Archiv zu deployen. Gleichzeitig findet ein Deployment von On-Premise-Artefakten im zugehörigen SAP-S/4HANA-Testsystem statt.

CTS+ kann auf der SAP BTP ausschließlich Cloud-Anwendungsartefakte transportieren, die sich in einem MTA-Archiv verpacken lassen. Im Gegensatz dazu können der Service SAP Cloud Transport Management und der Service SAP Continuous Integration and Delivery neben MTA-Archiven auch andere Inhalte, wie z. B. iFlows, in der SAP BTP transportieren.

10.3.2 SAP Cloud Transport Management

SAP Cloud Transport Management ermöglicht den Transport von Anwendungen und Artefakten für Plattformservices (z. B. Integration Content) in unterschiedliche Subaccounts. Dabei können die Subaccounts auch zu verschiedenen Global Accounts gehören. Damit nimmt der Plattformservice im Kontext der SAP BTP eine vergleichbare Funktion wie CTS+ ein. Zusätzlich zum Transport von Anwendungsartefakten nutzen Sie SAP Cloud Transport Management auch, um anwendungsspezifische Inhalte, wie z. B. iFlows aus SAP Cloud Integration (siehe Abschnitt 7.3, »Prozessintegration mit SAP Cloud Integration«) zwischen Subaccounts zu transportieren.

Ebenfalls verwaltet der Plattformservice ein Protokoll über alle ausgeführten Transportaufträge, was z. B. zur Umsetzung von Auditing-Richtlinien im Unternehmen genutzt werden kann.

Nodes Vergleichbar mit den CTS+-Systemen bei der Verwendung von CTS+ definieren Sie in SAP Cloud Transport Management unterschiedliche Knoten (*Nodes*), die über Destinations den entsprechenden Plattform-Subaccounts zugeordnet werden. Abbildung 10.3 zeigt, wie eine klassische dreistufige Landschaft in SAP Cloud Transport Management abgebildet wird.

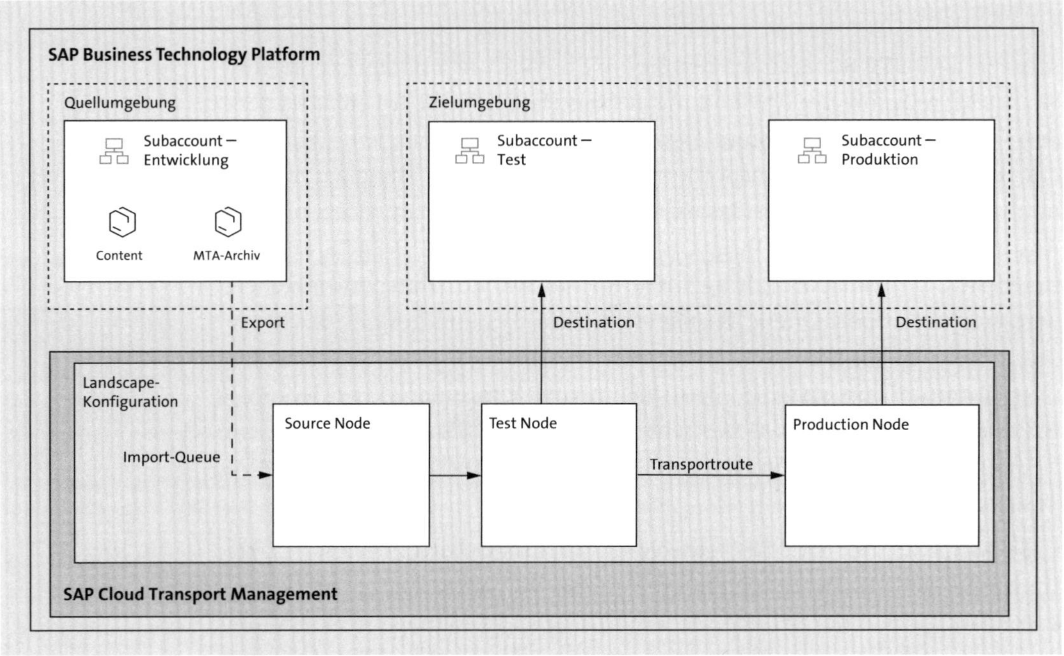

Abbildung 10.3 Cloud-Anwendungen und Business Content mit SAP Cloud Transport Management zwischen Subaccounts transportieren

Transportrouten Den eigentlichen Transport der Artefakte von einem Quellknoten (z. B. dem Subaccount für die Entwicklung) zu einem Zielknoten (z. B. dem Subaccount für Tests) beschreiben Sie mit Transportrouten. Beim Anlegen der Transportrouten unterstützt Sie der grafische *Transport Landscape Wizard*, über den Sie beispielsweise eine Zwei-Knoten- oder Drei-Knoten-Landschaft in SAP Cloud Transport Management anlegen (siehe Abbildung 10.4). Zusätzlich zu seiner grafischen Benutzeroberfläche zur Steuerung der Transporte bietet der Service APIs, um Dateien, wie beispielsweise das MTA-Archiv zu importieren und die Ausführung der Transportaufträge zu überwachen.

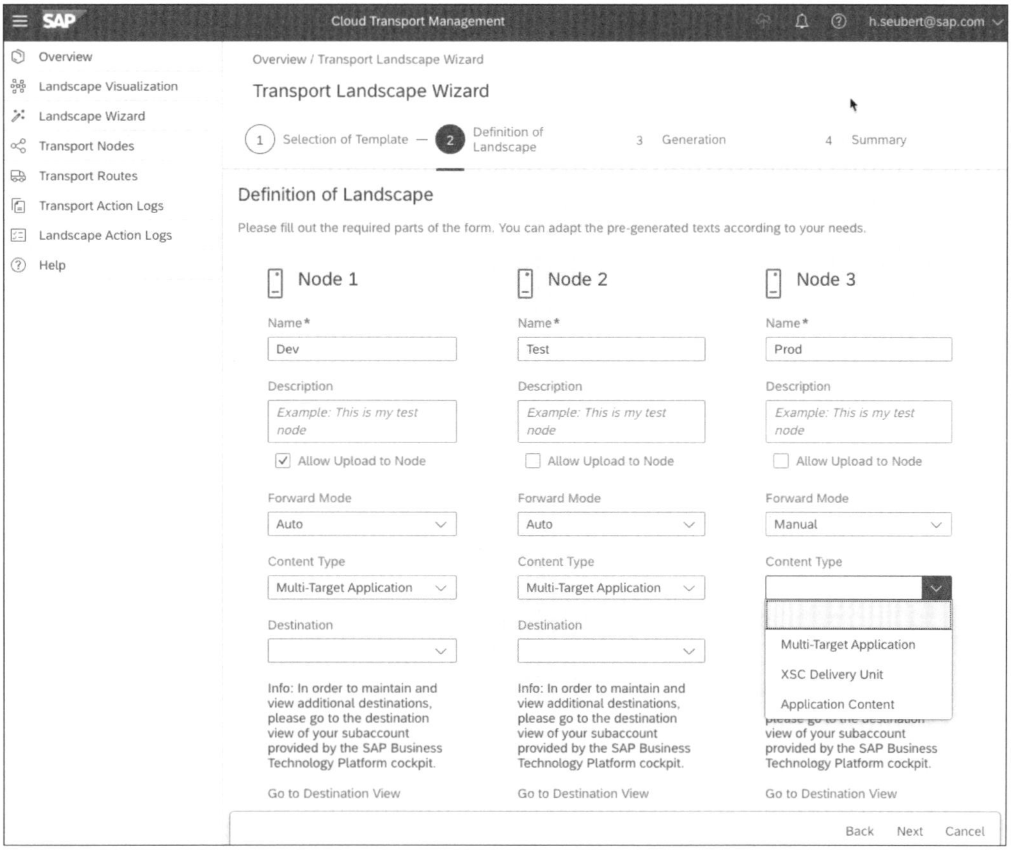

Abbildung 10.4 Transportlandschaft mit dem Transport Landscape Wizard definieren

Content Type

Die Anwendungsartefakte, die Sie mit SAP Cloud Transport Management transportieren, werden als *Content Types* bezeichnet. Beispielsweise werden MTA-Archive (MTAR-Dateien) als Content Types unterstützt, um z. B. HTML5-, Node.js- und Java-Anwendungen sowie Content der SAP HANA Deployment Infrastructure zwischen Subaccounts zu transportieren. Auch andere Artefakte, wie Integration Flows aus SAP Cloud Integration, Workflows aus SAP Workflow Management oder API-Produkte aus SAP API Management können mit dem Service transportiert werden.

SAP Cloud Transport Management und CI/CD

SAP Cloud Transport Management kann in CI/CD Pipelines integriert, und damit auch mit dem Service SAP Continuous Integration and Delivery kombiniert werden. Entsprechende Pipeline-Vorlagen werden auch über das Open-Source-Projekt »Piper« zur Verfügung gestellt (siehe Abschnitt 10.4.2,

»Projekt ›Piper‹«). Für die Integration des CTS+ stellt »Piper« ebenfalls entsprechende Pipeline-Vorlagen bereit. Darüber hinaus bietet SAP Cloud Transport Management APIs, über die eine Integration in eine bestehende CI/CD-Infrastruktur möglich ist.

10.4 Continuous Integration und Continuous Delivery

Die beiden Begriffe *Continuous Delivery* und *Continuous Integration* werden im Bereich der Softwareentwicklung häufig im Zusammenhang mit dem Begriff DevOps verwendet. Während Continuous-Integration-Methoden für einen automatisierten Build- und Testprozess innerhalb des Softwarelebenszyklus sorgen, realisieren Sie mit Continuous Delivery eine automatisierte Auslieferung Ihrer Anwendungspakete.

Continuous Integration

Continuous Integration konzentriert sich auf eine definierte und kontrollierte Integration von Änderungen an einer Anwendung, die verschiedene Teams in einem kollaborativen Entwicklungsprozess an einer gemeinsamen Codebasis vornehmen. Dabei werden u. a. die folgenden Aspekte berücksichtigt:

- Alle Anwendungsartefakte stehen unter der Versionsverwaltung.
- Der Build-Prozess der Anwendung ist automatisiert.
- Unit-Tests zur funktionalen Qualitätssicherung sind Bestandteil des Build-Prozesses.
- Änderungen am Quellcode werden frühestmöglich und regelmäßig in einem gemeinsamen Repository bereitgestellt.
- Für jede Änderung wird die gesamte Anwendung gebaut, d. h. der Build-Prozess angestoßen.
- Fehler im Build-Prozess werden unmittelbar behoben.

Abbildung 10.5 zeigt den Verlauf einer Continuous Integration auf Basis einer *Mainline*, d. h. der Version des Anwendungscodes, in der alle parallelen Entwicklungen unterschiedlicher Teams oder Entwicklerinnen und Entwickler zusammengeführt werden.

Continuous Delivery

Der Continuous-Delivery-Prozess stellt sicher, dass jede Änderung an der Anwendung, die die Qualitätssicherung im Build-Prozess bestanden hat, direkt in einem produktionsnahen Testsystem bereitgestellt wird. Nach weiteren Tests entscheidet das Team bzw. der *Delivery Manager*, ob der Build für die Kunden freigegeben und in der produktiven Laufzeitumgebung (einem SAP-BTP-Subaccount) bereitgestellt wird.

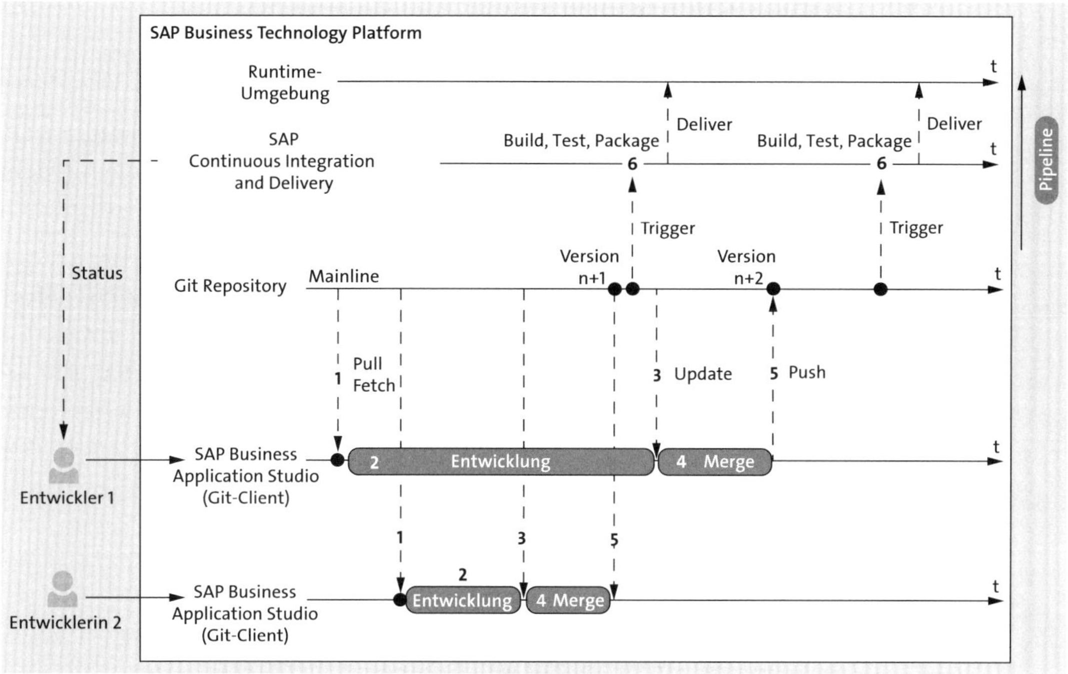

Abbildung 10.5 Grundlegender Ablauf bei der Arbeit im Team an einer gemeinsamen Codebasis

Wird auch dieser letzte Schritt der Bereitstellung automatisiert, spricht man von einem *Continuous Deployment*. Oftmals erfolgt die Produktivsetzung einer neuen Anwendungsversion nach einer Qualitätskontrolle durch das Team manuell bzw. kontrolliert. Für diesen letzten Schritt kann z. B. SAP Cloud Transport Management (siehe Abschnitt 10.3.2) genutzt und eine SAP Continuous Integration and Delivery Pipeline integriert werden. SAP Transport Management führt dabei auch ein Audit-Protokoll über den Transport von Anwendungen in z. B. die Produktionsumgebung.

Ansätze

Für die Implementierung einer CI/CD unterstützt die SAP BTP die drei folgenden grundlegende Ansätze.

- Eigene CI/CD-Infrastruktur und eigene Pipelines:
  - Einbettung in vorhandene CI/CD-Infrastruktur und Definition entsprechender Pipelines für die Bereitstellung von SAP-BTP-Erweiterungen und -Anwendungen
  - eigene Installation der CI/CD-Infrastruktur
  - hohe Anforderungen von Unternehmensvorgaben umsetzen

- Eigene CI/CD-Infrastruktur mit vordefinierten Pipelines:
  - Nutzen einer vorhandenen CI/CD-Infrastruktur mit Jenkins-Installation
  - Verwendung vordefinierter Jenkins-Pipelines für ausgewählte SAP-BTP-Anwendungsszenarien, wie z. B. für Anwendungen, die mit dem SAP Cloud Application Programming Model entwickelt werden
  - Pipeline as a Service (Projekt »Piper«)
- SAP Continuous Integration and Delivery, inklusive vordefinierter Pipelines:
  - Nutzen von SAP Continuous Integration and Delivery der SAP BTP sowie der vordefinierten Pipelines für ausgewählte Anwendungsszenarien
  - keine lokale Infrastruktur
  - geringere Flexibilität und Konfigurationsmöglichkeiten
  - schneller Start und hohe Agilität

Abhängig von der erforderlichen Flexibilität und Agilität sowie der bestehenden CI/CD-Infrastruktur wählen Sie einen der drei Ansätze.

Flexibilität

Wenn Sie bei der Implementierung Ihrer CI/CD Pipelines volle Flexibilität benötigen und auf eine bereits bestehende Infrastruktur aufsetzen wollen, bietet die SAP BTP die dafür nötige Offenheit und Standardisierung. Der »Continuous Integration and Delivery Best Practices Guide« im SAP Help Portal (*http://s-prs.de/v859400*) beschreibt entsprechende Vorgehensweisen zur Umsetzung von CI/CD Pipelines für SAP-BTP-Anwendungen. Wenn Sie bereits Jenkins als Build-Server einsetzen, können Sie vordefinierte Jenkins-Pipelines für bestimmte Entwicklungsszenarien nutzen und mit dem Open-Source-Projekt »Piper« auch eigene Pipelines auf der Basis bereitgestellter Templates erstellen (siehe Abschnitt 10.4.2, »Projekt ›Piper‹«). Für einen möglichst einfachen und schnellen Einstieg bietet der Service SAP Continuous Integration and Delivery grundlegende CI/CD-Funktionen aus der Cloud (siehe Abschnitt 10.4.1, »SAP Continuous Integration and Delivery«).

Tabelle 10.2 zeigt die unterschiedlichen CI/CD-Ansätze in Verbindung mit entsprechenden Entwicklungsszenarien auf der SAP BTP.

Szenario	SAP Continuous Integration and Delivery	Projekt »Piper«	Continuous Integration and Delivery Best Practices Guide
CAP-Anwendungen	x	x	–
SAP-HANA-XSA-Anwendungen	–	x	x
SAPUI5- und SAP-Fiori-Anwendungen für Deployment auf dem SAP-Fiori-Frontend-Server (für ABAP)	–	x	x
SAPUI5- und SAP-Fiori-Anwendungen auf der SAP BTP	x	x	x

Tabelle 10.2 Unterschiedliche CI/CD-Ansätze für SAP-BTP-Projekte

10.4.1 SAP Continuous Integration and Delivery

Mit dem Service SAP Continuous Integration and Delivery der SAP BTP konfigurieren und führen Sie vordefinierte CI/CD Pipelines für unterschiedliche Anwendungsszenarien aus, wie z. B. SAP-Fiori- bzw. SAPUI5-Projekte oder CAP-Anwendungen. Ebenfalls lassen sich Artefakte der SAP Integration Suite, wie z. B. iFlows, mit dem Service bereitstellen. Der Service bietet dazu vordefinierte Pipelines für Paketierung, Test und Bereitstellung Ihrer Änderungen. So nutzen Sie den Service etwa, um Aktualisierungen und Änderungen Ihrer Prozesserweiterung von dem Entwicklungs- über den Test- zum produktiven Subaccount zu transportieren.

Abbildung 10.6 zeigt die Konfiguration eines neuen CI/CD-Jobs mit SAP Continuous Integration and Delivery, bei der auch die bereitgestellten Pipelines ausgewählt werden. **Job**

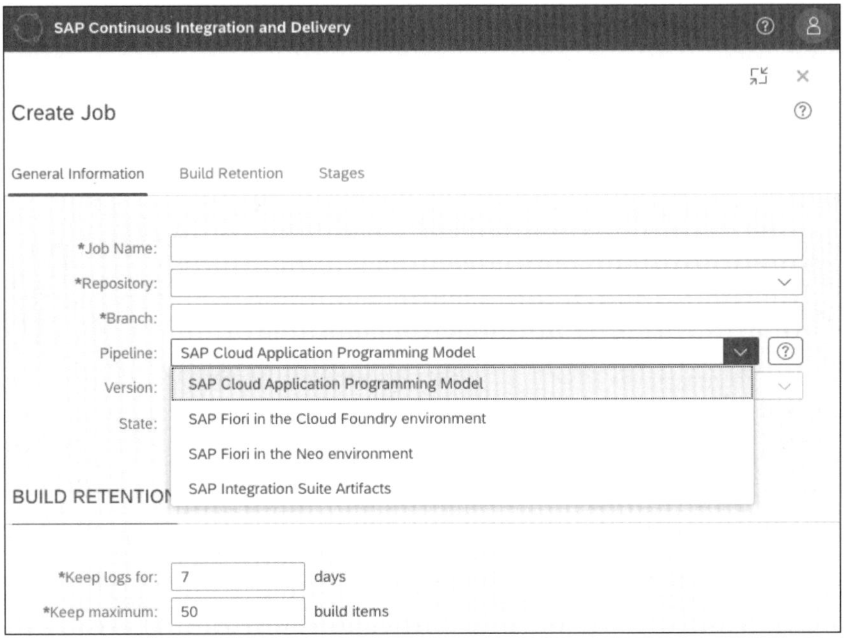

Abbildung 10.6 Einen neuen CI/CD-Job auf Basis vordefinierter Pipelines erstellen

Abhängig von der ausgewählten Pipeline werden die unterschiedlichen Phasen *Build*, *Test*, *Acceptance* und *Release* der Pipeline konfiguriert (siehe Abbildung 10.7). Die Release-Phase (Bereich **Release**) der SAP-CAP-Pipeline erlaubt den Upload der fertigpaketierten und getesteten Erweiterung oder Anwendung in SAP Cloud Transport Management, um eine weitere kontrollierte Bereitstellung zu ermöglichen. Ebenfalls ist in der Release-Phase auch ein Deployment in einen Cloud Foundry Space eines Multi-Environment Subaccounts in SAP BTP möglich.

Nachdem ein Entwickler oder eine Entwicklerin Änderungen am Quellcode der Anwendung oder Prozesserweiterung z. B. über das SAP Business Application Studio in das zentrale Git Repository geladen hat, das hier als Quellcodeverwaltungssystem (Source-Code-Management-System, kurz SCM-System) dient, löst das Git Repository den Service SAP Continuous Integration and Delivery aus. Der Plattformservice führt die konfigurierte Pipeline zu Build, Test und Deployment der Anwendung aus und meldet den Pipeline-Status zurück an das Entwicklungsteam. Für die Verarbeitung der Statusinformationen kann der Plattformservice SAP Alert Notification verwendet werden (siehe Abschnitt 10.5.1, »SAP Alert Notification Service«).

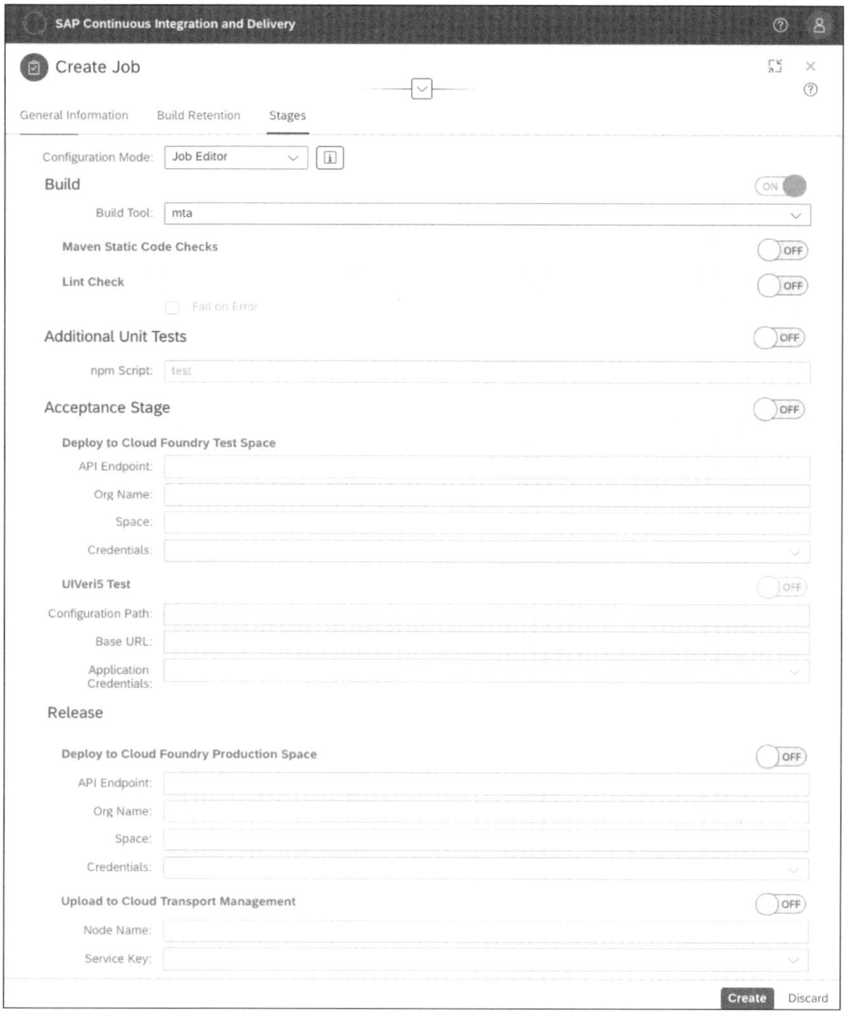

Abbildung 10.7 Pipeline-Phasen konfigurieren

10.4.2 Projekt »Piper«

Um auch eigene CI/CD Pipelines für SAP-BTP-Projekte zu definieren, und mehr Flexibilität im CI/CD-Prozess zu erreichen, bietet das Open-Source-Projekt »Piper« (*https://www.project-piper.io/*) direkt nutzbare Docker Images zur Umsetzung von CI/CD-Prozessen.

Best Practices mit vorgefertigten Pipelines

Darüber hinaus stellt das Projekt vordefinierte Pipelines für unterschiedliche Szenarien zur Verfügung, die Best Practices für z. B. CAP-Anwendungen, SAP-Fiori-Anwendungen oder die SAP-BTP-ABAP-Umgebung implementieren. Ebenfalls bietet das Projekt »Piper« eine vordefinierte Pipeline, um SAP Cloud Transport Management (siehe 10.3.2) in CI/CD-Prozesse zu integrieren oder um eine SAPUI5- und SAP-Fiori-Anwendung an einen ABAP-Transport-Auftrag zu hängen. Alle vordefinierten Pipelines können angepasst werden, oder Sie definieren mit »Piper« Ihre eigenen Pipelines.

Pipeline as Code

Die Pipelines basieren auf den allgemeinen Konzepten von *Pipelines as Code*, wie sie im zweiten Release der Software Jenkins eingeführt wurden. Damit werden CI/CD Pipelines zur Bereitstellung von Anwendungen und Erweiterungen durch entsprechenden Quellcode definiert und wie jedes andere Anwendungsartefakt auch entsprechend versioniert. So können Entwicklungsteams die Schritte Build, Test und Deploy des Softwarelebenszyklus nachvollziehbar weiterentwickeln und testen. Mit dem Projekt »Piper« steht Ihnen auch die gesamte Jenkins-Community zur Verfügung, um Ihre Pipelines zu optimieren. So können Sie die bereitgestellten Jenkins-Pipelines für die unterschiedlichen Szenarien sofort einsetzen, sie als Ausgangspunkt für projektspezifische Anpassungen verwenden oder Ihre eigenen Pipelines implementieren.

[»]

Jenkins

Jenkins ist eine kostenlose Open-Source-Software, um Anwendungen und Erweiterungen automatisiert zu paketieren, zu testen und bereitzustellen. Dabei bindet Jenkins andere Softwarekomponenten wie z. B. Git für die Versionskontrolle, Apache Ant oder Maven für die Paketierung oder JUnit für automatisierte Testverfahren ein. Durch die Orchestrierung und Automatisierung der unterschiedlichen Schritte des Softwarelebenszyklus hilft Jenkins den Entwicklungsteams bei der Umsetzung von CI/CD. Daher wird Jenkins auch als CI-Server oder Build-Server bezeichnet.

10.4.3 Integration in vorhandene CI/CD-Infrastruktur

Durch die offenen Schnittstellen der SAP BTP nutzen Sie auch Ihre vorhandene CI/CD-Infrastruktur für den Build, Test und die Auslieferung Ihrer Prozesserweiterungen und Anwendungen. Die Komponenten Ihrer Infrastruktur können sich dabei in Ihrem On-Premise-Netzwerk oder auch in der Cloud befinden.

Best Practices Guide

Wie Sie CI/CD auf Basis der zahlreichen Open-Source-Lösungen oder im Kontext Ihrer bestehenden Infrastruktur mit der SAP BTP umsetzen, beschreibt der bereits erwähnte »Continuous Integration and Delivery Best Practices Guide« im SAP Help Portal. Dabei handelt es sich nicht um einen Implementierungsleitfaden für CI/CD-Komponenten, sondern um eine Beschreibung, wie die Prinzipien von CI/CD für SAP-spezifische Technologien angewendet werden.

10.5 Benachrichtigungen und Automatisierung

Bei der automatisierten Bereitstellung von Anwendungen und Erweiterungen greifen verschiedene Services der SAP BTP ineinander. Mit Benachrichtigungen, die von den beteiligten Plattformservices versendet werden, kann der DevOps-Prozess überwacht werden. Hier unterstützt der *SAP Alert Notification Service* der SAP BTP. Im Zusammenspiel mit dem Service *SAP Automation Pilot* der SAP BTP lassen sich verschiedene Aufgaben zur Bereitstellung von Erweiterungen und Anwendungen automatisieren.

10.5.1 SAP Alert Notification Service

Verarbeitung von Meldungen

Mit dem SAP Alert Notification Service werden verschiedene Benachrichtigungen der SAP BTP zentral über APIs zur Verfügung gestellt. Die Entwicklerinnen und Administratoren abonnieren die für Sie relevante Meldungen, um entsprechend auf sie zu reagieren. Zu den Meldungen gehören z. B. kritische technische Informationen zur Verfügbarkeit von Plattformservices oder Statusinformationen über die Bereitstellung einer Anwendung oder Erweiterung in einem Subaccount. Vorteil des Service ist, dass alle Meldungen in einem einheitlichen Format bereitgestellt werden, was eine einfache Filterung nach relevanten Events sowie die Definition konditionaler Aktionen ermöglicht. Zu den Aktionen zählen z. B. die Veröffentlichung der Meldung in Microsoft Teams oder Slack und die Integration in SAP Workflow Management oder in den SAP Automation Pilot für eine weitere automatisierte Verarbeitung der Meldung (siehe Abbildung 10.8).

Built-in Events

Zahlreiche *Built-in Events* sind im Service für die SAP BTP vordefiniert. Dazu zählen z. B. Meldungen, sobald das Deployment einer bestimmten MTA gestartet oder der Import einer Anwendung in SAP Cloud Transport Management initiiert worden ist. Darüber hinaus werden verschiedene Events zum Laufzeitstatus von Erweiterungen und Anwendungen auf der SAP BTP angeboten sowie Benachrichtigungen zu administrativen Tätigkeiten auf der SAP BTP, wie das Löschen oder das Hinzufügen von Plattformbenutzerinnen und -benutzern mit bestimmten Rollen und Berechtigungen. Diese Benachrichtigungen können genutzt werden, um DevOps-Aktivitäten auf der Plattform zu steuern und zu automatisieren.

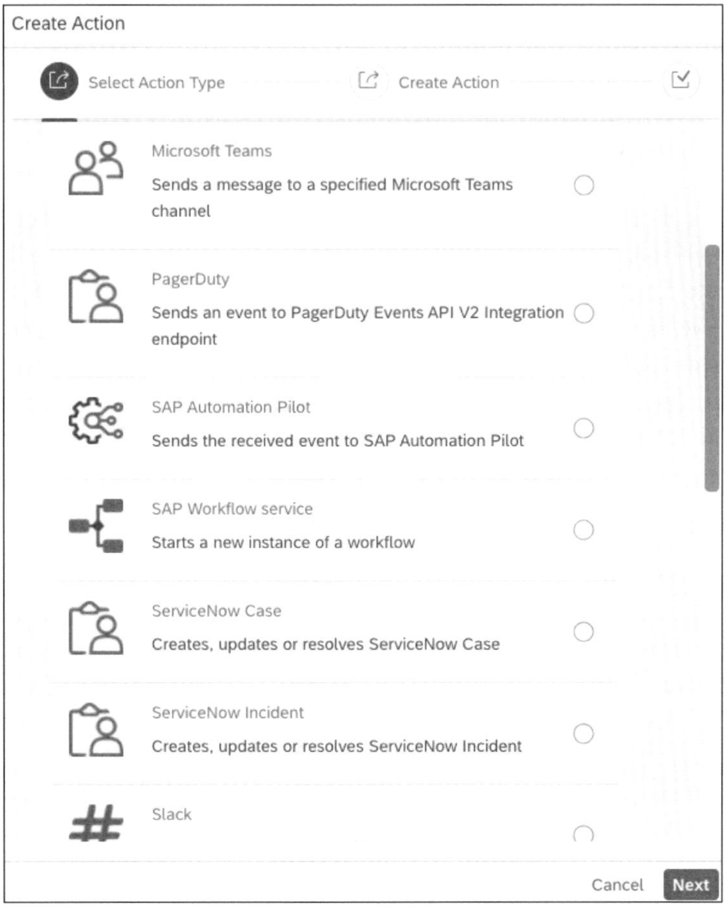

Abbildung 10.8 Mögliche Aktionen beim Eintreten eines bestimmten Events auf der SAP BTP

10.5.2 SAP Automation Pilot

Der SAP Automation Pilot hilft Ihnen, den Betrieb der SAP BTP zu automatisieren. Der Service kann zum einen DevOps-bezogene Aufgaben ausführen, wie z. B. das automatische Ausführen einfacher funktionaler Tests (sogenannter *Smoke Tests*), nachdem eine neue Version der Anwendung mit dem Service SAP Cloud Transport Management im produktiven Subaccount der SAP BTP bereitgestellt worden ist. Zum anderen ermöglicht der Service aber auch die Automatisierung von Aufgaben im Anwendungsmanagement sowie in der Datenbankadministration.

Vordefinierte Befehle

Eine Sammlung von gängigen SAP-BTP-Befehlen (*Commands* genannt) mit entsprechenden Eingabe- und Ausgabeparametern sind Bestandteil des

Service. Abbildung 10.9 zeigt beispielhaft die im Service bereits definierte Befehle zur Steuerung eines Jenkins-Servers.

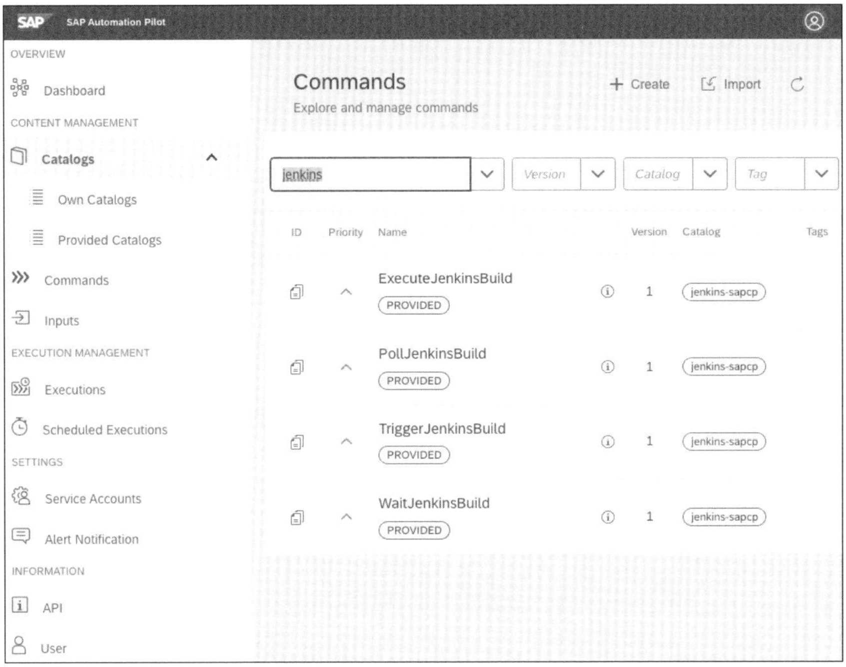

Abbildung 10.9 Beispielbefehle zur Steuerung eines Jenkins-Servers

Oft wird der SAP Automation Pilot in Kombination mit dem SAP Alert Notification Service der SAP BTP verwendet. Bei einer bestimmten Meldung, die über den SAP Alert Notifcation Service ausgegeben wird, wird ein entsprechender Befehl oder eine Abfolge mehrerer Befehle im SAP Automation Pilot gestartet. Mit Beendigung der Befehle, kann der SAP Automation Pilot wiederum eine Meldung über den SAP Alert Notification Service veröffentlichen. Neben dem SAP Alert Notification Service wird auch die Einbindung externer Event-Quellen zur Steuerung von Befehlen unterstützt.

10.6 Zusammenfassung

Um schnell auf neue Anforderungen von Kunden oder Mitarbeitenden zu reagieren, ist es erforderlich, Änderungen an Ihren SAP-BTP-Anwendungen oder -Erweiterungen agil und kontinuierlich zu testen und bereitzustellen. Dazu liefert die SAP BTP verschiedene DevOps-Services, die dabei helfen, den Softwarelebenszyklus der Anwendung und Erweiterung zu automatisieren. Dabei unterstützen auch zentral bereitgestellte Meldungen der

Plattformservices, die für die Automatisierung des Softwarelebenszyklus genutzt werden können. Vordefinierte Pipelines, Befehle zur Automatisierung sowie Standardmeldungen der Plattform unterstützen die Entwicklungs- und Administrationsteams bei der Umsetzung von DevOps.

Kapitel 11
Sicherheit auf der SAP Business Technology Platform

In der Cloud ist Sicherheit für Unternehmensanwendungen und Erweiterungen von Geschäftsprozessen von besonderer Bedeutung. Dieses Kapitel stellt Ihnen Services zur Absicherung Ihrer Anwendungen auf der SAP BTP vor.

Cloud Computing verändert die Rahmenbedingungen und Möglichkeiten für IT-Landschaften. Dies gilt auch für die IT-Sicherheit und trifft insbesondere auf Public-Cloud-Umgebungen zu, in denen unternehmenskritische Daten verwaltet und Anwendungen bereitgestellt werden.

In diesem Kapitel stelle ich Ihnen verschiedene Services der SAP BTP vor, die Sie bei der Umsetzung sicherer Anwendungen und Prozesserweiterungen unterstützen. Abschnitt 11.1 gibt einen Überblick über das Thema Sicherheit auf der SAP BTP. Wie Nutzerinnen und Nutzer der SAP-BTP-Anwendungen authentifiziert werden, beschreibt Abschnitt 11.2.

11.1 Sichere Anwendungen und Prozesserweiterungen

SAP Trust Center

Um die in der Cloud erforderlichen hohen Standards zu dokumentieren, weist das *SAP Trust Center* (*http://s-prs.de/v859410*) die Einhaltung internationaler Standards, einschließlich der unterschiedlichen ISO-Normen, der British Standards und der branchenspezifischen oder regionalen Zertifikate, nach und bietet weitere Informationen zu den Themen Sicherheit und Datenschutz für SAP-Cloud-Lösungen. Ebenso finden Sie im SAP Trust Center allgemeine Informationen zu dem Servicestatus aller SAP-Cloud-Lösungen sowie der SAP-BTP-Services.

[«]

European Union Access Mode

Die SAP BTP kann für ausgewählte Rechenzentren wahlweise in einem *European Union Access Mode* genutzt werden. Damit erfolgt der Zugriff für den Betrieb, die Wartung und den Support ausschließlich aus Ländern des

Europäischen Wirtschaftsraums (EWR; engl. European Economic Area, EEA) und der Schweiz. Dieser Zugriffsmodus steht sowohl Kunden innerhalb als auch Kunden außerhalb der Europäischen Union (EU) zur Verfügung.

Ein Hauptanliegen von Unternehmen, die ihre bestehende IT-Infrastruktur mit Public-Cloud-Umgebungen zur Erhöhung der Agilität erweitern, ist es, vollständige Kontrolle und Transparenz darüber zu behalten, wie und wo Daten auf Public-Cloud-Plattformen verwaltet und verarbeitet werden. Auch die Einhaltung gesetzlicher Vorgaben, wie z. B. die *Datenschutz-Grundverordnung* (DSGVO) oder der *Federal Data Protection Act* (FDPA), spielen dabei eine Rolle. Die EU, Kanada, Russland, Saudi-Arabien und viele weitere Länder führen ebenfalls neue Vorgaben zur Einhaltung des Datenschutzes ein. Damit sind Datenschutzgesetze häufig abhängig von der geografischen Region, in denen Daten gespeichert und verarbeitet werden.

[»]

Data Custodian

Data Custodians sind für die Implementierung von Geschäftsregeln verantwortlich, die sich auf den Zugriff und den Schutz von Geschäftsdaten beziehen. Während ein Data Custodian aus technischer Sicht für die Datenbestände verantwortlich ist, übernimmt ein *Data Steward* die Verantwortung für die Daten aus fachlicher Sicht.

SAP Data Custodian

Die Software-as-a-Service-Lösung (SaaS-Lösung) *SAP Data Custodian* ermöglicht es, die Flexibilität und Skalierbarkeit der Public Cloud mit der Transparenz und Kontrolle der Private Cloud zu kombinieren. Das Konzept und die Anwendung wurden entwickelt, um umfassende Transparenz beim Zugriff auf Daten in der Public Cloud zu bieten und damit eine bessere Kontrolle und Übersicht über den Speicherort und den Zugriff auf Daten zu ermöglichen. Dies umfasst beispielsweise Informationen über einen Datenzugriff in Bezug auf die geografische Position und den Grund für den Zugriff.

Business-Services

Die SAP BTP stellt spezifische Business-Services zur Entwicklung sicherer Anwendungen und Erweiterungen bereit, die Sie direkt in Ihre Anwendungen und Prozesserweiterungen integrieren können. Zu den Business-Services gehört z. B. der *SAP Data Retention Manager*, der bei der Einhaltung der Aufbewahrungspflichten für Daten hilft. Dazu werden die Gründe der Datenerhebung mit dem Service festgehalten und verwaltet. Ein weiteres Beispiel ist der Service *SAP Data Privacy Integration*, der unterschiedliche

Funktionen zur Implementierung von Datenschutzrichtlinien in Ihren Anwendungen unterstützt. Zu den Funktionen dieses Service zählen die Erstellung von Berichten über die in Anwendungen gespeicherten personenbezogenen Daten, Möglichkeiten zur Einholung und Verwaltung der Zustimmung der Nutzerinnen und Nutzer (Consent Management) für die Verarbeitung ihrer Daten sowie die Definition und Ausführung von Regeln zur Löschung von Daten, die das Ende ihrer Zweckbestimmung erreicht haben.

SAP Cloud Application Programming Model

Die Business-Services können Sie beispielsweise in eine Anwendung integrieren, die Sie mit dem SAP Cloud Application Programming Model programmieren. Wie in Abschnitt 9.2.4, »SAP Cloud Application Programming Model«, bereits erwähnt, ist das SAP Cloud Application Programming Model für die Implementierung von Unternehmensanwendungen konzipiert und verwendet Core Data Services (CDS) bei der Programmierung der Anwendung.

Zur Absicherung der SAP-BTP-Anwendung erlaubt das SAP Cloud Application Programming Model bereits während der Definition von Services, die beispielsweise für den Zugriff auf Daten benötigt werden, mit CDS die zur Laufzeit erforderlichen Berechtigungen zu modellieren. Ein Vorteil ist, dass dadurch ein manuelles Coding von Berechtigungsprüfungen im Anwendungscode entfällt und dadurch der Quellcode leserlicher und einfacher zu warten ist. Listing 11.1 zeigt ein Beispiel für eine Servicedefinition in der Datei **services.cds** für den Zugriff auf Bestellinformationen. Der Service kann beispielsweise über OData von einer SAPUI-Benutzeroberfläche aufgerufen werden:

```
service AccessOrderService @(requires: 'authenticated-user'){
 entity Orders @(restrict: [
    { grant: ['READ','WRITE'], to: 'admin' },
    { grant: 'READ', where: 'buyer = $user' },
  ]){/*...*/}
```

Listing 11.1 Beispiel für eine Servicedefinition

Über das Schlüsselwort `requires` wird sichergestellt, dass ausschließlich authentifizierte Nutzerinnen und Nutzer den Service `AccessOrderService` nutzen können. Mit dem Schlüsselwort `restrict` werden die unterschiedlichen Nutzungsmöglichkeiten (Privileges) des Service pro Rolle definiert. In diesem Beispiel können die Administrations-User sowohl lesend als auch schreibend auf die Bestellungen zugreifen. Alle authentifizierten Nutzerinnen und Nutzer können lesend auf die Bestellungen zugreifen, sofern sie ebenfalls als Käuferinnen und Käufer agieren.

Custom Domain

Mit dem *SAP Custom Domain Service* der SAP BTP können Sie Ihre SAP-BTP-Erweiterungen oder -Anwendungen über eine unternehmensspezifische Domäne zugänglich machen, die sich von der Standard-Subdomäne (*https://hana.ondemand.com*) unterscheidet. Die Nutzung einer eigenen Domäne kann eine Compliance-Vorgabe des Unternehmens sein, um auch eigene TLS-Server (Transport Layer Security) und Zertifikate für den Zugriff auf die Anwendung zu verwenden.

Credential Store

Der *SAP Credential Store* bietet ein sicheres Repository für Passwörter und Schlüssel für Anwendungen und Erweiterungen, die in der Cloud-Foundry- oder Kyma-Umgebung der SAP BTP bereitgestellt werden. Dazu ermöglicht es der Service, Anmeldeinformationen aus SAP-BTP-Anwendungen abzurufen und diese für die Authentifizierung bei externen Diensten oder zur Durchführung von kryptografischen Operationen sowie der TLS-Kommunikation zu verwenden.

Cloud Connector

Die in Abschnitt 7.2, »SAP Connectivity Service und Cloud Connector«, vorgestellten Komponenten spielen ebenfalls eine Rolle beim Thema Sicherheit auf der SAP BTP. In seiner Funktion als Reverse Proxy, ermöglicht der Cloud Connector einen sicheren, kontrollierten und protokollierten Zugriff auf IT-Anwendungen, die im eigenen Rechenzentrum oder mit Infrastructure as a Service (IaaS) eines Cloud Providers betrieben werden. Dabei geht der Verbindungsaufbau immer von der Anwendung im eigenen Rechenzentrum aus, sodass kein Port (Inbound Port) der bestehenden Firewall-Konfiguration hinzugefügt werden muss.

Authentifizierung und Autorisierung

Neben den Business-Services und weiteren technischen Plattformservices zur Umsetzung sicherheitsrelevanter Anforderungen unterstützt die SAP BTP ebenfalls bei Benutzerverwaltung, *Authentifizierung* und *Autorisierung* von Nutzerinnen und Nutzern einer Anwendung (siehe Abschnitt 11.2, »Authentifizierung«). Dabei ist oftmals auch die Einbindung in eine vorhandene Sicherheitsinfrastruktur erforderlich, um beispielsweise bereits definierte User und Rollen in der Prozesserweiterung wiederzuverwenden. Auch die Verfahren Single Sign-on (SSO), Social Sign-on und Self-Services, z. B. zur Passwortverwaltung und zum Anlegen neuer Benutzerprofile, werden von der Plattform angeboten.

Abbildung 11.1 gibt einen Überblick über die unterschiedlichen Konzepte, die bei der Absicherung von Prozesserweiterungen und Anwendungen auf der SAP BTP eine Rolle spielen. Durch die Authentifizierung ❶ prüfen Sie die digitale Identität eines Benutzers oder einer Benutzerin auf ihre Echtheit hin. Hierbei spielen Standardprotokolle wie die *Security Assertion Markup Language* (SAML) und *OAuth* eine wichtige Rolle. Die Autorisierung ❷ regelt die Nutzungsrechte der Anwenderinnen und Anwender innerhalb Ihrer Prozesserweiterung. Sie können z. B. über rollenbasierte Autorisierungskonzepte die funktionalen Möglichkeiten eines Administrators oder einer Administratorin von denen der Standardnutzerinnen und -nutzer unterscheiden und verhindern so den nicht autorisierten Zugriff auf Daten oder die Durchführung von Datenveränderungen.

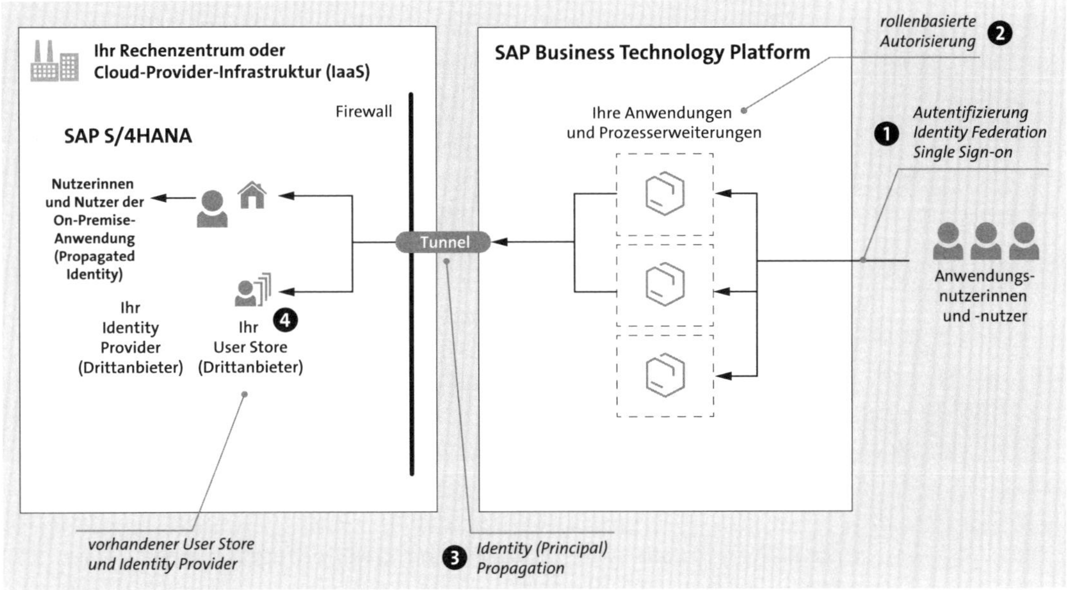

Abbildung 11.1 Konzepte zur sicheren Implementierung von Anwendungen und Prozesserweiterungen

Gerade bei hybriden Anwendungen, die auf Daten und Prozesse von IT-Anwendungen, wie z. B. SAP S/4HANA, zugreifen, sind eine *Identity Propagation* ❸ und ein damit verbundenes *Single Sign-on* an der IT-Anwendung hilfreich. Benutzerinnen und Benutzer einer Side-by-Side-Prozesserweiterung auf der SAP BTP müssen somit beim Zugriff auf eingebundene Geschäftsanwendungen nicht nochmals Benutzernamen und Passwort eingeben.

User Stores

Um zu vermeiden, dass Sie für jede Anwendung, auf die Sie zugreifen, eine neue digitale Identität mit eindeutiger Benutzerkennung und Passwort benötigen, spielt bei der Authentifizierung in Unternehmensanwendungen die Wiederverwendung vorhandener *User Stores* ❹ eine wichtige Rolle. User Stores speichern digitale Identitäten und können über Standardprotokolle wie z. B. *System for Cross-domain Identity Management* (SCIM) abgefragt werden. Beispiele für User Stores sind das *Lightweight Directory Access Protocol* (LDAP), der SAP NetWeaver Application Server (SAP NetWeaver AS) oder das Microsoft Active Directory.

[»]

Security Assertion Markup Language 2.0 und OAuth 2.0

Die Security Assertion Markup Language (SAML) ist ein offener, auf XML basierender Standard zum Austausch von Authentifizierungs- und Autorisierungsdaten. Die Daten werden zwischen einem *Identity Provider* und einem *Service Provider* ausgetauscht und beziehen sich auf einen *Principal* (User). Der Datenaustausch erfolgt nachrichtenbasiert, wobei die Nachrichten auch als *Bearer Assertion* bezeichnet werden. Die Integrität der Assertion wird durch XML-Verschlüsselung und eine XML-Signatur geschützt. SAML implementiert die Anforderung von SSO über das Internet mittels Webbrowser.

Das erstmals im Jahr 2007 veröffentliche OAuth-Protokoll wurde ursprünglich zur Authentifizierung für den Aufruf von Twitter-APIs genutzt. 2010 standardisierte die OAuth Working Group des IETF (Internet Engineering Task Force) das Protokoll OAuth 2.0, mit dem Ziel, Drittanbietern Zugriff auf Webressourcen (wie z. B. Microservices oder APIs) zu gewähren, ohne dass dazu eine Preisgabe von Benutzername und Passwort erforderlich ist. OAuth agiert dabei als Vermittler und stellt über ein Token im Auftrag des Users den Zugriff auf Webressourcen bereit.

11.2 Authentifizierung

Sie sollten für alle Anwendungen und Erweiterungen, die Sie auf der SAP BTP entwickeln und bereitstellen, sicherstellen, dass nur verifizierte Benutzerinnen und Benutzer Zugang haben. Mit der Authentifizierung stellen Sie fest, ob eine Benutzerin oder ein Benutzer Ihrer Anwendung oder Prozesserweiterung auch tatsächlich die Person ist, der er oder sie behauptet zu sein. Daher ist es für eine Authentifizierung erforderlich, dass sich diese Person zuvor mit einer eindeutigen Benutzerkennung (z. B. einer E-Mail-Adresse) und einem sicheren Passwort registriert hat. Für die Wahl des Passworts können Sie bestimmte Rahmenbedingungen wie z. B. die Anzahl der Zeichen oder das Vorhandensein bestimmter alphanumerischer Werte vorgeben. Die Anmeldeinformationen werden sicher in einer Benutzerdatenbank, dem User Store, gespeichert.

Identity Provider

Für die Speicherung von digitalen Identitäten (Benutzerkennung, Passwort, Attribute), die Festlegung der Passwortvorgaben, Möglichkeiten der Benutzerregistrierung oder das Zurücksetzen von Passwörtern bis hin zur Authentifizierung selbst gibt es auf der SAP BTP verschiedene Möglichkeiten, deren Wahl sich im Wesentlichen an Ihrer bestehenden Infrastruktur und Ihren funktionalen Anforderungen orientiert. Digitale Identitäten der Anwendungsnutzerinnen und -nutzer, werden dabei von einem Identity Provider gespeichert und verwaltet, den Sie im SAP BTP Cockpit über den beidseitigen Austausch von Zertifikaten konfigurieren. Diese gegenseitige Vertrauensbeziehung zwischen dem Identity Provider und der SAP BTP wird als *Trust* bezeichnet.

Oftmals bieten die Identity Provider eine Reihe von zusätzlichen Funktionen, die bei der Umsetzung Ihrer Anwendung hilfreich sind. Dazu zählen z. B. konfigurierbare Funktionskomponenten zur Benutzerregistrierung und Self-Services zur Verwaltung des eigenen Profils. Pro Subaccount können Sie in der SAP BTP einen eigenen Identity Provider konfigurieren. So können Sie z. B. Subaccounts für Test und Entwicklung einem internen Identity Provider für die Mitarbeitenden Ihres Unternehmens zuweisen und für den produktiven Subaccount einen separaten Identity Provider für die Verwaltung der Kunden nutzen.

SAP ID Service

Standardmäßig wird der *SAP ID Service* (*https://account.sap.com*) als Identity Provider für die Speicherung, Verwaltung und Authentifizierung von Plattform-Usern verwendet. Für die Nutzung des SAP-ID-Service ist daher keine besondere Einstellung erforderlich; der Trust zwischen der SAP BTP und dem SAP ID Service ist bereits konfiguriert. Personen, die auf Ihre Anwendung zugreifen wollen, benötigen einen entsprechenden SAP-Universal-ID-User.

[«]

SAP ID Service

Der SAP ID Service ist der Standard-Identity-Provider für die Subaccounts der SAP BTP. Alle Personen, die Ihre Plattform und Ihre Anwendungen nutzen, werden über den SAP ID Service registriert, gespeichert und verwaltet. Über Self-Service-Funktionen verwalten sie ihre Profile und setzen ihre Passwörter zurück.

Eigener Identity Provider

Der SAP ID Service verwendet einen eigenen User Store, eigene Einstellungen, beispielsweise für Passwortregeln, sowie ein SAP-eigenes Look and Feel für die Self-Service-Benutzeroberflächen (z. B. zur Profileinstellung), den Registrierungsprozess und die Bestätigungs-E-Mail. Wenn Sie Ihren eigenen User Store und eigene Einstellungen für die Authentifizierung nutzen möchten (z. B. eine Zwei-Faktor-Authentifizierung oder einen im Unternehmen bereits vorhandenen User Store), verwenden Sie einen eigenen Identity Provider. Voraussetzung für die Nutzung eines eigenen Identity Providers ist, dass dieser das SAML-2.0-Protokoll unterstützt. Im SAP BTP Cockpit definieren Sie dazu die gegenseitige Vertrauensbeziehung (Trust Configuration) zwischen dem Identity Provider und der SAP BTP für den entsprechenden Subaccount.

Identity Federation

Durch die Nutzung eines bereits vorhandenen Identity Providers und die Einbindung eines vorhandenen User Stores besteht auf der Plattform die Möglichkeit, eine *Identity Federation*, d. h. einen Identitätsverbund, einzurichten (siehe Abschnitt 11.2.2). Mit einer Identity Federation verwenden Sie vorhandene digitale Identitäten, die von einem anderen Identity Provider verwaltet werden.

Platform Identity Provider und Application Identity Provider

Beim Zugriff auf die SAP BTP wird zwischen Nutzerinnen und Nutzern der Plattform und der über die Plattform bereitgestellten Anwendungen unterschieden (siehe Kapitel 6, »Administration und Konfiguration der SAP Business Technology Platform«). Plattformnutzerinnen und -nutzer sind Teil des Entwicklungsteams oder Administrationsteams. Sie verwalten und nutzen die Plattformservices zur Implementierung und Bereitstellung von Anwendungen und Prozesserweiterungen. Nutzerinnen und Nutzer der Anwendungen verwenden die auf der Plattform bereitgestellten Erweiterungen und kommen oftmals aus den Fachabteilungen (Business User).

Für die Authentifizierung beider Benutzergruppen können Sie unterschiedliche Identity Provider verwenden:

- Der *Platform Identity Provider* verwaltet die Benutzerbasis für den Zugriff auf die SAP-BTP-Accounts und Plattformservices, wie z. B. das SAP BTP Cockpit oder das SAP Business Application Studio.
- Der *Application Identity Provider* ist für die Verwaltung und Authentifizierung der Anwendungsnutzerinnen und -nutzer, z. B. aus den Fachabteilungen (Business User), verantwortlich.

Tabelle 11.1 fasst die unterschiedlichen Benutzerkategorien und entsprechenden Möglichkeiten zur Authentifizierung zusammen.

Nutzerkategorie	Beispiele	Authentifizierung
Plattform-nutzerinnen und -nutzer	▪ Administrator ▪ Entwicklerin ▪ Betrieb, Support	▪ SAP ID Service (Standard) ▪ Identity-Authentication-Service
Anwendungs-nutzerinnen und -nutzer	▪ Benutzerin aus Fachbereich ▪ Kunde ▪ Partner	▪ SAP ID Service (Standard) ▪ Identity-Authentication-Service ▪ jeder SAML-2.0-fähige Identity Provider (z. B. Microsoft Active Directory)

Tabelle 11.1 Beispiele unterschiedlicher Nutzerkategorien und deren Authentifizierung

Standardmäßig ist der SAP ID Service sowohl als Platform Identity Provider als auch als Application Identity Provider konfiguriert. Um die Authentifizierung gemäß Ihrer unternehmensspezifischen Anforderungen mit einem eigenen Identity Provider zu konfigurieren, verwenden Sie entweder den Plattformservice *Identity Authentication* oder binden einen bereits vorhanden Identity Provider aus Ihrer IT-Landschaft ein. Abbildung 11.2 veranschaulicht, mit welchen Services Plattformnutzerinnen und -nutzer, z. B. in Entwicklungsteams ❶, authentifiziert werden können, und welche Services zur Authentifizierung von Anwendungsnutzerinnen und -nutzern ❷ geeignet sind.

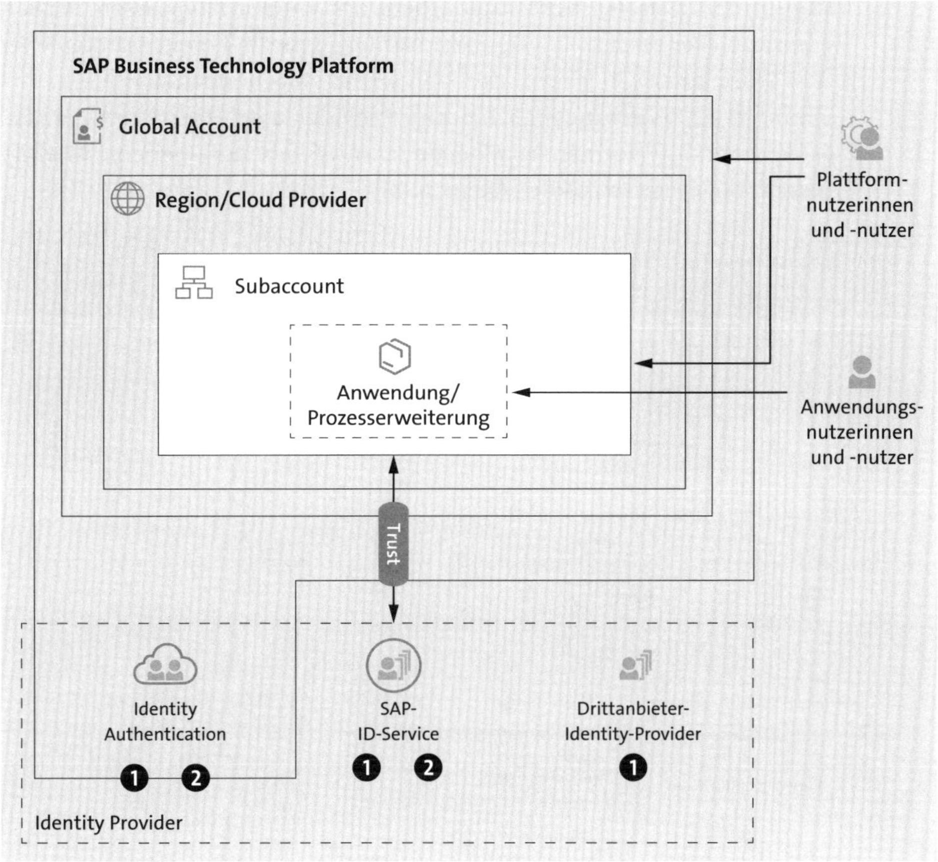

Abbildung 11.2 Authentifizierung mit SAP ID Service (Standard) oder Identity Provider

11.2.1 SAP Cloud Identity Services – Identity Authentication

Identity Authentication

Um Ihre eigenen Anforderungen zur Authentifizierung von Anwendungsnutzerinnen und Plattformnutzern zu realisieren, verwenden Sie den zu den *SAP Cloud Identity Services* gehörenden *Service Identity Authentication*. Neben der Authentifizierung bietet der Service Möglichkeiten zur Implementierung von SSO und Social Authentication zur Integration von bestehenden IT-Komponenten (z. B. einem vorhandenen User Store) sowie Funktionen zur Registrierung neuer Nutzerinnen und Nutzer und deren Speicherung in einem eigenen User Store. Auch Self-Services für das Zurücksetzen von Passwörtern oder die Änderung des Benutzerprofils sind Bestandteil des Service.

User Store

Mit der Möglichkeit der Registrierung neuer Anwendungsnutzerinnen und -nutzer pflegt der Identity-Authentication-Service einen eigenen User Store, in dem sich auch vorhandene Identitäten importieren lassen. Der Service kann aber auch so konfiguriert werden, dass ein bereits vorhandener User Store innerhalb Ihrer Unternehmens-IT eingebunden wird (siehe Abschnitt 11.2.2, »Vorhandenen Identity Provider oder User Store verwenden«). Alternativ können bestehende Identity Provider über eine Identity Federation integriert werden (siehe Abbildung 11.3).

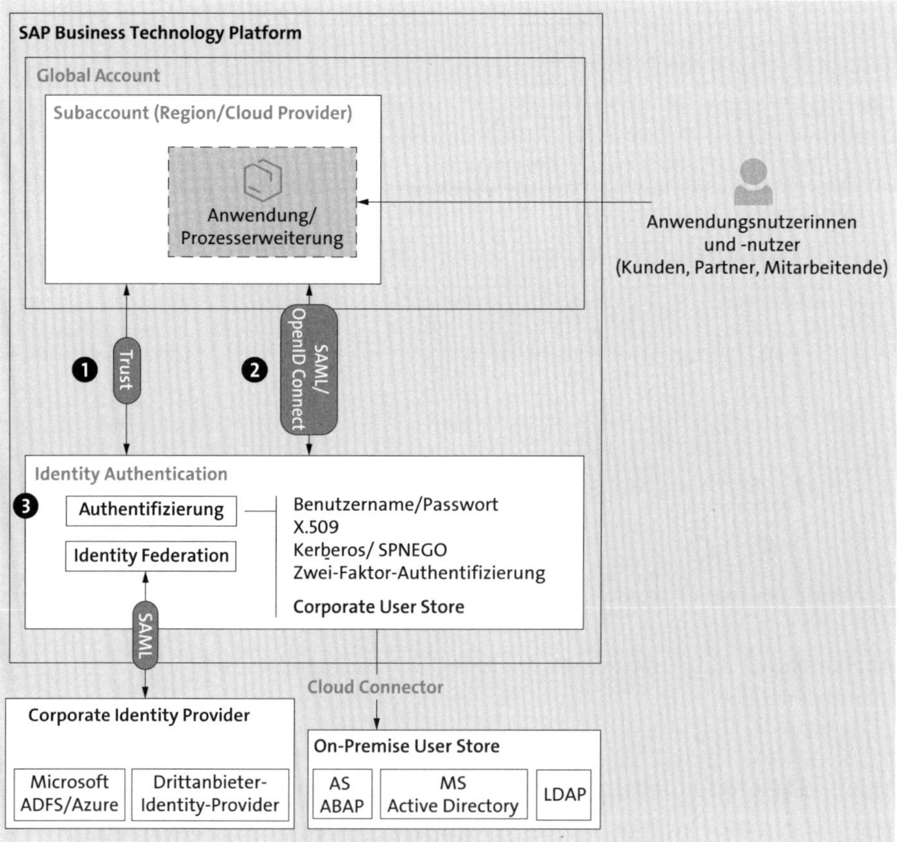

Abbildung 11.3 Übersicht des Identity-Authentication-Service

Trust

Für die Nutzung des Identity-Authentication-Service ist es erforderlich, dass sich die SAP BTP und der Service gegenseitig vertrauen. Den Trust konfigurieren Sie im SAP BTP Cockpit im Kontext eines Subaccounts ❶. Auf der Grundlage des Trust Settings delegieren Ihre Plattformanwendungen oder Erweiterungen ❷ die Authentifizierung über SAML 2.0 oder den RESTful-API-basierten Standard *OpenID Connect* an den Identity-Authentication-Service. Der Identity-Authentication-Service präsentiert dann z. B. eine formularbasierte Anmeldeseite, die Sie an Ihre eigenen Anforderungen anpassen können. Die Authentifizierung ❸ kann beispielsweise durch die Eingabe des Benutzernamens und Passworts, zertifikatsbasiert oder über das Authentifizierungsprotokoll Kerberos erfolgen.

[+]

Identity Authentication als Hub

Wenn die Anwendungsnutzerprofile der Erweiterung in mehreren Corporate Identity Providern gespeichert sind, kann der Identity-Authentication-Service als Hub verwendet werden. Dazu konfigurieren Sie den Service als benutzerdefinierten Identity Provider der SAP BTP, und die Corporate Identity Provider werden dann via Identity Federation über den Service integriert.

Beispiel: SAML-2.0-Authentifizierung

Zur Authentifizierung in Anwendungen und Erweiterungen, die Sie auf der SAP BTP bereitstellen, können Sie den Identity-Authentication-Service beispielsweise für eine formularbasierte SAML-2.0-Authentifizierung konfigurieren. Abbildung 11.4 zeigt das Zusammenspiel zwischen der SAP BTP als Service Provider, Ihrer Anwendung und dem Identity-Authentication-Service als Identity Provider.

Möchte z. B. eine Nutzerin über einen Browser auf Ihre Anwendung zugreifen ❶, wird die Anfrage als *SAML Request* über einen HTTP-Redirect an den Identity-Authentication-Service umgeleitet ❷, der wiederum eine von Ihnen konfigurierte Anmeldeseite zur Eingabe von Benutzernamen und Passwort anzeigt ❸. Nachdem die Anmeldedaten (Credentials) eingegeben worden sind ❹, prüft der Identity-Authentication-Service die digitale Identität ❺. Bei erfolgreicher Verifizierung erhält die Nutzerin eine *SAML 2.0 Assertion*, womit ihr der Zugriff auf die Anwendung möglich ist ❻. Die SAML Assertion kann neben der User-ID auch weitere Benutzerattribute enthalten, sofern sie im User Store gepflegt sind (z. B. Vorname, Nachname, E-Mail, Abteilung, Gruppen).

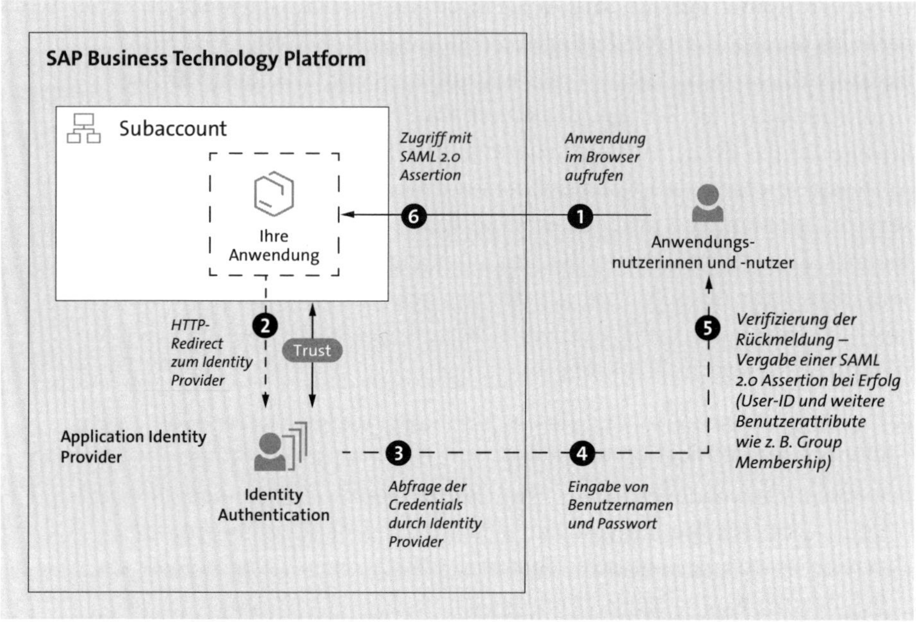

Abbildung 11.4 Ablauf der Verifizierung einer digitalen Identität mit dem Identity-Authentication-Service

Benutzerattribute

Durch den Prozess zur Registrierung und Anmeldung neuer Nutzerinnen und Nutzer erfassen Sie diverse Benutzerattribute wie z. B. den Namen, die E-Mail-Adresse und die Telefonnummer. Im Identity-Authentication-Service konfigurieren Sie, welche dieser Attribute im Rahmen einer Authentifizierung über die SAML-2.0-Assertion an die Anwendung gesendet werden. Insbesondere das Attribut `corporate_groups` ist interessant, da es Informationen zu den Gruppen enthält, denen der Benutzer oder die Benutzerin im Unternehmenskontext bereits zugeordnet ist. Durch ein Mapping dieses Attributs auf Role Collections, die Sie in der SAP BTP definiert haben, können Sie vorhandene Gruppendefinitionen bei der Autorisierung wiederverwenden.

Zwei-Faktor-Authentifizierung

Zur Erhöhung der Sicherheit im Anmeldeprozess nutzen Sie die *Zwei-Faktor-Authentifizierung*, über die ein Nutzer oder eine Nutzerin die Echtheit seiner oder ihrer Identität über zwei unterschiedliche und insbesondere unabhängige Faktoren nachweist. Die Zwei-Faktor-Authentifizierung ist ein Spezialfall der allgemeineren Multi-Faktor-Authentifizierung und nur dann erfolgreich, wenn die beiden benötigten Faktoren korrekt angegeben werden. Faktoren können z. B. Tokens sein, die von einer speziellen App oder einem Device generiert werden, z. B. eine Transaktionsnummer (TAN), der Fingerabdruck oder die Stimme der zu authentifizierenden Person.

Die Zwei-Faktor-Authentifizierung des Identity-Authentication-Service funktioniert mit einem Token bzw. einem *Time-based One-Time Password* (TOTP), das zusätzlich zu der Benutzerkennung und dem Passwort eingegeben werden muss. Das TOTP wird von der App *SAP Authenticator* generiert und ist nur für einen bestimmten Zeitraum gültig. SAP Authenticator muss für die Generierung des TOTP auf den mobilen Geräten der Anwendungsnutzerinnen und -nutzer installiert werden. Der Identity-Authentication-Service unterstützt aber auch andere Authentifizierungsanwendungen, wie z. B. Google Authenticator oder Microsoft Authenticator.

SMS-Code

Speziell zur Absicherung der Registrierung neuer Nutzerinnen und Nutzer über den Self-Service erlaubt der Identity-Authentication-Service eine zusätzliche Verifikation über einen *SMS-Code*, der an das Mobilgerät des neuen Nutzers oder der neuen Nutzerin gesendet wird. Der SMS-Code ist nur zeitlich begrenzt gültig und muss zur Verifikation eingegeben werden. Das Verfahren verhindert z. B. das Anlegen zahlreicher Dummy Accounts.

Captcha-Dienst

Alternativ oder ergänzend zur SMS-Validierung können Sie Googles Captcha-Dienst *reCAPTCHA* zur Absicherung des Self-Registration-Prozesses einführen. Dabei handelt es sich um einen von Google über APIs öffentlich zur Verfügung gestellten Turing-Test, der sicherstellt, dass neue Nutzerinnen und Nutzer Menschen und keine Bots sind. Google reCAPTCHA wird über ein Widget auf Ihrer Anmeldeseite integriert.

Social Authentication

Für die Authentifizierung können Sie im Identity-Authentication-Service auch diverse *Social Provider* als Identity Provider konfigurieren, sodass sich die Nutzerinnen und Nutzer Ihrer Anwendung mit den Anmeldedaten ihrer vorhandenen Social Media Accounts anmelden können. Diese Art der Authentifizierung wird *Social Authentication* genannt. Unterstützt werden Apple, Google, Twitter, Facebook und LinkedIn. Der Identity-Authentication-Service nutzt dabei das OAuth-Protokoll.

Remember me

Um den Komfort bei der sicheren Nutzung Ihrer Anwendung oder Erweiterung zu erhöhen, unterstützt der Service Identity Authentication eine *Remember-me-Funktion*. Haben Sie diese Option aktiviert, können Nutzerinnen und Nutzer auf Ihre Anwendung zugreifen, ohne dass sie jedes Mal ihre Benutzerdaten eingeben müssen. Dazu speichert Ihre Anwendung über den Identity-Authentication-Service ein Cookie im Browser der Nutzerin oder des Nutzers, über das beim nächsten Aufruf der Anwendung automatisch Zugriff gewährt wird. Die Remember-me-Funktion ist standardmäßig für drei Monate aktiviert, sofern die Personen sich nicht selbst von der Anwendung abmelden. Nutzt Ihre Anwendung eine Zwei-Faktor-Authentifizierung, ist es trotz Remember-me-Option erforderlich, dass das generierte TOTP eingeben wird.

Passwörter

Der Identity-Authentication-Service speichert Passwörter als Hash-Werte, die zusätzlich mit zufälligen Werten (den sogenannten *Salts*) angereichert werden. Für jedes Passwort wird ein eigener zufälliger Salt mit mindestens 512 Bits generiert. Durch eine *Cryptographic Hash Function* wird von Salt und Passwort ein Hash berechnet, der gemeinsam mit dem Salt im User Store gespeichert wird. Delegieren Sie die Authentifizierung an einen anderen Identity Provider, speichert der Identity-Authentication-Service keine Passwörter für diese Nutzerinnen und Nutzer. In diesem Fall werden Benutzerkennung und eingegebenes Passwort via Transport Layer Security (TLS) z. B. an einen anderen Identity Provider oder User Store weitergegeben.

Password Policy

Speichern Sie die Passwörter im User Store des Identity-Authentication-Service, können Sie Regeln konfigurieren, die bei der Wahl von Passwörtern eingehalten werden müssen. Standardmäßig nutzt der Service eine vordefinierte Kennwortrichtlinie (*Password Policy*), die Sie anpassen oder durch Ihre eigene Richtlinie ersetzen können. Neben der Länge (Anzahl von Zeichen) und Art der Zeichen (z. B. Zahlen, Großbuchstaben, Kleinbuchstaben, Sonderzeichen) definiert eine Kennwortrichtlinie auch, wie viele fehlgeschlagene Login-Versuche erlaubt sind, bevor die Anmeldung für einen definierten Zeitraum ausgesetzt wird. Auch werden z. B. Session Timeouts, die Remember-me-Option, wie oft das Passwort, innerhalb einer definierten Zeitspanne zurückgesetzt werden darf und ob alte Passwörter erneut genutzt werden dürfen, konfiguriert.

Der Service bietet Ihnen also zahlreiche Funktionen zur Verwaltung von Nutzerinnen und Nutzern und deren Authentifizierung in Ihren Anwendungen und Erweiterungen.

11.2.2 Vorhandenen Identity Provider oder User Store verwenden

Corporate oder Cloud Identity Provider

Für die Authentifizierung und Verwaltung von Anwendungsnutzerinnen und -nutzern können Sie auch einen bestehenden Corporate Identity Provider innerhalb Ihrer IT-Infrastruktur einsetzen. Auch eine Kombination mit einem Identity Provider eines anderen Herstellers, der über die Cloud bereitgestellt wird (z. B. Microsoft Azure Active Directory), ist möglich. Voraussetzung ist, dass der Identity Provider über das Internet angesprochen werden kann und das SAML-2.0-Protokoll unterstützt. Ist dies der Fall, konfigurieren Sie, ebenso wie beim Identity-Authentication-Service, einen Trust zwischen der SAP BTP und dem vorhandenen Identity Provider.

Corporate User Store

Auch können Sie einen vorhandenen User Store (z. B. LDAP, Microsoft Active Directory oder SAP NetWeaver), der innerhalb Ihres Unternehmensnetzwerks angelegt ist, wiederverwenden und die darin verwalteten Nutzerdaten für die Authentifizierung verwenden. Dazu konfigurieren Sie innerhalb des Service den vorhanden User Store zusätzlich zu dem User Store, den der Identity-Authentication-Service in der Cloud verwaltet. Durch dieses Setup können sich Nutzerinnen und Nutzer mit ihrer vorhandenen Unternehmensidentität an Cloud-Anwendungen anmelden und müssen sich nicht neu registrieren.

Die Verbindung zwischen der SAP BTP und Ihrem User Store im Unternehmensnetzwerk realisieren Sie über den Cloud Connector (siehe Abbildung 11.3). Der Zugriff auf den vorhandenen User Store erfolgt dann über das standardisierte Protokoll SCIM. Abbildung 11.5 zeigt den Ablauf einer Authentifizierung unter Einbeziehung eines bestehenden User Stores.

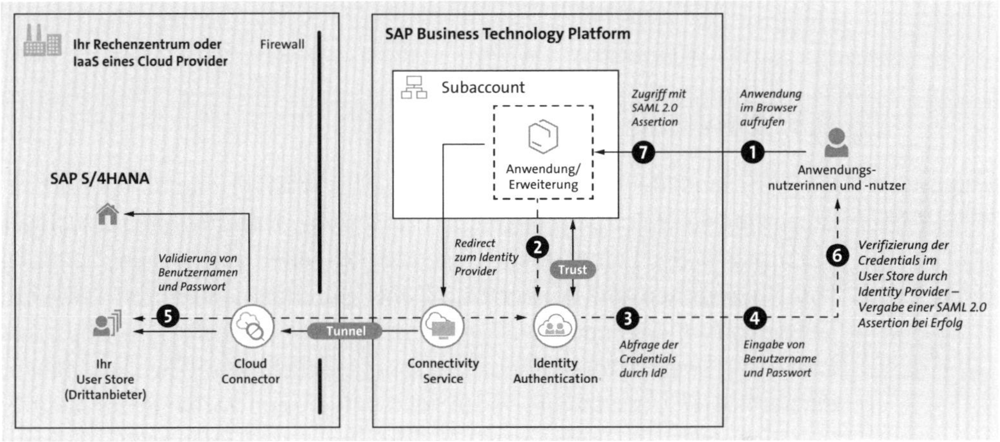

Abbildung 11.5 Bestehenden User Store im Identity-Authentication-Service anbinden

Nutzerinnen und Nutzer, z. B. einer Fachabteilung, greifen über den Browser auf die SAP-BTP-Anwendung zu ❶. Die SAP BTP leitet die Anfrage über einen HTTP-Redirect an den Identity-Authentication-Service ❷ weiter, der über eine Webseite zur Eingabe von User-Namen und Passwort auffordert ❸. Die eingegebenen Credentials ❹ werden mit dem bestehenden User Store validiert ❺. Bei erfolgreicher Validierung erhält die Nutzerin oder der Nutzer eine SAML 2.0 Assertion, womit der Zugriff auf die Anwendung möglich ist ❻.

Bei der erstmaligen erfolgreichen Anmeldung einer Nutzerin oder eines Nutzers wird ein Rumpfdatensatz aus dem angebundenen User Store in den User Store des Identity-Authentication-Service kopiert. Die Verifizierung der Identität erfolgt allerdings ausschließlich auf Basis des angebundenen User Stores. Löschen Sie z. B. ein Nutzerprofil im angebundenen User Store, kann sich die zugeordnete Person auch nicht mehr an den Plattformanwendungen authentifizieren.

Groups

Für die Autorisierung verwenden Sie die im vorhandenen User Store definierten Gruppendefinitionen. Die Unternehmensbenutzergruppen (*Groups*) werden in der SAML 2.0 Assertion über ein eigenes Attribut (`corporate_groups`) an Ihre Anwendung übergeben. Das Attribut enthält z. B. die Namen der Gruppen, denen die Benutzerin oder der Benutzer im Unternehmensbenutzerspeicher zugeordnet ist.

[»]

SAP Customer Data Cloud

Für B2C- (Business to Customer) und B2B-Szenarien (Business to Business) bietet sich *SAP Customer Data Cloud* als Lösung u. a. zur Authentifizierung und Verwaltung digitaler Identitäten an.

11.3 Zusammenfassung

Authentifizierung von Mitarbeitenden

Die SAP Cloud Identity Services der SAP BTP werden primär für die Authentifizierung von Mitarbeitenden und Partnern des Unternehmens (Business to Employee, B2E) eingesetzt. Einige Möglichkeiten zur Authentifizierung von Nutzerinnen und Nutzern sind über Benutzernamen und Passwort, den X.509-Standard oder den Verifizierungsdienst Kerberos sowie optional über eine Zwei-Faktor-Authentifizierung möglich. Zusätzlich ermöglicht der Service die Umsetzung von SSO, eine Integration vorhandener Identity Provider und User Stores sowie die Verwaltung des Lebenszyklus digitaler Identitäten. In diesem Kapitel wurde der Service Identity Authentication erläutert. Abbildung 11.6 fasst zusammen, wie dieser Service genutzt wird.

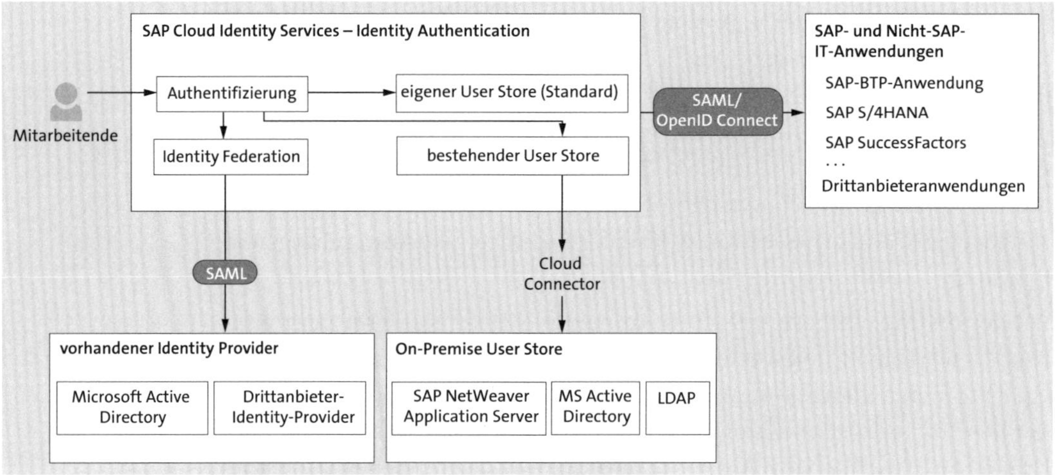

Abbildung 11.6 SAP Cloud Identity Services zur Authentifizierung von Mitarbeitenden

Identity Authentication ist Teil der SAP Cloud Identity Services. Diese Services sind zentral für die Authentifizierung von Nutzerinnen und Nutzern von SAP-Geschäftsanwendungen, die in der Cloud (SaaS) bereitgestellt werden. Dazu sind viele SAP-Standardanwendungen, wie z. B. SAP S/4HANA Cloud oder SAP SuccessFactors, bereits mit den SAP Cloud Identity Services vorkonfiguriert und integriert. Die Nutzung vorhandener Identity Provider oder User Stores kann ebenfalls zentral über den Plattformservice erfolgen. Für die Authentifizierung von Usern einer SAP-BTP-Anwendung oder einer Prozesserweiterung kann ebenso ein bereits vorhandener Identity Provider integriert werden.

TEIL III

Die SAP Business Technology Platform aus Sicht der Unternehmensarchitektur

Kapitel 12
Gestaltung einer Unternehmensarchitektur

Für den optimalen Einsatz von Technologien müssen diese in eine Unternehmensarchitektur eingebunden werden. Die Architekturentwicklung ermöglicht eine ganzheitliche Gestaltung der IT unter Berücksichtigung geschäftlicher Anforderungen. In diesem Kapitel erlernen Sie die wichtigsten Grundlagen zur Gestaltung einer Unternehmensarchitektur.

Die *Unternehmensarchitektur* (engl. Enterprise Architecture) beschreibt ganzheitlich, wie die IT-Landschaft eines Unternehmens unter Berücksichtigung der fachlichen und technischen Bausteine (siehe Abschnitt 1.1, »Bausteine eines Unternehmens«) aufgebaut ist und umgesetzt wird. Da die SAP BTP mit ihren verschiedenen Plattformservices bei der Realisierung der Bausteine eines intelligenten Unternehmens unterstützt (siehe Kapitel 2, »Die Rolle der SAP Business Technology Platform für intelligente Unternehmen«), kann sie auch bei der Definition der Unternehmensarchitektur berücksichtigt werden.

In diesem Kapitel führe ich grundlegende Aspekte zur Definition einer Architektur ein. Dazu stellt Abschnitt 12.1 zunächst die Ziele einer Architektur dar. Abschnitt 12.2 erläutert die Möglichkeiten zur Beschreibung einer Architektur, während in Abschnitt 12.3 das prinzipielle Vorgehen zur Erstellung einer Architektur aufgegriffen und vertieft wird. Abschließend stellt Abschnitt 12.4 einen Ordnungsrahmen zur Kategorisierung von Architekturprojekten vor.

Darauf aufbauend, beschreibt das folgende Kapitel 13, »Die SAP Business Technology Platform als Teil der Unternehmensarchitektur«, wie Sie die Plattform bei der Architekturdefinition einsetzen. In Kapitel 14, »Entwicklung einer Architektur für SAP-BTP-Projekte«, stelle ich anschließend ein Vorgehensmodell zur Entwicklung einer projektbezogenen Architektur mit der SAP BTP vor, das sowohl die Anforderungen der Fachbereiche als auch die IT-Strategie berücksichtigt.

12.1 Ziele einer Unternehmensarchitektur

Bausteine eines Unternehmens

Im Kern jedes Unternehmens steht sein Unternehmensziel (engl. Purpose), das bestimmt, warum das Unternehmen existiert. Um diese Zielsetzung zu erfüllen, verfügt jedes Unternehmen über ein Geschäftsmodell, in dem erforderliche Organisationsstrukturen, Rollen und Zuständigkeiten sowie deren Zusammenspiel definiert sind. Ein grundlegender Baustein dieses Geschäftsmodells sind die Kompetenzen des Unternehmens (engl. Business Capabilities; siehe Abschnitt 1.1, »Bausteine eines Unternehmens«). Sie beschreiben, was ein Unternehmen in der Lage ist zu leisten. Dabei gibt es Kompetenzen, die in jedem Unternehmen gebraucht werden, wie z. B. das Personal-, Finanz- und Rechnungswesen. Darüber hinaus gibt es Kompetenzen, die branchenspezifisch sind, wie z. B. Forschung und Entwicklung. Um die Kompetenzen umzusetzen, werden Geschäftsprozesse implementiert. Wie einzelne Prozesse ausgeprägt und miteinander zu durchgängigen Kernprozessen verkettet werden, unterscheidet sich von Unternehmen zu Unternehmen. Zum Beispiel könnte ein Unternehmen automatisierte und vorausschauende Einkaufs- und Produktionsprozesse aufbauen, durch die es im Vergleich zu anderen Unternehmen Produkte kundenorientierter und wirtschaftlicher produzieren kann.

IT-Anwendungen

Die Geschäftsprozesse werden wiederum mithilfe von IT-Anwendungen und entsprechender Technologie umgesetzt. Abhängig von den fachlichen Anforderungen kommen dabei entweder Standardlösungen, Eigenentwicklungen oder auch eine Kombination aus beidem zum Einsatz.

[»]

Daten als Unternehmensbaustein

Die Bedeutung von Daten, ursprünglich zur Implementierung von zustandsbehafteten, transaktionalen Anwendungen genutzt (z. B. im Bereich der Logistik oder der Personalverwaltung), hat für Unternehmen in den letzten Jahrzehnten zugenommen. Sie werden heute als Produkt behandelt oder genutzt, um ergänzende Dienstleistungen zu einem bestehenden Produktportfolio anzubieten. Durch die Einbeziehung zusätzlicher Datenpunkte (z. B. über Internet of Things, IoT) werden bestehende Prozesse entlang der Wertschöpfungskette optimiert und die Entscheidungsfindung innerhalb von Fachabteilungen unterstützt. Die Kompetenz (engl. Capability), mit Daten im Unternehmen umzugehen, ist ebenfalls ein Bereich, der in der Unternehmensarchitektur beschrieben wird.

IT-Trends erfordern Anpassung

Wurden die Bausteine definiert und aufgebaut, wirken kontinuierlich externe Faktoren auf das Unternehmen ein, die eine Veränderung und Anpassung der Bausteine erfordern. IT-Trends wie z. B. IoT, Blockchain oder maschinelles Lernen (ML) können zur Anpassung bestehender Unternehmensbausteine beitragen. Ob sich durch den Einsatz neuer Technologien z. B. bestehende Geschäftsprozesse optimieren oder auch neue Geschäftsmodelle umsetzen lassen, muss geprüft werden. Das Ziel dabei wäre eine Verbesserung bestehender oder die Umsetzung neuer Dienstleistungen und Produkte, um damit die Kunden zufriedener zu stellen und das Unternehmensziel besser zu erfüllen.

Markt erfordert Anpassung

Auch veränderte Markt- und Wirtschaftsverhältnisse, wie z. B. das zunehmend mobile Arbeiten und ein damit verbundener Wunsch nach ortsunabhängigem Zugriff auf Daten und IT-Anwendungen oder die Dematerialisierung als Folge der fortschreitenden Digitalisierung, können eine Anpassung der Unternehmensbausteine erforderlich machen – und natürlich haben auch Stakeholder, wie z. B. Kunden, Partner und Mitarbeitende, vielfältige und sich ändernde Anforderungen an das Unternehmen.

Häufigkeit der Anpassung

Selbst wenn externe Faktoren auf die Bausteine eines Unternehmens einwirken, kann davon ausgegangen werden, dass die Zielsetzung eines Unternehmens, das Geschäftsmodell und die damit verbundenen Kompetenzen relativ stabil sind. Natürlich kommt es vor, dass Marktveränderungen oder Übernahmen anderer Unternehmen auch Anpassungen dieser Bausteine erfordern, aber das passiert in der Regel nicht jedes Jahr. Die Geschäftsprozesse, die IT-Anwendungen und die Technologien, die zur Umsetzung der Prozesse eingesetzt werden, sind hingegen häufiger von den genannten externen Faktoren betroffen.

Gesamtheitliche Betrachtung

Bei der Anpassung eines Unternehmens an neue Gegebenheiten kann eine Unternehmensarchitektur unterstützen, indem sie die verschiedenen Bausteine unter Berücksichtigung unternehmerischer und technischer Vorgaben definiert, weiterentwickelt und aufeinander abstimmt. Eines der Kernkonzepte der Unternehmensarchitektur ist die gesamtheitliche Betrachtung des Unternehmens. Nur so können fachliche Anforderungen im Kontext einer ganzheitlichen IT-Landschaft koordiniert umgesetzt und fachabteilungsspezifische Insellösungen (Schatten-IT) vermieden werden. Technologie wird auf diese Weise nicht zum Selbstzweck, sondern zur Erreichung definierter Unternehmensziele eingesetzt.

Ziele einer Unternehmensarchitektur

Damit lassen sich die Ziele einer Unternehmensarchitektur wie folgt definieren:

1. Eine Unternehmensarchitektur unterstützt dabei, die IT-Investitionen an den Zielen des Unternehmens auszurichten, indem eine ganzheitliche Sicht auf die geschäftlichen und technischen Bereiche entwickelt wird.

2. Sie reduziert die Komplexität der IT-Landschaft, indem Synergien genutzt werden und eine abgestimmte Strategie umgesetzt wird.
3. Sie unterstützt die Kommunikation zwischen Fachbereichen und IT, damit Projekte erfolgreich umgesetzt werden können.
4. Sie dokumentiert Entscheidungen und Erfahrungen, um über eine wiederverwendbare Referenz für Folgeprojekte zu verfügen.
5. Sie überführt neue Ideen in einen geregelten IT-Betrieb durch Berücksichtigung der IT-Strategie des Unternehmens und bestehender Investitionen.

Der folgende Abschnitt zeigt auf, wie eine Unternehmensarchitektur beschrieben wird.

[+]

Was ist eine Unternehmensarchitektur?

Mit der Unternehmensarchitektur beschreiben Sie die Komponenten, die Beziehungen zwischen den Komponenten und die Grundsätze und Richtlinien, die das Design der Komponenten und ihre Entwicklung im Laufe der Zeit bestimmen. Damit stellt die von Ihnen definierte Architektur den Aufbau einer Lösung, wie z. B. einer IT-Anwendung oder einer Prozesserweiterung, dar.

12.2 Beschreibung einer Unternehmensarchitektur

Die Definition einer Architektur erfolgt in Bezug auf konkrete Anforderungen der Fachbereiche, wie z. B. die Anpassung und Erweiterung bestehender Geschäftsprozesse zur besseren Umsetzung der Unternehmensziele. Diese Anforderungen an die Unternehmensarchitektur werden in einem Dokument festgehalten, das *Request for Architecture Work* genannt wird. Zur Beschreibung und zur Kommunikation einer Architektur verwenden Sie ein definiertes »Vokabular«, bestehend aus Diagrammen, Tabellen und Listen, das sowohl von den Fachabteilungen als auch von der IT verstanden und genutzt wird.

Base und Target Architecture

Zunächst wird stets eine Beschreibung des aktuellen Zustands der vorhandenen Architektur (*Base Architecture*) vorgenommen. Auch definieren Sie den erwarteten, gewünschten Zustand der Architektur (*Target Architecture*), der zur Umsetzung der festgehaltenen Geschäftsanforderungen erforderlich ist. Sie können die Base Architecture und Target Architecture in Form eines Diagramms darstellen, das die unterschiedlichen Systemkomponenten und ihre Abhängigkeiten visualisiert. Durch eine *Gap Analysis*, bei der die Base Architecture mit der Target Architecture verglichen wird, können Sie

Maßnahmen identifizieren, die auf dem Weg zur Target Architecture ergriffen werden müssen. Die identifizierten Schritte zur Entwicklung der Target Architecture werden in einer *Architecture Roadmap* zusammengefasst, die neben Arbeitspaketen auch Meilensteine und den groben zeitlichen Ablauf zur Umsetzung der angestrebten Architektur enthält. Auch die Architecture Roadmap kann in Form eines Diagramms visuell dargestellt werden. Zusätzlich zu den drei genannten Diagrammen zur Beschreibung einer Architektur (Base Architecture, Target Architecture, Architecture Roadmap) wird bei der Architekturdefinition eine Reihe weiterer Arbeitsergebnisse erstellt, die als *Artefakte* bezeichnet werden.

Artefakt

Die Artefakte verschaffen einen Blick auf die Architektur, der unterschiedliche Aspekte der IT-Lösung (wie z. B. eine Prozesserweiterung oder Anwendung) verdeutlicht, die bei Implementierung, Nutzung und Betrieb zu berücksichtigen sind. Dabei gibt es einerseits Artefakte, die statische und strukturelle Eigenschaften der Architektur beschreiben, wie z. B. die Laufzeitumgebungen oder das Rechenzentrum, in der eine Prozesserweiterung in der IT-Landschaft des Unternehmens betrieben wird. Andererseits werden auch dynamische Eigenschaften der Architektur durch entsprechende Artefakte definiert, wie z. B. mit einem *Software-Collaboration-Diagramm* zur Darstellung der Zusammenarbeit verschiedener IT-Komponenten. Auf diese Weise erstellen Sie über Artefakte ein ganzheitliches Bild Ihrer Anwendung oder Prozesserweiterung und beschreiben neben den technischen Aspekten auch geschäftliche Eigenschaften, um deutlich zu machen, wie die IT-Lösung zum Erfolg des Unternehmens beiträgt (siehe Abbildung 12.1).

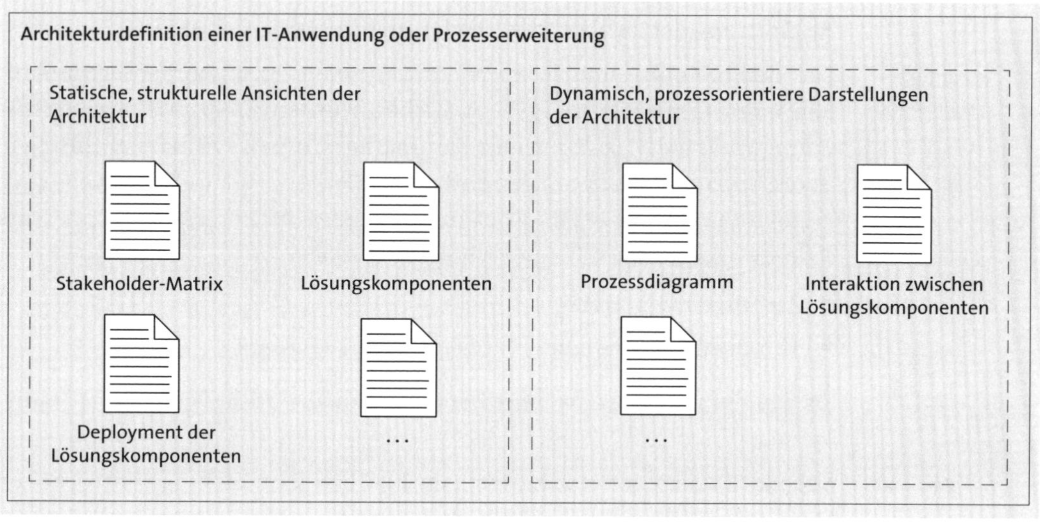

Abbildung 12.1 Die Architekturdefinition mit unterschiedlichen Sichten auf die IT-Lösung

Building Blocks

Zur technischen Beschreibung der Architektur, d. h. zur Darstellung der unterschiedlichen Bestandteile der Prozesserweiterung oder Anwendung sowie deren Beziehung zueinander verwenden Sie Komponenten, die *Building Blocks* genannt werden. Ein Building Block umfasst dabei ein Paket verschiedener Funktionen, die alle einen gemeinsamen fachlichen Bedarf erfüllen. Die Umsetzung einer Fachbereichsanforderung, wie beispielsweise die Analyse und Freigabe einer Budgetanforderung, setzt sich aus mehreren Building Blocks zusammen, die miteinander interagieren. Dabei kann man zwei Arten von Building Blocks unterscheiden, die genutzt werden, um fachliche Anforderungen zu beschreiben:

- Architecture Building Blocks (ABBs)
- Solution Building Blocks (SBBs)

Architecture Building Block

Die *Architecture Building Blocks* beschreiben eine technische Funktionalität, die zur Realisierung einer bestimmten Kompetenz eines Unternehmens erforderlich ist – herstellerneutral und dadurch eher allgemein. Mit ABBs gelingt eine erste Übersetzung der geschäftlichen Anforderungen in technische Bausteine. Mit Blick auf das Vokabular der Unternehmensarchitektur erfolgt dies im Artefakt *Solution Concept Diagram*, das die ABBs grafisch visualisiert und Zusammenhänge sowie Abhängigkeiten zwischen ihnen darstellt.

Solution Building Block

Die Definition der ABBs beeinflusst wiederum die Auswahl oder Entwicklung der *Solution Building Blocks*, die ebenso technisch, aber zusätzlich herstellerspezifisch sind. Die Solution Building Blocks definieren, welche Standard-IT-Anwendungen, Plattformservices oder Eigenentwicklungen zur Realisierung der fachlichen Anforderungen erforderlich sind.

Architektur-Frameworks

Die Beschreibung und Dokumentation einer Unternehmensarchitektur kann recht zeitaufwendig sein. Daher wurden *Enterprise Architecture Frameworks* entwickelt, die eine Sammlung von Best Practices, Richtlinien, Tools, Prozessen und Vorlagen enthalten, die Sie bei der Definition einer Architektur unterstützen. Zwei bekannte Beispiele für Enterprise Architecture Frameworks stelle ich Ihnen im Folgenden vor:

- Zachman Framework
- The Open Group Architecture Framework (TOGAF).

Darüber hinaus gibt es weitere hersteller- und beratungsspezifische Frameworks.

Zachman

Tabelle 12.1 zeigt den erstmals im Jahr 1987 von John Zachman entwickelten Ordnungsrahmen zur ganzheitlichen Strukturierung unterschiedlicher Aspekte eines Unternehmens. Die in den Spalten dargestellten sechs Dimensionen eines Unternehmens werden mithilfe des Frameworks aus unterschiedlichen Perspektiven (Zeilen) betrachtet. Dabei beschreiben die ersten beiden Zeilen (Kontext und Konzept) das Geschäftsmodell eines Unternehmens und die letzten drei Zeilen (logische Komponenten, technische Komponenten und funktionale Details) die Prozesse und IT-Anwendungen, die zur technischen Umsetzung des Geschäftsmodells erforderlich sind.

	Warum	Was	Wie	Wer	Wo	Wann
Kontext	Ziele	Geschäftskompetenzen	Liste von Prozessen	Unternehmensstruktur	Standorte des Unternehmens	Liste der Geschäftsereignisse
Konzept	Zusammenhang der Ziele	Zusammenhang der Kompetenzen	Ende-zu-Ende-Prozesse	Abteilungen	Zusammenhang der Standorte	Ereignismodell
Logische Komponenten	Vorgaben/ Richtlinien	Kernprozesse	Prozessdiagramm	Rollen	Verteilte Systeme	Ereignisdiagramm
Technische Komponenten	Spezifikationen	IT-Lösungen	Prozessspezifikation	Verantwortlichkeiten	Verteilte Komponenten	Ereignisspezifikation
Funktionale Details	Definition von Regeln	Details der Kompetenzen	Prozessdetails	Rollendetails	Netzwerk	Ereignisdetails

Tabelle 12.1 Das Zachman Framework für die Unternehmensarchitektur

TOGAF

TOGAF ist ein weiteres Framework für Unternehmensarchitekturen, das seit Mitte der 1990er Jahre von der Open Group kontinuierlich weiterentwickelt wurde. Wesentlicher Bestandteil des Frameworks ist die *Architecture Development Method* (ADM). Die Methode beschreibt die Aufgaben eines Unternehmensarchitekten oder einer -architektin in unterschiedlichen Phasen (siehe Abbildung 12.2).

Architecture Domains

Ein weiterer zentraler Bestandteil von TOGAF ist ein *Content Metamodel*, das die zentralen Artefakte, die im Rahmen einer Unternehmensarchitektur innerhalb der Phasen zu erstellen und zu verwalten sind sowie ihre Beziehungen zueinander definiert. Die Artefakte werden in vier verschiedene Architekturbereiche, die *Architecture Domains*, unterteilt (siehe Tabelle 12.2). Architecture Domains beschreiben die Architektur aus unterschiedlichen Perspektiven und lassen sich den Phasen der ADM zuordnen.

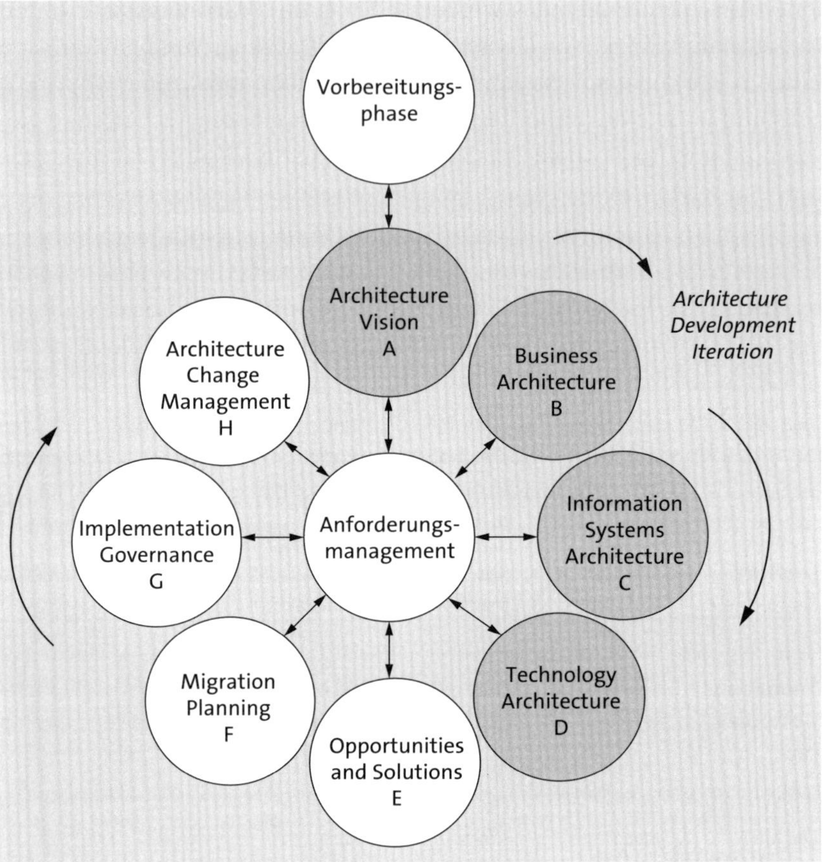

Abbildung 12.2 Phasen der TOGAF Architecture Development Method (Quelle: The Open Group)

Architecture Domain	Beschreibung
Business Architecture (Phase B)	■ Beschreibung von Geschäftszielen und -treibern ■ Beschreibung der Kompetenzen eines Unternehmens (Business Capabilities) und der Geschäftsprozesse ■ Befassen mit den Organisationsstrukturen und den jeweiligen Stakeholdern
Application Architecture (Phase C)	■ funktionale und technische Beschreibung der Architekturkomponenten zur Umsetzung der Geschäftsprozesse ■ Darstellung von Interaktion, Schnittstellen und Abhängigkeiten zwischen Architekturkomponenten

Tabelle 12.2 Unterschiedliche Perspektiven auf die Architektur mit Architecture Domains

Architecture Domain	Beschreibung
Data Architecture (Phase C)	▪ formale Beschreibung der Informationen und Daten, die von der Architektur verarbeitet werden ▪ Definition von Entitäten, die Beziehungen zwischen Entitäten und Beschreibung des Austauschs von Daten zwischen verschiedenen Architekturkomponenten
Technology Architecture (Phase D)	Beschreibung der Technologie, der Infrastrukturkomponenten und der spezifischen Softwarekomponenten, die zur Umsetzung der Komponenten der Daten- und Anwendungsarchitektur erforderlich sind

Tabelle 12.2 Unterschiedliche Perspektiven auf die Architektur mit Architecture Domains (Forts.)

Durch die Erstellung von Artefakten in den unterschiedlichen Architekturbereichen wird die Architektur Ihrer Anwendung oder Prozesserweiterung ganzheitlich, d. h. unter Berücksichtigung geschäftlicher und technischer Aspekte, beschrieben. Alle vier Domains stehen in Beziehung zueinander und liefern ein vollständiges Bild der Architektur.

Der Einsatz von TOGAF erfordert zunächst eine entsprechende Anpassung der Architecture Development Method auf die Rahmenbedingungen und Anforderungen des Unternehmens. Die in Kapitel 14, »Entwicklung einer Architektur für SAP-BTP-Projekte«, vorgestellte Methode zur Entwicklung einer Architektur basiert auf TOGAF und passt Aspekte der Architecture Development Method für die Entwicklung einer Architektur mit der SAP BTP an. Doch zunächst gehe ich im folgenden Abschnitt allgemeiner auf den Prozess zur Architekturentwicklung mit TOGAF ein.

12.3 Entwicklung einer Unternehmensarchitektur

Wie bereits erläutert, definiert TOGAF eine in unterschiedliche Phasen aufgeteilte ADM. Basierend auf dem TOGAF Content Metamodel werden dabei unterschiedliche Aspekte einer Unternehmensarchitektur in Form von Artefakten beschrieben, die sich wiederum in vier Architecture Domains gliedern lassen.

Phasen

Jede Phase der Architekturentwicklung hat einen bestimmten Schwerpunkt, der durch den Namen der jeweiligen Phase ausgedrückt wird. Sie erstellen in jeder Phase entweder neue Artefakte, wie Diagramme, Tabellen und Listen, oder entwickeln Artefakte aus einer vorhergehenden Phase weiter, um zusätzliche Details zu ergänzen oder einen weiteren Blickwinkel auf die Architektur darzustellen. Die ADM ist allerdings keine rein sequenzielle Methode, mit der Sie die unterschiedlichen Phasen strikt nacheinander abarbeiten. Oftmals drehen Sie auch Schleifen zwischen verschiedenen Phasen oder auch innerhalb einer Phase, was *Architecture Development Iteration* genannt wird.

Fokus auf Definition einer Architektur

Mit Blick auf die in Abbildung 12.2 dargestellten und in Tabelle 12.2 beschriebenen Phasen der ADM wird die Architektur einer IT-Lösung hauptsächlich in den Phasen A bis D definiert. Die weiteren Phasen adressieren die Implementierung der Architektur sowie die Governance. Mit dem Schwerpunkt auf der Architekturdefinition konzentrieren sich dieser Abschnitt sowie die in Kapitel 14, »Entwicklung einer Architektur für SAP-BTP-Projekte«, vorgestellte Methode zur Entwicklung einer Architektur mit der SAP BTP auf diese vier Phasen:

- Architecture Vision (Phase A)
- Business Architecture (Phase B)
- Information Systems Architecture (Phase C)
- Technology Architecure (Phase D)

Die unterschiedlichen Artefakte, die Sie in den Phasen der ADM erstellen, unterstützen die Kommunikation zwischen Fachabteilungen und der IT, fördern die Entscheidungsfindung und bilden die Grundlage für eine erfolgreiche Implementierung und den Betrieb der vorgeschlagenen Architektur.

Architecture Vision

In der Phase *Architecture Vision* sollten Sie ein Verständnis für den Mehrwert gewinnen, den Ihre Architektur für das Unternehmen aufweisen soll. Dazu identifizieren Sie strategische Unternehmensziele und Markttreiber als Richtlinie für Ihre Architekturarbeit. Ein zentrales Artefakt der Phase A ist das *Statement of Architecture Work*, was eine Antwort auf das Dokument Request of Architecture Work darstellt und mit einer Projektcharta verglichen werden kann. Im Statement of Architecture Work beschreiben Sie den Grund für Ihre Architekturarbeit, den geplanten Umfang (engl. Scope) und Ihre Erwartungen. Abbildung 12.3 zeigt ein Beispiel für ein Statement of Architecture Work.

Business Architecture

In der Phase B beschäftigen Sie sich mit der *Business Architecture*. Sie erstellen Artefakte mit dem Schwerpunkt auf geschäftlichen Aspekten und Kompetenzen (Business Capabilities) des Unternehmens. Diese Phase hilft dabei, die fachliche Motivation für die Architektur zu verstehen, und berücksichtigt auch die Geschäftsziele sowie die organisatorische Struktur des Unternehmens. Dazu zählen z. B. die Stakeholder Ihrer Architektur mit ihren unterschiedlichen Interessen.

1. Projekttitel	Prozess für Budgetbeantragung und -genehmigung
2. Grund zur Durchführung des Projekts	Konzeption, Entwicklung und Betrieb einer Lösung zur Unterstützung der globalen Wachstumsinitiative 2025, um die Finanzierung von mehr als 3.000 Mitarbeitenden zu unterstützen, die weltweit an Geschäftsentwicklungs- und Forschungsprojekten arbeiten.
3. Projektbeschreibung und Projektumfang	Erstellung eines Plans für die Entwicklung einer Workflow-Anwendung für Budgetanfragen und -genehmigungen, die in das bestehende Finanzsystem integriert wird
4. Grobe Skizze des Architekturvorschlags zur Umsetzung des Projekts	Rolle „Genehmiger“ / Rolle „Prüfer“ / Rolle „Antragsteller“ → Anwendung für Budgetantrag und -genehmigung — Finanz-IT-Anwendung
5. Rollen, Verantwortlichkeiten, Artefakte	▪ **Business Architecture**: Direktorin Geschäftsentwicklung, Finanzanalyst, leitende Architektin ▪ **Technical Architecture**: leitende Architektin, technischer Architekt, Chefentwickler, Leiterin der IT-Abteilung ▪ **Artefakte**: Erstellung in PowerPoint, Austausch via SharePoint
6. Akzeptanzkriterien	▪ Genehmigung der Business Architecture: Direktorin Geschäftsentwicklung, CFO ▪ Genehmigung der Technical Architecture: Leiterin der IT-Abteilung
7. Projektplan	▪ Architecture-Roadmap-Artefakt, Vorschlag für Lizenzkosten und Implementierungsaufwand

Abbildung 12.3 Beispiel: Statement of Architecture Work (Quelle: SAP)

Information Systems Architecture

Die dritte Phase *Information Systems Architecture* (Phase C) der ADM beschreibt die IT-Landschaft sowohl aus der Daten- als auch aus der Anwendungsperspektive. Ein Artefakt dieser Phase ist das bereits erwähnte Solution Concept Diagram, dass die Komponenten (Architecture Building Blocks) der von Ihnen vorgeschlagenen Architektur definiert (siehe Abbildung 12.4).

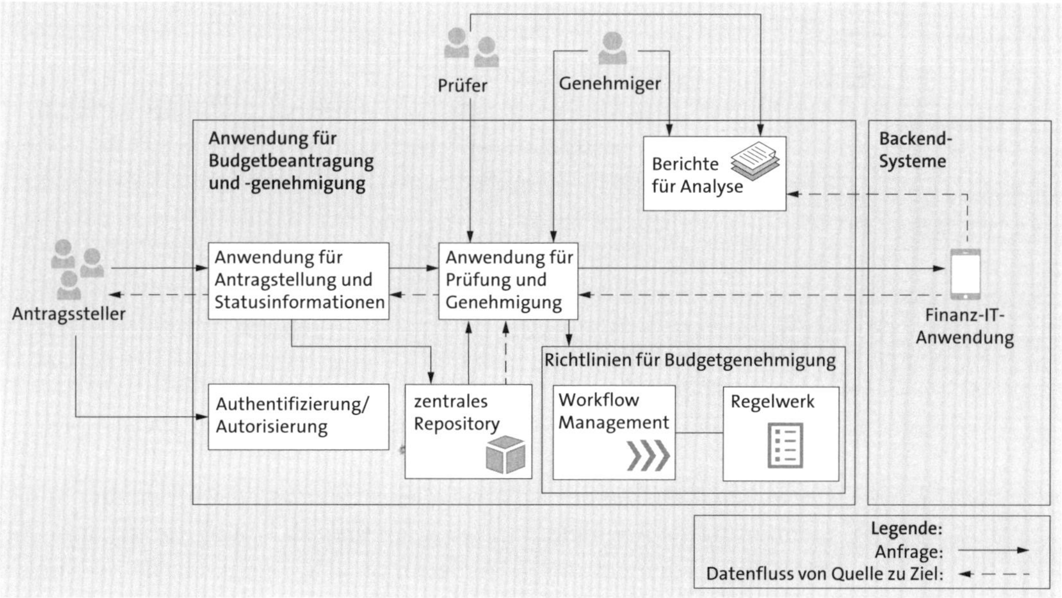

Abbildung 12.4 Beispiel für ein Solution Concept Diagram (Quelle: SAP)

Technology Architecture

Eine weitere Eigenschaft der Architektur wird in dieser Phase durch das *Conceptual Data Diagram* beschrieben, dass die zu verarbeitenden Daten und ihre Beziehungen zueinander visualisiert.

In der vierten Phase *Technology Architecture* (Phase D) wird Ihre Architektur aus der Perspektive der Bereitstellung unter der Berücksichtigung von Hardware- und Softwarekomponenten beschrieben. Die daten- und anwendungsspezifische Beschreibung der Architektur aus der vorangegangenen Phase (Information Systems Architecture) wird in dieser Phase aufgegriffen und auf entsprechende Laufzeitumgebungen oder Hardwarekomponenten abgebildet. Beispielsweise wird in dieser Phase die Nutzung von Cloud Providern und der jeweiligen Services betrachtet. Ein typisches Artefakt dieser Phase ist das *Environments and Locations Diagram*, das die in der Architektur genutzten Lösungskomponenten (Solution Building Blocks) auf Laufzeit- oder Bereitstellungsumgebungen abbildet und dabei z. B. auch den Standort der Umgebungen, wie z. B. eines Rechenzentrums, darstellt. Auch geografische Informationen über die Bereitstellung der Komponenten werden im Environments and Locations Diagram dargestellt. Abbildung 12.5 zeigt ein Beispiel für ein solches Diagramm.

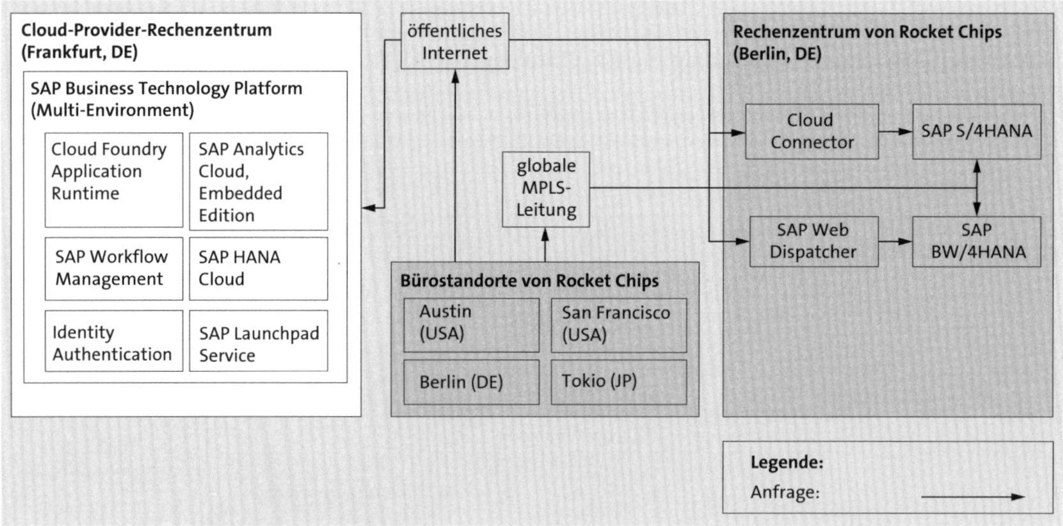

Abbildung 12.5 Beispiel: Environments and Locations Diagram (Quelle: SAP)

Die weiteren Phasen der ADM befassen sich hauptsächlich mit der Implementierung der Architektur in Bezug auf Projektplanung, Governance, Änderungsmanagement und Anforderungsmanagement. Für den gesamten Lebenszyklus eines Projekts sind diese Phasen ebenfalls sehr wichtig. Für den Blick auf den primären Beitrag, den die SAP BTP zur Architekturentwicklung leistet, spielen sie jedoch keine Rolle und werden daher in diesem Buch nicht näher beschrieben.

12.4 Ordnungsrahmen einer Unternehmensarchitektur

Auslöser zur Erstellung einer Architektur

Die in Abschnitt 12.1, »Ziele einer Unternehmensarchitektur«, dargestellten externen Faktoren werden innerhalb eines Unternehmens im Wesentlichen von den Fachabteilungen und der IT aufgegriffen, die daraus Anforderungen an die Unternehmensarchitektur ableiten. Diese Anforderungen lösen die Erarbeitung einer Architektur aus (Request of Architecture Work), um Kompetenzen des Unternehmens, Prozesse und die IT-Landschaft unter Berücksichtigung strategischer, wirtschaftlicher und technischer Rahmenbedingen weiterzuentwickeln und zu definieren.

Fachabteilungen

Motiviert durch sich ändernde Kundenerwartungen, den Wunsch, interne Geschäftsprozesse zu verbessern oder in neuen Produktkategorien oder Marktsegmenten zu wachsen, formulieren Fachabteilungen eines Unternehmens Anforderungen, die mithilfe von Technologien, wie der SAP Business Technology Platform (SAP BTP), umgesetzt werden. Fachlich motivierte Impulse, können ebenso unklare Zuständigkeiten oder Redundanzen entlang des Geschäftsprozesses, Inkonsistenzen bei der Ausführung des Prozesses, Abdeckungslücken, Vereinfachungspotenzial oder organisatorische Brüche sein. Neben den fachlich motivierten Anforderungen ist auch die Technologie ein weiterer Auslöser zur Erstellung einer Architektur.

IT-Abteilung

Um zu bewerten, wie (neue) Technologien einen Mehrwert im Unternehmen erzielt, kann ein Architekturprojekt auch durch die IT-Abteilung (Chief Information Officer, CIO-Bereich) des Unternehmens oder eine Abteilung, die sich mit der Digitalisierung beschäftigt (Chief Digital Officer, CDO-Bereich), initiiert werden. Künstliche Intelligenz (KI) kann beispielsweise für eine grundlegende Automatisierung von Geschäftsprozessen bewertet oder der Nutzen von IoT zur Integration zusätzlicher Datenpunkte für eine genauere Prozesssteuerung betrachtet werden. Auch die Bewertung neuer UI-Technologien kann eine höhere Produktivität durch die Reduktion von Medien- und Systembrüchen erzielen. Zentral sind dabei immer die Fragen, wie Technologie einen geschäftlichen Mehrwert schafft und wie die IT die Fachbereiche und das Geschäftsmodell unterstützen kann.

Eckpfeiler einer Architektur

Generell werden die Anforderungen aus den Fachbereichen oder der IT – und damit der Grund für die Definition einer Architektur – durch zwei übergeordnete Ziele motiviert:

- die Verbesserung der strategischen Kompetenz (Strategic Excellence)
- die Verbesserung der operativen Kompetenz (Operational Excellence)

Wenn Ihr Architekturprojekt die strategische Kompetenz des Unternehmens verbessert, steigert Ihre IT-Lösung das Umsatzwachstum des Unternehmens, z. B. durch die Erschließung neuer Kundensegmente. Wenn Ihre Architektur die operative Kompetenz verbessert, optimiert sie z. B. bestehende Prozesse und senkt laufende Kosten. Die strategische- und operative Kompetenz eines Unternehmens sind die Eckpfeiler eines Ordnungsrahmens zur Beschreibung von Anwendungsbereichen einer Unternehmensarchitektur (siehe Abbildung 12.6). Da ein Architekturprojekt sowohl die strategische- als auch die operative Kompetenz zugleich verbessern kann, sprechen wir bewusst von Eckpfeilern und nicht von disjunkten Kategorien.

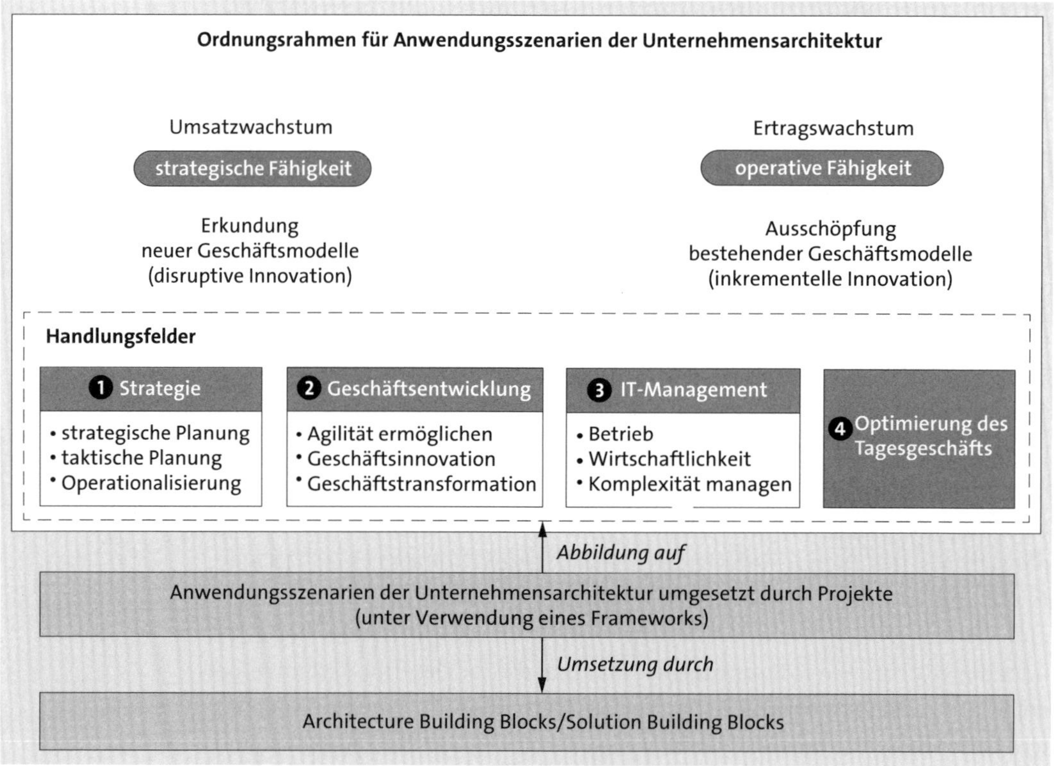

Abbildung 12.6 Ordnungsrahmen für Architekturprojekte

Handlungsfelder

Neben den Eckpfeilern der strategischen und operativen Kompetenz enthält der Ordnungsrahmen zur Beschreibung von Anwendungsbereichen der Architektur Handlungsfelder, in denen Sie als Unternehmensarchitektin oder -architekt agieren. Ein Handlungsfeld ist die Unternehmensstrategie ❶, in der ebenso eine Taktik für die Umsetzung der Strategie im

Unternehmen festgelegt wird. Weitere Handlungsfelder sind die Geschäftsentwicklung (Business Development) ❷ und das IT-Management ❸, das sich z. B. um den IT-Betrieb und die Komplexität der IT-Landschaft kümmert. Auch die Abstimmung zwischen Fachabteilungen und der IT ❹ mit dem Ziel, das Tagesgeschäft zu optimieren, ist ein Handlungsfeld der Unternehmensarchitektur.

Die Handlungsfelder lassen sich wiederum den beiden Eckpfeilern zuordnen. Wenn Ihre Architektur die Unternehmensstrategie und die mit der Geschäftsentwicklung verbundenen Ziele realisiert, stärkt sie die strategische Kompetenz des Unternehmens. Verbessert Ihre Architektur die Abstimmung zwischen Fachabteilungen und IT oder IT-Management, stärkt sie die operative Kompetenz des Unternehmens.

Disruptive oder inkrementelle Architektur

Innerhalb des in Abbildung 12.6 dargestellten Ordnungsrahmens für Architekturprojekte kann eine Architektur prinzipiell auf zwei grundlegende Arten definiert werden:

- **Erkundung**
  Einerseits ist eine Architektur explorativ und unterstützt beispielsweise neue Geschäftsmodelle zur Umsetzung der Unternehmensstrategie im Bereich der Digitalisierung. Ein solches Projekt kann ebenso eine *disruptive Innovation* beschreiben, bei der es beispielsweise gar keine weiterzuentwickelnde Base Architecture gibt und etwas völlig Neues entworfen wird.
- **Ausschöpfung**
  Andererseits kann Ihre Architektur verwertend sein, um Bestehendes zu verbessern und weiter zu optimieren. Ein solches Projekt kann eine *inkrementelle Innovation* beschreiben, um z. B. ein bestehendes Geschäftsmodell zu verbessern.

Bisher wurden die Eckpfeiler und typischen Handlungsfelder für die Entwicklung einer Unternehmensarchitektur in Form eines Ordnungsrahmens definiert. Wir haben noch nicht geklärt, wie Sie als Architektin oder Architekt innerhalb des Ordnungsrahmens agieren können.

Anwendungsszenarien

Unterschiedliche Anwendungsszenarien (Enterprise Architecture Use Cases) unterstützen Sie bei der Definition einer Architektur mit der SAP BTP. Die Szenarien beschreiben unterschiedliche Ausprägungen oder Instanzen des Ordnungsrahmens, die wiederum mit der ADM umgesetzt werden. Tabelle 12.3 zeigt einige Beispiele für Anwendungsszenarien, deren Umsetzung von der SAP BTP unterstützt wird.

In Abschnitt 13.2, »Anwendungsszenarien für die Unternehmensarchitektur«, erläutere ich die Anwendungsszenarien näher und zeige auf, wie die SAP BTP zur Umsetzung Ihrer Unternehmensarchitektur beiträgt.

Anwendungsszenario	Beschreibung
Standardisierung der IT-Landschaft	■ Wird durch IT initiiert und hat einen Schwerpunkt in den Bereichen IT-Management und Optimierung des Tagesgeschäfts ■ Unterstützt strategische Ziele, wie z. B. den Umstieg auf Cloud Computing oder die Erhöhung der Agilität oder Widerstandsfähigkeit des Unternehmens, indem beispielsweise Daten oder Anwendungen für die Fachbereiche einfacher und schneller verfügbar sind. ■ Definiert Standards und Vorgaben zur Umsetzung fachlicher Anforderungen.
Management der Kompetenzen (engl. Business Capability Management)	■ Setzt einen Schwerpunkt bei den Handlungsfeldern Strategie und Geschäftsentwicklung. ■ Neue Kompetenzen helfen bei der Operationalisierung der Unternehmensstrategie und unterstützen die Geschäftsentwicklung.
Optimierung von Geschäftsprozessen	■ Optimiert das Tagesgeschäft. ■ Trägt zu Verbesserungen in den Bereichen IT-Management und Geschäftsentwicklung bei. ■ Unterstützt sowohl die operative als auch die strategische Kompetenz.
Innovation-Management	■ Unterstützt die Handlungsfelder Unternehmensstrategie, Geschäftsentwicklung und IT-Management. ■ Verbessert die Leistungsfähigkeit der IT. ■ Bewertet IT-Trends im Kontext des Unternehmens. ■ Schafft Raum für Pionierarbeit.

Tabelle 12.3 Anwendungsbereiche der Unternehmensarchitektur mit der SAP BTP

12.5 Zusammenfassung

Die Beschreibung einer Unternehmensarchitektur ist ein hilfreiches Mittel, um den Einsatz der IT-Systeme unter Berücksichtigung der fachlichen und technischen Bausteine zu bewerten und auszubauen. In diesem Kapitel habe ich Ihnen aufgezeigt, worauf Sie bei der Definition einer Unternehmensarchitektur achten müssen und wie Sie diese in einem Ordnungsrahmen einordnen. In Kapitel 13, »Die SAP Business Technology Platform als Teil der Unternehmensarchitektur«, wird die Rolle der SAP BTP bei der Umsetzung einer Unternehmensarchitektur näher erläutert.

Kapitel 13
Die SAP Business Technology Platform als Teil der Unternehmensarchitektur

Zur Umsetzung fachlicher Anforderungen mit der SAP BTP innerhalb der IT-Landschaft Ihres Unternehmens ist es erforderlich, die Services der Plattform aus Sicht der Unternehmensarchitektur zu betrachten. In diesem Kapitel erfahren Sie anhand von Anwendungsszenarien, wie Sie die Plattformservices zur Gestaltung der Unternehmensarchitektur nutzen.

Umsetzung der Bausteine eines Unternehmens

Bei der Definition einer Unternehmensarchitektur sollten Sie die in Abschnitt 1.1 vorgestellten Bausteine eines Unternehmens berücksichtigen. Mit unterschiedlichen Funktionen und Plattformservices unterstützt die SAP BTP die Umsetzung und Weiterentwicklung von Unternehmensbausteinen, wie z. B. die Kompetenzen des Unternehmens, die Geschäftsprozesse oder die Verarbeitung von Daten. So bietet die Plattform beispielsweise Services zur Integration von Geschäftsprozessen in durchgängige Kernprozesse (siehe Kapitel 7, »Integration und Zugriff auf Daten und Prozesse«). Ebenso sind die Erweiterung und Anpassung bestehender Prozesse an unternehmensspezifische Anforderungen möglich – und auch die Implementierung komplett neuer Unternehmensprozesse, die wiederum neue Kompetenzen verwirklichen, wird durch Plattformservices unterstützt (siehe Kapitel 9, »Erweiterungen und Anwendungen programmieren«).

Bei der Prozessoptimierung spielt die Fähigkeit der SAP BTP zur Verarbeitung von Daten eine entscheidende Rolle. So können Sie mit der SAP BTP auch die operative Kompetenz Ihres Unternehmens steigern, indem Sie bestehende Prozesse auf Basis neuer Daten, erweiterter Analysen oder maschinellen Lernens (ML) effizienter umsetzen (siehe Kapitel 8, »Daten in der SAP Business Technology Platform verarbeiten«).

Funktionen und Anwendungsszenarien

Wie in Kapitel 3, »Funktionsbereiche der SAP Business Technology Platform«, dargestellt, lassen sich die Services der SAP BTP in die folgenden Bereiche einteilen:

- Datenbank- und Datenmanagement
- Analyse

- Anwendungsentwicklung und Integration
- intelligente Technologien

Diese Bereiche werden wiederum aus Sicht der drei Anwendungsszenarien *Integration*, *Erweiterung* und *Wertschöpfung aus Daten* betrachtet (siehe Kapitel 2, »Die Rolle der SAP Business Technology Platform für intelligente Unternehmen«).

Um herauszufinden, wie die Services der SAP BTP bei der Umsetzung strategischer Initiativen und fachlicher Anforderungen unterstützen können, ist es wichtig, eine Darstellung der SAP BTP zu nutzen, die sowohl von Stakeholdern aus den Fachbereichen als auch aus dem IT-Bereich verstanden wird.

13.1 Architecture Building Blocks der SAP BTP

Beschreibung der Plattform durch Architecture Building Blocks

Um einen verständlichen Überblick über die Plattform zu erstellen, eignen sich die in Abschnitt 12.2, »Beschreibung einer Unternehmensarchitektur«, vorgestellten Architecture Building Blocks (ABBs) des TOGAF Enterprise Architecture Frameworks. Mit der Abstraktion der Plattformservices über ABBs gelingt es, die geschäftlichen Anforderungen aus den Fachbereichen im Sinne der Definition einer Unternehmensarchitektur schrittweise auf einzelne Services der SAP BTP zu übertragen. Abbildung 13.1 stellt die unterschiedlichen Sichtweisen auf die Services der SAP BTP und deren Schwerpunkte einander gegenüber.

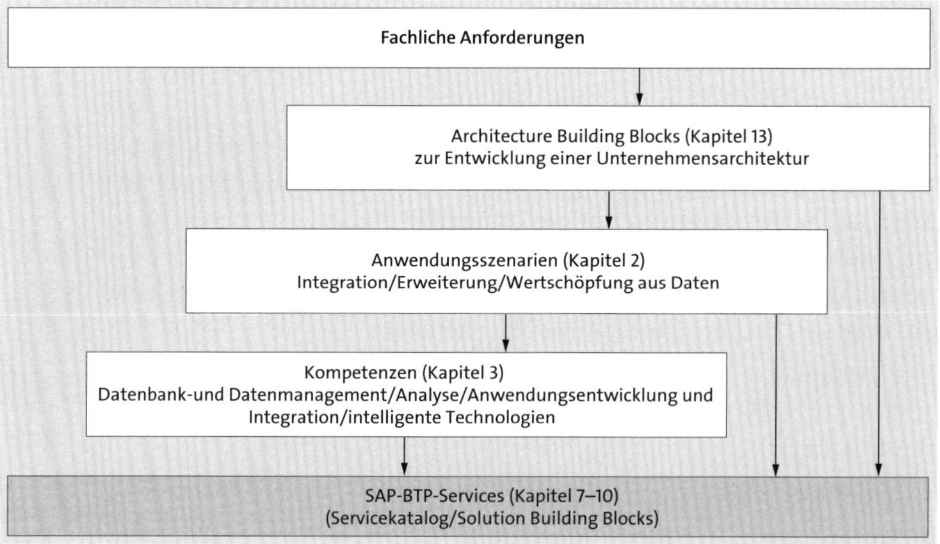

Abbildung 13.1 Unterschiedliche Sichten auf die Services der SAP BTP

Architekturentwicklung

Der Ansatz der Architekturentwicklung sieht vor, die fachlichen Anforderungen zunächst auf ABBs der Plattform abzubilden und den ABBs in einem nächsten Schritt passende Solution Building Blocks (SBBs, d. h. Plattformservices) zuzuordnen. Durch die Abstraktionsstufe der ABBs müssen bei der Architekturentwicklung zunächst noch keine einzelnen Plattformservices identifiziert werden. Dies würde die Kommunikation mit den Fachbereichen erschweren, da man sich zu schnell in technischen Details verlieren würde. Vielmehr helfen die ABBs dabei, die fachlichen Anforderungen in die technischen Services der Plattform zu übersetzen und erlauben eine zunächst technologieneutrale Entwicklung der Architektur. Kapitel 14, »Entwicklung einer Architektur für SAP-BTP-Projekte«, beschreibt ein Vorgehensmodell zur Entwicklung einer Architektur mit der SAP BTP, das in Teilen auf den Phasen der TOGAF Architecture Development Method (ADM) basiert, die ich in Abschnitt 12.3, »Entwicklung einer Unternehmensarchitektur«, eingeführt habe.

Die ABBs der SAP BTP werden von den in Kapitel 3, »Funktionsbereiche der SAP Business Technology Platform«, vorgestellten Plattformfunktionen abgeleitet.

Datenschicht

Auf Basis der Datenbank- und Datenmanagement-Fähigkeiten der Plattform lassen sich die in Abbildung 13.2 dargestellten ABBs zur Datenverarbeitung definieren. Die Merkmale der ABBs werden bei der Auswahl der SBBs berücksichtigt und so im Laufe der Architekturentwicklung durch entsprechende Plattformservices umgesetzt. Zu berücksichtigen ist, dass ein ABB auch durch mehrere SBBs implementiert werden bzw. ein SBB auch mehrere ABBs umsetzen kann.

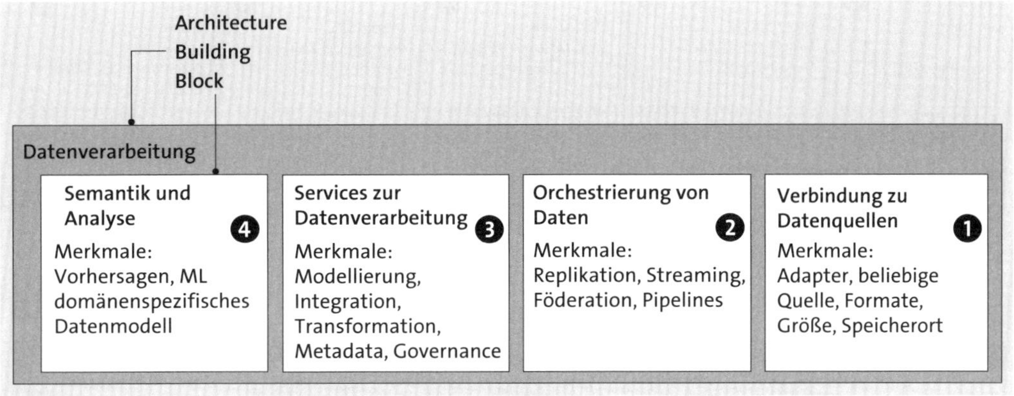

Abbildung 13.2 Architecture Building Blocks zur Datenverarbeitung

Abbildung 13.2 zeigt, dass ein datenbezogener Plattform-ABB Verbindungen ❶ zu beliebigen Datenquellen herstellt und Daten unabhängig von Format, Art der Datenquelle und Datenvolumen über bereitgestellte Adapter angebunden werden. Auf der Grundlage der verbundenen Datenquellen bietet die Datenschicht der Plattform Orchestrierungsfunktionen ❷ zwischen den Datenquellen, die verschiedene Operationen wie eine Datenreplikation (Echtzeit oder Batch), Data Federation oder die skalierbare Verarbeitung von Daten unterstützen. Darauf aufbauend werden die Daten mit Services zur Datenverarbeitung ❸ weiter bereinigt, transformiert und aufbereitet. Hilfreich sind auch die analytischen Funktionen sowie das semantische Wissen der Datenschicht, das insbesondere über SAP-Datenquellen gewonnen wird. Diese Funktionen werden durch den ABB »Semantik und Analyse« ❹ realisiert.

[»]

ABB als Managed Service

Alle ABBs der SAP BTP werden als *Managed Service* konsumiert und müssen nicht selbst installiert und betrieben werden. Dabei implementieren die ABBs typische Cloud-Eigenschaften wie z. B. Elastizität und Skalierbarkeit.

Anwendungsschicht – digitale Prozesse

Abbildung 13.3 ergänzt die ABBs der Anwendungsschicht, die bei der Digitalisierung von Geschäftsprozessen genutzt werden. Die ABBs der Anwendungsschicht bauen auf der Datenschicht der Plattform auf.

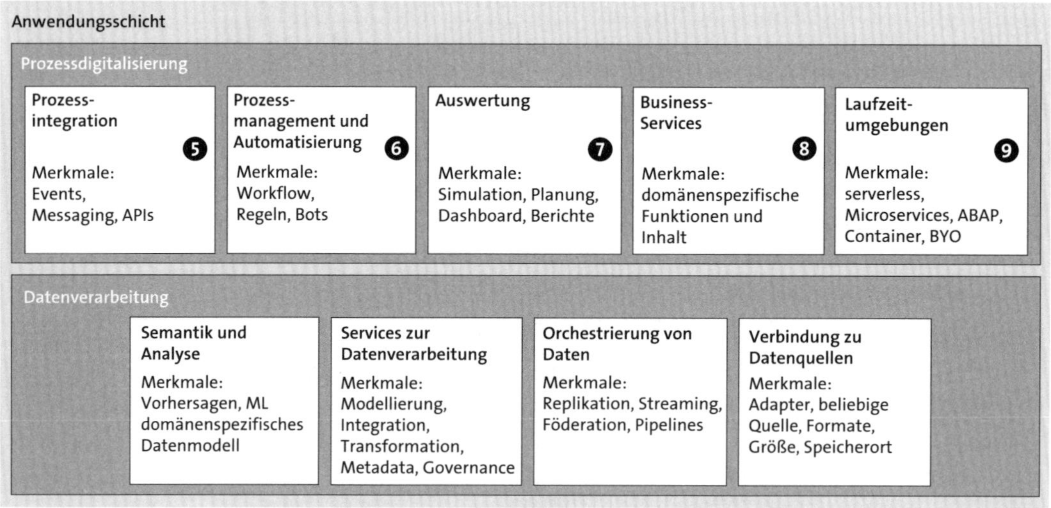

Abbildung 13.3 ABBs zur Realisierung und Verbesserung digitaler Geschäftsprozesse

So bietet die Plattform einen ABB zur Integration von Prozessen ❺, die beispielsweise über Events, APIs oder komplexere Transformationen von

Nachrichten einer IT-Anwendung erfolgen. Im Weiteren lassen sich Geschäftsprozesse über einen entsprechenden ABB automatisieren ❻, der dazu Möglichkeit einer Regeldefinition sowie Optionen zum Prozessmanagement und zu Software-Bots bietet. Auch Analysefunktionen, Simulation und Planung sowie die Erstellung von Berichten und Dashboards werden über einen entsprechenden ABB ❼ realisiert. Ein weiterer Baustein bietet domänenspezifische Business-Services für fachbereichs- oder branchenspezifische Szenarien ❽. Funktionale Prozesserweiterungen oder neue Anwendungen werden abhängig der Softwarearchitektur mit entsprechenden Laufzeitumgebungen bereitgestellt ❾.

Anwendungsschicht – digitaler Arbeitsplatz

Bei der Umsetzung fachlicher Anforderungen zur Zusammenarbeit in virtuellen und verteilten Teams unterstützt ein Baustein zur Realisierung von digitalen Arbeitsplätzen ⓫. Teil des ABB ist ebenso eine unternehmensweite, zentrale und rollenspezifische Einstiegsseite für unterschiedliche Geschäftsprozesse und Inhalte ❿ (siehe Abbildung 13.4).

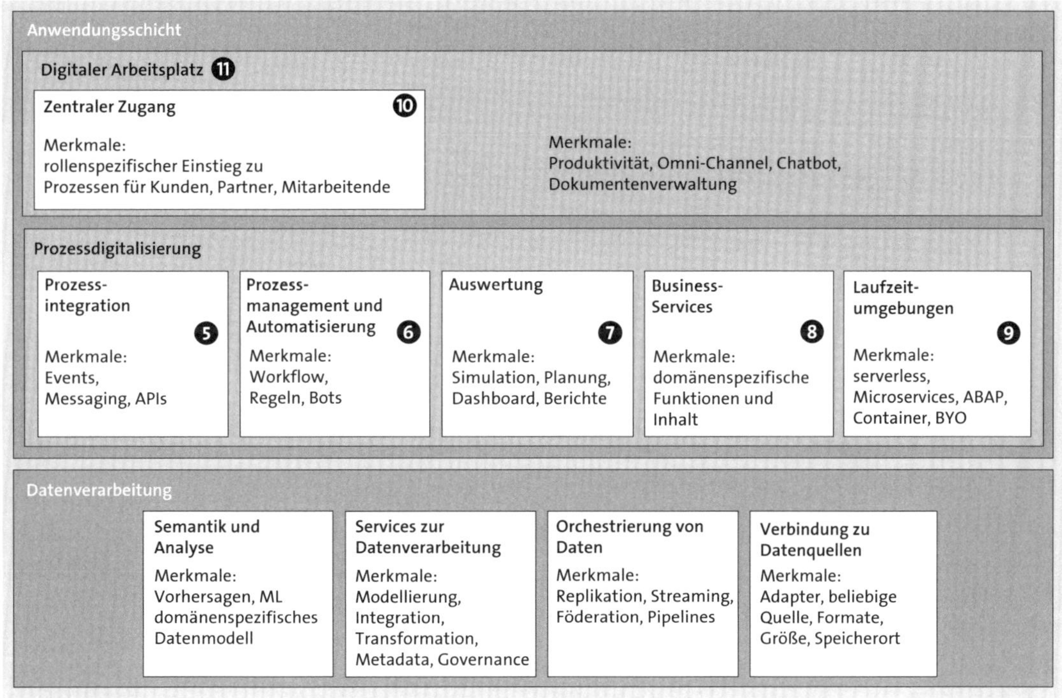

Abbildung 13.4 ABBs zur Umsetzung der fachlichen Anforderungen eines digitalen Arbeitsplatzes

Zentrale Schicht

Des Weiteren verfügt die SAP BTP über ABBs zur Förderung der Agilität eines Unternehmens. Dazu zählt die in Abbildung 13.5 dargestellte ABB-Entwicklerproduktivität ⓬, die die für die Programmierung von Prozesserweiterungen und Anwendungen erforderlichen Werkzeuge und Frameworks bereitstellt. Dabei handelt es sich um einen für die Plattform zentralen Baustein, der andere ABBs aus der Anwendungsschicht und Datenschicht für Entwicklungsteams nutzbar macht. Ebenso stellt die SAP BTP einen ABB für die Sicherheit bereit, der weitere Bausteine wie z. B. das Identity Management ⓭ mit Möglichkeiten zur Authentifizierung, Autorisierung und Provisionierung digitaler Identitäten beinhaltet.

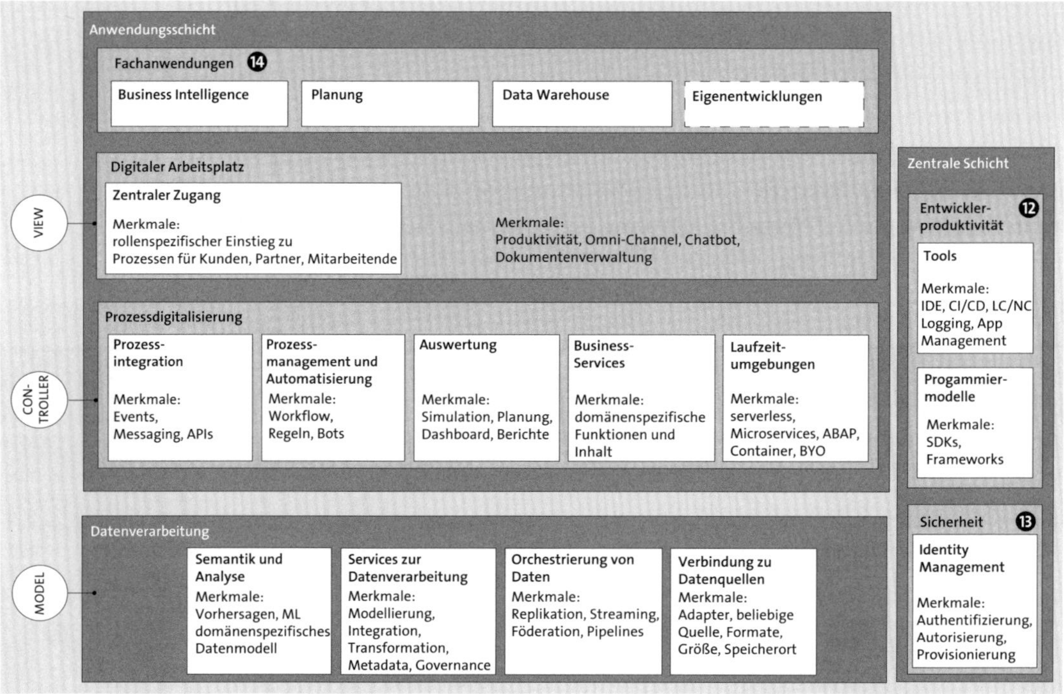

Abbildung 13.5 Building Blocks zur Entwicklerproduktivität und Sicherheit

Modularität Betrachtet man in Abbildung 13.5 die unterschiedlichen Bausteine der SAP BTP in ihren funktionalen Schichten, lassen sich das Architekturmuster *Model View Controller* bzw. die Drei-Schichten-Architektur, bestehend aus Präsentationsschicht, Logikschicht und Datenhaltungsschicht, erkennen, die bereits im Kontext von SAPUI5 angesprochen wurden (siehe Abschnitt 9.4.1). Durch die Schichten wird die Komplexität der Abhängigkeiten zwischen den unterschiedlichen Bausteinen der Plattform reduziert und eine Entkopplung der Komponenten erzielt. Dies unterstreicht die Offenheit der Plattform und die Kombinationsmöglichkeiten mit anderen Bausteinen der Unternehmensarchitektur. So ist es beispielsweise möglich, nur Building Blocks der Datenschicht (Model) über ein Projekt in der Unternehmensarchitektur zu realisieren und mit bereits vorhandenen Bausteinen aus den Controller- und View-Schichten zu kombinieren, oder es lassen sich Bausteine zur Prozessdigitalisierung nutzen (Controller) und entsprechend in den Prozessen der Standardanwendungen integrieren. Ebenfalls können auch nur Bausteine zur Umsetzung eines digitalen Arbeitsplatzes verwendet (View) und mit der vorhandenen IT-Landschaft kombiniert werden.

Fachanwendungen

Abbildung 13.5 zeigt auch, wie die Plattform zur Umsetzung eigener Fachanwendungen auf Basis der Schichten verwendet werden kann ⓮. Die SAP BTP stellt die hierbei direkt einsetzbaren Bausteine für Business Intelligence, Unternehmensplanung, und Data Warehouse bereit.

13.2 Anwendungsszenarien für die Unternehmensarchitektur

Ordnungsrahmen

Die in Abschnitt 13.1 vorgestellten ABBs der SAP BTP lassen sich in unterschiedlichen Anwendungsszenarien zur Definition und Verbesserung der Unternehmensarchitektur nutzen. Als Ordnungsrahmen der Anwendungsszenarien werden die in Abschnitt 12.4, »Ordnungsrahmen einer Unternehmensarchitektur«, definierten vier Handlungsfelder genutzt (siehe Abbildung 13.6):

- Unternehmensstrategie
- Geschäftsentwicklung
- IT-Management
- Optimierung der Zusammenarbeit zwischen den Fachabteilungen und der IT

Ein Anwendungsszenario betrifft in der Regel alle vier Handlungsfelder gleichzeitig, jedoch mit unterschiedlicher Intensität. Die Anwendungsszenarien, auf die ich im Folgenden eingehe, sind:

- Management der Kompetenzen eines Unternehmens
- Optimierung der Geschäftsprozesse
- Technologiemanagement
- Innovationsmanagement

Der Durchmesser der Kreise in Abbildung 13.6 gibt einen Hinweis darauf, wie ein Anwendungsszenario die Handlungsfelder unterstützt.

Die folgenden Abschnitte beschreiben, wie die SAP BTP bei der Umsetzung der dargestellten Anwendungsszenarien für die (Weiter-)entwicklung einer Unternehmensarchitektur genutzt wird.

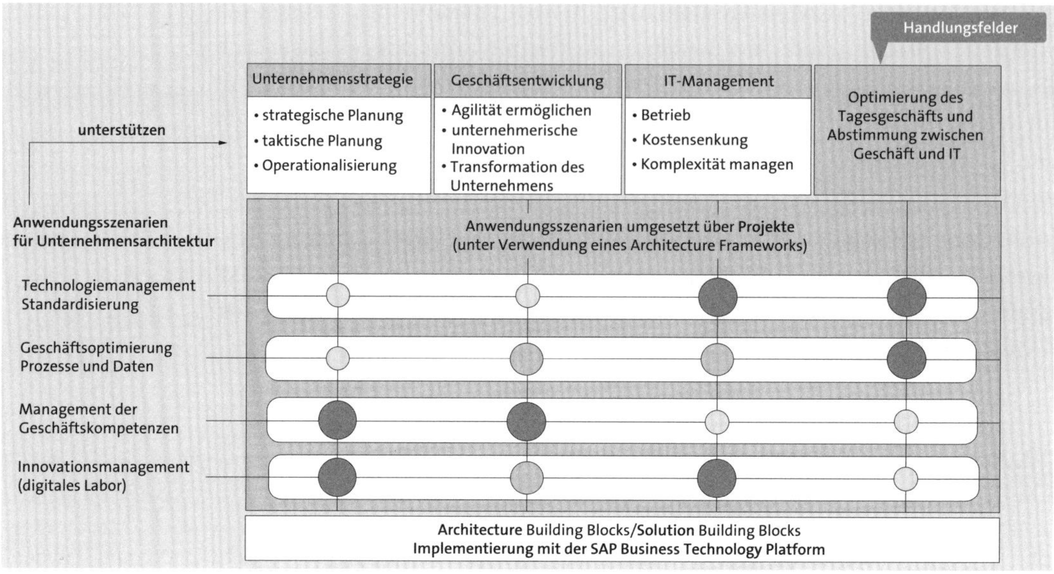

Abbildung 13.6 Anwendungsszenarien für die Unternehmensarchitektur (Quelle: SAP)

13.2.1 Management der Kompetenzen eines Unternehmens

Ein Projekt im Anwendungsfall »Management der Kompetenzen eines Unternehmens« (engl. Business Capability Management) wird beispielsweise durch die Corporate Strategy Group eines Unternehmens initiiert, wodurch die Handlungsfelder »Unternehmensstrategie« und »Geschäftsentwicklung« adressiert werden (siehe Abbildung 13.7).

Nutzen

Der Anwendungsfall verfolgt das Ziel, die Kompetenzen des Unternehmens in Bezug auf aktuelle Unternehmensziele, Strategien und Marktsituationen zu bewerten. Daher ist das Management der Kompetenzen oftmals ein grundlegender Schritt für eine erfolgreiche Digitalisierung des Unternehmens. Somit aktualisieren Sie bei einer Umsetzung dieses Anwendungsfalls die erforderlichen Kompetenzen des Unternehmens, indem Sie beschreiben, was das Unternehmen im Kontext der aktuellen Marktsituation können sollte. Dabei hat dieses Zielbild der Unternehmenskompetenzen einen klaren Bezug zu den Unternehmenszielen. Auch dient die Definition der erforderlichen Kompetenzen der Etablierung einer gemeinsamen Sprache zwischen den Fachabteilungen und der Unternehmens-IT. Die Fachabteilung kann die Kompetenzen mit ihrer täglichen Arbeit und den Unternehmenszielen in Verbindung bringen, und die IT-Abteilung erlangt ein breiteres Verständnis von den Anforderungen, die technisch umgesetzt werden müssen.

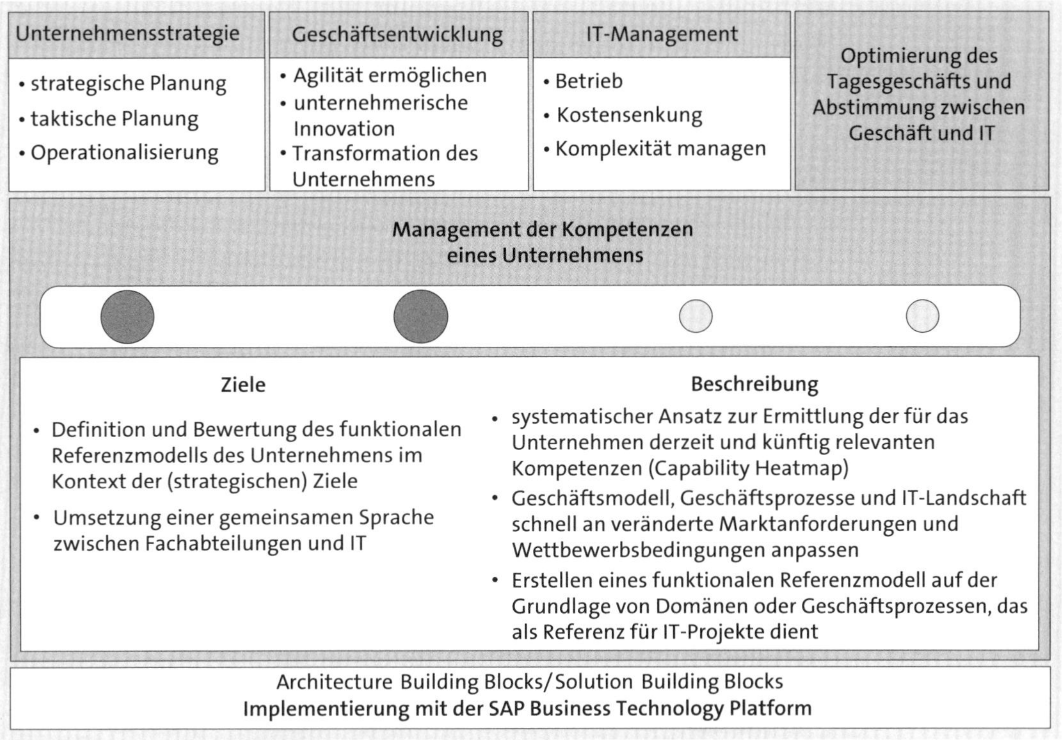

Abbildung 13.7 Ziele des Managements der Kompetenzen eines Unternehmens

Priorisierung

Um die Kompetenzen eines Unternehmens zu entwickeln, erstellen Sie eine *Business Capability Heatmap*, die aufzeigt, über welche Kompetenzen das Unternehmen heute verfügt und welche Kompetenzen zukünftig benötigt werden. Anschließend setzen Sie die priorisierten Kompetenzen der Heatmap mit dem Geschäftsmodell des Unternehmens und den erforderlichen Geschäftsprozessen in Beziehung. Ihr Ziel ist es dabei, notwendige Änderungen an den bestehenden Geschäftsprozessen und der zugehörigen IT-Landschaft zu ermitteln oder neue Geschäftsprozesse zu identifizieren, die zur Umsetzung der Kompetenzen eingeführt werden müssen. So kann auf der Basis des Kompetenzmanagements ein funktionales und für alle Beteiligten verständliches Referenzmodell des Unternehmens erstellt bzw. aktualisiert werden.

Dabei werden die Kompetenzen typischerweise in verschiedene Bereiche gruppiert, wie z. B. Finanzen oder Vertrieb. Ebenso lassen sich die Kompetenzen aus der Perspektive eines Geschäftsprozesses gruppieren, wie z. B. aus den Kernprozessen Lead to Cash, Source to Pay, Hire to Retire und Procure to Pay (siehe Abschnitt 2.3, »Geschäftsprozesse integrieren«).

Ausbau der Kompetenzen

Die SAP BTP unterstützt die Umsetzung des Anwendungsfalls mit unterschiedlichen Building Blocks. So stellen SAP und SAP-Partner über die Plattform direkt einsatzbereite Geschäftsanwendungen bereit, die über ein SaaS-Modell (Software as a Service) in den Fachabteilungen genutzt werden können. Beispiele dafür sind die Industry Cloud, SAP Analytics Cloud, SAP Data Warehouse Cloud und SAP Work Zone. Mit vorgefertigten semantischen Modellen und domänenspezifischen Dashboards sowie der Möglichkeit zu planen und zu simulieren unterstützen diese Bausteine spezifische Kompetenzen eines Unternehmens, z. B. im Finanz- oder Personalwesen.

Business-Services

Darüber hinaus helfen die domänenbezogenen Business-Services der Anwendungsschicht der SAP BTP bei der Realisierung unterschiedlicher Geschäftskompetenzen. Business-Services wie SAP Omnichannel Promotion Pricing zur Berechnung von Produktpreisen, SAP Variant Configuration and Pricing zur Konfiguration und Preisdefinition von Produktvarianten oder SAP Document Management Service zur Verwaltung unterschiedlicher Dokumentenformate sind Beispiele für SBBs der Plattform. Im SAP Discovery Center (*https://discovery-center.cloud.sap*) werden alle verfügbaren Business-Services der Plattform beschrieben.

Prozessintegration

Ein weiterer, für den Anwendungsfall relevanter ABB der Plattform ist die Prozessintegration aus der Anwendungsschicht. Der Baustein liefert gebrauchsfertigen Business Content für die Integration verschiedener SAP-Lösungen und den Informationsaustausch mit Behörden.

Tabelle 13.1 fasst die unterschiedlichen Building Blocks der SAP BTP zur Umsetzung des Anwendungsfalls zum Management der Kompetenzen eines Unternehmens zusammen.

Architecture Building Block	Solution Building Block
Business-Intelligence-Fachanwendung (SaaS) zur Visualisierung von Daten, Erstellung von Analysen, Berichten und zur Unternehmensplanung (ABB »Fachanwendung« mit den ABBs »Business Intelligence« und »Planung«)	▪ SAP Analytics Cloud ▪ SAP BusinessObjects Business Intelligence (BI)
Data-Warehouse-Fachanwendung (SaaS) zur Verknüpfung, Transformation, Modellierung und Visualisierung von Daten (ABB »Fachanwendungen« mit ABB »Data Warehouse«)	▪ SAP Data Warehouse Cloud ▪ SAP BW/4HANA

Tabelle 13.1 Building Blocks der Plattform für das Management der Geschäftskompetenzen

Architecture Building Block	Solution Building Block
Verbesserung der Produktivität im Unternehmen durch die Gestaltung eines digitalen Arbeitsplatzes (ABB »Digitaler Arbeitsplatz«)	SAP Work Zone
Domänenspezifische Funktionen zur Erweiterung unterschiedlicher Geschäftskompetenzen (ABB »Prozessdigitalisierung« mit ABB »Business-Services«)	Business-Services für z. B. Compliance Reporting, Data Privacy Integration, Personal Data Manager, Document Classification, Invoice Object Recommendation, Variant Configuration and Pricing etc.
Prozessintegration zur Umsetzung durchgängiger Kernprozesse innerhalb einer Geschäftskompetenz oder über unterschiedliche Geschäftskompetenzen (ABB »Prozessdigitalisierung« mit ABB »Prozessintegration«)	SAP Integration Suite, bestehend aus den weiteren SBBs, SAP API Management, nachrichtenbasierter Prozessintegration, Datenintegration (Batch), SAP Event Mesh, SAP Open Connectors und SAP IoT
Data-Fabric-Datenarchitektur als technische Grundlage bestimmter Geschäftskompetenzen (ABB »Datenverarbeitung«)	▪ SAP Data Intelligence ▪ SAP HANA Cloud ▪ SAP HANA
Multimodale Datenplattform als technische Grundlage bestimmter Geschäftskompetenzen (ABB »Datenverarbeitung«)	▪ SAP HANA Cloud ▪ SAP HANA

Tabelle 13.1 Building Blocks der Plattform für das Management der Geschäftskompetenzen (Forts.)

13.2.2 Optimierung der Geschäftsprozesse

Produktivität

Das Ziel der Optimierung von Geschäftsprozessen ist es, die Fachabteilungen bei ihren täglichen Aufgaben durch den geeigneten Einsatz von Technologien zu unterstützen. Die Verbesserung von Prozessen wird daher üblicherweise von den Fachabteilungen veranlasst. Neben Kostengründen gibt es noch weitere Beispiele für die Optimierung von Prozessen: die Unterstützung der Entscheidungsfindung durch die Integration zusätzlicher Daten, die Erhöhung der Produktivität durch intuitive Benutzerschnittstellen, eine Automatisierung einzelner Prozessschritte oder die Umsetzung zusätzlicher Fachanforderungen als integraler Bestandteil des Prozesses.

Optimierungspotenziale

Durch eine ganzheitliche Betrachtung der Anforderungen aus fachlicher und technischer Sicht entdecken Sie Optimierungspotenziale in bestehenden Unternehmensprozessen. Dazu analysieren Sie die aktuelle Daten- und Prozessarchitektur innerhalb einer identifizierten Problemdomäne und beschreiben eine Zielarchitektur, die das Tagesgeschäft verbessert, indem beispielsweise Redundanzen, Inkonsistenzen, manuelle Schritte, fehlende Daten sowie System- und Medienbrüche reduziert werden (siehe Abbildung 13.8). Mit Blick auf die ABBs der SAP BTP unterstützen Services zur Daten- und Prozessintegration von SAP- und Nicht-SAP-Systemen dabei, Medien- und Systembrüche zu reduzieren und legen damit den Grundstein für Automatisierung und reduzierte Komplexität.

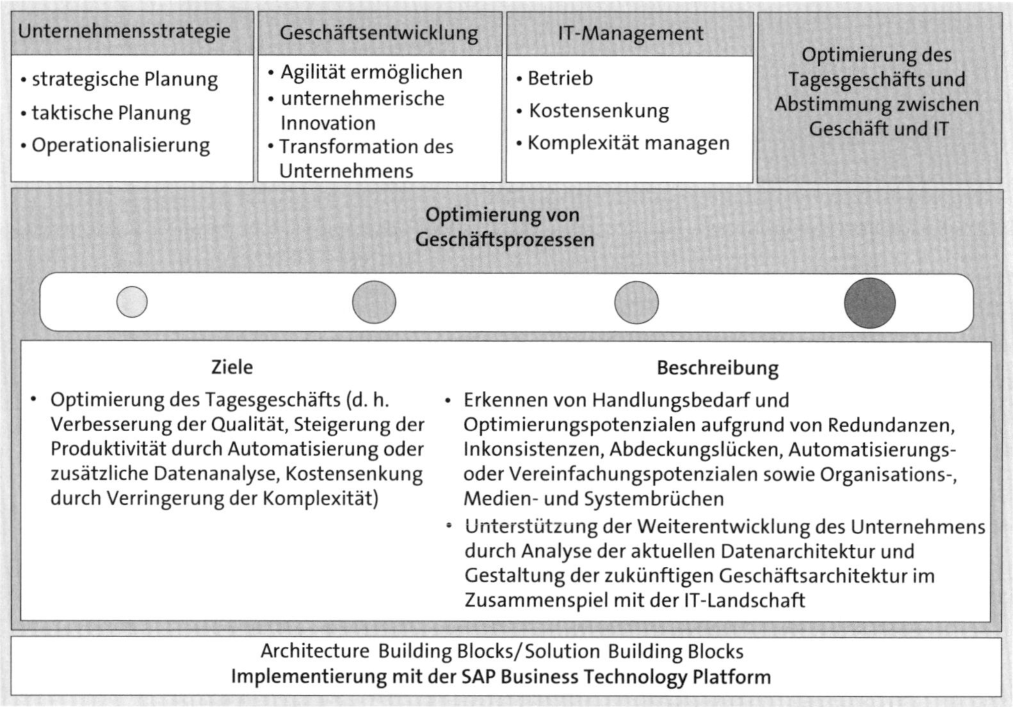

Abbildung 13.8 Ziele der Optimierung von Geschäftsprozessen

[+]

Design Thinking

Design Thinking ist eine Methode, um Bereiche zur Prozessoptimierung zu identifizieren und teamübergreifend besser zu verstehen. Das *SAP AppHaus* stellt im Rahmen des *Human-Centered Approach to Innovation* einen Ansatz sowie Vorlagen zur Gestaltung und Durchführung von Design-Thinking-Workshops zur Verfügung (*http://s-prs.de/v859404*). In den fünf Phasen *Explore, Discover, Design, Deliver* und *Run and Scale* des Innovationsprozesses werden Prozessoptimierungen oder neue Geschäftsmodelle unter Gesichtspunkten wie Machbarkeit, Skalierbarkeit und Nutzen für die

Anwenderinnen und Anwender entwickelt. Dabei stehen die Nutzerinnen und Nutzer bei der Entwicklung neuer Ideen immer im Zentrum. Der Human-Centered Approach to Innovation schließt auch die in Kapitel 14, »Entwicklung einer Architektur für SAP-BTP-Projekte«, vorgestellte Methode zur Architekturentwicklung ein.

SAP Integration Suite

Mit ihren verschiedenen Ansätzen zur Prozessintegration ist die SAP Integration Suite (siehe Kapitel 7, »Integration und Zugriff auf Daten und Prozesse«) ein SBB, der die Optimierung von Geschäftsprozessen ermöglicht. Auch SBBs wie SAP Data Intelligence, SAP HANA und SAP IoT unterstützen diesen Anwendungsfall, insbesondere wenn Datenorchestrierung und Datenintegration für die Prozessoptimierung erforderlich sind (siehe Kapitel 8, »Daten in der SAP Business Technology Platform verarbeiten«).

Prozesserweiterung

Auch die SAP Extension Suite ermöglicht mit ihren unterschiedlichen Plattformservices zur Prozesserweiterung eine Optimierung durch die Anpassung des Prozesses an aktuelle Marktsituationen oder fachliche Anforderungen. Um zusätzliche Prozessschritte zu implementieren oder bestehende Vorgänge zu automatisieren, kann auch der ABB zum Prozessmanagement und zur Automatisierung verwendet werden. Zugehörige SBBs der Plattform sind SAP Workflow Management (siehe Abschnitt 9.5.1, »SAP Workflow Management«) mit Funktionen zur Process Visibility und Umsetzung von Geschäftsregeln (Business Rules) sowie der Plattformservice SAP Intelligent RPA (siehe Abschnitt 9.5.2, »SAP Intelligent Robotic Process Automation«) zur Automatisierung von sich wiederholenden Arbeitsschritten.

Business-Services

Auch die bereits in Abschnitt 13.2.1, »Management der Kompetenzen eines Unternehmens«, erwähnten domänenspezifischen Business-Services unterstützen bei der Optimierung der Unternehmensprozesse durch die Bereitstellung zusätzlicher Funktionalität. Beispiele für entsprechende SBBs der SAP BTP sind der Service *Business Entity Recognition* zur Erkennung von bestimmten Sachverhalten in unstrukturiertem Text, der Service *Document Classification* zur automatischen Kategorisierung von Dokumenten und der Service *Ticket Intelligence* zur automatischen Klassifizierung und Weiterleitung von Support-Anfragen.

Digitaler Arbeitsplatz

Auch SBBs, die die Gestaltung und Umsetzung eines digitalen Arbeitsplatzes ermöglichen, unterstützen das Anwendungsszenario zur Optimierung der Geschäftsprozesse. Beispiele für solche SBBs sind SAP Conversational AI (siehe Abschnitt 9.4.5, »SAP Conversational AI«), SAP Document Management Service (siehe Abschnitt 8.5, »Unstrukturierte Daten«), SAP Forms Service by Adobe, SAP Work Zone (siehe Abschnitt 9.4.3, »SAP Work Zone«) und die SAP Analytics Cloud, Embedded Edition.

Entwickler-produktivität

Da der Anwendungsfall »Optimierung von Geschäftsprozessen« mithilfe verschiedener SBBs der Plattform zusätzliche Prozessfunktionen implementiert, ist auch der zentrale Building Block der Entwicklerproduktivität für dieses Szenario relevant. Tools wie das SAP Business Application Studio, das SAP Cloud Application Programming Model oder Services wie SAP Translation Hub und SAP Transport Management sind Beispiele für hilfreiche SBBs der SAP BTP in diesem Szenario.

Tabelle 13.2 fasst unterschiedliche Bausteine der Plattform zur Umsetzung des Anwendungsszenarios zusammen.

Architecture Building Block	Solution Building Block
Business-Intelligence-Fachanwendung (SaaS) zur Visualisierung von Daten, Erstellung von Analysen, Berichten und zur Unternehmensplanung (ABB »Fachanwendungen« mit ABBs »Business Intelligence« und »Planung«)	▪ SAP Analytics Cloud ▪ SAP Analytics Cloud, Embedded Edition ▪ SAP BusinessObjects Business Intelligence
Data-Warehouse-Fachanwendung (SaaS) zur Verknüpfung, Transformation, Modellierung und Visualisierung von Daten (ABB »Fachanwendung« mit ABB »Data Warehouse«)	▪ SAP Data Warehouse Cloud ▪ SAP BW4/HANA
Domänenspezifische Funktionen zur Erweiterung unterschiedlicher Geschäftskompetenzen (ABB »Prozessdigitalisierung« mit ABB »Business-Services«)	Business-Services für z. B. Compliance Reporting, Data Privacy Integration, Personal Data Manager, Document Classification, Invoice Object Recommendation, Variant Configuration and Pricing etc.
Prozessintegration zur Umsetzung durchgängiger Kernprozesse innerhalb einer Geschäftskompetenz oder über unterschiedliche Geschäftskompetenzen (ABB »Prozessdigitalisierung« mit ABB »Prozessintegration«)	SAP Integration Suite, bestehend aus den weiteren SBBs: SAP API Management, nachrichtenbasierte Prozessintegration, Datenintegration (Batch), SAP Event Mesh, SAP Open Connectors, SAP Integration Advisor, SAP API Business Hub und SAP IoT
Data Fabric Datenarchitektur als technische Grundlage von Prozessoptimierungen (ABB »Datenverarbeitung«)	▪ SAP Data Intelligence ▪ SAP HANA Cloud ▪ SAP HANA

Tabelle 13.2 Building Blocks der Plattform zur Optimierung von Geschäftsprozessen

Architecture Building Block	Solution Building Block
multimodale Datenplattform als technische Grundlage von Prozessoptimierungen (ABB »Datenverarbeitung«)	■ SAP HANA Cloud ■ SAP HANA
Erweiterung bestehender und Entwicklung neuer Geschäftsprozesse sowie die Automatisierung der Arbeitsabläufe (ABB »Prozessdigitalisierung« mit ABB »Prozessmanagement und Automatisierung«)	■ SAP Workflow Management, Business Rules, Process Visibility, vordefinierte Prozesse (Workflow Management Content) ■ SAP Intelligent RPA, vordefinierte Bots zur Automatisierung gängiger Arbeitsabläufe
Bereitstellung und Betrieb funktionaler Prozesserweiterungen (ABB »Prozessdigitalisierung« mit ABB »Laufzeitumgebungen«)	■ Cloud Foundry Runtime ■ Kyma Runtime ■ ABAP-Umgebung ■ HTML5 Application Repository Service
Durchgängige Benutzerschnittstelle über unterschiedliche IT-Anwendungen und Prozesserweiterungen (ABB »Digitaler Arbeitsplatz« mit ABB »Zentraler Zugang«)	■ SAP Work Zone ■ SAP Launchpad Service
Entwicklungswerkzeuge zur Implementierung von Prozessoptimierungen (ABB »zentrale Schicht« mit ABB »Entwicklerproduktivität«)	■ SAP Business Application Studio ■ SAP Cloud Application Programming Model ■ SAP Continuous Delivery and Integration ■ SAP Transport Management
Authentifizierung und Single Sign-on an den Prozesserweiterungen (ABB »Zentrale Schicht« mit ABB »Sicherheit«)	■ SAP Cloud Identity Services – Identity Authentication ■ SAP Cloud Identity Services – Identity Provisioning

Tabelle 13.2 Building Blocks der Plattform zur Optimierung von Geschäftsprozessen (Forts.)

In den Anwendungsszenarien »Management der Geschäftskompetenzen« und »Optimierung der Geschäftsprozesse« sind oft die Fachabteilungen eines Unternehmens die treibende Kraft. Demgegenüber gibt es Szenarien, deren Umsetzung eher von der IT-Abteilung angeregt wird. Auf diese Szenarien gehe ich in den folgenden beiden Abschnitten ein.

13.2.3 Technologiemanagement

Standardisierung der IT

Ziel des Technologiemanagements ist eine Verbesserung der operativen- und strategischen Kompetenzen des Unternehmens durch eine Standardisierung der IT-Landschaft. Die im Laufe der Entwicklung der Unternehmens-IT angesammelte technische Schuld (engl. *technical Debt*) hat Aufwand bei der Weiterentwicklung oder im Betrieb der Landschaft zur Folge. Technische Schulden sind z. B. Kompromisse im Projekt, die bewusst eingegangen werden, um einen Meilenstein fristgerecht zu erreichen, oder auch nicht erkannte Fehler bei der Softwareentwicklung. Eine fehlende Architekturdefinition, das Aufschieben technischer und fachlicher Dokumentation oder die Missachtung von Coding Guidelines sind technische Schulden, die im Verlauf des Projekts oft zu höheren Kosten führen können. Diese Komplexität gilt es, durch die Entwicklung der Unternehmensarchitektur abzubauen. In Abbildung 13.9 erkennen Sie, dass die Ziele des Anwendungsfalls hauptsächlich zu den Handlungsfeldern »IT-Management« und »Optimierung des Tagesgeschäfts« des Unternehmens beitragen.

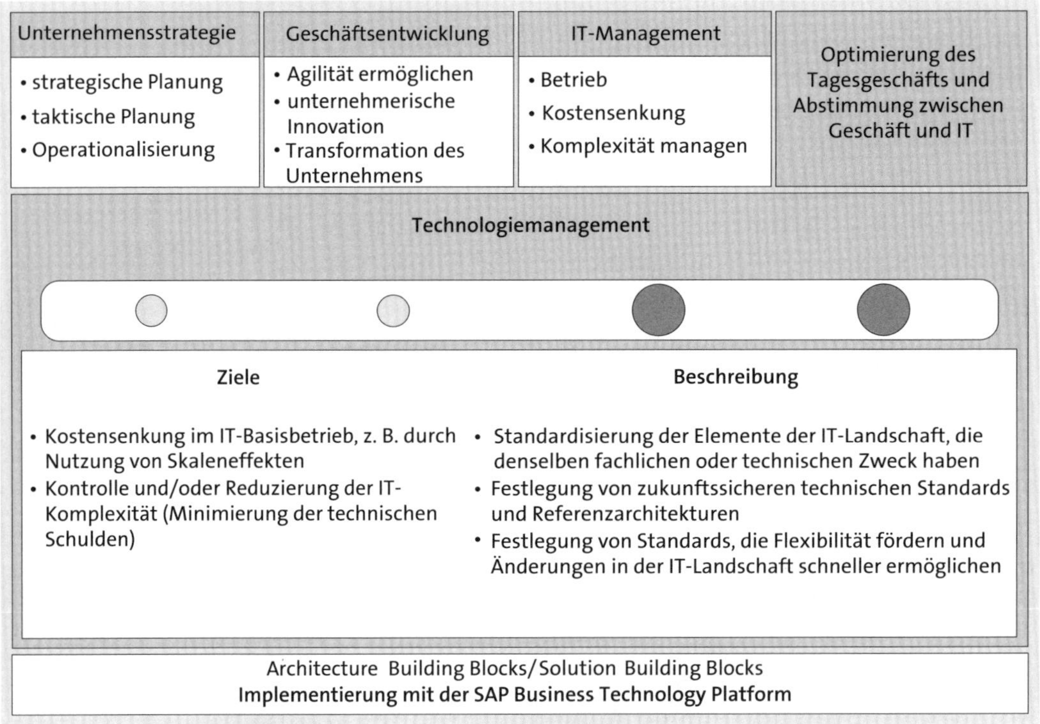

Abbildung 13.9 Ziele des Technologiemanagements

Vielseitigkeit

Die Umsetzung des Szenarios des Technologiemanagements erfolgt durch die Standardisierung von Elementen innerhalb der IT-Landschaft, die denselben geschäftlichen oder technischen Zweck haben. Auch die Definition von technischen Standards und Prozessstandards unterstützen den Anwendungsfall. Beim Technologiemanagement kommen insbesondere Building Blocks infrage, die zentrale Unternehmenskompetenzen fördern bzw. deren Realisierung ermöglichen und dabei auch Anforderungen mehrerer Fachabteilungen adressieren.

SAP Analytics Cloud und SAP Data Warehouse Cloud

SBBs der SAP BTP, die diese Eigenschaften mitbringen, sind beispielsweise SAP Analytics Cloud und SAP Data Warehouse Cloud. Beide Services werden als zentrale Funktionen für unterschiedliche Fachbereiche genutzt. Auch die komplette Datenschicht der Plattform unterstützt die Standardisierung von Technologien, indem eine unternehmensweite oder domänenspezifische Datenarchitektur mithilfe von SBBs wie SAP Data Intelligence, SAP HANA Cloud oder SAP IoT aufgebaut wird. Beispiele für eine Datenarchitektur sind die Data Fabric (siehe Abschnitt 8.3, »Data Fabric mit dem SAP Data Intelligence Service«) und eine zentrale Datenplattform (siehe Abschnitt 8.2, »Multimodale Datenplattform mit SAP HANA Cloud«). Auch die Fähigkeit von SAP HANA, unterschiedlich strukturierte Daten transaktionssicher zu verwalten, unterstützt eine Standardisierung.

Im Hinblick auf die Standardisierung der Prozessintegration und -erweiterung werden die entsprechenden ABBs der Plattform mit vordefinierten Integrationen (Integration Flows, iFlows), APIs, Adaptern und Best Practices verwendet, um einen Unternehmensstandard und ein definiertes Vorgehensmodell für die Integration und Erweiterung von Geschäftsprozessen zu definieren. Dabei helfen ebenfalls die SAP Integration Solution Advisory Methodology sowie die SAP Application Extension Methodology. Auch das im SAP Cloud Application Programming Model enthaltene Vorgehensmodell zur Implementierung von Erweiterungen und Anwendungen auf der SAP BTP unterstützt das Technologiemanagement.

Tabelle 13.3 fasst die Bausteine der Plattform zur Umsetzung eines Technologiemanagements zusammen.

Architecture Building Block	Solution Building Block
Business-Intelligence-Fachanwendung (SaaS) zur Visualisierung von Daten, Erstellung von Analysen und Berichten sowie zur Unternehmensplanung (ABB »Fachanwendung« mit den ABBs »Business Intelligence« und »Planung«)	▪ SAP Analytics Cloud ▪ SAP Analytics Cloud, Embedded Edition ▪ SAP BusinessObjects Business Intelligence

Tabelle 13.3 Building Blocks der Plattform zum Technologiemanagement

Architecture Building Block	Solution Building Block
Data-Warehouse-Fachanwendung (SaaS) zur Verknüpfung, Transformation, Modellierung und Visualisierung von Daten (ABB »Fachanwendung« mit ABB »Data Warehouse«)	▪ SAP Data Warehouse Cloud ▪ SAP BW4/HANA
Datenschicht zur Integration, Verwaltung und Aufbereitung von Daten mit unterschiedlichen Architekturansätzen (ABB »Datenverarbeitung«)	▪ SAP Data Intelligence ▪ SAP HANA Cloud ▪ SAP HANA ▪ SAP Data Services ▪ SAP Information Steward ▪ SAP Master Data Governance
Prozessintegration zur Umsetzung durchgängiger Kernprozesse (ABB »Prozessintegration«)	SAP Integration Suite, bestehend aus den weiteren SBBs: SAP API Management, nachrichtenbasierte Prozessintegration, Datenintegration (Batch), SAP Event Mesh, SAP Open Connectors, SAP Integration Advisor, SAP API Business Hub und SAP IoT

Tabelle 13.3 Building Blocks der Plattform zum Technologiemanagement (Forts.)

13.2.4 Innovationsmanagement

Nutzen

Der zweite technologiegetriebene Anwendungsfall befasst sich mit dem Innovationsmanagement eines Unternehmens, das oftmals die Unternehmensstrategie, die Geschäftsentwicklung und das IT-Management unterstützt (siehe Abbildung 13.10). Ziel dieses Anwendungsszenarios ist die Sicherstellung der strategischen Positionierung und der Leistungsfähigkeit der Unternehmens-IT, um die Geschäftsziele des Unternehmens bestmöglich und vorausschauend zu unterstützen.

Trendanalyse

Im Rahmen des Innovationsmanagements bewerten Sie aktuelle und zukünftige technologische Trends. Dabei ist es wichtig, dass Sie nicht nur neue Trends erkennen, sondern auch deren potenziellen Auswirkungen auf Ihr Unternehmen einschätzen und bewerten. Die Bewertung umfasst auch die Fähigkeit der IT-Abteilung, eine Trendtechnologie im Unternehmen einzuführen und zu nutzen. Bei der Bewertung werden sowohl das vorhandene fachliche und technische Wissen als auch die Eigenschaften der aktuellen IT-Infrastruktur berücksichtigt.

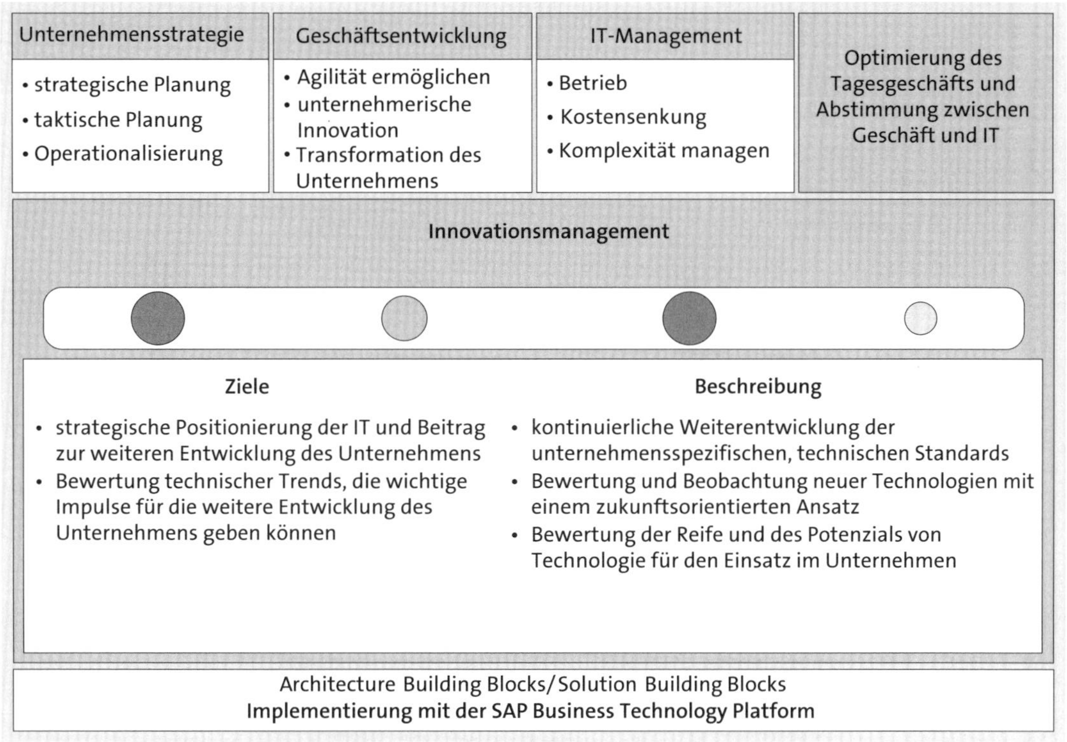

Abbildung 13.10 Ziele des Innovationsmanagements

Building Blocks für das Innovationsmanagement

Zur Unterstützung des Innovationsmanagements sind die Offenheit und Standardisierung der SAP BTP wichtige Eigenschaften. Denn durch sie ist es möglich, auch Open-Source-Technologien oder Produkte anderer Hersteller oder Partner mit der SAP BTP zu kombinieren. Durch diese Interoperabilität wird die Betrachtung möglichst vieler Technologien möglich und gleichzeitig deren Nutzung und Einführung standardisiert berücksichtigt (Anwendungsfall »Technologiemanagement«). Dabei spielen die Multi-Cloud-Fähigkeit der SAP BTP (siehe Abschnitt 4.5, »Multi-Cloud«) und die Kombination mit technischen Services anderer Cloud Provider, wie AWS und Microsoft Azure, eine entscheidende Rolle.

Beim Innovationsmanagement ist es wichtig, die Technologien im Bezug zu konkreten Geschäftsprozessen oder Geschäftsdaten zu nutzen. So ist der Zugriff auf bestehende Prozesse und Daten erforderlich, um Technologien in den geschäftlichen Kontext zu setzen. Hierbei unterstützen die verschiedenen ABBs der SAP BTP zur Prozessintegration und Datenverarbeitung. Mit der SAP Integration Suite werden dazu neue Technologien in bestehende Geschäftsprozesse eingebunden. Die Datenschicht der Plattform ermöglicht die Integration und Verarbeitung von Daten aus verschiedenen

Quellen, die für den geschäftlichen Einsatz einer neuen Technologie benötigt werden. Da z. B. ein Machine-Learning-Algorithmus (ML-Algorithmus) mit einer großen und aussagekräftigen Menge an Beispieldaten trainiert wird, ist es entscheidend, diese Daten aus dem Unternehmenskontext zu beschaffen und entsprechend aufzubereiten.

Tabelle 13.4 fasst die Building Blocks der Plattform zum Innovationsmanagement zusammen.

Architecture Building Block	Solution Building Block
Datenschicht zur Integration, Verwaltung und Aufbereitung von Daten mit unterschiedlichen Architekturansätzen (ABB »Datenverarbeitung«)	▪ SAP Data Intelligence ▪ SAP HANA Cloud ▪ SAP HANA ▪ SAP Data Services
Prozessintegration für den Zugriff auf bestehende Geschäftsprozesse (ABB »Prozessintegration«)	SAP Integration Suite, bestehend aus den weiteren SBBs: SAP API Management, nachrichtenbasierte Prozessintegration, Datenintegration (Batch), SAP Event Mesh, SAP Open Connectors, SAP Integration Advisor, SAP API Business Hub und SAP IoT
Erweiterung bestehender Geschäftsprozesse durch Einbindung neuer Technologien (ABBs »Prozessmanagement und Automatisierung«, »Entwicklerproduktivität« und »Laufzeitumgebungen«)	SAP Extension Suite, bestehend aus Services zur Steigerung der Entwicklerproduktivität, Prozessautomatisierung und Umsetzung digitaler Arbeitsplätze

Tabelle 13.4 Building Blocks der Plattform zum Innovationsmanagement

13.3 Zusammenfassung

Anhand der vier Beispielszenarien zum Management der Kompetenzen eines Unternehmens, zur Optimierung von Geschäftsprozessen, zum Technologiemanagement sowie zum Management von Innovationen sehen Sie, wie die unterschiedlichen Building Blocks der SAP BTP im Unternehmen eingesetzt werden können. Dabei müssen Sie aber auch die Offenheit und die Kombinationsmöglichkeiten der Plattform-ABBs mit den bestehenden Komponenten Ihrer IT-Landschaft einbeziehen.

Kapitel 14
Entwicklung einer Architektur für SAP-BTP-Projekte

Mit der Lean Architecture Development Method werden SAP-BTP-Projekte unter der Berücksichtigung der Unternehmensziele und technischen Rahmenbedingungen beschrieben. In diesem Kapitel erfahren Sie, wie Sie die Methode für die Gestaltung Ihrer Plattformprojekte nutzen.

Damit die SAP Business Technology Platform (SAP BTP) beim Erreichen der Unternehmensziele unterstützt, ist eine enge Verzahnung der Plattformprojekte mit der Geschäftsstrategie erforderlich. Dabei hilft die Definition einer Architektur für Prozesserweiterungen oder Anwendungen, die sowohl fachliche als auch technische Unternehmensvorgaben berücksichtigt (siehe Kapitel 12, »Gestaltung einer Unternehmensarchitektur«). Die folgenden Abschnitte stellen ein strukturiertes Vorgehen zur Entwicklung und Beschreibung einer Architektur für SAP-BTP-Projekte vor. Dabei wird das Plattformprojekt mit einer Lean Architecture Development Method aus Sicht der Fachabteilungen und der IT beschrieben.

Nach der Einführung des methodischen Vorgehensmodells werden in den folgenden Abschnitten verschiedene Artefakte zur Beschreibung einer SAP-BTP-Architektur vorgestellt und auf Basis eines Beispielszenarios entwickelt. Dabei werden zunächst die Artefakte des fachlichen Bereichs (Business Domain) und anschließend die Artefakte des technischen Bereichs (Technical Domain) erstellt.

Am Ende dieses Kapitels haben Sie einen Überblick, wie Sie die Methode zur Beschreibung Ihrer eigenen SAP-BTP-Projekte im Unternehmen nutzen können.

14.1 Einführung in die Lean Architecture Development Method

Framework

Um die SAP BTP im Unternehmen einzusetzen, ist es hilfreich, die Plattformprojekte aus Sicht der Unternehmensarchitektur zu beschreiben. Wie in Abschnitt 12.2, »Beschreibung einer Unternehmensarchitektur«, dargestellt, eignet sich für die Erstellung einer Unternehmensarchitektur der Einsatz eines Frameworks und einer entsprechenden Architecture Development Method (ADM), die durch verschiedene Bereiche (Domains) der Architekturentwicklung führt und so das Vorgehen zur Entwicklung der Architektur strukturiert. Teil des Frameworks sind bewährte Ansätze zur Einteilung der Architektur in unterschiedliche Schichten und eine Beschreibung aus verschiedenen Perspektiven mithilfe von Artefakten. Zur Darstellung der Architektur werden beispielsweise Diagramme und Tabellen verwendet. Der Einsatz eines Frameworks und einer ADM ermöglicht somit systematische Designentscheidungen für alle Komponenten des SAP-BTP-Projekts, um die Umsetzbarkeit, Wartbarkeit und den Betrieb im Kontext der IT-Landschaft des Unternehmens sicherzustellen. Enterprise Architecture Frameworks wie TOGAF oder Zachman sind sehr umfassend und decken den gesamten Lebenszyklus eines IT-Projekts ab (siehe Abschnitt 12.2, »Beschreibung einer Unternehmensarchitektur«).

Zielsetzung

Der Umfang der *Lean Architecture Development Method* (LADM) ist kleiner und konzentriert sich auf die Erarbeitung von planungs- und umsetzungsbezogenen Aspekten von Prozesserweiterungen und Anwendungen mit der SAP BTP. Das Ziel der LADM ist es, bewährte Praktiken zum Entwurf einer Unternehmensarchitektur für die SAP BTP leicht anwendbar zu machen. Der Fokus der Methode liegt dabei auf der Entwicklung einer Architektur, die eine Anwendung oder Prozesserweiterung mit der SAP BTP sowohl aus der fachlichen als auch aus der technischen Domäne beschreibt. So werden verschiedene Sichten auf das Plattformprojekt erstellt, die bei der Entscheidungsfindung und Kommunikation zwischen unterschiedlichen Stakeholdern unterstützen, bestehende IT-Strategien und IT-Investitionen berücksichtigen und die Implementierung des SAP-BTP-Projekts vorbereiten.

[+]

Templates zur Anwendung der Methode

Vorlagen aller Artefakte der Lean Architecture Development Method finden Sie im *Lean Enterprise Architecture Toolkit* über SAP AppHaus unter folgender URL: *http://s-prs.de/v859409*

Vorteile

Basierend auf der Architekturbeschreibung eines SAP-BTP-Projekts mit der Lean ADM können Sie folgende Ziele erreichen:

- Sie erstellen eine ganzheitliche Sicht auf das Plattformprojekt, die sowohl geschäftliche als auch technische Aspekte umfasst.
- Sie kommunizieren mit verschiedenen Stakeholdern aus den Fachbereichen und der IT, um Entscheidungen und Vereinbarungen zu treffen.

- Sie ordnen SAP-BTP-Services den Unternehmenszielen zu, um den Wertbeitrag des Plattformprojekts aufzuzeigen.
- Partner oder Dienstleister können die Umsetzung des Projekts auf der Grundlage der Artefakte der LADM übernehmen.
- Das Risiko von schwer betreibbaren, einmaligen Projekten wird minimiert, da das SAP-BTP-Projekt in der Unternehmensstrategie verankert ist und sich in die bestehende IT-Landschaft integriert.

Fachliche und technische Sicht

Die LADM nutzt insgesamt 15 verschiedene Diagramme bzw. Tabellen, um die Architektur eines SAP-BTP-Projekts zu beschreiben. Die fachliche Sicht auf die Anwendung und Prozesserweiterung wird durch sieben Artefakte dargestellt und technische Aspekte des Plattformprojekts mit acht Artefakten abgebildet. Während die Diagramme und Tabellen der fachlichen Sicht hauptsächlich für die Kommunikation mit Stakeholdern aus den Fachabteilungen sowie der Geschäftsleitung verwendet werden, dienen die Artefakte der technischen Sicht für den Austausch mit dem IT-Bereich des Unternehmens. Abbildung 14.1 zeigt eine Übersicht aller 15 Artefakte, gruppiert in die fachliche Sicht und technische Sicht.

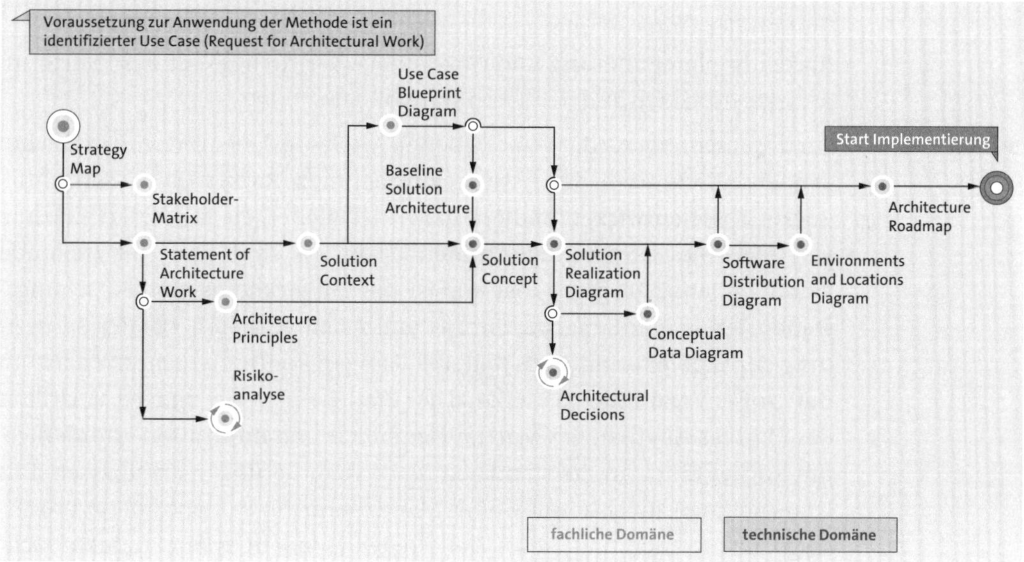

Abbildung 14.1 Artefakte der Lean Architecture Development Method (LADM; Quelle: SAP)

[+]

Auswahl und Erstellung von Artefakten

Für die Entwicklung einer Architektur für ein Plattformprojekt ist es nicht zwingend erforderlich, alle Artefakte der Lean Architecture Development

Method zu erstellen. Abhängig von der Zielsetzung der Architekturentwicklung treffen Sie eine Auswahl an geeigneten Artefakten. Auch werden die Artefakte iterativ verfeinert. Es ist vollkommen normal, alle Artefakte während der Architekturentwicklung weiter zu ergänzen und verbessern. Dabei hilft eine entsprechende Versionierung der Artefakte.

Reihenfolge

Ebenso stellt Abbildung 14.1 die Reihenfolge, in der die Artefakte erstellt werden, dar. Diese ist analog zu den in Abschnitt 12.2, »Beschreibung einer Unternehmensarchitektur«, aufgezählten Phasen der TOGAF ADM. Im Gegensatz zu TOGAF definiert die LADM keine Phasen für die Erstellung der Artefakte und unterscheidet lediglich zwischen der fachlichen (Business) und technischen (Technical) Architektur-Domäne.

Mit Ausnahme des *Use Case Blueprint Diagram* (siehe Abschnitt 14.1.1, »Artefakte zur Beschreibung der fachlichen Sicht«), der *Baseline Solution Architecture* und dem *Solution Realization Diagram* (siehe Abschnitt 14.1.2, »Artefakte zur Beschreibung der technischen Sicht«) sind alle anderen Arbeitsprodukte der LADM ebenso in TOGAF definiert. So kann die Lean Architecture Development Method mit einer TOGAF-basierten Praxis zur Definition der Unternehmensarchitektur kombiniert werden. Dies kann z. B. für die Implementierung und Governance der Architektur des Plattformprojekts durch ein anderes Team sinnvoll sein.

Beispielszenario

Für die Beschreibung der verschiedenen Artefakte der LADM wird in den folgenden Abschnitten das fiktive Unternehmen Rocket Chips betrachtet. Rocket Chips entwickelt und produziert Halbleiter, die für die Ausführung von Machine-Learning-Algorithmen optimiert sind. Das Unternehmen wurde im Jahr 2015 gegründet und ist mit Entwicklungs- und Forschungsstandorten in Nordamerika, Europa und Asien vertreten. Bei der Betrachtung der Halbleiterindustrie fällt auf, dass ein kontinuierliches Wachstum mit großer Volatilität ein Merkmal der Branche ist. Aufgrund der Volatilität des Marktes ist ein hohes Maß an Flexibilität und Innovation erforderlich, um Rocket Chips an die ständigen Marktveränderungen anzupassen. Das Unternehmen möchte weltweiter Marktführer für ML-optimierte Processing Units werden und dieses Ziel erreichen, indem es die Produkte nicht nur als Erstausrüster verkauft, sondern auch direkte Business-to-Consumer-Kanäle durch das Angebot zusätzlicher Dienstleistungen aufbaut. Da Rocket Chips vor Kurzem an die Börse gegangen ist, möchte das Unternehmen schnell und weltweit wachsen, um seine Aktionäre und die Erwartungen des Finanzmarktes zu erfüllen. Um das gewünschte schnelle und globale Wachstum zu unterstützen, soll das durch den Börsengang erschlossene Kapital schnell und effektiv eingesetzt werden, um Geschäftsinitiativen sowie Forschung und Entwicklung (F & E) zu unterstützen. Daher bewertet Rocket Chips Innovation und Anpassungsfähigkeit als seine wesentlichen Wettbewerbsvorteile.

[«]

Voraussetzung zur Nutzung der Methode

Voraussetzung für den Einsatz der Lean Architecture Development Method ist die Identifizierung eines Anwendungsfalls bzw. eines Request for Architecture Work. Bei der Identifizierung eines Anwendungsfalls kann ein Design-Thinking-Workshop mit der Fachabteilung helfen.

Budgetantrags- und -genehmigungsprozess

Analysen in diesem Zusammenhang haben gezeigt, dass der »Budgetbeantragungs- und -genehmigungsprozess« ein kritischer Engpass für die Umsetzung der Wachstumsstrategie von Rocket Chips ist. Aktuell dauert es viel zu lange, Budgetanträge für Geschäftsentwicklungsprojekte und F-&-E-Initiativen zu bewerten, zu genehmigen und freizugeben. Dies schwächt die Differenzierungsmerkmale des Unternehmens (Innovation und Anpassungsfähigkeit).

Request for Architecture Work

Der Request for Architecture Work umfasst eine Beschleunigung des Prozesses für Budgetantrag und -genehmigung. Auch sollen Personen in der Rolle des Antragstellers eine höhere Transparenz über den Bearbeitungsstatus des Antrags haben, und alle Anträge sollen zentral verwaltet und unter Einhaltung der Firmenregeln bewertet werden.

Die folgenden Abschnitte beschreiben die unterschiedlichen Artefakte der Lean Architecture Development Method mit Bezug auf die fachlichen und technischen Anforderungen bei Rocket Chips.

14.1.1 Artefakte zur Beschreibung der fachlichen Sicht

Um den Bezug zu den Unternehmenszielen, der betrieblichen Organisation und den fachlichen Anforderungen (Geschäftskompetenzen) darzustellen, beschreiben Sie die SAP-BTP-Anwendung bzw. Prozesserweiterung aus fachlicher Sicht. Dazu werden mit der LADM unterschiedliche Diagramme und Tabellen erstellt, die in den nachfolgenden Abschnitten beschrieben werden.

Strategy Map

Oftmals haben auch Faktoren, die außerhalb der eigentlichen technischen Lösung liegen, Auswirkungen auf die Entwicklung der Architektur. Ausgehend von fachlichen Anforderungen, die die Architekturarbeit initiieren, wird daher eine *Strategy Map* entwickelt.

Ziele des Unternehmens

Die Strategy Map erfasst den geschäftlichen Kontext des Plattformprojekts, und hilft zu verstehen, wie die Prozesserweiterung oder Anwendung die Unternehmensstrategie unterstützt. Dazu werden die Ziele des Unternehmens kategorisiert und grafisch dargestellt. Während der gesamten Architekturentwicklung dient die Strategy Map als regelmäßiger Bezugspunkt. Mit ihr können Sie prüfen, ob das Plattformprojekt den richtigen Kontext hat, und darstellen, welche Unternehmensziele die beschriebene Prozesserweiterung oder Anwendung unterstützt.

Zweck, Motivation und Marktumfeld

Zur Erstellung einer Strategy Map befassen Sie sich mit den strategischen Zielen, externen Faktoren, der Motivation und dem Marktumfeld des Unternehmens. Häufig sind die Ziele eines Unternehmens in einem Strategiepapier, wie z. B. einer digitalen Agenda, beschrieben. Auch der Geschäftsbericht oder extern verfügbare Informationen geben Aufschluss über die Vision und Strategie. Und auch die Fachabteilung, die nach einer neuen IT-Lösung sucht, kann den Bezug ihrer Anforderungen zum Erfolg des Unternehmens herstellen.

Beispiel

Informationen zum Zweck der Unternehmensstrategie und der Unternehmensziele werden in der Strategy Map strukturiert. Dazu können Sie das in Abbildung 14.2 dargestellte Beispiel als Vorlage verwenden.

❶ Zweck	**❷ Motivation**
Wir entwickeln zukunftsweisende Technologien, die das Leben der Menschen bereichern.	Das Potenzial künstlicher Intelligenz durch zuverlässige, skalierbare und vertrauenswürdige Datenverarbeitung unter Einbeziehung von Quantentechnologie einfach nutzbar machen.

❸ Unternehmensziel(e)

Weltmarktführer im Bereich für ML-Algorithmen-optimierte Hardware

❹ Strategische Ziele *Formulierung einer strategischen Zielsetzung oder einer strategischen Ausrichtung des Unternehmens (bzw. der Abteilung)*	schnelle und effektive Genehmigung von Geschäftsinitiativen und Forschungs- und Entwicklungsprojekten zur Förderung von Wachstum sowie von Innovation und Anpassungsfähigkeit des Unternehmens	Entwicklung von Lösungen für den Erfolg unserer Kunden mit zuverlässigem, von der Quantentechnologie inspiriertem Cloud-to-Edge-Computing
❺ Messbare Ergebnisse *spezifische, messbare, erreichbare, realisierbare und zeitgebundene Formulierung des strategischen Ziels*	▪ Verringerung der durchschnittlichen Genehmigungsdauer von mehr als 25 Tagen auf 2 Tage ▪ zuverlässige automatische Verarbeitung von mindestens 25 % der Anfragen	▪ Verbesserung der Trainingsgeschwindigkeit von Algorithmen um 75 % bis 2023 ▪ Senkung des Stromverbrauchs der Hardware um 50% bis 2023
❻ Projekte und Initiativen *vorhandenes Projekt oder Initiative zur Unterstützung Ihrer strategischen Ziele und zur Umsetzung der festgelegten Ziele*	globale Wachstumsinitiative 2025	Quantum Flagship Initiative

Abbildung 14.2 Beispiel einer Strategy Map (Quelle: SAP)

Wie in Abschnitt 1.1, »Bausteine eines Unternehmens«, erwähnt, hat jedes Unternehmen einen Zweck ❶, der in die Strategy Map aufgenommen wird. Dokumentieren Sie auch die Motivation sowie externe und interne Faktoren ❷, die auf das Unternehmen einwirken, und ordnen Sie entsprechende

Unternehmensziele ❸ zu. Diese drei Aspekte *Zweck*, *externe Faktoren* und *Unternehmensziele* bilden den Rahmen für die übrigen Inhalte der Strategy Map. Dazu gehören die strategischen Ziele ❹, die messbaren Indikatoren zur Zielerreichung ❺ und die vorhandenen Projekte und Initiativen ❻, die die strategischen Ziele umsetzen.

Strategisches Ziel

Strategische Ziele sind spezifische Ziele, die das Unternehmen bzw. bestimmte Fachbereiche des Unternehmens erreichen wollen. Jedes strategische Ziel hat zugehörige, spezifische, messbare Ergebnisse. Die Förderung von Geschäftsinitiativen und Forschungs- und Entwicklungsprojekten zur Unterstützung der Wachstumsziele ist beispielsweise ein strategisches Ziel, das durch eine Verbesserung des Prozesses zur Budgetbeantragung gestützt wird. Wie in der Abbildung angegeben, soll die aktuelle Dauer zur Prüfung von ca. 25 Tagen auf durchschnittlich zwei Tage reduziert werden. Dabei sollen die Prozessschritte zu mindestens 25 % automatisiert abgearbeitet werden. Das strategische Ziel für eine schnellere und effizientere Bereitstellung von Projektbudget ist Teil der Global Growth Initiative, die der Vorstand von Rocket Chips am Anfang des Jahres beschlossen hat.

Stakeholder-Matrix

Ziel

Über eine *Stakeholder-Matrix* erkennen Sie die für die Architekturentwicklung relevanten Interessengruppen innerhalb und außerhalb des Unternehmens und definieren, wie mit den unterschiedlichen Stakeholdern kommuniziert wird. Auf diese Weise stellen Sie die notwendige Unterstützung für das Plattformprojekt sicher und verbessern die Qualität der Architektur, indem Sie auf relevante Anforderungen und Rückmeldungen der Stakeholder eingehen.

Benutzergruppen

Basierend auf den zuvor identifizierten und im Request for Architecture Work festgehaltenen Anforderungen identifizieren Sie Benutzergruppen, Abteilungen oder Bereiche des Unternehmens, die ein Interesse an der Prozesserweiterung oder Anwendung haben oder die Architekturentscheidungen beeinflussen können. Schreiben Sie alle Stakeholder auf, die am Erfolg des SAP-BTP-Projekts interessiert sind.

Interessen

In einem zweiten Schritt nehmen Sie sich Zeit, um die Interessen und Anliegen der einzelnen Stakeholder besser zu verstehen. Darauf basierend leiten Sie die Art der notwendigen Interaktion und Kommunikation mit den Stakeholdern ab. So entscheiden Sie, mit welchen Stakeholdern regelmäßige, wöchentliche Treffen sinnvoll sind, um den Status der Architektur zu besprechen. Bei anderen Stakeholdern reicht eine monatliche Information per E-Mail. Dazu legen Sie auch fest, welche Artefakte der LADM Sie mit welchen Stakeholdern teilen.

Beispiel Abbildung 14.3 zeigt ein Beispiel für eine Stakeholder-Matrix für Rocket Chips.

Stakeholder	Interessen	Interaktion	Artefakte
Paul Jung (CEO)	Verstehen, wie Technologie Unternehmensabläufe verbessert und die Ziele des Unternehmens unterstützt	informiert halten (Keep satisfied)	▪ Strategy Map ▪ Statement ofArchitecture Work
Julie Fischer (CFO)	globale Automatisierung von Prozessen, Nutzen von Daten und Vernetzung mit anderen Geschäftsbereichen	aktive Einbindung, enge Abstimmung (Key Player)	▪ Strategy Map ▪ Statement of Architecture Work ▪ Solution Context
Anne Meier (Director Business Development)	Identifizierung und erfolgreiche Durchführung von Projekten, die Wachstumschancen für das Unternehmen eröffnen	aktive Einbindung, enge Abstimmung (Key Player)	▪ Statement of Architecture Work ▪ Solution Concept

Abbildung 14.3 Beispiel einer Stakeholder-Matrix (Quelle: SAP)

Art der Kommunikation Für die Gestaltung einer Lösung zur Verbesserung des Antrags- und Genehmigungsprozesses von Projektbudget ist Paul Jung, CEO von Rocket Chips, ein Stakeholder. Paul möchte verstehen, wie die IT dazu beiträgt, die Unternehmensziele voranzubringen. Da Paul nicht aktiv an der Entwicklung der Architektur beteiligt, aber dennoch ein wichtiger Stakeholder ist, den es zu überzeugen gilt, werden regelmäßig und proaktiv die wichtigsten Ergebnisse und Entscheidungen der Architekturdefinition mit ihm geteilt. Dazu eignen sich auch das Statement of Architecture Work und die Strategy Map, um aufzuzeigen wie und welche strategischen Unternehmensziele die Architektur unterstützt. Julie als CFO und Anne als Director of Business Development sind ebenfalls wichtige Stakeholder, die aktiv in die Architekturentwicklung einbezogen werden. Julie hat ein starkes Interesse am Erfolg des Projekts. Sie ist z. B. auch an einer Automatisierung von Geschäftsprozessen interessiert. Anne als Director of Business Development möchte strategische Projekte identifizieren und erfolgreich durchführen, um die Wachstumsstrategie von Rocket Chips zu realisieren. Sie ist ebenfalls entscheidend für den Erfolg des Plattformprojekts. Da Julie einen fachlichen Hintergrund hat, eignet sich beispielsweise das Solution Context Diagram, um die Vorschläge zur Umsetzung der Lösung zu kommunizieren. Für die Kommunikation mit Anne kann das Solution Concept Diagram genutzt werden, da sie einen technischeren Hintergrund hat.

Statement of Architecture Work

Ziel Das *Statement of Architecture Work* (der Architekturauftrag) ist eine direkte Antwort auf den identifizierten Anwendungsfall, d. h. den Request for Architecture Work, und definiert den Grund sowie den Umfang (engl. Scope) des SAP-BTP-Projekts. Das Artefakt hilft dabei, Entscheidungen während der Entwicklung der Architektur zu treffen. Es ermöglicht Ihnen zu prüfen, ob das Plattformprojekt in dem zuvor definierten Umfang bleibt oder Anforderungen adressiert werden, die ein Folgeprojekt erfordern. Dadurch wird eine schleichende Ausweitung der Anforderungen (engl. Scope Creeping) vermieden.

Nutzung vorhandener Artefakte

Zur Erarbeitung des Statement of Architecture Work werden die zuvor definierte Strategy Map und Stakeholder-Matrix genutzt. Auch die Anforderungen des Fachbereichs (Request for Architecture Work) werden genutzt, um im Statement of Architecture Work insbesondere das Problem und die Zielsetzung der Architektur zu beschreiben.

Beispiel

Das in Abbildung 14.4 dargestellte Beispiel zeigt, dass sich das Statement of Architecture Work in zwei inhaltliche Teile gliedern lässt.

Der erste Teil, bestehend aus den Zeilen 1 bis 4, beschreibt den Umfang des Plattformprojekts. Wie erwähnt, kommen die Informationen dazu aus dem Fachbereich und leiten sich aus den entsprechenden Anforderungen (Request for Architecture Work) ab. Der zweite Teil des Artefakts, bestehend aus den Zeilen 5 bis 7, bezieht sich auf die Durchführung der Architekturdefinition. Mit Blick auf die zuvor definierte Stakeholder-Matrix werden hier Rollen und Verantwortlichkeiten im Kontext der Architekturarbeit definiert.

1. Projekttitel	Prozess für Budgetantrag und -genehmigung	
2. Grund zur Durchführung des Projekts	Konzeption, Entwicklung und Betrieb einer Lösung zur Unterstützung der globalen Wachstumsinitiative 2025, um die Finanzierung von mehr als 3.000 Mitarbeitenden zu unterstützen, die weltweit an Geschäftsentwicklungs-und Forschungsprojekten arbeiten.	❶
3. Projektbeschreibung und Projektumfang	Erstellung eines Plans für die Entwicklung einer Workflow-Anwendung für Budgetanfragen und -genehmigungen, die in das bestehende Finanzsystem integriert wird	❷
4. Grobe Skizze des Architekturvorschlags zur Umsetzung des Projekts	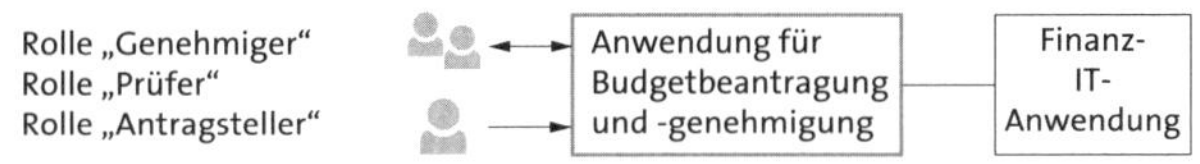	❸
5. Rollen, Verantwortlichkeiten, Artefakte	▪ **Business Architecture**: Direktorin Geschäftsentwicklung, Finanzanalyst, leitende Architektin ▪ **Technical Architecture**: leitende Architektin, technischer Architekt, Chefentwickler, Leiterin der IT-Abteilung ▪ **Artefakte**: Erstellung in PowerPoint, Austausch via SharePoint	❹
6. Akzeptanzkriterien	▪ Genehmigung der Business Architecture: Direktorin Geschäftsentwicklung, CFO ▪ Genehmigung der Technical Architecture: Leiterin der IT-Abteilung	❺
7. Projektplan	▪ Architecture-Roadmap-Artefakt, Vorschlag für Lizenzkosten und Implementierungsaufwand	❻

Abbildung 14.4 Beispiel für ein Statement of Architecture Work (Quelle: SAP)

Grund des Plattformprojekts

Im Beispiel von Rocket Chips sind die Beantragung, Prüfung und Freigabe von Projektbudget für Forschung und Entwicklung sowie die Geschäftsentwicklung Ziele des Plattformprojekts. So wird auch die in der Strategy Map identifizierte globale Wachstumsinitiative 2025 unterstützt ❶.

Umfang des Projekts

Der Umfang des Projekts ❷ besteht in der Erarbeitung einer Architektur für eine Workflow-Anwendung, mit der Budgetanfragen erfasst, analysiert und bearbeitet werden. Bei der Freigabe erfolgt die Zuweisung des Budgets zu der Abteilung durch Anbindung des vorhandenen Finanz-IT-Systems. Auf Basis der Architekturdefinition wird entschieden, wie die fachlichen Anforderungen technisch realisiert werden. Sie ist damit die Grundlage für die Implementierung des Projekts.

Projektskizze

Zur Visualisierung des Umfangs der Architektur kann ein einfaches Schaubild ❸ genutzt werden, was die Beschreibung ergänzt. Die Skizze zeigt, dass die Architekturdefinition der Lösung zur Budgetbeantragung und -genehmigung den Umfang des Plattformprojekts darstellt. Dabei ist die Integration der bestehenden Finanzanwendung zu berücksichtigen. Darüber hinaus werden allgemeine Benutzerrollen der angestrebten Lösung in der Skizze ergänzt. Dazu gehören z. B. folgende Benutzerrollen:

- Die Rolle *Antragsteller* (engl. Requestor) wird der Person aus den Fachabteilungen zugeordnet, die einen Budgetantrag stellt.
- Die Rolle *Genehmiger* (engl. Approver) wird der Person zugeordnet, die den Antrag genehmigt und das Budget damit freigibt.
- Die Rolle *Prüfer* (engl. Reviewer) wird der Person zugeordnet, die Antrag und Genehmigung fachlich prüft.

Erforderliche Informationen für die Bearbeitung der Zeilen 1 bis 4 sind in der Strategy Map und in der Dokumentation der Fachanforderungen (Request of Architecture Work) enthalten.

Rollen und Verantwortlichkeiten

Ebenfalls werden im Statement of Architecture Work die für die Architekturarbeit erforderlichen Rollen der Projektteammitglieder und deren Verantwortlichkeiten ❹ beschrieben. Dafür dient die zuvor definierte Stakeholder-Matrix als Input. Im Beispielszenario ist neben Anne, als Director of Business Development bei Rocket Chips, auch ein Analyst aus der Finanzabteilung für die Validierung der fachlichen Artefakte der Architekturbeschreibung verantwortlich. Die Prüfung der technischen Architekturbeschreibung wird von der Leiterin der IT-Abteilung von Rocket Chips, einem leitenden Entwickler sowie einer technischen Architektin durchgeführt. Im Weiteren wird vereinbart, dass alle Artefakte zur Beschreibung der Architektur mit Microsoft PowerPoint und SAP PowerDesigner erstellt werden. Außerdem wird beschlossen, dass nicht alle Artefakte der Lean Architecture Development Method erstellt werden. Die Risk Analysis, Architecture Principles und das Use Case Blueprint Diagram werden in diesem Projekt zunächst nicht definiert. Der Grund ist, dass die Risikobewertung aus Compliance-Gründen von einem separaten Team durchgeführt wird. Auch wurde entschieden, die Architekturprinzipien und die User Journeys aus Aufwandsgründen erst dann zu erstellen, wenn das Plattformprojekt mit der vorgeschlagenen Architektur genehmigt ist.

Abnahme der Architektur

Des Weiteren wird vereinbart, dass Anne und Julie die fachliche Architektur und die IT-Leiterin die technische Architektur genehmigen ❺. Dazu werden mit dem Director of Business Development, dem CFO und der IT-Leiterin konkrete Abnahmekriterien für die Architektur festgelegt. Da der Umfang der Architekturentwicklung die Planung der Implementierung umfasst, ergeben sich die Akzeptanzkriterien aus den ermittelten Lizenz- und Implementierungsaufwänden, aus den erwarteten Verbesserungen des Geschäftsprozesses in Form einer geringeren Komplexität der IT-Lösung und einer kürzeren Bearbeitungszeit einer Budgetanfrage.

Roadmap und Aufwände

Das Statement of Architecture Work enthält zudem Informationen zum Zeitplan und zu den geschätzten Kosten, die einerseits durch das Architecture-Roadmap-Artefakt und andererseits durch eine Darstellung der Lizenz- und Implementierungskosten auf der Grundlage des Solution Realization Diagram und der gewählten Solution Building Blocks (SBBs) erstellt werden ❻.

Architecture Principles

Ziel

Architecture Principles sind vorgegebene Regeln, die beim Entwurf der Architektur zu berücksichtigen sind. Die Vorgaben gelten für das gesamte Unternehmen. Sie definieren Standards und strategische Entscheidungen, die z. B. aus Gründen der Wirtschaftlichkeit, der betrieblichen Effizienz und der Compliance getroffen werden.

Auswahl relevanter Vorgaben

Die Definition der Prinzipien ist in der Regel nicht Teil der Architekturarbeit, da sie bereits im Vorfeld unternehmensweit definiert wurden. Da es unter Umständen relativ viele Vorgaben geben kann, identifizieren Sie die Prinzipien, die für das Plattformprojekt relevant sind. Bei dieser Auswahl nutzen Sie das Statement of Architecture Work und den darin definierten Umfang als Richtlinie. Nachdem die relevanten Prinzipien ausgewählt worden sind, wird der geschäftliche Vorteil der Befolgung der Prinzipien ersichtlich. Die Architecture Principles haben somit direkte Auswirkungen auf die Architektur des Plattformprojekts.

Beispiel

Abbildung 14.5 zeigt ein Beispiel für ein Architecture Principle beim Beispielunternehmen Rocket Chips. Der Name ❶ des Architecture Principles gibt eine festgelegte Regel wieder, und die Beschreibung ❷ und Begründung ❸ erläutern den fachlichen Hintergrund. Teil der Architekturarbeit ist es, die Auswirkungen ❹ auf das Plattformprojekt abzuleiten.

Name ❶	**Anbieter Strategie für IT-Geschäftsanwendungen**	**BP_020**
Beschreibung ❷	Ziehen Sie zuerst Anwendungen von den strategischen IT-Partnern in Betracht: Microsoft und SAP.	
Begründung ❸	Rocket Chips unterhält langjährige Beziehungen zu seinen IT-Partnern, die auf Unternehmensverträgen basieren, um die besten Lizenzpreise, Interoperabilität und Integration, Wartung und Premium-Support (z. B. 24x7) zu gewährleisten.	
Auswirkungen ❹	• Fachabteilungen/Organisationen sind unter Umständen nicht in der Lage, die für ihren Zweck am besten geeigneten Anwendung eines Independent Software Vendor auszuwählen, wenn unsere Partner ähnliche Funktionen anbieten. Obwohl die individuellen Kosten wettbewerbsfähig sein können, sind die Gesamtausgaben des Unternehmens durch unsere Partnerverträge leichter zu kontrollieren. • Wartungs- und Supportverträge sind bereits durch Unternehmensverträge vorhanden. • Die internationale Verfügbarkeit kann sichergestellt werden.	

Abbildung 14.5 Beispiel eines Architecture Principles bei Rocket Chips (Quelle: SAP)

Risk Analysis

Ein IT-Projekt ist in der Regel mit Risiken verbunden. Das Ziel der Risikoanalyse (*Risk Analysis*) ist die Identifikation von Risiken und die Definition geeigneter Maßnahmen zur Vermeidung oder Abschwächung der Risiken. So besteht beispielsweise die Gefahr, dass die beschriebene IT-Lösung nicht in der Unternehmens-IT implementierbar oder betreibbar oder nicht mit bereits laufenden Projekten kombinierbar ist.

Risikolevel

Bei der Betrachtung von Risiken kann zwischen zwei Arten von Risiken unterschieden werden: *initiale Risiken* (engl. initial Level of Risk) und *Restrisiken* (engl. residual Level of Risk).

Identifikation

Sobald Sie ein Risiko für das Plattformprojekt identifiziert haben, ordnen Sie eine initiale Risikostufe zu. Dabei können die drei Kategorien *hoch*, *mittel* und *niedrig* verwendet werden. Risiken werden ausschließlich im Rahmen des definierten Umfangs der Architektur betrachtet (siehe das Statement of Architecture Work).

Maßnahmen

Nach der Identifikation von Risiken für das SAP-BTP-Projekt identifizieren Sie geeignete Maßnahmen zur Abschwächung der Risiken. Sie könnten z. B. Ihr Stakeholder-Management erweitern und den Kommunikationsplan mit den Stakeholdern anpassen, um sich Unterstützung von Dienstleistern holen, um zusätzliche Ressourcen zu gewinnen oder um Referenzarchitekturen umsetzen, die bereits erfolgreich in der Problemdomäne eingesetzt wurden.

Neubewertung des Risikos

Sobald Sie Maßnahmen zur Risikominderung identifiziert haben, bewerten Sie das Risiko neu. An dieser Stelle kommt das Restrisiko ins Spiel. Dabei handelt es sich um das verbleibende Risikoniveau nach erfolgreicher Durchführung der Maßnahme(n) zur Minderung des Risikos.

Probleme können entstehen, wenn das Restrisiko zu hoch bleibt, z. B. in der Kategorie *mittel*. Dies erfordert eine genauere Überwachung während des gesamten Projektverlaufs. Generell ist die Risk Analysis keine einmalige Aufgabe, sondern wird kontinuierlich während der Entwicklung der Architektur durchgeführt.

Abbildung 14.6 zeigt eine Risikoanalyse am Beispiel einer geringen Nutzerakzeptanz der Plattformlösung zur Budgetbeantragung und -genehmigung. Das anfängliche Risiko wird als hoch eingestuft, da es einen direkten Einfluss auf die erwartete Wachstumsstrategie von Rocket Chips hat.

Risiko ID	Risko	Initiales Risiko		Maßnahme	Restrisiko	
		Klassifizierung	Auswirkungen		Klassifizierung	Auswirkungen
R_001	geringe Nutzerakzeptanz	hoch	Die erwarteten geschäftlichen Verbesserungen werden nicht erreicht. Die Wachstumsstrat egie wird nicht richtig umgesetzt.	Frühzeitiges Einbinden der Nutzerinnen und Nutzer sowie der Stakeholder. Erstellung von klickbare Low-Fidelity-Prototypen und verstehen der User Journey durch Anwendung von Design Thinking Tools. Angebot frühzeitiger und regelmäßiger Schulungen.	gering	Zusätzlicher Aufwand. Es könnte immer noch einige Benutzerinnen und Benutzer geben, die die Lösung nicht akzeptieren.

Abbildung 14.6 Beispiel der Analyse von Risiken für ein Plattformprojekt bei Rocket Chips (Quelle: SAP)

Durch gute Kommunikation und enge Integration der Beteiligten aus den Fachabteilungen wird versucht das Risiko zu minimieren. Es wird entschieden, dass Prototypen der Plattformanwendung frühzeitig entworfen und von den identifizierten Nutzerinnen und Nutzern aus den Fachabteilungen bewertet werden. Auch Schulungen und Informationsveranstaltungen für den Fachbereich sollen das Risiko mindern. Mit der Durchführung der Maßnahmen wird davon ausgegangen, dass nur ein geringes Restrisiko einer schlechten Nutzerakzeptanz verbleibt.

Kontinuierliche Bewertung

Während der Definition technischer Artefakte der Plattformlösung identifizieren Sie in der Regel immer wieder Risiken, die sich z. B. aus den gewählten SBBs ergeben. Vielleicht unterstützt eine Lösungskomponente nur bestimmte Browser oder hat andere Voraussetzungen, die im Kontext der aktuellen Unternehmens-IT zu Risiken führen.

Solution Context

Ziel

Das *Solution Context Diagram* beschreibt das Plattformprojekt über die erforderlichen Kompetenzen (engl. Business Capabilities). Speziell für Stakeholder aus den Fachbereichen ist der Solution Context eine gute visuelle Darstellung der Architektur. Das Diagramm zeigt, wie die geplante SAP-BTP-Lösung mit verschiedenen Organisationseinheiten, Rollen und Geschäftsfunktionen des Unternehmens interagiert. Einerseits nutzen Sie das Diagramm, um den Fachabteilungen die Bedeutung des Plattformprojekts für unterschiedliche Geschäftsfunktionen aufzuzeigen. Andererseits hilft der Solution Context ebenso beim Verständnis zusätzlicher Anforderungen aus Bereichen wie beispielsweise Nutzerfreundlichkeit, Sicherheit und Support.

Identifikation der Kompetenzen

Für die Erstellung des Solution Context identifizieren Sie zunächst die wichtigsten Anwendungsfälle, die Kompetenzen, die durch die Prozesserweiterung oder Anwendung im Unternehmen bereitgestellt werden. Das Statement of Architecture Work mit der Projektbeschreibung und der Definition des Umfangs ist ein guter Ausgangspunkt für die Identifikation der erforderlichen Geschäftsfunktionen.

Benutzergruppen identifizieren

Sobald die wichtigsten Anwendungsfälle und Kompetenzen identifiziert sind, ermitteln Sie die zugehörigen Organisationseinheiten, Benutzerrollen und bestehenden Geschäftsanwendungen im Kontext der Architektur. Für die Identifizierung von Benutzerinnen und Benutzern und deren Rollen können Sie die Stakeholder-Matrix zu Rate ziehen.

Beispiel

Abbildung 14.7 zeigt ein Beispiel, in dem die Kompetenzen und Benutzergruppen für die Anforderung »Budgetbeantragung und -genehmigung« in einem Solution Context Diagram visualisiert wurden. Als Grundlage zur Erstellung Ihres eigenen Diagramms nutzen Sie das Statement of Architecture Work und die Stakeholder-Matrix.

Kompetenzen identifizieren

Die fachlichen Anforderungen aus dem Request for Architecture Work und die Informationen aus dem Statement of Architecture Work übersetzen Sie in Kompetenzen, die beschreiben, was die Lösung zur Budgetbeantragung und -genehmigung leisten soll. Dabei handelt es sich um (etwa fünf bis zehn) wesentliche fachliche Funktionen der Plattformlösung, die in der Sprache der Fachabteilung formuliert sind. Mit der Lösung zur Budgetbeantragung und -genehmigung sollen z. B. folgende Kompetenzen im Unternehmen bereitgestellt werden:

- Beantragung von Projektbudget
- Abfrage des Status der Budgetanforderung
- Überprüfung und Genehmigung der Anforderung

- Einholung finanzieller Informationen zur Bewertung der Anfrage
- Freigabe des Budgets im Finanzsystem

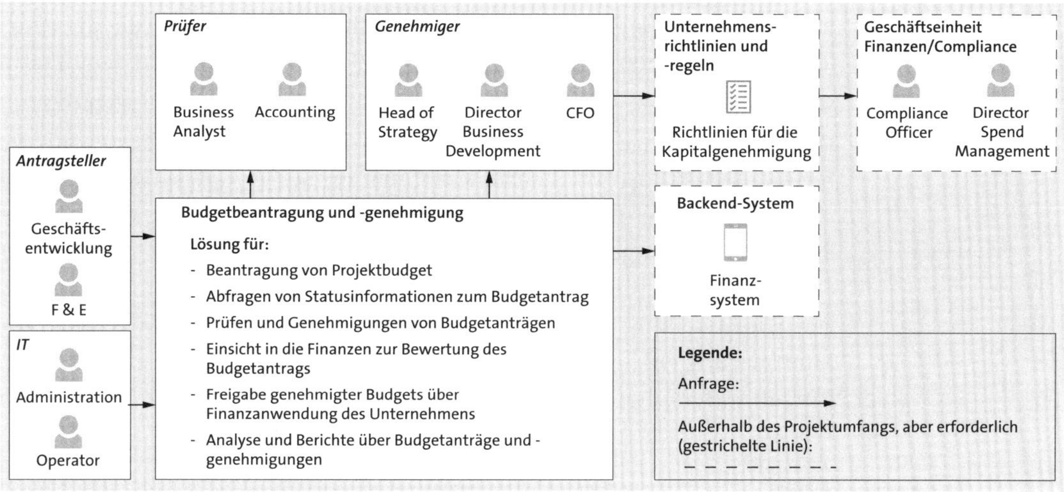

Abbildung 14.7 Solution Context für das Plattformprojekt zur Budgetbeantragung und -genehmigung (Quelle: SAP)

Benutzergruppen zuordnen

In einem zweiten Schritt fügen Sie dem Diagramm die verschiedenen Benutzergruppen der Antrags- und Genehmigungsanwendung hinzu. Im Beispiel sind das die Benutzergruppen Prüfer und Genehmiger mit unterschiedlichen Rollen wie z. B. Business Analyst und Accounting. Die Rollen Director of Business Development, CFO und Head of Strategy genehmigen den Antrag. Darüber hinaus gibt es Personen in der Rolle des Antragstellers für das Projektbudget aus den Abteilungen Geschäftsentwicklung sowie Forschung und Entwicklung (F & E). Beschäftigte aus der IT-Abteilung, die die Antrags- und Genehmigungslösung verwalten und betreiben, sind ebenfalls eine Benutzergruppe des Plattformprojekts.

Bestehende IT-Systeme

Das Statement of Architecture Work definiert auch eine erforderliche Integration des bestehenden Finanzsystems mit der Plattformlösung. Da die Umsetzung des Finanzsystems nicht zum Umfang des Projekts gehört, wird es im Solution Context Diagram durch einen gestrichelten Kasten gekennzeichnet.

Weitere Abhängigkeiten

Ebenso zeigt der Solution Context weitere Unternehmensbereiche und Inhalte, die bei dem Plattformprojekt eine Rolle spiele. Beispiele sind die Unternehmensrichtlinien zur Genehmigung von Budget bei Rocket Chips, die von der Abteilung Finanzen und Compliance verantwortet werden. Wie das bestehende Finanzsystem ist auch die Definition dieser Regeln nicht Teil des Projekts, was im Diagramm entsprechend kenntlich gemacht wird.

Use Case Blueprint Diagram

Ziel

Ausgehend von den zuvor identifizierten Kompetenzen und Nutzerinnen und Nutzern der Prozesserweiterung oder Anwendung, versetzten Sie sich mit dem *Use Case Blueprint Diagram* in die Lage derjeniger, die die Plattformlösung nutzen sollen. Dabei erstellen Sie pro Benutzer oder Benutzerin und pro relevanter Kompetenz ein eigenes Use Case Blueprint Diagram.

Szenariowahl

Da dies eine Menge Arbeit bedeutet, fokussieren Sie sich am besten auf die für die Architektur wertvollste Kombination aus erforderlicher Funktion und Nutzerinnen und Nutzern. Um beispielsweise das zuvor identifizierte Risiko einer geringen Benutzerakzeptanz aufzugreifen, wählen Sie die für die Nutzung wichtigste Benutzergruppe und deren primäre Anforderungen. Die Erstellung eines Use Case Blueprint Diagram kann daher auch zur Minimierung eines Risikos beitragen. Bei der Auswahl geeigneter Anforderungen unterstützt die Strategy Map und das Statement of Architecture Work.

[+]

Kombination mit Design Thinking

Das Use Case Blueprint Diagram ist ein Artefakt, dass aufgrund seiner Fokussierung auf Nutzerinnen und Nutzer die Möglichkeit bietet, das Design Thinking mit dem *Architectural Thinking* zu verbinden, das Grundlage der Überlegungen in diesem Kapitel ist.

Storyboard

Abbildung 14.8 zeigt beispielhaft ein Use Case Blueprint Diagram aus Sicht einer Person, die einen Projektbudgetantrag stellt. Der Prozess, einen Antrag auf Projektbudget zu stellen, wird durch unterschiedliche Szenen in Form eines Storyboards dargestellt. Innerhalb der einzelnen Szenen führt die antragstellende Person bestimmte Aktionen aus, die für die Beantragung des Projektbudgets erforderlich sind. Die einzelnen Aktionen beziehen sich dabei auf eine zuvor im Solution Context identifizierte Kompetenz bzw. fachliche Anforderung, wie beispielsweise die »Beantragung von Projektbudget«.

Technische Anforderungen

Teil des Storyboards sind auch die technischen Anforderungen, die für die Aktionen innerhalb der Szenen erforderlich sind. Hier werden benötigte Daten und IT-Systeme erfasst. Ebenso ist es im Use Case Blueprint Diagram möglich, bereits erkannte technische Funktionen den einzelnen Szenen zuzuordnen. Eventuell erfordert ein bestimmter Schritt die Plausibilisierung von Eingabewerten oder eine interaktive Schnittstelle wie z. B. einen Chatbot.

Abbildung 14.8 Beispiel eines Use Case Blueprint Diagram (Quelle: SAP)

Input für technische Artefakte

Die hier im Diagramm erfassten Informationen nutzen Sie auch zur Definition technischer Sichten auf das Plattformprojekt. Die identifizierten Daten helfen den Informationsfluss zwischen unterschiedlichen Lösungskomponenten im Solution Realization Diagram darzustellen und das Conceptual Data Diagram zu definieren. Die erfassten IT-Anwendungen werden als Input bei der Erstellung der Baseline Solution Architecture und des Solution Concept verwendet. Zudem werden die im Use Case Blueprint Diagram erkannten technischen Anforderungen bei der Definition des Solution Realization Diagram zur Auswahl geeigneter SBBs berücksichtigt.

14.1.2 Artefakte zur Beschreibung der technischen Sicht

Die in Abschnitt 14.1.1, »Artefakte zur Beschreibung der fachlichen Sicht«, vorgestellten Diagramme und Tabellen dienen teilweise als Informationsquelle zur Definition von technischen Sichten auf die Architektur des SAP-BTP-Projekts. Zum Beispiel wird das Use Case Blueprint Diagram für die Erstellung der Baseline Solution Architecture verwendet – und auch die Artefakte der technischen Sicht bauen aufeinander auf. So dient beispielsweise die Baseline Solution Architecture und der Solution Context als Grundlage zur Erstellung des Solution Concept (siehe Abbildung 14.1).

[+]

SAP Business Technology Platform Solution Icons

Für die Erstellung von Artefakten der technischen Domäne eignen sich die *SAP Business Technology Platform Solution Icons*, die im PNG- und SVG-Format unter folgendem Link in der SAP Community verfügbar sind: *http://s-prs.de/v859408*

Baseline Solution Architecture

Ziel

Die *Baseline Solution Architecture* zeigt, welche IT-Komponenten bzw. SBBs im Kontext der Projektanforderungen bereits in der Unternehmens-IT vorhanden und deshalb bei der Architekturdefinition zu berücksichtigen sind. Dies kann beispielsweise über Schnittstellen, wie z. B. APIs und Events oder über eine Datenreplikation erfolgen. Wichtig ist, dass sich die Baseline Solution Architecture auf den im Statement of Architecure Work definierten Umfang bezieht. Es geht nicht darum, die gesamte IT-Landschaft des Unternehmens zu erfassen.

Vorhandene IT-Komponenten

Für die Erstellung der Baseline Solution Architecture beginnen Sie mit einer Auflistung aller aktuellen Lösungen und IT-Komponenten, die für den Anwendungsfall relevant sind. Dazu ist das Use Case Blueprint Diagram eine gute Grundlage, da hier bereits genutzte IT-Systeme im Kontext einzelner Nutzerinterkationen erfasst sind. Sobald Sie die aktuellen Komponenten im Umfeld der fachlichen Anforderungen identifiziert haben, visualisieren Sie die funktionalen Abhängigkeiten zwischen den Komponenten in einem Diagramm.

Benutzer und Rollen

Sie fügen diesem Diagramm die Benutzer und Rollen hinzu, die derzeit mit den Komponenten interagieren. Hierzu dient das Solution Context Diagram als Input.

Beispiel

Das Beispiel von Rocket Chips geht davon aus, dass alle Details für die Erstellung der Baseline Solution Architecture von der IT-Leitung und den Prozessverantwortlichen für den aktuellen Antrags- und Genehmigungsprozess bereitgestellt werden.

Budgetantrag

Die Baseline Architecture in Abbildung 14.9 verdeutlicht, dass die antragstellende Person (Rolle Antragsteller) eine E-Mail an einen Prüfer oder eine Prüferin (Rolle Prüfer) sendet. Der Prüfer oder die Prüferin sendet wiederum eine E-Mail an einen anderen Prüfenden oder an die Person, die für die Genehmigung verantwortlich ist (Rolle Genehmiger). Optional speichern die Prüferinnen und Prüfer den Antrag mit einigen zusätzlichen Anmerkungen auf einer Filesharing-Plattform.

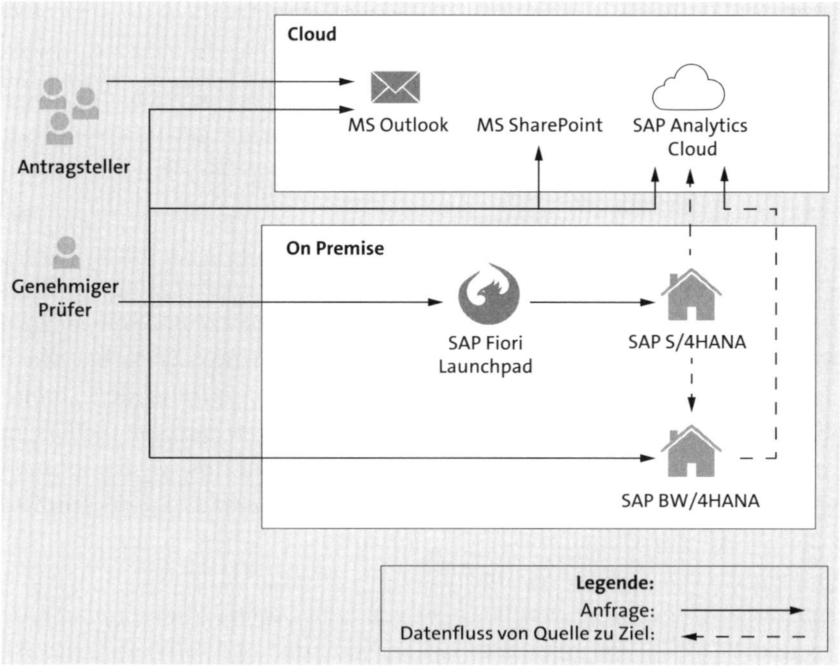

Abbildung 14.9 Beispiel für die Baseline Solution Architecture des Budgetbeantragungs- und -genehmigungsprozesses (Quelle: SAP)

Die genehmigende Person prüft ihre E-Mails nach Budgetanträgen und schaut bei Bedarf auf die von den Prüferinnen und Prüfern hinzugefügten Zusatzinformationen auf der Filesharing-Plattform. Informationen können jedoch auch an die E-Mail angehängt werden.

Prüfung

Sowohl die Person in der Rolle des Prüfers als auch die in der Rolle des Genehmigers nutzen in unserem Beispiel die SAP Analytics Cloud, um die Finanzdaten von Rocket Chips zu prüfen oder Simulationen für unterschiedliche Finanzierungsszenarien durchzuführen. Die Daten für die Analyse werden über ein SAP BW/4HANA Data Warehouse bereitgestellt. Das Data Warehouse selbst enthält Finanzdaten aus SAP S/4HANA. Sobald der Antrag genehmigt ist, gibt die Person in der Rolle Genehmiger das Budget über eine entsprechende Anwendung frei, die über das SAP Fiori Launchpad aufgerufen wird. Schließlich wird die Genehmigung oder Ablehnung des Antrags entweder von der Person in der Rolle Genehmiger oder der Person in der Rolle des Prüfers per Mail an die Person zurückgemeldet, die den Antrag gestellt hat.

Fit-Gap-Analyse

Basierend auf diesem Verständnis der aktuellen IT-Komponenten, die in die Prozessimplementierung involviert sind, wird bei der Erstellung des Solution Realization Diagram eine *Fit-Gap-Analyse* durchgeführt, um zu evaluieren, wie die Baseline Architecture zu einer Target Architecture weiterentwickelt werden kann.

Für den Fall, dass die fachliche Anforderung keinen bestehenden Prozess adressiert, kann es dennoch sinnvoll sein, eine Baseline Architecture zu erstellen, um zu beurteilen, ob es im Unternehmen bereits SBBs gibt, die wiederverwendet werden können.

Solution Concept

Ziel Das *Solution Concept Diagram* ist eine grobe erste Skizze der SAP-BTP-Anwendung oder Prozesserweiterung, die grundlegende Architekturbausteine der Lösung zeigt. Das Diagramm unterstützt bei einer schnellen Einbindung aller Projektbeteiligten und hilft sicherzustellen, dass die fachlichen Anforderungen vollständig erfasst und in technische Lösungskomponenten übersetzt werden. Damit ist das Solution Concept Diagram ein Zwischenschritt zur Definition des technischeren Solution Realization Diagram. Auch visualisieren Sie im Diagramm die Beziehungen zwischen den Bausteinen der Lösung, was beispielsweise ein Datenaustausch oder eine Request-Response-Interaktion zwischen Komponenten sein kann. Das Solution Concept Diagram vermittelt ein gutes Verständnis über die erforderlichen Architecture Building Blocks (ABBs), die für die Realisierung der fachlichen Anforderungen nötig sind.

Umsetzung Um sicherzustellen, dass alle erforderlichen Bausteine des Plattformprojekts identifiziert wurden, prüfen Sie, ob alle Anwendungsfälle und Kompetenzen des Solution Context durch das Solution Concept adressiert werden. Zur Erstellung des Solution Concept nutzen Sie eine Kopie des Solution Context Diagram als Vorlage und ergänzen Informationen aus der Baseline Solution Architecture. So können beispielsweise die Organisationseinheiten, Funktionen, Rollen und Benutzerinnen und Benutzer aus dem Solution Context übernommen werden.

Eine wesentliche Aufgabe ist die Übersetzung der im Solution Context festgehaltenen Kompetenzen in entsprechende Architekturbausteine. Dafür nutzen Sie die in Kapitel 13, »Die SAP Business Technology Platform als Teil der Unternehmensarchitektur«, dargestellte Architektursicht auf die SAP BTP.

Beispiel Der Solution Context der Lösung zur Budgetbeantragung und -genehmigung definiert erforderliche Kompetenzen, wie z. B. die Beantragung des Projektbudgets, die Überprüfung und Genehmigung von Budgetanträgen, finanzielle Einblicke zur Bewertung von Budgetanträgen und die Analyse und das zentrale Reporting von Anträgen und Genehmigungen. Für die Erstellung des Solution Concept werden diese Kompetenzen in entsprechende ABBs übersetzt (siehe Abbildung 14.10).

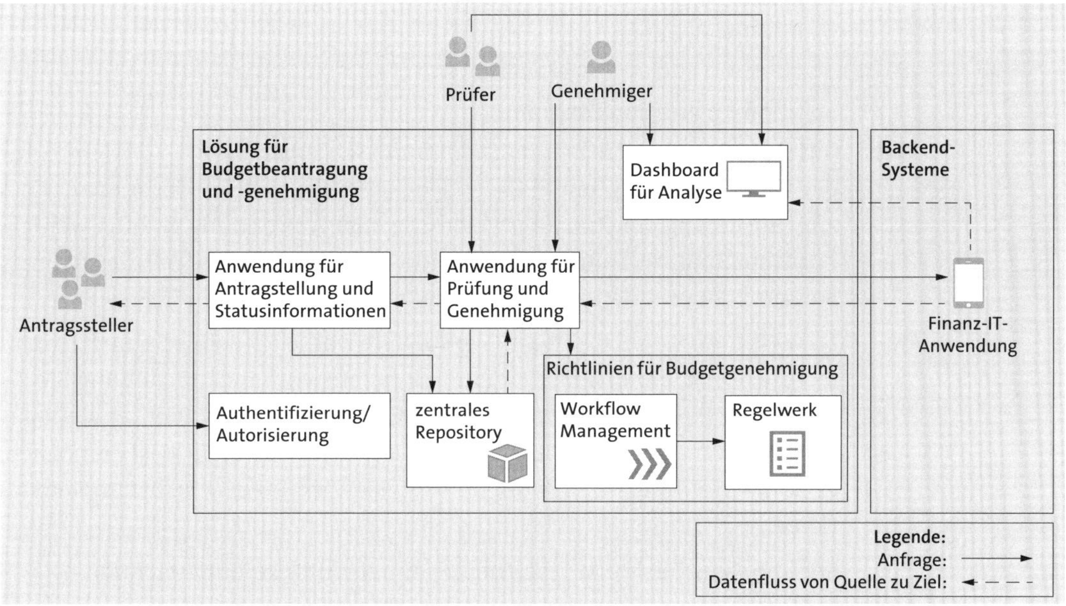

Abbildung 14.10 Visualisierung der ABBs des Plattformprojekts im Solution Concept Diagram (Quelle: SAP)

Definition von ABBs

Bei der Zuordnung der Kompetenzen zu ABBs kann eine Kompetenz durch einen einzelnen ABB umgesetzt werden. Es ist aber durchaus möglich, dass auch mehrere ABBs zur Realisierung einer Kompetenz erforderlich sind, die wiederum miteinander in Beziehung stehen. Das Beispiel in Abbildung 14.10 zeigt, dass die beiden Kompetenzen »Beantragung des Projektbudgets« und »Status der Beantragung« durch einen ABB mit der Bezeichnung »Anwendung für Antragstellung und Statusinformationen« realisiert werden. Dieser ABB hat eine Beziehung zu dem ABB »Anwendung für Prüfung und Genehmigung«, der sich auf die Kompetenz »Überprüfung und Genehmigung von Budgetanträgen« bezieht. Gleichzeitig haben beide ABBs eine Beziehung zu dem ABB »Zentrales Repository«. Das zentrale Repository wird als zusätzlicher ABB für die Verwaltung aller Informationen über einen Antrag eingefügt. Ebenso enthält das Solution Concept einen ABB mit der Bezeichnung »Richtlinien für Budgetgenehmigung«, der die geforderte Automatisierung von Budgetanträgen umsetzt. Die Kompetenzen zur »Analyse und Bewertung von Budgetanträgen« sowie ein zentrales »Reporting von Anträgen und Genehmigungen« werden durch den ABB »Dashboard für Analyse« umgesetzt. Bei weiterer Überlegung ist es ebenso erforderlich, einen Baustein zur »Authentifizierung/Autorisierung« zu berücksichtigen, da sich die Benutzerinnen und Benutzer authentifizieren müssen und je nach Rolle, z. B. in der Rolle Prüfer oder Antragsteller, unterschiedliche Berechtigungen haben.

Solution Realization Diagram

Ziel

Mit dem *Solution Realization Diagram* beschreiben Sie die Zielarchitektur der SAP-BTP-Lösung mit SBBs. So legen Sie fest, welche Plattformservices zur Umsetzung der Prozesserweiterung oder Anwendung genutzt werden. Zur Erstellung des Solution Realization Diagram werden dazu die zuvor im Solution Concept definierten ABBs in entsprechende SBBs übersetzt.

SBBs

Dabei führen Sie auch eine Fit-Gap-Analyse mit der Baseline Solution Architecture durch, um in der IT-Landschaft bereits vorhandene Building Blocks zu nutzen. Eine Liste aller auf der Plattform verfügbaren Services stellt das SAP Discovery Center in einem Servicekatalog bereit. Ebenso ist es möglich, dass Sie erforderliche SBBs mit den Services der SAP BTP selbst implementieren.

Somit haben Sie drei Möglichkeiten, um die ABBs zu implementieren:

- Sie nutzen vorhandene SBBs der Baseline Architecture.
- Sie nutzen Standardservices der SAP BTP (inklusive Partnerservices).
- Sie nutzen eigenentwickelte SBBs, um die ABBs zu implementieren.

Abhängigkeiten

Neben der Identifikation und dem Mapping von SBBs identifizieren Sie ebenfalls funktionale Abhängigkeiten zwischen den Lösungsbausteinen, die sich auch teilweise aus den Abhängigkeiten der zugehörigen ABBs ergeben.

Die beteiligten Benutzerinnen und Benutzer und Rollen können ebenso aus dem Solution Context abgeleitet werden. Möglicherweise müssen Sie die Beziehung zu den entsprechenden SBBs anpassen.

Beispiel

Abbildung 14.11 zeigt das Solution Realization Diagram der Lösung zur Budgetbeantragung und -genehmigung für Rocket Chips.

Bestimmung von SBBs

Die beiden ABBs »Anwendung für Antragstellung und Status« und »Anwendung zur Prüfung und Genehmigung« werden auf der SAP BTP mit Java und SAPUI5 selbst entwickelt. Die Anwendung zur Prüfung und Genehmigung enthält den Plattformservice SAP Analytics Cloud, Embedded Edition zur Entscheidungsunterstützung, da SAP Analytics Cloud auch bereits Teil der Baseline Solution Architecture ist. Auf die beiden Plattformanwendungen wird zentral über den SAP Launchpad Service zugegriffen, das ebenfalls Bestandteil der Baseline Solution Architecture ist.

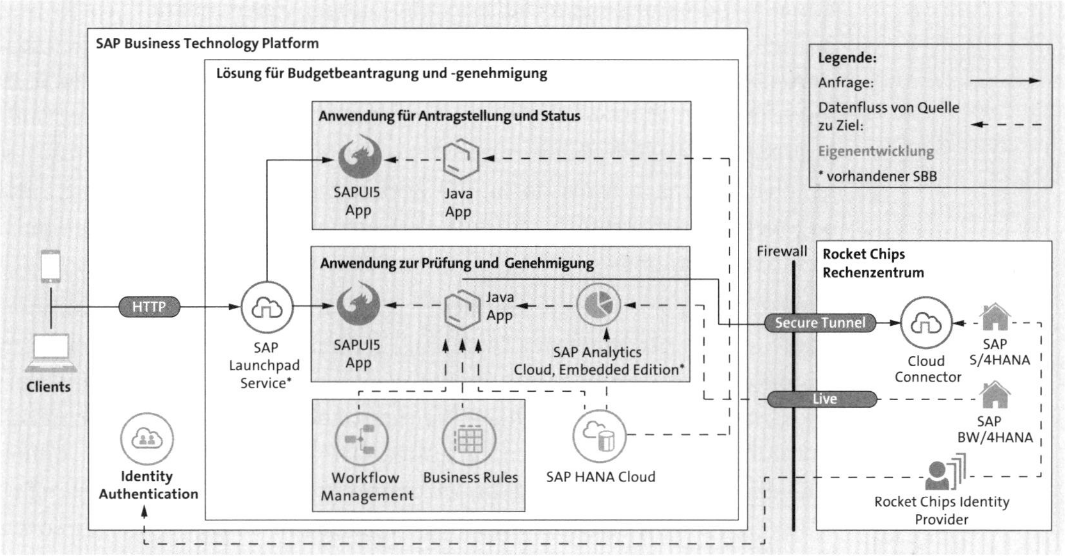

Abbildung 14.11 Visualisierung der SBBs des Plattformprojekts im Solution Realization Diagram (Quelle: SAP)

SAP HANA Cloud realisiert den ABB »Zentrales Repository« und der ABB »Richtlinien für Budgetgenehmigung« wird in die beiden SBBs »Workflow Management« und »Business Rules« übersetzt.

Betrachtet man in Abbildung 14.11 die Komponenten im Rechenzentrum von Rocket Chips, finden sich die Systeme, die Sie bei der Erstellung der Baseline Solution Architecture identifiziert haben. Die Anwendung zur Prüfung und Genehmigung greift auf SAP S/4HANA zu, und SAP BW/4HANA liefert erforderliche Erkenntnisse über die finanzielle Situation, die mit SAP Analytics Cloud visualisiert werden.

Das Solution Realization Diagram prüfen Sie auf Vollständigkeit, indem Sie sicherstellen, dass jeder ABB aus dem Solution Concept durch entsprechende SBBs umgesetzt wird.

Conceptual Data Diagram

Visualisierung von Beziehungen

Mit dem *Conceptual Data Diagram* beschreiben Sie die Informationen, die von der Plattformanwendung verarbeitet werden. Das Artefakt ist mit einem Entity-Relationship-Diagramm vergleichbar. Es ist kein technisch detailliertes Datenmodell, sondern für die Visualisierung von Entitäten, die von den verschiedenen SBBs der Architektur gespeichert und verarbeitet werden, gedacht. Mit dem konzeptionellen Datendiagramm verschaffen Sie sich einen Überblick über die Gesamtheit der Informationen und ihre Beziehungen. Diese müssen nicht alle zwangsläufig in einem relationalen Datenmodell verwaltet werden. Je nach Anwendungsfall kann eine graphenbasierte Speicherung besser geeignet sein. Alternativ können die Daten auch über eine API oder Events von Komponenten außerhalb des Umfangs der Architektur bereitgestellt werden. Daher besteht der Zweck des konzeptionellen Datendiagramms darin, die Beziehungen zwischen Informationsobjekten im Kontext des durch die Architektur adressierten Geschäftsproblems zu skizzieren.

Entitäten

Zur Erstellung des Conceptual Data Diagram nutzen Sie die Informationen aus dem Use Case Blueprint Diagram. Hier haben Sie bereits Entitäten im Zusammenhang mit bestimmten Benutzeraktionen identifiziert. Eine weitere Grundlage zur Definition des konzeptionellen Datendiagramms ist das Solution Realization Diagram, da es den Datenaustausch zwischen unterschiedlichen SBBs beschreibt. Im Diagramm werden die identifizierten Entitäten mit einem eindeutigen Namen und mehreren Eigenschaften sowie entsprechenden Datentypen beschrieben. Bei der Wahl der Datentypen können Sie es einfach halten und z. B. Typen wie Zahl, String und Datum wählen. Sie brauchen an dieser Stelle keine SQL- oder programmiersprachenspezifischen primitiven Datentypen zu definieren.

Beziehungen

Sobald Sie die Entitäten identifiziert haben, machen Sie sich Gedanken über die Beziehung zwischen den verschiedenen Entitäten. Meistens definieren Sie eine *Assoziation* mit entsprechender Multiplizität zwischen zwei Entitäten. Die Assoziation wird mit einem Verb beschrieben, um eine einfache Kommunikation des konzeptionellen Datendiagramms mit den Stakeholdern der Architektur zu unterstützen.

Abbildung 14.12 zeigt beispielhaft Teile des Conceptual Data Diagram für die Lösung zur Budgetbeantragung und -genehmigung.

Für die Bewertung des Budgetantrags sind Projektinformationen notwendig, die in der Entität **Projekt** verwaltet werden. Für weitere Informationen zur Bearbeitung eines Budgetantrags sind ebenfalls entsprechende Entitäten im Conceptual Data Diagram definiert.

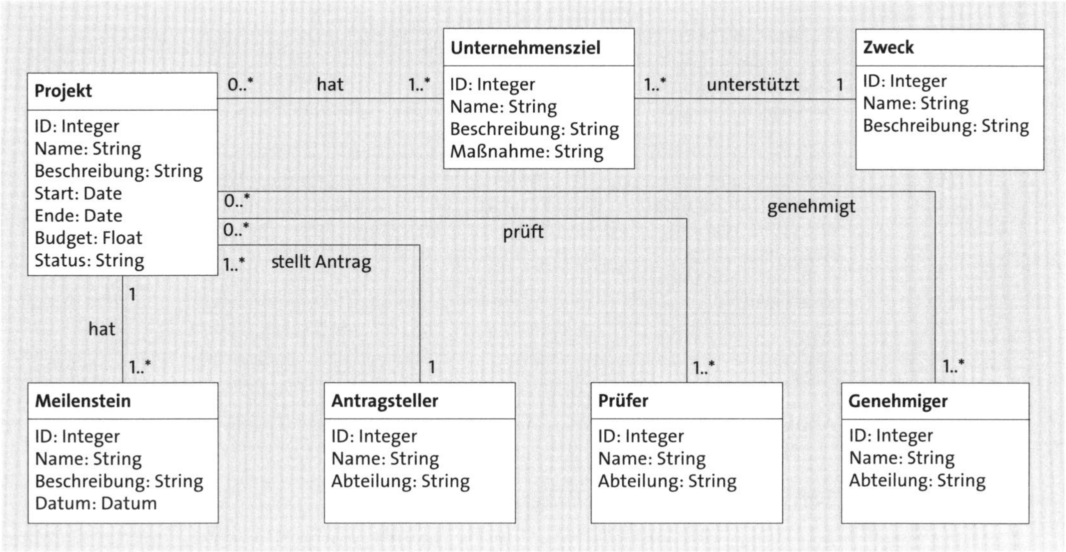

Abbildung 14.12 Beispiel für ein Conceptual Data Diagram (Quelle: SAP)

Architectural Decisions

Ziel

Während der Definition der Architektur und insbesondere beim Erstellen der Diagramme treffen Sie verschiedene Entscheidungen. So legen Sie sich z. B. bei der Konzeption des Solution Realization Diagram für einen Lösungsbaustein fest – oder Sie entscheiden, einen erforderlichen SBBs selbst zu implementieren. Diese Entscheidungen werden als *Architectural Decisions* dokumentiert. So können Sie auch im Nachhinein die Gründe für die jeweiligen Entscheidungen nachvollziehen. Die Dokumentation der Architekturentscheidungen ist eine Aufgabe, die Sie bei der Erstellung von fast jedem Artefakt durchführen.

Begründung

Teil der Architectural Decisions ist der Grund für eine Entscheidung. Beispielsweise haben Sie eine Entscheidung zur Umsetzung der Unternehmensstrategie oder zur Erfüllung eines Architecture Principle getroffen. Auch können Sie bei Bedarf eine SWOT-Analyse (Strengths, Weaknesses, Opportunities, and Threats) zur Positionsbestimmung und Darstellung der Begründung für eine Entscheidung erstellen.

Damit ist das Artefakt Architectural Decisions eine Liste von begründeten Entscheidungen, die während der Architekturdefinition getroffen wurden. Abbildung 14.13 zeigt ein Beispiel für Architectural Decisions.

ID	Entscheidung	Begründung
<eindeutiger Bezeichner>	<kurze Beschreibung der Entscheidung>	<Einzelheiten über die Gründe für die Entscheidung und mögliche Alternativen, die in Betracht gezogen wurden>
Ana_100 September-2021	Bereitstellung von integrierten Analysen zur Unterstützung des Überprüfungs- und Genehmigungsprozesses	Um eine integrierte und durchgängige Benutzererfahrung für den Prüfungs- und Genehmigungsprozess zu bieten, wird SAP Analytics Cloud, Embedded Edition verwendet und in die Lösung für Budgetbeantragung und -genehmigung integriert.
...	...	...

Abbildung 14.13 Beispiel für Architectural Decisions (Quelle: SAP)

Software Distribution Diagram

Ziel Mit dem *Software Distribution Diagram* können Sie darstellen, in welchen Bereichen der IT-Landschaft des Unternehmens die SBBs des SAP-BTP-Plattformprojekts umgesetzt werden. Da IT-Landschaften oftmals hybrid sind, können Sie das Software Distribution Diagram in die Bereiche on-premise und Cloud einteilen. Der On-Premise-Bereich lässt sich bei Bedarf in weitere Kategorien einteilen, z. B. in unterschiedliche Rechenzentren oder Fertigungsbereiche, denen die SBBs zugeordnet werden können. Auch der Cloud-Bereich kann weiter unterteilt werden, beispielsweise in unterschiedliche Cloud Provider für SaaS-Komponenten oder Plattformservices. Damit eignet sich das Software Distribution Diagram gut, um hybride IT-Landschaften zu visualisieren und Entscheidungen in Bezug auf Sicherheit und Konnektivität zu treffen.

Input Da das Software Distribution Diagram sowohl ABBs als auch SBBs beinhalten kann, nutzen Sie das Solution Realization Diagram und das Solution Concept Diagram als Grundlage für die Erstellung. Das Solution Realization Diagram liefert Hinweise darüber, welche Bausteine z. B. on-premise oder in der Public Cloud bereitgestellt werden. Dazu nutzen Sie herstellerspezifische Informationen über die SBBs und weitere Details über die aktuelle IT-Infrastruktur. Da Sie an dieser Stelle möglicherweise einige Entscheidungen treffen, aktualisieren Sie auch die Architectural Decisions.

[+]

Informationen zu SAP-BTP-SBBs

Im SAP Discovery Center finden Sie Informationen zu den Cloud-Provider- und Rechenzentren, die von den SBBs (Plattformservices) der SAP BTP unterstützt werden. Detaillierte Informationen über die regionale Verfügbarkeit von SBBs werden im Environments and Locations Diagram erfasst.

Beispiel

Abbildung 14.14 zeigt das Software Distribution Diagram für die Lösung zur Budgetbeantragung und -genehmigung. Bei der Erstellung der Baseline Solution Architecture wurde klar, dass die bestehenden und für das Plattformprojekt relevanten IT-Systeme im Rechenzentrum (on-premise) von Rocket Chips betrieben werden.

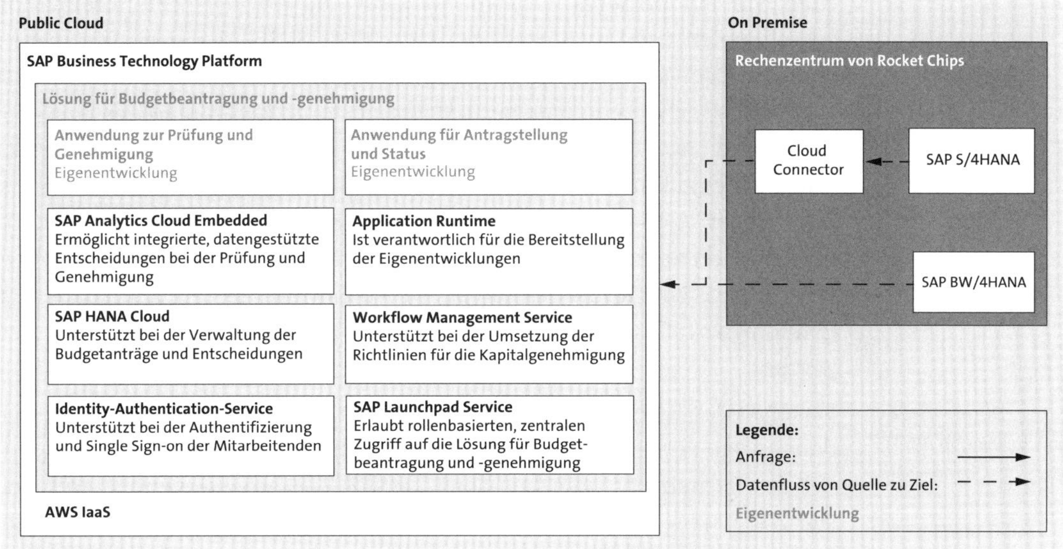

Abbildung 14.14 Beispiel für ein Software Distribution Diagram (Quelle: SAP)

Darüber hinaus erkennen die Verantwortlichen bei Rocket Chips während der Erstellung des Solution Realization Diagram, dass der Cloud Connector als Komponente erforderlich ist. Der Connector sorgt für eine vertrauenswürdige Verbindung zwischen den On-Premise-Lösungsbausteinen und cloudbasierten Lösungsbausteinen der SAP BTP. Er wird on-premise im Rechenzentrum von Rocket Chips betrieben.

Wahl des Cloud Providers

Das Solution Realization Diagram zeigt, dass alle erforderlichen SBBs entweder von der SAP BTP bereitgestellt oder auf der Plattform entwickelt werden. Die Plattformservices werden auf Infrastrukturen unterschiedlicher Cloud Provider bereitgestellt, sodass für die Erstellung des Software Distribution Diagram eine entsprechende Wahl der Cloud Provider für bestimmte Services erfolgt. Eventuell wird die Auswahl durch ein entsprechend definiertes Architecture Principle beeinflusst, um hier einem strategischen Partner zu wählen. Das Software Distribution Diagram hilft auch dabei, sicherzustellen, dass alle identifizierten SBBs der SAP BTP von einem Cloud Provider in der Nähe des Rocket-Chips-Rechenzentrum bereitgestellt werden.

Environments and Locations Diagram

Ziel

Das *Environments and Locations Diagram* fügt den im Software Distribution Diagram identifizierten Bereichen der Unternehmens-IT weitere Informationen, wie den geografischen Standort, Details zu den Laufzeitumgebungen der SBBs und netzwerkbezogene Informationen hinzu. Dadurch erreichen Sie ein besseres Verständnis über die erforderliche Interaktion zwischen den Building Blocks über verschiedene Standorte und Netzwerkbereiche. Ebenso werden im Diagramm die Standorte der Nutzerinnen und Nutzer aus Fachabteilungen berücksichtigt. Somit kombiniert das Environments and Locations Diagram einige Informationen aus anderen Artefakten der Architekturentwicklung, wie beispielsweise die identifizierten SBBs und Nutzerinnen und Nutzer des Solution Realization Diagram sowie die über das Software Distribution Diagram zugeordneten Bereiche der Unternehmens-IT. Eine Kopie des Software Distribution Diagram kann dabei als Grundlage zur Erstellung des Environments and Locations Diagram genutzt werden.

Details zu den Bereichen der IT-Landschaft

Sie fügen den Bereichen der Unternehmens-IT weitere Details hinzu, die für den Betrieb der SBBs relevant sind. Dazu zählt der Cloud Provider und der Ort des Rechenzentrums, aus dem die SAP-BTP-Services genutzt werden. Die Wahl eines Standorts kann wiederum zu Architekturentscheidungen führen, die Sie im Artefakt Architectural Decisions entsprechend dokumentieren. Ebenso können Sie den Datenfluss und die Request-Response-Beziehung zwischen den Komponenten im Diagramm visualisieren. Abbildung 14.15 zeigt das Environments and Locations Diagram für die Lösung zur Budgetbeantragung und -genehmigung.

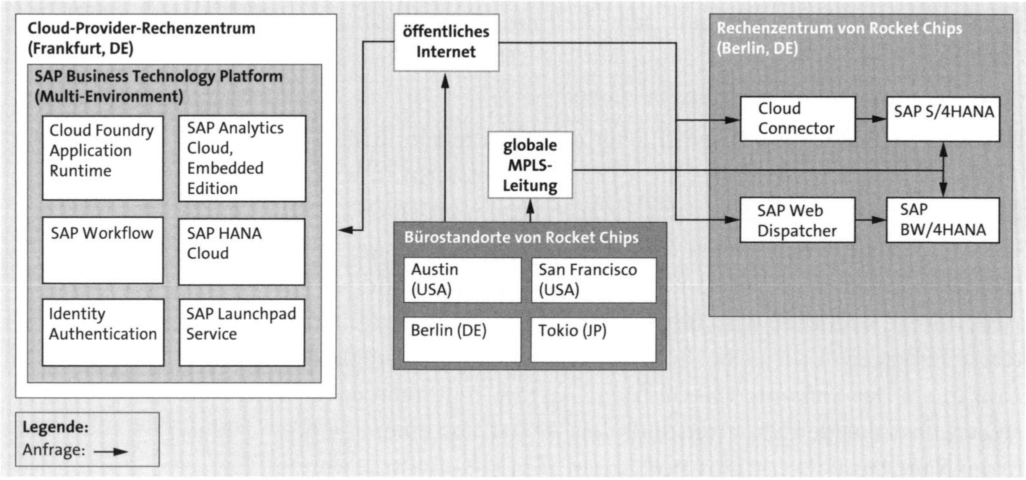

Abbildung 14.15 Beispiel für ein Environments and Locations Diagram (Quelle: SAP)

Architecture Roadmap

Die bereits erwähnte *Architecture Roadmap* ist eine Übersicht der spezifischen Maßnahmen, die zur Realisierung der Architektur erforderlich sind. Dabei werden die Maßnahmen auf Zeitfenster von z. B. vier Monaten projiziert. Auf diese Weise definieren Sie eine Reihenfolge unterschiedlicher Aktivitäten und skizzieren den Weg von der Baseline Architecture zur Target Architecture. So verwenden Sie die Architecture Roadmap, um die optimale Reihenfolge der Implementierung der Architektur darzustellen. Bei der Darstellung spielt auch der durch das Plattformprojekt erzielte Mehrwert für das Unternehmen eine wichtige Rolle. In der Regel sollte ein geschäftlicher Nutzen so früh wie möglich erkennbar sein.

Ziel

Für die Erstellung der Roadmap werden Informationen über die Architektur aus allen bisher definierten Artefakten kombiniert. Zunächst identifizieren Sie geeignete Arbeitspakete, die zur Realisierung des Plattformprojekts erforderlich sind. Die Arbeitspakte repräsentieren Aktionen, die zur Umsetzung der Architekturbausteine führen. Dabei sind auch erforderliche Voraussetzungen für die Implementierung der Bausteine zu berücksichtigen. Es kann z. B. notwendig sein, einen Datenzugriff einzurichten oder bestimmte Geschäftsregeln zu definieren und sie mit den Fachbereichen zu besprechen.

Arbeitspakete

Die identifizierten Arbeitspakete können Sie nach den Unternehmenskompetenzen des Plattformprojekts gruppieren. Dies hilft wiederum bei der Zuordnung von Unternehmenszielen. Idealerweise lassen sich die Arbeitspakete innerhalb einer Kompetenzkategorie weitgehend unabhängig von anderen Arbeitspakten implementieren. Das Solution Realization Diagram und das Solution Concept Diagram sind die Grundlage der Identifikation von Arbeitspaketen.

Kategorisierung

Nachdem Sie die Arbeitspakete definiert und kategorisiert haben, legen Sie die Reihenfolge und den Zeitplan für die Umsetzung fest. Zwischen den Arbeitspakten gibt es Abhängigkeiten, die auch außerhalb der jeweiligen Kompetenzkategorie liegen können. Die Erkennung der Abhängigkeiten ist wichtig, da sie die Reihenfolge der Implementierungsschritte beeinflusst. Dabei kann es vorkommen, dass es verschiedene Optionen für die Reihenfolge der Implementierung gibt.

Reihenfolge

In einem weiteren Schritt definieren Sie Meilensteine und den damit verbundenen Geschäftswert. Abschließend prüfen Sie, ob die Architecture Roadmap mit den Vereinbarungen des Statement of Architecture Work übereinstimmt.

Abbildung 14.16 zeigt beispielhaft die Architecture Roadmap für die Lösung zur Budgetbeantragung und -genehmigung.

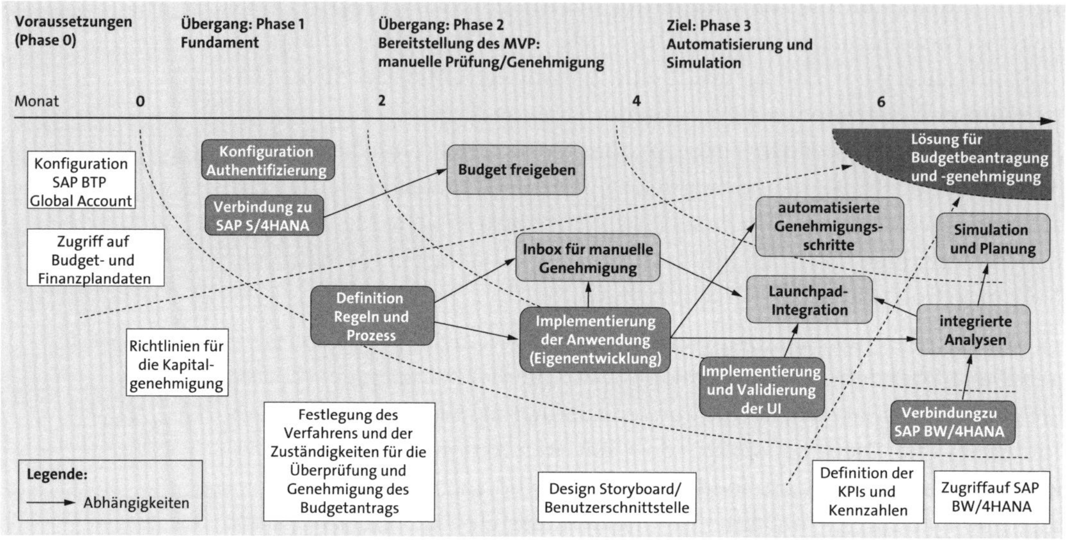

Abbildung 14.16 Beispiel für die Architecture Roadmap (Quelle: SAP)

Der in der Architecture Roadmap definierte Zeitplan sieht vier Phasen vor:

- **Phase 0**
  Phase 0 implementiert alle erforderlichen Voraussetzungen für die Umsetzung der Architektur, wie z. B. die Einrichtung der Entwicklungsumgebung, Sicherstellung des Zugangs zu den vorhandenen Finanzdaten und ein Verständnis der bestehenden Genehmigungsregeln. In dieser Phase wird noch kein Geschäftswert realisiert.
- **Phase 1**
  Die erste Phase implementiert die Grundlagen. Auch in dieser Phase wird noch kein geschäftlicher Nutzen geschaffen, da grundlegende Arbeitspakete wie die Einrichtung von Verbindungen und die Definition von Arbeitsabläufen erledigt werden. Die Implementierung der Anwendungen **Antragstellung und Status** und **Prüfen und Genehmigen** ist in Phase 1 geplant.
- **Phase 2**
  In der zweiten Phase, d. h. nach vier Monaten wird mit dem Roll-out des Minimum Viable Product (MVP) begonnen und ein erster geschäftlicher Mehrwert erzielt. Das MVP beinhaltet noch eine manuelle Überprüfung

und Genehmigung der Budgetanträge. In Phase 2 soll ebenfalls die Integration zu dem Finanzsystem erfolgen. Für die Bearbeitung von Anträgen wird die SAP-Fiori-App *My Inbox* von SAP Workflow Management genutzt, die wiederum im SAP Fiori Launchpad eingebunden wird. Für die Überprüfung der Anträge stehen bereits Analysemöglichkeiten durch entsprechende Berichte und Dashboards zur Verfügung. In Phase 2 werden die Berichte separat abgerufen und noch nicht in die Lösung integriert.

- **Phase 3**
  In der dritten Phase wird der geschäftliche Nutzen gesteigert, indem die Automatisierungsfunktion für die Budgetprüfung und -genehmigung sowie die Planungs- und Simulationsfunktion zur Unterstützung der Prüfung von Anträgen umgesetzt wird. Außerdem wird die gesamte bisherige Funktionalität in eine Lösung integriert, die über das Launchpad zugänglich ist. Nach sechs Monaten soll die Lösung in den produktiven Betrieb übergehen.

Projektfreigabe und-umsetzung

Mit der Architecture Roadmap wird das letzte Artefakt zur Architekturdefinition des SAP-BTP-Projekts erstellt und die Freigabe und Umsetzung des Projekts bei den verantwortlichen Stakeholdern beantragt. Sobald das Plattformprojekt genehmigt ist, wird mit der Implementierung begonnen. Das Team kann insbesondere die Artefakte aus der Technologie-Domäne für einen schnellen und reibungslosen Start der Entwicklung nutzen.

14.2 Zusammenfassung

Abbildung 14.17 fasst die unterschiedlichen Aktivitäten bei der Erstellung der Artefakte aus der fachlichen- und technischen Domäne zusammen.

Startpunkte

Abhängig davon, ob ein Fachbereich oder die IT die Architekturdefinition initiiert, wählen Sie den Startpunkt sowie die Reihenfolge, in der die Artefakte erstellt werden. Ein möglicher Auslöser ist z. B., dass ein Unternehmen eine neue oder aktualisierte Kompetenz benötigt, um ein strategisches Wachstumsziel zu erreichen. Dazu könnte die Kompetenz gehören, neue digitale Dienstleistungen in Kombination mit bestehenden Produkten zu verkaufen, um das angestrebte Zielkundensegment besser anzusprechen. In diesem Fall wird die Anfrage für die Architekturarbeit von der Fachabteilung initiiert. Die Strategy Map ist ein geeignetes Artefakt, um mit der Lean-Architecture-Development-Methode zu starten.

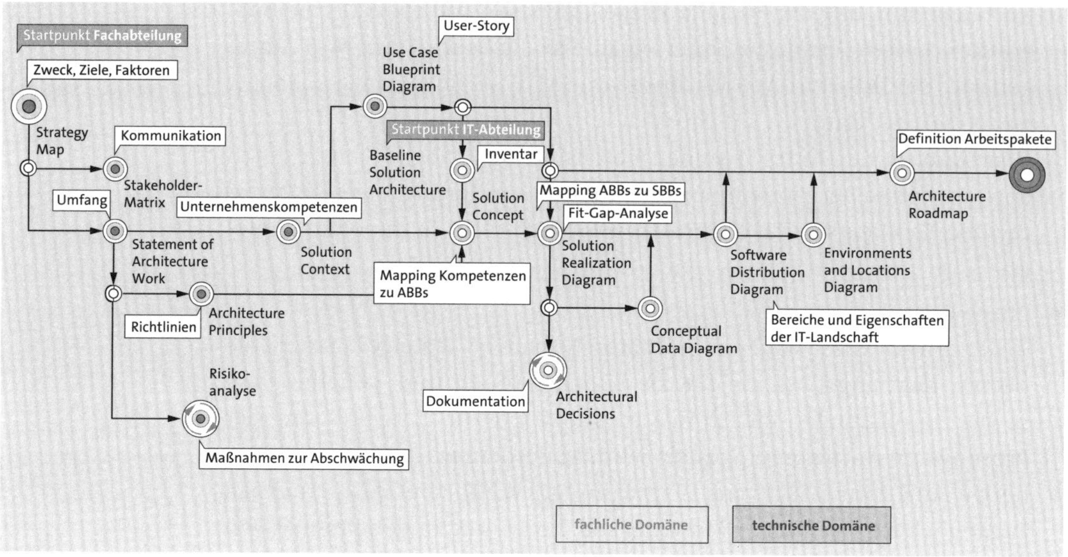

Abbildung 14.17 Aktivitäten zur Erstellung der Lean-Architecture-Development-Artefakte

Ein anderes mögliches Szenario ist, dass die IT-Abteilung verstehen und bewerten möchte, wie Trends wie die Automatisierung von Prozessen mittels Machine Learning oder der Einsatz von Chatbots, dem Unternehmen Vorteile bringen. Eine solche Anfrage für Architekturarbeit wird von der IT initiiert. Hier wird die Architekturarbeit mit der Erstellung einer Baseline Solution Architecture begonnen.

Je nachdem, wer der Auslöser der Architekturarbeit ist, der Fachbereich oder die IT, beginnen Sie die Nutzung der Lean Architecture Development Method z. B. entweder mit der Strategy Map oder mit der Baseline Solution Architecture. Auf diesem Weg können Sie ebenso wie das Beispielunternehmen Rocket Chips mit der SAP BTP eine Unternehmensarchitektur entwickeln, die sowohl Anforderungen der IT als auch die der Fachabteilung berücksichtigt.

Kapitel 15
Ausblick

Digitalisierung und Anpassungsfähigkeit sind anhaltend wichtige Themen für Unternehmen. Sie helfen bei einer zunehmenden Optimierung und unterstützen die Widerstandsfähigkeit der Geschäftsprozesse. Die SAP BTP spielt dabei eine Schlüsselrolle.

Für Unternehmen ist die Fähigkeit, sich schnell an Entwicklungen anzupassen, wichtiger denn je. Damit diese Anpassungsfähigkeit auch Realität wird, spielen nicht nur integrierte Geschäftsprozesse, sondern auch Möglichkeiten zur flexiblen Erweiterung bestehender Unternehmensabläufe, eine damit verbundene Optimierung des Tagesgeschäfts sowie die Umsetzung neuer Geschäftsmodelle eine Rolle.

Anpassungsfähigkeit

Die Services der SAP Business Technology Platform (SAP BTP) unterstützen Unternehmen dabei, neue fachliche Anforderungen schnell umzusetzen. Damit sind die Services wesentlicher Baustein zur Gestaltung eines anpassungsfähigen und widerstandsfähigen Unternehmens. Mit dem Einsatz der Plattform fördern Sie die Entwicklung hin zu einer eigenen individuellen Version des intelligenten Unternehmens.

Business-Plattform

Seit der Einführung der Plattform im Jahr 2012 hat sich die SAP BTP von einem rein technischen PaaS-Angebot (Platform as a Service) zu einer *Business-Plattform* entwickelt. Dies spiegelt sich auch in der Umbenennung von SAP Cloud Platform in SAP Business Technology Platform wider. Den roten Faden bei der Weiterentwicklung der Plattform bildet das Angebot von Cloud-Services und fachlichen Inhalten, die Bezug zur Umsetzung fachabteilungsspezifischer Anforderungen haben.

SAP Roadmap Explorer

Mit dem interaktiven *SAP Roadmap Explorer* (*https://roadmaps.sap.com*) können Sie sich einen aktuellen Überblick über kürzlich bereitgestellte und geplante Neuerungen der SAP BTP verschaffen.

Business Content und Semantik

Dabei spielt die Bereitstellung von vordefinierten Inhalten für z. B. Integrationsszenarien, Geschäftsabläufe, Prozessautomatisierungen, Datenmodelle und Berichte sowie domänenspezifische Business-Services eine wichtige Rolle. Neben der Bereitstellung von Inhalten gelingt über die SAP BTP der Zugriff auf unterschiedliche SAP-Geschäftsobjekte wie z. B. Verträge, Bestellungen, Reisebuchungen oder Geschäftspartnerinformationen, die bei der Umsetzung fachlicher Anforderungen eine Rolle spielen. Damit umfasst die Plattform eine semantische Schicht von Geschäftsdaten, die den Nutzerinnen und Nutzern den Zugriff auf erforderliche Informationen im Kontext der fachlichen Anforderungen ermöglicht.

Integration und Erweiterung von SAP-Anwendungen

Im Zuge der zunehmenden Verbreitung von SAP-Standardanwendungen aus der Cloud (Software as a Service, SaaS) realisiert die SAP BTP nicht nur die Integration der SAP-Anwendungen zu durchgängigen Kernprozessen, sondern ermöglicht ebenso die funktionale Erweiterung der Standardanwendungen und Geschäftsobjekte und deren Anpassung an unternehmensspezifische Anforderungen. Mit dem SAP Cloud Application Programming Model und der Low-Code-Entwicklungsumgebung SAP AppGyver liefert die Plattform die dazu notwendigen Entwicklungstools für Professional, aber auch für Citizen Developer. Gerade auch durch die Low-Code-/No-Code-Möglichkeiten können Anforderungen direkt in den Fachabteilungen umgesetzt werden. Durch die Möglichkeiten zur schnellen Anpassung leistet die Plattform einen wesentlichen Beitrag zur Digitalisierung und Erhöhung der Widerstandsfähigkeit von Unternehmen. Mit den Funktionen zur Integration und zur Erweiterung nimmt die SAP BTP wichtige Aufgaben innerhalb des SAP-Portfolios ein.

Entwicklungs- und Betriebsplattform

Aber nicht nur die Integration und Erweiterung auf der Basis von vordefinierten Integration Packages und SAP-Standard-APIs, die über die Plattform genutzt werden, sind Schlüsselfunktionen für das SAP-Ökosystem. Auch dient die Plattform der Entwicklung und Bereitstellung branchenspezifischer Anwendungen. So entwickeln SAP und seine Partner mit der Industry Cloud spezifische Lösungen für unterschiedliche Branchen auf der Plattform.

Cloud Native

Bei der Umsetzung von Prozesserweiterungen und Anwendungen verfolgt die Plattform eine cloudnative Strategie. Dabei spielen IT-Standards und Open-Source-Software eine ebenso zentrale Rolle wie die strategischen Technologiepartnerschaften mit anderen IT-Unternehmen wie beispielsweise Microsoft, Amazon, Google und Apple.

Wenn man die Entwicklung und Bereitstellung nativer Cloud-Anwendungen betrachtet, ist die Geschwindigkeit, mit der sich grundlegende Technologien und Konzepte weiterentwickeln, sowohl für Entwicklungsteams als auch für Anbieter eine Herausforderung. Beispiele sind die unterschiedlichen Technologien für native Cloud-Anwendungen – von Cloud Foundry über Container und Kubernetes bis hin zu Serverless. Diese Weiterentwicklung spiegelt sich in den unterschiedlichen Umgebungen der SAP BTP wider.

Unified Runtime

Die ursprüngliche Neo-Umgebung der Plattform steht nicht mehr im Fokus der Technologiestrategie von SAP. Obwohl die Neo-basierten Services weiterhin verfügbar sind und bereits entwickelte Anwendungsszenarien weiterhin funktionieren, erfolgt keine Weiterentwicklung der Services oder Bereitstellung der Umgebung in zusätzlichen Regionen. Stattdessen wird das Multi-Environment mit seinen unterschiedlichen Laufzeitumgebungen, die auf Cloud-Provider-Infrastrukturen bereitgestellt werden, für die Weiterentwicklung der Plattform genutzt. Dabei spielt das Nebeneinander der unterschiedlichen technischen Betriebsumgebungen auf der Basis von Kubernetes und Kyma eine wichtige Rolle, was als *Unified Runtime* bezeichnet wird.

Multi-Cloud

SAP legt den Schwerpunkt auf Unternehmensanwendungen und verfolgt mit der Plattform das Ziel, technische Weiterentwicklungen und neue Konzepte in einer nicht disruptiven Art aufzugreifen, um die für Unternehmen erforderliche Kontinuität und Investitionssicherheit zu gewährleisten. Dabei spielt auch die Multi-Cloud-Strategie der Plattform eine wichtige Rolle. So abstrahiert die Plattform z. B. spezifische technische Eigenschaften von Infrastruktur-Providern oder bestimmten Technologien, wie Kubernetes oder Machine Learning, um die Wiederverwendbarkeit zu erhöhen und die Komplexität bei der Anwendungsentwicklung zu reduzieren.

Fazit

Mit den Funktionen der SAP BTP lassen sich vor allem Anforderungen umsetzen, die Bezug zu SAP haben. Sicherlich könnten einige der Funktionen technisch auch von anderen PaaS- und IaaS-Angeboten (Infrastructure as a Service) genutzt werden. Auch ein Betriebssystem, eine Software zur Textverarbeitung oder eine ERP-Lösung können selbst gebaut werden. Sie entscheiden, wo Sie Ihre Investitionsschwerpunkte setzen möchten und auf welcher Abstraktionsebene Sie einsteigen möchten. Vielleicht hilft Ihnen die im Buch vorgestellte Lean-Architecture-Development-Methode dabei.

Anhang A
Glossar

Agilität Fähigkeit einer Organisation, äußerst flexibel und anpassungsfähig auf Veränderungen zu reagieren. Bei der Softwareentwicklung ein Ansatz, in kleinen, iterativen Schritten möglichst schnell Software auszuliefern und kontinuierlich zu verbessern, um so die Risiken im Entwicklungsprozess zu minimieren.

API Management Dient der Veröffentlichung und Kommerzialisierung von Programmierschnittstellen sowie der Kontrolle und Überwachung des Zugriffs auf die Schnittstelle.

Application Programming Interface (API) Schnittstelle zur Anwendungsprogrammierung, die von einer Anwendung zur Nutzung und Anbindung von anderen Anwendungen zur Verfügung gestellt wird.

Availability Zone Physisch getrennter Standort eines Rechenzentrums innerhalb einer Region mit eigener Stromversorgung, eigenem Netzwerk und eigener Kühlung. Dient einem skalierbaren und hochverfügbaren Betrieb von Cloud-Anwendungen.

Big Data Bezeichnet die Speicherung großer Mengen unterschiedlich strukturierter Daten, die mit hoher Frequenz erstellt werden. Herkömmliche Methoden zur Datenverarbeitung, wie etwa relationale Datenbanken, eignen sich nicht für eine Speicherung und Analyse von Big Data. Daher wurden neue Konzepte zur Speicherung und zur Verarbeitung implementiert. Beispiele dafür sind Hadoop und Spark.

BTP Cockpit Zentraler Einstieg in alle Informationen über SAP-BTP-Accounts und -Anwendungen sowie in die Verwaltung und Nutzung aller Plattformservices.

Business-Services Domänenspezifische Microservices und APIs der SAP BTP, die fachabteilungsspezifische Anforderungen umsetzen.

Chief Digital Officer (CDO) Sind für die Planung und Durchführung der digitalen Transformation eines Unternehmens oder einer Organisation verantwortlich.

Citizen Developer Lösen Probleme in der Fachabteilung durch eigene Anwendungen, sind aber nicht hauptberuflich Entwicklerinnen und Entwickler.

Cloud Computing Nutzung von IT-Infrastruktur und IT-Lösungen, die nicht auf lokalen Systemen, sondern als Dienstleistung gemietet und über das Internet genutzt werden.

Cloud Credits Künstliche Währung zur verbrauchsabhängigen Nutzung von SAP-BTP-Services.

Cloud Foundry Quelloffenes PaaS-Angebot für die Entwicklung und den Betrieb nativer Cloud-Anwendungen. Cloud Foundry wird von der Cloud Foundry Foundation verwaltet. Ähnlich wie bei Linux existieren unterschiedliche PaaS-Angebote, die auf Cloud Foundry basieren.

Cloud Connector Softwarekomponente, die eine sichere Verbindung zwischen IT-Anwendungen im eigenen Rechenzentrum und der SAP BTP herstellt.

Container Kapselt eine Anwendung sowie alle zur Laufzeit benötigten Komponenten wie z. B. Frameworks und Bibliotheken. Wird auch als Anwendungsvirtualisierung bezeichnet.

Continuous Delivery (CD) Beschreibt Werkzeuge (z. B. Jenkins) und Verfahren (z. B. Continuous Integration) für einen kontinuierlichen und automatisieren Auslieferungsprozess von Anwendungen.

Continuous Integration (CI) Prozess in der Softwareentwicklung zur fortlaufenden Zusammenführung einzelner Anwendungskomponenten zu einer Anwendung zur Steigerung der Softwarequalität.

Database as a Service (DBaaS) Cloudbasierter Dienst zur Speicherung und Verwaltung von Daten, mit dem Ziel, die Vorteile eines Datenbank-Management-Systems (DBMS) als vollständigen Service aus der Cloud zu nutzen. Die Flexibilität der Nutzung bietet Vorteile. So kann z. B. bei Bedarf einfach eine Vergrößerung des Speichers erfolgen. Auch viele administrative Tätigkeiten, wie z. B. die Konfiguration und die Erstellung von Backups sowie eine Hochverfügbarkeit, sind Teil des Service.

Dematerialisierung Prozess der Umwandlung analoger Informationen und physischer Produkte in digitale Angebote. Damit einhergehend nimmt die gesellschaftliche Bedeutung des Besitzes eines Produkts ab.

DevOps Kunstwort aus den Begriffen »Development« und »(IT-)Operations«. Beschreibt einen Ansatz für die Verbesserung der kontinuierlichen Bereitstellung von Software durch eine effizientere Zusammenarbeit zwischen Anwendungsentwicklern und IT-Betrieb.

Digitale Transformation/Digitalisierung/digitaler Wandel Ein Veränderungsprozess unserer Gesellschaft sowie Wirtschaft auf Basis der zunehmenden Verbreitung und Nutzung digitaler Technologien.

Digitaler Zwilling (Digital Twin) Digitales Abbild eines physischen (materiell oder immateriell) realen Objekts.

Disruption Neue Technologie oder ein neues (Software)angebot, das ein bestehendes Produkt oder eine bestehende Dienstleistung komplett vom Markt verdrängt und eventuell auch ein komplett neues Marktsegment definiert.

Environment Laufzeitumgebung der SAP BTP zur Bereitstellung von Cloud-Anwendungen.

Global Account Umsetzung eines SAP-BTP-Vertrags, den Sie mit SAP geschlossen haben. Ein globales Konto ist regional- und umgebungsunabhängig und wird zur Verwaltung von Unterkonten (Subaccounts), Plattformnutzern, Berechtigungen und Servicekontingenten verwendet.

Hadoop In Java geschriebenes Framework für eine skalierbare Verarbeitung großer Datenmengen auf verteilten Rechnerknoten.

Hybride Architektur Die hybride Architektur einer Anwendung umfasst Komponenten, die in einer On-Premise-Infrastruktur, und Komponenten, die in der Cloud umgesetzt sind.

Infrastructure as a Service (IaaS) Teilbereich des Cloud Computings, der die Bereitstellung von Hardware-Ressourcen wie Speicher, Netzwerk und Rechenleistung umfasst. Im Cloud-Computing-Stack nimmt IaaS die unterste Ebene ein und liefert notwendige Services für Platform-as-a-Service- und Software-as-a-Service-Angebote.

Identity Provider Zentrales System zur Authentifizierung digitaler Identitäten zur Anmeldung an z. B. Cloud-Anwendungen.

In-App-Erweiterbarkeit Erweiterungskonzept von Standard-SAP-Lösungen, bei dem die kundeneigene Erweiterung durch Konfigurationen und kleinere funktionale Ergänzungen direkt in der Standardanwendung erfolgt. Die Anpassungen erfolgen üblicherweise in einem Webeditor und haben keinen Einfluss auf die Aktualisierung der Standardanwendung.

Internet of Things (IoT) Sammelbegriff zur Beschreibung von Technologien, die es ermöglichen, physische Gegenstände (z. B. Sensoren) in die digitale Welt zu integrieren, um so eine Vernetzung der Gegenstände und eine Kombination mit weiteren Daten und IT-Systemen zu ermöglichen. Im Kontext von Industrie 4.0 nimmt IoT eine Schlüsselrolle ein, um z. B. die Produktion von Waren weiter zu automatisieren und die operative Effizienz zu steigern. Auch basieren eine Reihe neuer Geschäftsmodelle auf IoT, z. B. im Bereich Gesundheit und Fitness oder zur Automatisierung des eigenen Hauses.

Künstliche Intelligenz Teilgebiet der Informatik, das sich mit der Umsetzung menschenähnlicher Entscheidungsfindung in einem nicht eindeutigen Umfeld beschäftigt.

Low-Code-Plattform Entwicklungsplattform zur Erstellung von Anwendungen auf der Basis visueller Tools und Editoren, für die keine Programmierung von Quellcode in einer Programmiersprache erforderlich ist.

Machine Learning (ML) Prozess für die Generierung von Wissen durch die Erkennung von Mustern und Gesetzmäßigkeiten in Beispieldaten. Es existieren unterschiedliche Ansätze zum maschinellen Lernen (z. B. überwachtes Lernen oder unüberwachtes Lernen).

Microservice Architekturmuster in der Softwareentwicklung, mit dem Sie komplexe Anforderungen in voneinander unabhängigen und entkoppelten Prozessen implementieren, die untereinander über sprachunabhängige Programmierschnittstellen (APIs) kommunizieren.

Minimum Viable Product Erste, minimal funktionsfähige Auslieferung eines Produkts (Software), mit der Sie mit minimalem Aufwand Marktnischen testen und Kundenbedürfnisse ermitteln.

Monolithische Anwendung Architekturmuster in der Softwareentwicklung, bei dem Anforderungen in einer einzigen, untrennbaren (homogenen) Anwendung implementiert werden.

Multi-Cloud Eigenschaft der SAP BTP, mit der die Plattformservices auf den IaaS-Plattformen unterschiedlicher Infrastruktur-Provider, wie z. B. AWS, Google Cloud, Microsoft Azure und Alibaba, genutzt werden können.

Multitarget Application (MTA) SAP-BTP-Anwendung, die aus unterschiedlichen Modulen besteht. Die Module können mit unterschiedlicher Technologie erstellt und über verschiedene Laufzeitumgebungen und Systeme bereitgestellt werden. Dennoch haben alle Module einen gemeinsamen Softwarelebenszyklus. MTAs unterstützen bei der Umsetzung hybrider Architekturen.

Native Cloud-Anwendung Cloud-Anwendung bzw. SaaS-Angebot, dessen Architektur für einen Betrieb in der Cloud ausgelegt ist. Eine native Cloud-Anwendung setzt sich aus lose gekoppelten Cloud-Services (Microservices) zusammen und kann auf mehreren Servern an unterschiedlichen Standorten ausgeführt werden.

OAuth Weit verbreitetes Sicherheitsprotokoll zum Schutz von Ressourcen über das Internet. Wird von vielen Anbietern sozialer Netzwerke und innerhalb von Unternehmensnetzen verwendet.

Open-Data-Protokoll (OData) HTTP-basiertes Protokoll für den Datenzugriff (Lesen, Schreiben, Aktualisieren, Löschen).

Open Source Wandel bei der Entwicklung von Software von einer geschlossenen Kultur zu offenem Austausch, Zusammenarbeit und Lernen. Die Open-Source-Initiative definiert den Begriff als »Software, auf die jedermann frei zugreifen, verwenden, ändern und (in modifizierter oder unveränderter Form) teilen kann.« Da Open-Source-Code von der Gemeinschaft validiert wird, können Sie bereits bekannte Fehler vermeiden. Darüber hinaus können Sie Ideen aus der Community aufgreifen, um neue Funktionen schneller zu erstellen und zu testen. Durch die Open-Source-Community können Unternehmen ihre Time-to-Market- und Entwicklungskosten für den Aufbau neuer Software reduzieren. Dazu beteiligen sich Unternehmen oftmals aktiv bei der Entwicklung und Gestaltung von Open-Source-Projekten.

Platform as a Service (PaaS) Teilbereich des Cloud Computings, der die Bereitstellung von Services für die Entwicklung und den Betrieb von Cloud-Anwendungen (SaaS) umfasst. PaaS-Angebote bieten einen einfachen Zugang zu unterschiedlichen Technologien und sollen die Produktivität von Entwicklungsteams steigern. Im Kontext von Digitalisierungsprojekten nehmen PaaS-Angebote aufgrund ihrer hohen Agilität eine wichtige Rolle ein. Auch spielen PaaS-Angebote bei der Anpassung und Erweiterung von SaaS-Lösungen eine zentrale Rolle.

Plattform-Ökonomie Auf digitalen Plattformen basierendes Geschäftsmodell, das verschiedene Leistungen und Services (auch unterschiedlicher Unternehmen) anbietet.

Product Market Fit Entwicklungsstand bzw. Reifegrad von Produkten oder Services, die Marktanforderungen bzw. Kundenwünsche erfüllen.

Quota Numerische Größe, die die maximal zulässige Nutzung eines Plattformservice oder einer Ressource definiert.

Rapid Application Development Konzept zur agilen Softwareentwicklung auf der Basis von Prototypen.

Resilienz Fähigkeit, bei Störungen und Problemen ein akzeptables Serviceniveau aufrechtzuerhalten, bis der Normalbetrieb wiederhergestellt ist.

Representational State Transfer (REST) Programmierparadigma zur Maschine-zu-Maschine-Kommunikation über das Internet durch eine eindeutige Angabe eines Webdienstes bzw. einer Ressource durch einen Uniform Resource Identifier (URI).

Runtime Laufzeitumgebung zur Ausführung von Programmen, z. B. Node.js oder Kyma.

Software as a Service (SaaS) Teilbereich des Cloud Computings, der die Nutzung von Anwendungen und die dafür notwendige Infrastruktur als Dienstleistung aus der Cloud umfasst. Der Zugriff auf die Software erfolgt in der Regel über einen Webbrowser, und für die Nutzung ist ein Internetzugriff erforderlich. SaaS-Lösungen werden meist über ein monatliches Abonnementmodell lizenziert. Vorteile sind die einfache Nutzung sowie die stetige Aktualität und Weiterentwicklung der Software, ohne dass dafür eigene administrative oder betriebliche Aufwände erforderlich sind.

SAP Trust Center Zentrale Website (*http://s-prs.de/v632016*) zur Dokumentation der SAP-Cloud-Sicherheitsstandards sowie des Betriebsstatus der SAP-Cloud-Lösungen.

SAPUI5 Toolkit mit UI-Elementen zur Entwicklung von Webanwendungen

Schatten-IT Inoffizielle, d. h. ohne Wissen der zentralen IT-Organisation bereitgestellte IT-Infrastruktur einer Fachabteilung zur Umsetzung fachabteilungsspezifischer Anforderungen.

Serviceplan Variante eines Plattformservice mit unterschiedlichem Funktionsumfang.

Subaccount Ermöglicht die Strukturierung eines Global Accounts entsprechend den Unternehmensanforderungen in Bezug auf User, Berechtigungen und Servicequoten.

Side-by-Side-Erweiterbarkeit Erweiterungskonzept von Standard-SAP-SaaS-Lösungen, bei dem die funktionale Erweiterung und Anpassung an unternehmensspezifische Anforderungen in der SAP BTP vorgenommen werden. Die Standardanwendung bleibt dabei frei von Modifikationen und kann im Vergleich zur klassischen Erweiterungsstrategie von SAP-Lösungen einfacher aktualisiert werden.

Software Development Kit (SDK) Sammlung von Bibliotheken und Werkzeugen zur Entwicklung von Anwendungen.

Spark Framework für die Analyse großer, unstrukturierter Datenmengen mit verschiedenen Modulen wie z. B. Streaming, SQL, Graphen-Verarbeitung und maschinellem Lernen.

Time to Market (TTM) Dauer der Produktentwicklung bis zur Platzierung des Produkts (der Anwendung) am Markt (Produkteinführungszeit).

Twelve-Factor-App Methode, die zwölf Grundsätze zur Implementierung von Cloud-Anwendungen (SaaS) beschreibt (*https://12factor.net*).

Der Autor

Holger Seubert arbeitet bei SAP als technischer Architekt im Bereich Technology & Innovation. Seine Schwerpunkte liegen auf der SAP Business Technology Platform sowie auf Methoden und Vorgehensmodellen, die bei der Nutzung des SAP-Technologieportfolios unterstützen. Dabei spielt auch Architectural Thinking und dessen Kombination mit Design Thinking eine Rolle. Zuvor hat Holger Seubert bei SAP im technischen Vertrieb Kunden aus unterschiedlichen Branchen bei der Erarbeitung von Architekturen und Lösungen mit SAP-Technologien unterstützt. Vor seiner Tätigkeit bei SAP war er zunächst als Softwareentwickler und später als Technical Sales Specialist bei IBM beschäftigt. Außerdem arbeitete er bei einem Start-up als Solution Architect. Seit 2006 hält Holger Seubert Vorlesungen zu Datenbankgrundlagen an der Dualen Hochschule Baden-Württemberg.

Index

C

D

E

P

Q

R

S

T

U

V

W

X

Z